정치가의 언격

政治家

정치가의
언격

현대사를 바꾼 마오의
88가지 언어 전략

후쑹타오 지음 ——— 조성환 옮김

言格

37
∞

일러두기

1. 이 책에 수록된 이미지는 마오쩌둥의 친필을 사진으로 변환해 실은 것이다.
2. 도서 잡지 신문 등은 《 》으로, 연설문과 기타 짧은 글의 제목은 〈 〉으로 묶었다.
3. 본문 중 ●로 표시한 것은 각주, 숫자로 표시한 것은 미주다.
4. 각주는 옮긴이 주, 미주는 저자 주다.

말이 지닌 힘

내가 쓴 책이 한국어판으로 나온다니 이루 말할 수 없이 기쁘고 영광
스럽게 생각한다.

　신중국의 리더 마오쩌둥은 중국과 한반도의 관계에 깊이 개입했
고 많은 영향을 끼쳤다. 특히 1950년대 초에 발생한 전쟁은 한반도와
세계정세를 직접적으로 바꿔놓았다. 마오쩌둥은 이 전쟁의 중요한 당
사자 가운데 한 사람으로서 이 전쟁에 대해 어떻게 생각했을까? 그가
전략을 짜고 구상한 논리는 무엇이었을까? 모두 연구할 만한 가치가
있다.

　근대사상가 량치차오(梁啓超)는 〈국혼편(國魂篇)〉에서 한 민족이
세계에서 독립하려면 반드시 한 가지 정신이 있어야 한다고 주장하
며 그것을 국혼이라고 불렀다. 마오쩌둥은 현대 중국의 '국혼'이고 거
대한 영향력을 끼친 인물이며, 수많은 사상적 관점에서도 세계성을
갖추고 있다. 그가 창조하고 사용한 수많은 어휘는 지금까지도 전 세

계에서 유행하고 있으며, 그의 어록은 수천만 명의 좌우명이 되었다.

《리더의 언격》에서는 마오쩌둥 어휘의 탄생 배경을 탐구하고, 마오쩌둥이 어떻게 어휘를 만들어내고 견지했는지를 설명한다. 또한 마오쩌둥의 어휘가 담고 있는 역사적 의미도 살펴본다. 이 책을 읽으면 마오쩌둥이라는 역사적 인물과 세계에서 인구가 가장 많은 중국이라는 나라를 이해하는 데, 그리고 광대하고 복잡한 중국의 심중을 헤아리고 그들과 소통하는 데 큰 도움이 될 것이다. 나아가 전통 사상과 현대적 시류가 공존하는 중국문화의 사고방식과 문제해결 방식을 이해하는 데도 많은 도움이 될 것이다.

말은 생각의 물질적 외피이고 영혼의 창이자 사상을 담아 운반하는 저장소다. 개개인의 언어와 문장의 품격을 통해 그가 가진 사고의 깊이와 사물에 대한 통찰력을 판단할 수 있다. 마오쩌둥은 사상을 표현하는 방식이 개성적이고 사물의 본질을 꿰뚫는 능력 역시 독창적이었다. 어휘를 선택하는 능력이 뛰어났을 뿐만 아니라 대화나 문장을 구술하는 능력 면에서도 남다른 영향력을 발휘해 '언어의 대가'라 불릴 정도로 뛰어난 능력을 발휘했다.

이 책은 신중국을 이끈 국혼이자 현재까지도 거대한 영향력을 끼치고 있는 위대한 정치가인 마오쩌둥의 언어 전략을 통해 시대를 변화시킬 정치가가 갖춰야 할 말의 품격이 무엇인지, 그리고 다양한 대중의 생각을 하나로 뭉치게 하는 '말'이 가진 힘이 무엇인지를 전달한다.

나는 항상 한반도 지도를 보면서 마음속으로 경의를 표한다. 비록 다가갈 수는 없으나 정신은 이미 그리로 향한다. 우리 두 민족은 산과 물이 서로 닿아 있고 얼굴 생김새도 비슷하며 문화가 서로 통하여 선(善)을 지향하는 마음을 가지고 있다. 이는 신비로운 태극팔괘(太極八卦)에서 나온 연분일 것이다.

몸은 비록 갈 수 없으나 책은 이미 한국으로 건너갔다. 한국어판 출간을 위해 노력하는 관계자들에게 감사의 말을 전한다. 그들 덕분에 이 책이 한국어의 아름다운 자태를 담을 수 있게 되었다. 이 책이 한국 독자들의 책상 위에 놓이기를, 그래서 독자들이 조금이나마 교훈을 얻을 수 있기를 바란다.

창안(長安) 숙소에서
후쑹타오(胡松濤)

언어로 새 국가를 건설하다

20세기 역사 무대에 마오쩌둥이 혜성처럼 등장했다. 그에 대해 철학자 리쩌허우(李澤厚)는 이렇게 말했다. "그에게 애정을 갖든 원한을 갖든, 찬양하든 비판하든 간에 그는 어떠한 인물보다도 중국현대사에 방대한 그림자를 남겨놓았다. 그 그림자가 몇 대에 걸쳐 중국인의 생활과 운명뿐만 아니라 그들의 슬픔과 기쁨을 덮었고 주재했으며 지배했다."[1]

마오쩌둥은 언어의 대가였다. 그가 구축한 '마오 씨 언어'는 그 독특한 풍격으로 중국을 개조했고 동시에 국민의 유행어가 되었다. 마오쩌둥은 "하늘과 싸우면 그 즐거움 무궁하고, 땅과 싸우면 그 즐거움 무궁하며, 사람과 싸우면 그 즐거움 무궁하다(與天奮鬪, 其樂無窮, 與地奮鬪, 其樂無窮, 與人奮鬪, 其樂無窮)" "남이 나를 건드리지 않으면, 나도 그 사람을 건드리지 않는다. 남이 나를 건드리면 나는 반드시 그 사람을 건드린다(人不犯我, 我不犯人, 人若犯我, 我必犯人)" "마음을 굳게 먹고

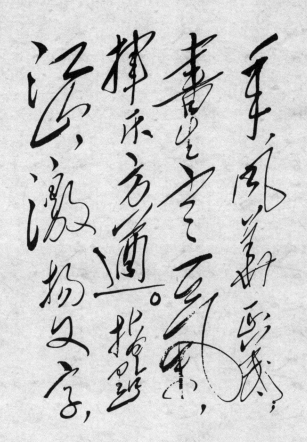

희생을 두려워하지 않으며, 온갖 어려움을 극복하고 승리를 쟁취한다(下定決心, 不怕犧牲, 排除萬難, 去爭取勝利)"등의 영향력 있는 문장을 남겼다. 마오쩌둥의 문장은 "기운이 풍성하면 말이 마땅하다(氣盛言宜)"라는 당나라의 시인 한유(韓愈)의 말처럼[2] 우레를 동반하고 비바람을 보탰으며 호방한 감정, 자신감, 패기로 충만하여 적수마저 무색하게 만들었다. 마치 "햇빛이 나오면 반딧불은 빛을 잃고, 하늘에서 우렛소리가 울리면 망치로 뚫는 소리는 사라진다(日光旣出則螢燭奪明, 天雷震音而鍾鑿絶響)"라는 말과 같았다.

언어는 도구이자 무기다. 사상은 언어라는 저장 장치를 필요로 한다. 비록 사상을 담은 어휘는 항상 사상에 의해 가려지기는 하지만, 사상은 언어에 의거해야만 바로 설 수 있으며, 민중을 향해 나아가고 인도하며 진보로 이끌 수 있다. 마오쩌둥의 언어 및 어휘는 그의 사상을 표현하는 수단이고 세계를 창조하는 도구였다. 그는 "총대에서 정권이 나온다(槍杆子裏面出政權)"라는 말 한마디로 당원을 각성시켰고 역사 전쟁을 시작했다. "적이 전진하면 우린 물러나고 적이 주둔하면 우린 교란하며, 적이 지치면 우린 공격하고 적이 물러나면 우린 추격한다(敵進我退, 敵駐我擾, 敵疲我打, 敵退我追)" 같은 문장에서는 문예적 재능(文采)과 사상이 나란히 돋보인다. 마오쩌둥은 위대한 언어 창조에 참여할 만큼 열정과 기량을 가지고 있었으며, 5·4운동● 과정에서 나타난 백화문을 성공적으로 개조하여 언어 형식과 표준양식(模式)을 창조했다. 또한 새로운 언어로 자신의 새로운 사상을 논술했으며 정확하고 쉬운 표현으로 대중을 이끌었다. 그의 풍부한 어휘는 광활한 사상이라는 하늘을 지탱한 '사량팔주(四梁八柱)'●●였다.

● 1919년 5월 4일 베이징 지역 학생들이 일으킨 항일운동이자 반제국주의, 반봉건주의 혁명운동.

마오쩌둥이 주목받게 된 지점은 군사행동과 정치연설에서 드러난 특출함이었다. 마오쩌둥은 말솜씨와 문필이 모두 뛰어났으며 언어의 대가로 불릴 만큼 표현력이 뛰어났다. "옛것은 오늘을 위해 사용하고 서구의 것은 중국을 위해 활용한다(古爲今用, 洋爲中用)" "백화제방 백가쟁명(百花齊放, 百家爭鳴)" "비천한 자가 가장 총명하고 고귀한 자가 가장 우둔하다(卑賤者最聰明, 高貴者最愚蠢)" 등에서 그는 필묵을 칼과 총으로 삼았다. 또한 문자로 군대를 만들고 문구로 진을 만들어 때로 민요와 속어를 사용하기도 하고 가끔은 고어나 낯선 단어를 운용하기도 했다. 때로는 단어를 만들어 옛말에 새로운 뜻을 부여하고 죽은 말에 생기를 불어넣기도 했다.

마오쩌둥은 언어를 사용하는 데 능수능란했는데, 특히 정치적 수사에 뛰어났다. 1965년 9월 마오쩌둥은 중앙서기처(中央書記處) 서기 후차오무(胡喬木)의 문장을 고쳐줄 때 "신조어를 만들어야 한다. 천당, 예상 같은 단어를 상용할 수 없다(要造新詞. 天堂, 霓裳之類, 不可常用)"[3] 고 비평했다. 여기에서 말한 '신사(新詞)'는 주로 새로운 어휘를 가리킨다. 어휘에 있어서 마오쩌둥은 새로운 것을 찾으려는 욕망과 기량 및 기교를 가지고 있었다. 그는 심오한 정치언어, 이데올로기를 표현하는 사회·정치·경제 용어, 관료 사회의 전문술어를 중국 고대, 민족, 민간의 언어와 결합시켰다. 심오한 뜻은 쉽게 설명하고 미묘한 뜻은 비유를 들어 표현함으로써 "허공을 가로질러 딱딱하고 낯선 말을 엮어(橫空盤硬語)" 새로운 단어를 빚어냈다. 그것은 바로 세계를 울리는 단어, 사람을 끌어올리는 단어, 사상을 맑게 씻어주는 단어, 사람의 마음을 바로 알려주는 단어, 인생을 놀이로 여길 줄 아는 사람의 단어

●● 4개 대들보와 8개 기둥으로 지어진 중국 고대 건축구조.

다. 그는 "만약 어떤 글이나 연설이 생기라고는 하나도 없이 언제나 '학생과 같은 말투'로 몇 개의 용어를 바꾸기만 한다면 그 무미건조한 말과 보기 흉한 꼴이 뜨내기와 흡사하지 않겠는가?"[4]라고 말했다.

마오쩌둥은 새로운 어휘와 개념의 창조자다. 그의 수많은 어휘는 창조력을 가지고 있다. 예를 들면 "3대 기율과 8가지 주의사항(三大紀律八項注意)" "나랏일을 꾸짖다(指點江山)" "시간을 아끼다(只爭朝夕)" "아침 기운처럼 활기차다(朝氣蓬勃)" "세 개의 세계(三個世界)" 등이다.

마오쩌둥은 언어의 사령관이다. 언제나 막강한 어휘를 거느리고 이론의 요새를 차지하여 사상의 제고점(提高點)에 도달해, 가는 곳마다 쓰러트리고 싸워서 이기지 않은 적이 없었다. 그와 접촉했던 사람들은 마오쩌둥이 매우 소박하고 생동감 넘치며 쉬운 표현을 통해, 매우 복잡한 사상 및 어휘가 진정으로 그 사상을 위해 복무하도록 만드는 비범한 능력을 가지고 있음을 알고 있다. 이 방면에서 동양권에서는 그에 필적할 만한 사람이 없다. 국민당원들도 그렇게 하지 못했고 중국 공산당 내의 수많은 사람조차 그의 발밑에도 미치지 못했다.

마오쩌둥은 중국을 변화시키는 과정에서 언어의 혼을 불살랐다. '인민을 위해 복무하라(爲人民服務)' '실사구시(實事求是)' '비평과 자아비평' '정풍(整風)' 등의 표현은 자구마다 그물에 벼릿줄이 있는 것처럼(如網得綱) 민중을 위해 뜻을 세운 말이다. 그는 '국민을 위해 기꺼이 봉사하는 사람(孺子牛)'을 제창하고 '종이호랑이(紙老虎)'를 업신여겼으며 "호랑이를 잡자(打老虎)"고 호소했다. 이러한 어휘는 시대적으로 많은 사람에게 영향을 주었고, 앞으로도 계속해서 영향을 끼칠 것이다.

'가지를 따라 잎을 흔들고 물결을 따라 올라가 근원을 찾다'라는 말이 있다.* 마오쩌둥 언어의 근원 가운데 하나는 하층과 민간이다.

일찍이 이후주(李後主)••는 과감하게도 속어를 노래에 집어넣었다. 마오쩌둥은 여기서 더 나아가 민간 언어, 민족 언어, 중국 언어를 잘 운용하여 자신의 정치사상을 표현했다.

게오르크 헤겔(Georg Hegel)은 일찍부터 자신의 철학을 독일어로 말하고 쓰려고 노력했다. 이는 그만큼 자신의 표현력에 자신감을 드러낸 것이다. 마오쩌둥에게도 이러한 자신감과 인내심이 있었다. 그는 1938년 중공 6기 6중전회(中全会)•••에서 강력하게 "마르크스주의를 중국에서 구체화"⁵할 것을 제창했다. 다시 말하면 그는 자신의 동지들과 중국어로 마르크스주의에 대해 대화했고 중국의 실제와 부합하는 말을 했으며, 중국 국민 모두가 충분히 알아들을 수 있는 어휘를 사용했다. 예를 들어 '우공, 산을 옮기다(愚公移山)' '병을 고쳐 사람을 구하다(治病救人)' '꼬리를 내리고 사람이 되다(夾着尾巴做人)' '돌을 들어 자기 발등을 찍다(搬起石頭打自己的脚)' 등은 손 가는 대로 가져오고 멋대로 휘둘러 비유한 것인데, 어떤 것은 책에서 배운 것이고 대부분은 민간에서 배운 것이다. 하지만 그는 교묘하게 거기에 자신의 사상을 불어넣어 새로운 힘을 만들어냈다.

마오쩌둥은 "군중에게서 언어를 배워야 한다. 군중의 어휘는 풍부하고 생동하며 활발하여 실제 생활을 표현한다"⁶고 말했다. 마오쩌둥의 언어는 민간에 뿌리를 두고 있을 뿐 아니라 중국만의 문화와 기개를 지니고 있다. 게다가 그는 대중과 대화할 때 심오한 내용을 알기 쉽게 표현함으로써, 평범한 사람들이 거부감 없이 즐겨 듣고 즐겨 보

• "因枝以振葉, 沿波而討源." 육기(陸機)의 《문부(文賦)》에 나오는 구절이다.
•• 오대십국 시기 남당(南唐)의 마지막 군주 이욱(李煜).
••• 중앙위원회 6차 전체회의를 말한다. '중전회'의 정식 명칭은 '중국공산당 중앙위원회 전체회의'로 보통 지도부 임기 5년 동안 5~7차례(7중전회까지) 열린다.

게 했다. 번역가 푸레이(傳雷)는 아들에게 보내는 편지에서 "마오쩌둥의 마르크스주의는 최고의 경지에 이르러 자유자재로 표현하면서도 모두 뛰어난 진리가 되었다"[7]고 감탄했다.

언어는 의미를 전달하는 도구다. 대다수 사람은 종종 이미 모두가 쓰고 있는 케케묵은 논조를 사용하여 자신의 생각을 표현한다. 이런 방법은 사람들을 이해시킬 수는 있으나 사람들이 반드시 받아들이거나 기억할 수 있는 것은 아니며, 더욱이 세계관이나 방법론으로 정립될 수도 없다. 사람들이 케케묵은 논조에 의해 이미 마비되었기 때문이다.

이에 반해, 마오쩌둥은 상투적이고 틀에 박힌 말을 쓰지 않고 박진감 넘치는 신조어를 만들어 자신의 사상을 표현하곤 했다. 프랑스의 사상가 데니스 디드로(Denis Diderot)가 말했다. "합당하지 않은 말 한마디, 기괴한 단어가 때로는 아름다운 문구 10개보다 더 많은 교훈을 준다." 이 말 속에는 다음과 같은 뜻이 담겨 있다. 말을 반드시 조리 있게 하려고 할 필요는 없다. 지나치게 조리 있는 말은 한 귀로 들어와 한 귀로 빠져나가기 쉽고, 말을 잠시 멈추기도 어려우며, 한 번 보거나 들어도 까맣게 잊어버리게 된다.

마오쩌둥은 정치 언설을 할 때 '진기한 단어'를 사용했을 뿐 아니라 '아름다운 문구'를 씀으로써 자연스럽게 자극을 주었다. 그런 까닭에 그의 말은 귀, 뇌, 가슴속으로 들어와 오랜 시간 사람들의 사상 속에 머무를 수 있었다. 예를 들면 이런 말들이다. "백지 한 장은 부담이 없다. 가장 새롭고 가장 아름다운 글을 쓰기에 좋고, 가장 새롭고 가장 아름다운 그림을 그리기에 좋다."[8] "잘못된 사상과 투쟁하는 일은 우두를 접종하는 것과 같다. 우두 접종을 거치면 사람의 몸에는 면역력이 증가한다."[9] "역사가 증명하듯이, 머리가 목에서 떨어지면

붙일 수가 없다. 부추처럼 한번 자르면 자라지 않는다. 잘못 자르면 고치려고 해도 방법이 없다."[10] 이러한 말은 생동감이 넘친다. 사회·정치·경제 용어와 일상생활 용어가 어우러지고 정치언어가 민간생활과 결합하여, 마치 언어라는 화려한 정원(大觀園) 속에서 붉은 그림자와 푸른 빛이 흔들리는 연못처럼 아름답다. 이런 이유로 마오쩌둥과 정견이 달랐던 후스(胡適)조차 "중국 공산당 가운데 백화문을 가장 잘 쓴 사람은 마오쩌둥이다"라고 말하며 그를 인정하지 않을 수 없었다.[11]

마오쩌둥의 언어는 이해하기 쉽고 대중을 끌어모으는 강력한 힘을 지니고 있으며 깊은 인상을 주어서 기억에 오래 남는다. 이제 그가 남긴 말들을 자세히 살펴보자.

류야쯔(柳亞子)●의 시 가운데 마오쩌둥의 글을 평가한 시구가 있다.

3000년 역사를 뒤엎어서 推飜歷史三千載,
절로 웅장하고 기이하며 아름다운 글을 빚는다. 自鑄雄奇瑰麗詞.

류야쯔는 두 시구로 마오쩌둥이 창조한 유행어를 칭찬했다. 마오쩌둥은 또한 '지쟁조석(只爭朝夕)' '격양문자(激揚文字)' '조반유리(造反有理)' 등의 문구를 창조했다. 진부한 말을 답습하지 않고 독창적으로 만들었으므로, 이 모든 말의 소유자는 마오쩌둥이다. 이백(李白)의 시 "그대는 대나무 말 타고 와서 침상을 돌며 청매실로 장난쳤지(郎騎竹馬來, 繞床弄靑梅)"●●라는 구절에서 성어전고(成語典故)인 '청매죽마(靑梅竹馬)'가 나왔다. 이후주의 "수레는 물 흐르듯 하고 말은 용 같다(車

● 중국의 혁명시인으로 삼민주의동지연합회 지도자.
●● 이백의 〈장간의 노래(長干行)〉에 나오는 구절이다.

如流水馬如龍)"●라는 구절은 사람들이 상용하는 '거수마룡(車水馬龍)'으로 변모했다. 이 밖에도 마오쩌둥이 창조한 단어(성어)는 무척 많다. 성어를 무시하지 말아야 한다. 그것은 언어의 진주다. 몇 글자로 만들어진 성어는 사람들이 필요할 때 절로 떠올리고 무의식중에 입에서 나오게 된다. 그리고 가장 편리한 방식으로 가장 심도 깊은 내용을 전달한다. 또한 운명적이고 순간적인 느낌과 경험을 말함으로써 세계의 정의가 되고 순간의 격식이 된다. 말은 심지어 세계관을 반영하거나 개조할 수 있다. 예를 들면 강대한 적을 만났을 때 적을 '진짜 호랑이'나 '종이호랑이'로 여기기도 한다. 압박을 당했을 때 '조반무리(造反無理)'●●나 '조반유리(造反有理)'를 생각하기도 한다.

마오쩌둥은 말을 전복시켰고, 일부 단어와는 투쟁하기도 했다. 가령, '투쟁철학'은 원래 국민당이 공산당을 욕할 때 쓰던 말이었다. 수많은 공산당원은 이 단어에 반감을 가졌으나, 마오쩌둥은 되레 인용하여 자신의 철학으로 삼아 유용하게 써먹었다. 이는 상대방이 쏜 예리한 화살과 같다. 마오쩌둥은 이 화살을 시원스럽게 받아내고 역으로 상대방에게 던짐으로써 적을 사지로 내몰았다.

마오쩌둥은 일부 말을 살리기도 했다. '실사구시(實事求是)' '우공, 산을 옮기다' '스님이 우산을 쓰다, 법도 하늘도 업신여기다(和尙打傘, 無法無天)' '죽을 각오를 하고 황제를 말에서 끌어내리다(舍得一身剮, 敢把皇帝拉下馬)' 등이 그렇다. 낡은 어휘를 새롭게 운용하고 소멸된 어휘에 새로운 생명을 불어넣어 기사회생시켰다. 그는 이미 고정되었거나 죽었거나 전혀 생기가 없는 어휘를 새로운 자양 속에서 되살렸다. 일부 케케묵은 논조는 그의 혀끝이나 붓끝에서 새것처럼 부활했다.

● 남당(南唐) 이후주의 〈망강남(望江南)·다소한(多少恨)〉에 나오는 구절이다.
●● 반란에는 정당한 이유가 있을 수 없다.

마오쩌둥은 일부 어휘를 유용했다. 선가(禪家)에 '백초두상조사의(百草頭上祖師意)'라는 말이 있다. 마오쩌둥은 자연을 묘사한 수많은 어휘, 즉 '독초(毒草)' '어수(魚水)' '동풍·서풍' '백화제방' 등에 특수한 정치적 함의를 부여함으로써, 이전의 뜻을 대대적으로 확대하고 심지어는 완전히 다른 뜻으로 개조하기도 했다.

마오쩌둥의 언어는 시적이다. 중국인은 시적 특징이 담긴 말을 좋아하고 높이 평가한다. 시적 특징은 중국어가 지닌 독특한 빛깔이기도 하다. 하지만 시적인 언어는 때로 논리가 결여되어 있고 모호하며 비이성적이라서, 어떤 사람은 이것을 언어의 병폐라고 여기기도 한다. 정치사상을 근엄하게 표현해야 하는 정치인의 입장에서 이러한 점은 확실히 문제이기도 하다. 그러나 마오쩌둥은 그렇지 않다고 여겼으며 병폐로 보지도 않았다.

루드비히 비트겐슈타인(Ludwig Wittgenstein)은 "내 언어의 한계가 내 세계의 한계를 의미한다"라고 말한 적이 있다. 마오쩌둥의 언어 지도는 광대하다. 그의 어휘가 이르는 곳마다 그의 영토(版圖)가 되고 기반이 되었다. 그는 언어로 적을 토벌하고 언어로 상대방을 공격했으며 시간과 싸워 이겼고 생각이라는 성을 공략하여 영토를 확장했다. 마오쩌둥의 언어는 오랫동안 유전되었으며 그가 세운 '공화국' 역시 지금까지 굳건하게 존재하고 있다.

마오쩌둥의 수많은 어휘는 마모되지 않는 특성이 있다. 그는 시간 제약이 없는, 다시 말하면 장기적으로 유행할 수 있는 어휘를 창조했다. 마르틴 하이데거(Martin Heidegger)는 "언어는 존재의 집"이라고 말했다. 마오쩌둥은 수많은 단어를 가졌고 시간을 두려워하지 않았다. 그의 어휘에는 주름이 없으며 품질보증 기한도 없고 줄곧 처음처럼 신선함이 있어서 장기간 유전되었고, 오랜 시간 생생하게 존재했다. 예를 들면 '여덟아홉 시의 태양(八九點鐘的太陽)' '반쪽 하늘(半邊天)' 등이 그렇다.

그러나 마오쩌둥의 어휘는 대부분 과거에 유행했다가 지금은 정치와 일상생활 속에서 점차 퇴장하고 서서히 소실되고 있다. 이는 정상적인 현상이다. 단어도 정돈할 필요가 있다. 사전에 그 많은 단어를 다 담을 수 없기 때문이다. 천추만대에 전해졌던 이름도 언젠가는 쓸쓸하게 사라지고 만다. 어휘의 유실은 어떤 사상이 사라지는 것일 수도 있고 잠깐 그 모습을 감추는 것일 수도 있다. 물론 고목이 말라 시들었다가 몇 년이 지나면 갑자기 신록으로 덮이는 것처럼, 지금은 죽은 것처럼 보이더라도 언젠가 다시 소생할지도 모른다.

어휘의 영향력은 사람의 영향력이기도 하다. 군인 출신의 작가 류야저우(劉亞洲)는 2005년 1월 2일 〈신념과 도덕(信念與道德)〉이란 제목의 연설에서 다음과 같이 말했다. "한 사람이 일생에서 한 마디만 할 수 있다면, 그것이 아무리 나쁜 말이라도 유전될 수 있으며 그럴 만한 가치가 있다." 마오쩌둥의 입에서 전해진 말에는 좋은 말도 있지만 일부 사람들에게 나쁘게 여겨지는 말도 무척 많을 것이다. 그래서 이 책에는 마오쩌둥의 어휘 외에, 그로 인해 유행하게 된 격언 같은 짧은 문구도 수록되어 있다.

"석양과 방초는 평범한 사물이지만, 쓸 줄 알면 모두 절묘한 말이 된다(夕陽芳草尋常物, 解用都成絕妙詞)."[12] 마오쩌둥은 언어의 세계에 독특한 유산을 남겨놓았다. 마오쩌둥의 어휘 세계에서 "이쪽의 풍경이 유난히 좋다(風景這邊獨好)"[13] "강산이 이토록 아름답다(江山如此多嬌)"[14]와 같은 시적 정취를 발견할 수 있다. 이 두 구는 모두 마오쩌둥의 작품이다.

마오쩌둥 시대의 마차는 지나갔다. 하지만 마오쩌둥의 어휘는 도서나 잡지, 텔레비전 방송, 사람들의 대화 속에서 여전히 살아 있고 영향을 주고 있다. 지금 중국인은 그가 창조한 단어나 그의 언어를 즐겨 사용하기도 하고 조심스럽게 회피하거나 감추기도 한다. 그런 식으로 중국인들은 그의 언어를 불가피하게 사용하고 있다.

현재의 중국은 마오쩌둥이 새롭게 건설한 것이라 해도 과언이 아니다. 물론 이 과정에서 숱한 사람이 목숨을 잃고, 자유를 빼앗겼던 것도 사실이다. 이런 이유로 마오쩌둥에 대한 정치적 평가는 엇갈린다. 그를 비판하는 사람은 마오쩌둥의 말이 단지 순진한 대중을 호도하기 위해 사용한 '훌륭한 가면'에 불과한 것이었다고 폄하하기도 한다. 하지만 그의 말 속에 강대한 힘이 있었고, 이를 통해 새로운 중국을 건설하는 기틀을 다졌다는 데는 이견이 없다. 그는 적재적소에 필요한 표현을 귀신같이 찾아냈고, 이를 수많은 대중에게 알기 쉽게 전달했다. 그리고 이를 통해 자신의 신념을 굳건하게 사람들의 마음속에 심었다.

대중은 한 마디의 말로 정치가의 격을 가장 빨리, 가장 쉽게 판단한다. 마오쩌둥은 어렵거나 고답적인 표현이 아니라 이해하기 쉽고 가장 진심이 묻어나는 말로 수억 명의 중국 국민들을 대변혁의 길로 이끌었다. 마오는 과거의 인물이지만, 그가 남긴 소탈하면서도 대중의 눈높이를 정확하게 맞춘 리딩 키워드는 수많은 정치가에게 어떤 방식으로 대중과 소통해야 하는지, 그 정확하고도 효과적인 방법을 제시해줄 것이다.

| 차례 |

제3부 권위 강화기(1949-1966)
: 민심의 이탈을 막는 언어

제1부

세력 형성기(1917—1936)

”

: 대중의 뜻에 부합하는 언어

1

싸우는 즐거움

與天奮鬪, 其樂無窮. 與地奮鬪, 其樂無窮. 與人奮鬪, 其樂無窮.

청년 마오쩌둥은 일개 평민이었다. 그가 청년기에 쓴 일기에 다음과
같은 구절이 있다.

하늘과 싸우면 與天奮鬪,

그 즐거움 무궁하고 其樂無窮.

땅과 싸우면 與地奮鬪,

그 즐거움 무궁하며 其樂無窮.

사람과 싸우면 與人奮鬪,

그 즐거움 무궁하다. 其樂無窮.[1]

이 구절은 《시경(詩經)》과 이어지고 《시경》의 뜻이 깃들어 있다. 하
늘, 땅, 사람이 각각 한 구절로 되어 있는데 단숨에 지어내어 기운이
충만하다. 생명력에 대한 자부심이 이처럼 대단하니 인간이라면 이

정도로 당당해야 한다.

마오쩌둥이 말한 이 시의 주어는 끝내 얼굴을 비치지 않는 '나'다. '나'는 역사가 유구한 천지에 앉아 드높은 하늘, 뿌리 깊은 땅 그리고 중생과 마주하고 있다. '나'의 이미지는 기세가 드높아 "내가 왔노라"라고 고함치는 듯하다. 천마는 하늘을 날며 분투하는 과정에서 생명의 쾌활함과 희열을 느끼게 된다. '나'는 낭만적이고 호탕한 대아(大我)다. 강대해져서 날아다니는 '나'의 정신이다.

마오쩌둥의 이 구절은 "하늘에서 한 획씩 아래로 쓴 것이다".• 리듬과 멜로디가 강해 낭랑하게 읽히며, 노래나 시 같기도 하여 자연의 소리와 견줄 수 있는 구조를 이루고 있다. 읽다 보면 하늘이 땅속으로 들어갔다가 날아오르는 듯한 느낌이 든다. 세 구절의 뜻은 고시의 3장처럼 한 장이 두 절, 한 절이 4구로 구성되어 있는데 무척 아름답다. 형식과 구문이 같은 세 절이 반복적으로 순환하면서, 각 장마다 한 글자만 바꾸는 약간의 변화를 주어 표현하고자 하는 뜻을 심화시켰다. 세 절의 리듬은 가지런하고 통일되어 있어 대구의 묘를 띠고 있다. 가요와 같은 반복 후렴 형식을 써서 '싸움(奮鬪)'과 그것이 주는 '무궁한 즐거움'을 반복하여 강조했고, 분투의 지향과 분투 정신을 명확히 표현했다.

마오쩌둥이 창조한 이 격언은 《마오쩌둥 동지의 청소년 시대(毛澤東同志的靑少年時代)》에 처음 보인다. 전하는 말에 따르면, 이 구절은 마오쩌둥이 1917년 어느 날 일기에 쓴 것이라고 한다. 1966년 7월 26일 신화사(新華社)에서 〈마오 주석이 우리에게 무한한 혁명 용기와 역량을 보태주셨다(毛主席, 您給我們增添了無限革命勇氣和力量)〉라는 글에

• 리야웨이(李亞偉)의 시 〈我在雙魚座上給你寫信〉에 나오는 구절이다. 인간이 인위적으로 쓴 것이 아니라 하늘이 내려준 명구라는 뜻이다.

게재하면서부터 전에 없이 유행하게 되었다.

리쩌허우는 마오쩌둥의 이 말을 인용하고 "부단히 투쟁하고 완강하게 분투하며 '저항'을 극복하여 자아를 실현하는 것을 인생의 쾌락으로 표현한 것, 이것이 바로 청년 마오쩌둥의 사상과 행위의 주요 특징"이라고 평가했다. 리쩌허우는 또 "마오쩌둥이 나중에 말한 불파불립(不破不立), 일분위이(一分爲二)●, 투쟁철학 등은 어느 의미에서 보면 청년 마오쩌둥이 '하늘과 싸우고' '땅과 싸우고' '사람과 싸우는' 과정의 연속"이라고 말했다.[2]

이 격언은 전투적이고 호탕한 정신으로 충만한 명언이자 마오쩌둥의 대표적인 구호가 되었다.

마오쩌둥은 한평생 싸움 '투(鬪)' 자를 강조했다. 그는 중국 공산당과 중국 인민을 인도하고 국내외의 적, 잘못된 사상, 나쁜 인성, 상상 속의 적과 싸우면서 "지구를 향해 전쟁을 시작했으며 전 세계를 향해 전쟁을 벌였다".[3] 그래서 하늘 및 땅과 싸우고 다른 사람을 비판하고 자기와 싸웠으니 목숨이 붙어 있는 한 싸움을 그치지 않았다고 말할 수 있다. 마오쩌둥은 "싸우다가 지면 다시 싸운다. 또 져도 계속해서 이길 때까지 싸운다. 이것이 바로 인민의 논리다"[4]라고 말했다.

마오쩌둥은 일평생 싸우면서 살았다. 즐겁게 싸우기도 하고 격앙하여 싸운 적도 있다. 그는 심지어 하늘과도 싸우려고 했다. 만년에 마오쩌둥은 "나는 하늘로 올라가 대자보를 붙여 하늘이 나쁘다고 말할 것이다. 지금의 하늘은 제3세계를 돕지 않고 제국주의를 돕기 때문이다"라고 말했다.[5] 그는 또 지옥에 가서 염라대왕과도 싸우려고

● 모든 사물은 '하나가 둘로 쪼개져 만들어진다'는 뜻의 고대 중국철학 용어. 사물 내부의 모순성을 지칭하는 말로서, 물질세계의 발전 과정을 이야기하거나 사람을 볼 때 기계적으로 이해하지 말고 적극적(긍정적)인 방면과 소극적(부정적)인 방면을 모두 보아야 한다는 개념이다.

했다. 마오쩌둥은 "나는 염라대왕이 있는 곳에 가서 혁명을 일으켜 지옥의 제도를 파괴하려고 한다"고 말했다.[6]

세상을 살아가는 처세를 논할 때 유가에서는 '화(和)'를, 도가에서는 '무위(無爲)'와 '도법자연(道法自然)'을, 불가에서는 '자비'를 들어 설명하지만, 마오쩌둥은 '투쟁'을 선택했다. 마오쩌둥은 세상을 감상하지 않을 때는 주로 투쟁하거나 분투했다. 천·지·인으로 구성된 세계와 마오쩌둥 사이는 주로 투쟁의 관계로 맺어져 있다. 류야저우가 말한 것처럼 마오쩌둥은 "평생 반란을 일으켰다. 아버지, 선생님, 국민당, 소련에게 반란을 일으켰다. 무릇 일으킬 수 있는 반란은 모두 일으켰다. 그는 명실상부한 반란 전문가다. 그의 머리엔 웅장한 문장 네 권(雄文四卷)과 천만 마디의 말(萬語千言)이 들어 있지만, 그 정수는 단 한 글자 '반(反)'이다. 하늘과 싸우면 그 즐거움 무궁하고 땅과 싸우고 사람과 싸우면 그 즐거움 기쁘기 한이 없다".[7]

마음 내키는 대로 문장을 한번 바꾸어보자. 마오쩌둥의 이 명언에서 떨칠 '분(奮)' 자를 빼버리고 "여천투, 기락무궁! 여지투, 기락무궁! 여인투, 기락무궁!(與天鬪, 其樂無窮! 與地鬪, 其樂無窮! 與人鬪, 其樂無窮!)"으로 바꾸면 정확하지 않은 표현이다. '투(鬪)'와 '분투(奮鬪)'는 다른 개념이다. '분투'는 긍정 에너지를 가리키며 긍정적인 의미를 갖는 단어다. 반면 '투'는 좋지도 않고 나쁘지도 않은 중성사(中性詞)이며 심지어 부정적 의미를 띠고 있다.

어떤 사람은 이 구절에 구두점을 달리 찍어 "여천분투, 기락무, 궁! 여지분투, 기락무, 궁! 여인분투, 기락무, 궁!(與天奮鬪, 其樂無, 窮! 與地奮鬪, 其樂無, 窮! 與人奮鬪, 其樂無, 窮!)"이라고 표기하고, 어떤 사람은 "여천분투, 기비락궁. 여지분투, 기비무궁. 여인분투, 기비무궁(與天奮鬪, 其悲樂窮. 與地奮鬪, 其悲無窮. 與人奮鬪, 其悲無窮)"이나 "여천분투, 후환

무궁. 여지분투, 후환무궁. 여인분투, 후환무궁(與天奮鬪, 後患無窮. 與地奮鬪, 後患無窮. 與人奮鬪, 後患無窮)"처럼 바꾸어 문자 유희를 즐기기도 한다. 여하튼 이 구절이 표현하는 뜻은 풍부하고도 의미심장하다. 이러한 문자를 다시 끊어 읽거나 반복하여 해체한다면 원문은 조만간 사라질지도 모른다. 하지만 무한대의 가소성(可塑性)이 생길 것이다.

《도덕경(道德經)》에 나오는 첫 구 "도가도, 비상도(道可道, 非常道)"를 두고 어떤 사람은 "도, 가도, 비상도(道, 可道, 非常道)"로, 어떤 사람은 "도가, 도비, 상도(道可, 道非, 常道)"로 끊어 읽기도 한다. 이렇게 다양하게 문장을 읽는 것을 보면 무척 흥미롭다. 세상은 넓고 문장은 무수히 많은데, 이처럼 문자 유희를 즐길 수 있는 경우는 그다지 많지 않다.

2

나랏일을 꾸짖다

指點江山

젊은 시절에 마오쩌둥은 〈심원춘(沁園春)·창사(長沙)〉라는 사(詞)를 썼다.

추운 가을날 홀로 獨立寒秋,

상강 북쪽으로 湘江北去,

쥐쯔저우● 머리에 섰노라. 橘子洲頭.

바라보니 산마다 온통 붉고 看萬山紅遍,

층층이 수풀 모두 물들었다. 層林盡染.

푸르고 투명한 온 강물 위로 漫江碧透,

온갖 배가 다투어 흘러간다. 百舸爭流.

송골매는 창공을 날고 鷹擊長空,

물고기는 낮은 강물에서 헤엄치니 魚翔淺底,

● 후난성 창사시 상강에 있으며 상강의 하류의 모래가 충적되어 만들어진 긴 섬이다.

沁園春

獨立寒秋，
湘江北去，
橘子洲頭。
看萬山紅遍，
層林盡染；
漫江碧透，
百舸爭流。
鷹擊長空，
魚翔淺底，
萬類霜天競自由。
悵寥廓，
問蒼茫大地，
誰主沉浮？

攜來百侶曾遊，
憶往昔崢嶸歲月稠。
恰同學少年，
風華正茂；
書生意氣，
揮斥方遒。
指點江山，
激揚文字，
糞土當年萬戶侯。
曾記否，
到中流擊水，
浪遏飛舟。

만물이 가을에 자유를 만끽한다. 萬類霜天競自由.

광활한 우주를 슬퍼하면서 悵寥廓,

묻노니 아득히 넓은 대지에서 問蒼茫大地,

누가 부침을 주재하는가? 誰主沉浮?

벗들과 손잡고 이곳에 와서 일찍이 놀았거늘 携來百侶曾游,

지난날 그리니 험난한 세월 많았지. 憶往昔峥嶸歲月稠.

때마침 함께 배우던 소년들 恰同學少年,

풍류와 재주 한창 무르익고 風華正茂,

청년 학생의 의기 書生意氣,

분방하고 씩씩하다. 揮斥方遒.

나랏일을 꾸짖고 指點江山,

문장 끓어올랐으며 激揚文字,

당시 통치자들을 똥덩이로 여겼지. 糞土當年萬户侯.

기억하는가, 曾記否,

물 한가운데 뛰어들어 헤엄치면 到中流擊水,

물결이 나는 듯한 배도 멈추게 했던 일을! 浪遏飛舟![1]

1925년 마오쩌둥이 청년 시기에 지은 작품이다. 그해 마오쩌둥의 나이 서른이었다. 이 작품에 대해 수많은 평론가들이 "상당히 성취가 높다"고 평했는데, 이 말은 시사(詩詞) 예술의 시각에서 평가한 것이다. 저명한 작가 왕명(王蒙)●은 이 작품을 보고 청춘과 재능의 공명을

●중국을 대표하는 지성 가운데 한 명이다. 60여 년 동안 장편 《청춘 예찬》을 비롯해 수많은 소설과 시, 다양한 평론과 에세이를 발표했다. 몇 차례 노벨문학상 후보에 오르기도 했으며, 1989년 천안문사건이 일어나기 전까지 중국 공산당 중앙위원, 국무원 문화부 장관 등 정치인으로 활동하기도 했다.

자아낸다고 말했다. 왕멍은 청년 시기에 이 사를 읽고 "청춘의 감각, 가을의 감각, 생명의 감각을 찾았으며, 큰 충격을 받았을 뿐 아니라 공명을 느꼈다. 청춘은 원래 이처럼 강건하고 재능도 원래 이처럼 종횡 무진하며, 용맹은 원래 이토록 왕성하고 기개는 원래 이토록 소탈하다"고 말했다.[2]

필자가 보기에 〈심원춘·창사〉의 성취가 상당히 높다고 평가받는 이유 중의 하나는 이 사에서 주옥 같은 성어, 숙어가 연속적으로 나왔기 때문이다. 이는 마오쩌둥의 다른 시사에서는 보기 드문 경우다. 예를 들면 만산홍편(滿山紅遍), 백가쟁류(百舸爭流), 수주침부(誰主沉浮), 쟁영세월(崢嶸歲月), 풍화정무(風華正茂), 서생의기(書生意氣), 휘척방주(揮斥方遒), 지점강산(指點江山), 격양문자(激揚文字), 분토당년만호후(糞土當年萬戸侯) 등이 그러하다. 구마다 문자를 새로 만들고 글자마다 보배롭고 새로우며 놀랍고도 불가사의하다. 낭랑하고 장중하며 구체적이라서 오케스트라의 교향악 같다.

몇 년 뒤 마오쩌둥이 이 사에 나오는 '중류격수(中流擊水)'를 풀이할 때, 그해에 썼지만 빠트렸던 두 구를 소개했다.

스스로 인생 200년을 믿고서 自信人生二百年,
물속으로 3000리까지 헤엄치리라. 會當水擊三千里.[3]

이 또한 명구다. 선배 시인은 "어찌 눈썹 찌푸리고 허리 굽혀 세도가를 섬기랴? 내 마음과 얼굴 펴게 하진 못하리라(安能摧眉折腰事權貴, 使我不得開心顔)"●라고 말했는데, 마오쩌둥은 "당시 통치자를 똥덩이

● 당대 시인 이백(李白)의 시 〈夢游天姥吟留別〉에 나오는 구절이다.

로 여기고(糞土當年萬戶侯) "눈썹 찌푸리고 허리 굽히지" 않았을뿐더러 그들을 하찮게 여겼다. 이것이 바로 '나랏일 꾸짖는' 것이다.

거리낌이 없고 종횡 무진하는 마오쩌둥만의 표현(詞語)은 깔끔하고 광대하고 훌륭하며 눈부시고 유창하다. 또한 파도가 용솟음치는 듯하며 창조적이라서 훌륭한 작품이라 하겠다. 게다가 마오쩌둥의 담론은 주류 담론인지라 수십 년 동안 널리 전파되고 반복되어 누구나 알고 입에 붙어 있어 수많은 사람들이 자주 인용하는 표현이다.

마오쩌둥이 창조한 이 표현을 누군가는 그림으로 묘사하기도 했다. 예를 들어 20세기 중국화의 거장 리커란(李可染)은 일찍이 마오쩌둥의 "온 산이 붉고, 숲마다 물들었다(滿山紅遍, 層林盡染)"라는 시어를 가져와 그림으로 그렸다. 1962년부터 1964년까지 리커란은 약 일곱 폭의 〈만산홍편〉을 그렸다. 심지어 간행물 명칭을 《지점강산》《만산홍편》으로 삼은 것도 있고 문장 제목이나 논설 제목으로 삼은 것도 있으며 영화, 텔레비전, 소설, 가곡의 제목으로 삼은 것도 있다.

시사 중에서 좋은 구절은 사람들이 반복하여 사용함으로써 점차 성어가 되는데, 유구한 중국문학에서 그러한 예가 드물지 않다. 하지만 한 수의 시사에서 수많은 사람들이 누구나 다 인정하는 구절, 경구, 격언이 출현하기란 매우 드물다.

백거이(白居易)의 〈장한가(長恨歌)〉가 한 예다. "타고난 미모 절로 버리기 어렵다(天生麗質難自棄)" "눈동자 돌려 한 번 웃으니 애교 철철 넘친다(回眸一笑百媚生)" "아리따운 눈썹(宛轉蛾眉)" 같은 구절은 처음엔 양귀비(楊貴妃)를 묘사한 구절이었으나, 지금은 아름다운 여성을 묘사하는 대표적인 표현으로 바뀌었다.

"배꽃 한 가지에 봄비 머금다(梨花一枝春帶雨)"가 압축된 성어 "배꽃이 비를 머금다(梨花帶雨)"는 1000년 전 양귀비가 우는 상황을 묘사한 것으로, 아름다운 여인이 우는 모습을 표현하는 고정불변의 격식으로 자리 잡았다. 이제는 울고 있는 젊은 여자를 보면서 이보다 더 좋은 구절을 떠올리지 못할 것이다. 바로 울고 있는 모든 미녀를 정의하는 말이 된 것이다. 그리고 "하늘에서는 비익조가 되고, 땅에서는 연리지가 되리라(在天願作比翼鳥, 在地願爲連理枝)"라는 구절은 중국 부부가 사랑을 약속할 때 상용하는 맹세이며, 애정을 축원하는 최고의 표현이기 하다. 시 한 수에서 이처럼 아름다운 구절이 나왔으니, 마치 아득한 꿈속에서 꽃이 활짝 피는 듯 화려하고 번화하여 놀랍고도 아름답다는 생각이 든다.

3

총대, 붓대

槍杆子, 筆杆子

총대를 간파하고 붓대를 이해하면 역사의 진상은 십중팔구 드러난다.

1927년 이전의 중국 공산당은 어수룩한 어린아이에 불과했다. 당시에는 '총대'의 중요성을 알지 못했다. 그래서 철저하게 무장한 국민당을 대하면서도 아무런 대응 준비를 갖추지 않았다. 그 결과 국민당의 '총대'에 진압되어 공산당원의 피가 하천을 이루었고 여지없이 패배할 수밖에 없는 지경에 이르게 되었다. 이런 참담한 교훈이 마오쩌둥을 깊은 생각에 잠기게 했다.

1927년 6월 마침내 깨우친 마오쩌둥은 "총대로 총대를 대처하자"[1]고 제안했다. 이후 1927년 8월 7일에 마오쩌둥은 중공 중앙● 한커우 (漢口) 긴급회의(8·7 회의)에서 "정권을 총대에서 얻을 수 있음을 알아야 한다(須知政權是由槍杆子中取得的)"[2]라고 말했다. 마오쩌둥의 이름을

● 중국 공산당 중앙위원회의 줄임말.

중국 대륙은 물론 외국에까지 알린 명언인 "총대에서 정권이 나온다(槍杆子裏面出政權)"라는 말은 바로 여기에서 비롯했다. 마오쩌둥은 단 여덟 글자로, 중국의 정권을 바꿀 기본 수단에 대해 가장 치밀하고 가장 깊이 있게 개괄했다.

"총대에서 정권이 나온다"라는 마오쩌둥의 말에는 동지들의 혈흔이 묻어 있다. 가장 결정적인 순간에 가장 통속적이고 가장 첨예한 말을 함으로써 당원을 환기시키고 역사를 부수고 천지를 울렸다. 이른바 '일언흥방(一言興邦)●'이 바로 여기에 해당하는 말일 것이다.

마오쩌둥은 "1927년에 내가 우한(武漢)에 있을 때는 아직 백면서생이었다"[3]라고 말했다. 또한 "1927년 이전에 나는 싸울 준비를 하지 않았다. (…) 그들은 무서운 방법으로 나와 수많은 동지들을 핍박했는데 우리는 그런 적들을 대하며 학습했다. 마침내 우리는 장제스(蔣介石)가 총으로 우리를 살상하면 우리도 총으로 그들을 살상할 수 있다는 것을 깨달았다"[4] "나 같은 사람은 얼마 전까지도 싸울 수가 없었다. 심지어 싸우려고 생각해본 적도 없었다. 하지만 제국주의의 앞잡이가 무기를 들도록 나를 강박했다"[5]라고 말했다.

'백면서생' 마오쩌둥은 이렇게 해서 무장한 농민을 이끌고 징강산(井岡山)으로 올라갔다.

마오쩌둥이 제안한 "총대에서 정권을 탈취한다(槍杆子中奪取政權)"라는 주장은 당시 중공 중앙의 주장과 차이가 있어 비난을 받게 되었다. 마오쩌둥은 당시를 회고하며 말했다. "그들이 후난(湖南)에서 작은 책자를 입수했는데 그 안에 내가 말한 '총대에서 정권을 탈취한다'라는 말이 들어 있었다. 그들은 불같이 화를 내며 총대에서 어떻게

● 말 한마디로 나라를 일으키다.

정권이 나오겠느냐고 말했다. 이에 나는 정치국 후보위원 자격을 박탈당했다."[6] "그때 내게 '총대주의(槍杆子主義)'라는 별명을 지어주었다. 내가 '총대에서 정권을 탈취한다'라는 말을 했기 때문이다. 마르크스도 말한 적이 없고 책에도 이런 말이 없었다. 그들은 내가 착오를 범했다고 하면서 나를 '총대주의자'로 낙인찍었다."[7]

모든 방면에서 비판을 받았지만 마오쩌둥은 결코 멈추지 않고 '총대'로 세계를 개조하겠다는 신념을 확고부동하게 실천했다.

마오쩌둥은 '총대'의 중대한 의의를 잘 알고 있었다. 그래서 "총대에서 농회, 공회가 나오고 정권, 공산당이 나온다. 총대에서 나온 모든 것이 진리다"[8]라고 말했다. 하지만 그는 결코 '총대'에 갇혀 있지 않았으며 '총대' 앞에서 걸음을 멈추지 않았다.

1939년 12월 마오쩌둥은 옌안(延安)에서 열린 12·9운동* 4주년 기념대회에서 이렇게 말했다. "지식인이 팔로군(八路軍), 신사군(新四軍), 유격대와 결합한다면, 다시 말해서 붓대와 총대를 결합한다면 일을 수행하기가 쉽다. 나폴레옹은 붓 한 자루가 모젤 총 3000자루를 당할 수 있다고 말했다. 하지만 쇠로 만든 모젤 총이 없다면 붓대도 아무 소용이 없다."[9]

마오쩌둥은 또 "무화(武化)와 문화가 결합하지 않으면 무장투쟁도 성공할 수 없다"[10]고 말하는가 하면 "문화투쟁도 할 수 있고 무장투쟁도 할 수 있다"[11]고 말했다. '붓대'를 '총대'와 동등한 위치에 놓았던 것이다.

문무의 힘은 대권의 요체다. 이에 대해서는 옛사람들도 인식했으며 여러 담론에서 각기 다른 방식으로 이러한 사상을 표현했다. 마오

---

* 1935년 12월 9일 중국 공산당의 지도 아래 베이징에서 일어난 항일 학생 구국 운동.

쩌둥은 문과 무라는 낡은 문제를 인민이 이해할 수 있는 '붓대'와 '총대'라는 단어로 표현했는데, 이것이 창조다. 이렇게 하여 배우지 않은 사람도 이 말의 뜻을 이해할 수 있었다. 그 뒤부터 '붓대'와 '총대'라는 단어가 유행하게 되었다.

1940년 6월 9일 정치가 주더(朱德)는 옌안 루쉰예술학원(魯藝)에서 거행된 개교 2주년 기념대회 축사에서 "전방에서 우리는 총대를 가지고 열렬하게 싸웠다. 그들도 붓대를 가지고 열렬히 싸웠지만 불충분했다. 여기에서 우리는 전후방의 총대와 붓대가 친밀하게 연합할 수 있기를 바란다"[12]고 말했다.

마오쩌둥은 '총대'와 '붓대'를 잘 결합한 사람이다. 그는 한 손으로는 붓을 들고 다른 한 손으로는 검을 들고 있어서 두 손이 모두 무거웠다. 그는 문무를 두 손으로 거머쥐고 국민당을 타도하고 신중국을 건립했다.

마오쩌둥은 장제스의 총대를 통해 장제스를 인식했고, 장제스는 마오쩌둥의 '두 막대기(兩杆子)'를 통해 마오쩌둥을 인식했다. 마오쩌둥이 이끈 중국 공산당의 승리는 붓대와 총대의 승리다. 마오쩌둥은 평생토록 '총대'를 가장 첨예하고 가장 깊이 있게 이해했다.

그는 혁명 시대에 "중국혁명은 총대가 없으면 안 된다"[13] "중국의 일이란 대대로 총이 가장 위대하다. 우리가 혁명을 하려면 총이 없으면 할 수 없다"[14]고 말했다.

그는 정권을 잡은 뒤에 "무엇이 정권인가? 주된 것은 군대다. 군대가 없으면 정권도 없다. 무엇이 독립인가? 바로 군대다. 군대가 없으면 독립도 없다. 무엇이 자유인가? 자유도 군대다. 군대가 없으면 자유도 없으며 다른 사람들이 여러분을 압박하려고 할 것이다. 무엇이 평등인가? 군대가 없다면 누가 여러분과 평등을 얘기할 것인가?"[15] "무엇이 정권인가? 무엇이 역량인가? 다른 것은 필요 없다. 군대만 있으면 된다"[16]고 말했다. 마오쩌둥은 자문자답으로 예리하게 묻고 힘차게 대답했다. 그의 질문과 대답은 핵심을 찔렀고 본질을 파악했으며, 결단성이 있고 단호했다.

이와 유사한 마오쩌둥의 말은 꽤 많다. 이러한 말은 군대의 중요성을 극단적으로 제시했으며 힘차고도 솔직하다. 1958년 9월 최고국무회의 제1차 연설에서 마오쩌둥은 또다시 자신의 '두 막대기' 이론을 얘기했다. "붓만 가지고는 안 된다. 한 손엔 붓대를, 한 손엔 총대를 들어야 한다. 이것은 문화이기도 하고 무화(武化)이기도 하다."[17] '두 막대기 이론'은 당시 중국 국민들에게 무척 깊은 인상을 주었다.

영국 육군 원수인 버나드 몽고메리(Bernard Montgomery)가 1961년 9월에 중국을 방문했다. 그가 마오쩌둥에게 "총대에서 정권이 나온다"는 말을 어떻게 이해해야할지 모르겠다고 말했다. 그러자 마오쩌둥은 혁명을 하려면 전쟁을 겪어야 한다고 대답했다.[18]

1966년 5월 18일 마오쩌둥의 정치적 후계자로 불린 린뱌오(林彪)는 중앙정치국 확대회의에서 "부르주아를 전복시키려면 사상이 앞서야 한다. 먼저 사람들의 사상을 변화시켜야 한다. 또 다른 하나는 군대다. 총대를 잡아야 한다. 문무를 배합하고 여론을 잡고 또 총대를 잡으면 그들은 반혁명 정변을 일으킬 수 있다. (…) 정권을 탈취하려면 붓대와 총대 두 막대기에 의지해야 한다"[19]고 말했다. 린뱌오의 이 말은 매우 유명하다.

같은 해 5월 21일, 당시 중국 공산당 총리였던 저우언라이(周恩來)도 회의석상에서 "수정주의가 정변을 일으키려 하는데 그 토대는 문과 무다. 붓대와 총대를 장악하고 두 개를 모두 점유하면 곧바로 일에 착수하여……"라고 말했다. 저우언라이와 린뱌오의 말은 마오쩌둥의 사상과 일치하는데, '두 막대기' 이론의 또 다른 표현이다.

총대는 물질 역량이고 붓대는 정신 역량이다.

그렇다면 총대가 붓대에게 복종하는가? 아니면 붓대가 총대에게 복종하는가? 어떤 의미에서는 역사적인 모든 분쟁이 총대와 붓대의 분쟁이었다. 모두 누가 총대와 붓대를 장악하느냐를 두고 생긴 분쟁이었기 때문이다. 다시 말하면 붓대와 붓대, 총대와 총대, 총대와 붓대가 수천 년 동안 혼전을 거듭하여 이 땅과 종이에 흘린 것은 모두 피였다. 대란을 겪을 때마다 총대와 붓대가 뒤섞였다.

"정권을 탈취하는 데 총대와 붓대, 이 두 가지가 없으면 안 된다." 물론 이 '두 막대기'만 가진 채 시운이 따르지 않고 천시(天時), 지리(地利), 인화(人和)를 갖추지 않으면 정권 교체가 이루어질 수 없다. 혹자는 척박한 땅에 사는 평범한 사내(薄地凡夫)에게 행운이 따르지 않고 하늘이 허락하지 않으면, 이런 일은 이룰 수 없다고 말했다. 뿐만 아니라 제대로 뜻을 펼치지도 못한 채 자신의 보잘것없는 목숨을 잃는 결과만 낳을 뿐이다. 평생 '총대'를 잡았던 린뱌오는 자신의 운명을 가지고 놀다가 결국 목숨을 잃고 말았다.

4

지부를 중대에 건설하다

支部建在連上

서구의 어느 인사가 말했다. "중국 군대의 현대화를 두려워 말고 중
국 군대의 마오쩌둥화(毛澤東化)를 두려워하라."[1]

이 말은 진지하게 생각해볼 만한 가치가 있다. 의심할 여지 없이
'마오쩌둥화'에는 현대화의 내용이 포함되어 있으며, 동시에 당이 총
(무기), 인민전쟁, 장병의 평등을 지휘한다는 마오쩌둥의 독특한 건군
사상을 포함하고 있다. 사람들이 잘 알고 있는 '지부를 중대에 건설
하는' 것은 바로 마오쩌둥이 설계한 '당이 무력을 지휘하는(黨指揮槍)'
기본 제도의 내용 중 하나다.

추수봉기(秋收起義)●가 실패하자 삼군은 지치고 장병은 어찌할 바
를 모르며 사람들은 불안에 떨었다. 마오쩌둥은 사기를 진작시키기 위
해 "지부를 중대에 건설하다"라는 논리로 짙은 안개를 뚫고 절벽에서

● 1927년 9월 7일 중국 후난성과 장시성 일대에서 마오쩌둥이 주도한 최초의 무장봉기. 때마
침 추수기여서 '추수봉기'라는 이름이 붙었다.

길을 찾아냈다. 이에 새로운 군대가 출현하여 신중국을 만들어냈다.

마오쩌둥이 '지부를 중대에 건설'한 공은 실로 크다. 먼저, 파국의 공(破國之功)이다. 인민군 창건 초창기에는 연대급 이상의 단위에 당 조직을 건립했으나, 앞에서 이끄는 역량과 조직의 기초 모두가 상당히 취약하여 부대를 통제하는 데 힘이 실리지 않았다. 추수봉기가 실패한 뒤 부대 전체에 낙담과 패배의식이 가득해지자, 인민군이 뿔뿔이 흩어질 조짐이 보였다. 이러한 위기 상황에서 마오쩌둥은 깊은 생각에 잠겼다. '어떻게 실패의 국면에 맞설 것인가? 어떻게 이 국면을 수습할 것인가?' 생각을 마친 마오쩌둥은 1927년 10월 장시(江西) 융신현(永新縣) 싼완촌(三灣村)에서 '싼완 개편(三灣改編)'을 단행했다. 개편 과정에서 마오쩌둥은 '지부를 중대에 건설하는' 원칙을 선명하게 제시하고, 중대에는 지부와 대대를 두고 연대에는 당위(黨委)를 두어 부대 안의 당 조직 계통을 기초적으로나마 세웠다. '지부를 중대에 건설'함으로써 위급한 국면을 타파하고 새로운 길을 열자 전멸 위기에 처했던 추수봉기 부대가 기사회생하였고, 아울러 부대원들이 불속의 고통을 견디는 봉황처럼 고난을 딛고 다시 태어나게 되었다.

둘째, 처음 세운 공(開創之功)이다. 날카로운 칼을 만들기 위해서는 반드시 혼을 벼려야 하며 그 일을 가장 먼저 해야 한다. 옛날부터 군대의 기층 단위에는 '당'과 같은 조직이 없었다. 근대 이래로 중국 군대의 사유화가 낳은 쓰라린 교훈을 받아들인 마오쩌둥은 정치적 방면에서 군사와 군대 문제를 고려하여 창조적으로 가장 밑바닥에 당 지부를 건립했다. 이는 지극히 중요한 정치 설계이며 군대의 구조를 재건한 것이다. "지부를 중대에 건설하다"의 핵심은 '지부', 즉 공산당의 지부이며, 관건은 '건설(建)'이다. 한번 '세워서' 뿌리를 내리면 천지를 개벽시킬 수 있다. 그리고 급소는 '중대'다. 중대는 작은 단위나 기층 단위와 같지만 사실 군대의 가장 기본이 되는 단위다. 마오쩌둥은 신념과 문화가 부족하고 주로 농민으로 구성된 군대를 위해 '지부를 중대에 건설한다'라는 이념을 더욱 견지해 굳건한 믿음과 문화를 주입시켰다. 믿음을 위해 싸우고 국민을 위해 싸우기 위해서, 장병 스스로 연대를 최대한 응집시켜 전투력을 향상시켜야 함을 깨닫게 한 것이다. 칼에 혼을 집어넣으면 그 혼은 실행이 가능하다. 또한 혼이 칼에 들어가면 그 검은 정신력을 갖는다. '지부를 중대에 건설하다'라는 말처럼 당이 무력을 지휘할 수 있도록 견실한 기초를 다져놓으면, 마치 손이 팔을 따르는 것처럼 원활하고 순조롭게 당이 부대를 사용할 수 있게 된다. 이러한 책략으로 마오쩌둥은 새로운 인민군대를 창설했다. '지부를 중대에 건설하다'라는 말을 만든 것은 풍부한 보답을 얻었다. 이 군대는 중국 역사상 가장 훌륭하고 국민의 환영을 받는 군대가 되었다.

셋째, 땅에 뿌리를 박은 공(落地生根之功)이다. '지부를 중대에 건설하다'의 실행은 당의 이론이 국토 전체에 굳건한 뿌리를 내리는 밑거름이 됐다. 당의 이론은 모든 군인의 머릿속에 각인되었고, 군대 기층에 당의 주장을 관철시키는 동력이 되었으며, 모든 사병이 손에 당의 이론을 움켜쥐도록 만들었다. '지부를 중대에 건설'한 것은 당의 무력 지휘를 구체화한 것이다. 그것을 실행하면서부터 군대는 적에게 무너지지 않았고 나쁜 사람에 좌우되지 않았으며 개인적으로 불만을 표출하지 않았고 딴 마음을 품은 사람들에게 이용당하지 않았다. "총이 나의 말을 듣고 나도 당의 말을 듣게" 하여 약한 군대가 강한 군대를 이기고, 또 싸울 때마다 이기게 만들었다. 마오쩌둥은 다음과 같이 말했다. "홍군(紅軍)이 힘들게 싸우면서도 궤멸되지 않은 중요한 원인 중 하나는 '지부를 중대에 설치한' 것이다."[2] 이에 대해 미군의 정치교재 《군인의 정치교육(軍人的政治敎育)》에는 "회피할 수 없는 사실은 전쟁 중에 공산당 군대의 해체 위기를 발견하지 못했다는 점이다. 그 군대가 참패를 당했건, 손실이 얼마나 엄중하건, 혹은 가까운 시일 안에 근본적으로 승리의 전망을 볼 수 있건 간에 그들은 언제나 잠시의 실패 속에서 되살아났다"[3]라고 쓰여 있다.

넷째, 사방에 꽃을 피운 공(遍地開花之功)이다. '지부를 중대에 건설한' 것은 군대에 깊숙이 들어가 그 논리를 관철시킴으로써 인민군대의 정확한 방향을 보증했다. 신중국 성립 후 지부를 중대에 건설하는 일에서 얻은 성공한 경험은 각지에 퍼져, 수많은 중국인들이 이를 널리 배우고 흡수하였다. 또한 지부가 촌과 작업장, 가도(街道)에 세워졌다. 이것은 사회구조에 대한 개혁과 개조를 실현한 것과 다름없는 일이었다. 중국 공산당이 사회 전반에서 진행한 재건은 수천 년의 전통적 사회구조를 철저히 개조하여 중국의 면모를 일신시켰다.

시진핑(習近平) 주석이 말했다. "내가 베네수엘라를 방문했을 때 우고 차베스(Hugo Chavez) 대통령이 우리 중국 공산당이 기대고 있는 힘이 무엇인지를 물었다. 나는 그에게 '지부를 중대에 세운' 것을 예로 들어 대답했다. 그는 내 말에 동의했다. 그것은 그들이 생각은 했었지만 실행하지 못한 일이었다."[4]

중국 내에 "지부를 중대에 세우다" "지부의 전투보루 작용을 발휘하다(發揮支部的戰鬪堡壘作用)" "돈과 물건을 지급하는 것은 좋은 지부를 세우는 것만 못하다(給錢給物不如建個好支部)" 등의 관점은 널리 알려져 있다. 특히 '지부를 중대에 세우다'는 중국 내에서 온갖 역경에도 굴하지 않는 튼튼한 기둥(中流砥柱)의 역할을 지금까지도 굳건히 해내고 있다.

5

적이 물러나면 우린 추격한다

敵進我退, 敵駐我擾, 敵疲我打, 敵退我追

징강산 시기에 주더와 마오쩌둥이 거느린 홍군은 유격전의 경험을 총결했다. 마오쩌둥은 "작전은 장사하는 것과 마찬가지로 이익이 남으면 시행하고, 적자를 보면 하지 않는다. 이길 수 있으면 공격하고 질 것 같으면 도망간다. 당신이 올 때 나는 공격하지 말라고 얘기하겠지만, 내가 공격할 때는 반드시 당신을 먹어치울 것이다"[1]라고 말했다.

1928년 1월 마오쩌둥은 징강산 공농병 홍군의 유격전 경험을 총결할 때 "적래아주, 적주아요, 적퇴아추(敵來我走, 敵駐我擾, 敵退我追)"라는 열두 글자의 비결을 제시했다.[2] 이것이 바로 "적이 전진하면 우린 물러나고, 적이 주둔하면 우린 교란하며, 적이 지치면 우린 공격하고, 적이 물러나면 우린 추격한다"는 표현의 최초 형식이다.

《마오쩌둥 연보(1893-1949)》(수정본) 상권의 기록에 따르면, 1928년 5월 마오쩌둥과 주더 등은 적군이 강하고 아군이 약하니, 약한 형세로 강한 적군을 이기겠다는 전략을 근거로 유격전의 원칙을 정했다. 그리고 난창봉기(南昌起義)●와 추수봉기 이래 혁명군이 겪은 여러 차례의 경험을 총결하여 '적진아퇴, 적주아요, 적피아타, 적퇴아추(敵進我退, 敵駐我擾, 敵疲我打, 敵退我追)'라는 열여섯 글자의 유격전술을 제기했다.³ 이것이 최초의 언급이라는 견해에는 다소 애매모호한 부분이 있다. 믿을 만한 자료는 1929년 4월 5일 마오쩌둥이 장시 루이진(瑞金)에서 기초한 〈홍군 제4군 전선위원회가 중앙에 올린 편지(紅軍第四軍前委給中央的信)〉다. 이 편지에서 마오쩌둥은 "적이 전진하면 우린 물러나고, 적이 주둔하면 우린 교란하며, 적이 지치면 우린 공격하고, 적이 물러나면 우린 추격한다"라는 말을 처음으로 썼다.

우리가 3년 동안 투쟁 속에서 터득한 전술은 정말 고금중외의 전술과는 확연히 다르다. (…) 우리가 사용하는 전술은 유격 전술이다. 대강을 말하면 이런 것들이다. "병사를 나눠 군중을 행동하게 만들고, 집중하여 적을 대처한다(分兵以發動群衆, 集中以應付敵人)." "적이 전진하면 우린 물러나고, 적이 주둔하면 우린 교란하며, 적이 지치면 우린 공격하고, 적이 물러나면 우린 추격한다." "구역의 할거를 고정시켜 물결 방식의 추진정책을 운용한다(固定區域的割據, 用波浪式的推進政策)." "강적이 쫓아오면 반선(盤旋) 방식의 맴돌이 정책을 썼다(强敵跟追, 用盤旋式的打圈子政策)." "짧은 시간에 적용하기 좋은 방법은 군중을 행동하게 만드는 것이다(很短的時間, 很好的方法, 發動群衆)." 이러한 전술은 그물을 던지는 것과 같다. 수시로 던져야 하고 수시로 거둬들여야 하며 던져서 군중을 움직이게 하고 거둬서 적군을 대응해야 한다. 3년 내내 이러한 전술을 사용해왔다.⁴

● 1927년 8월 1일 장시성 난창에서 저우언라이의 주도로 일어난 봉기로, 중국 국민당과 공산당 사이의 최초의 전투.

1930년 12월 하순 홍일방면군(紅一方面軍) 총전위(總前委)가 장시 닝두(寧都) 샤오부(小布)에서 군민서사대회(軍民誓師大會)를 열었는데 거기에서 마오쩌둥은 대련(對聯) 한 폭을 썼다.

적이 전진하면 우린 물러나고 敵進我退,

적이 주둔하면 우린 교란하며, 敵駐我擾,

적이 지치면 우린 공격하고 敵疲我打,

적이 물러나면 우린 추격하여 敵退我追,

유격전에서 승산을 가늠한다. 遊擊戰裏操勝算.

큰 걸음으로 나아가고 물러나며 大步進退,

적이 깊이 들어오도록 유인하고 誘敵深入,

병력을 집중시켜 集中兵力,

각개 격파하여 各個擊破,

운동전에서 적을 섬멸한다. 運動戰中殲敵人.[5]

마오쩌둥은 〈중국 혁명전쟁의 전략 문제(中國革命戰爭的戰略問題)〉에서 "1928년 5월부터 당시 상황에 적용할 수 있는 초기 형태의 유격전 기본 원칙이 생겨났다. 그것은 곧 '적이 진격하면 우리는 퇴각하고, 적이 주둔하면 우리는 교란하고, 적이 피로하면 우리는 공격하고, 적이 퇴각하면 우리는 추격한다'라는 작전으로, 열여섯 글자로 요약할 수 있다"[6]고 말했다.

'열여섯 글자의 비결'은 참으로 절묘하다. 아군은 도처에서 교란 작전을 펴 적군과 멀리 떨어지지도 가까이 접근하지도 않으면서, 적군이 아군을 찾거나 따라오지 못하게 하며, 아군을 떨쳐버리지도 못하고 공격할 수도 없게 한다. 아군은 적군을 옭아매어 가까이 있기도 하고 떨어져 있기도 하면서 적군이 주둔하지도 자지도 못하게 만들며, 먹지도 행군할 수도 없게 만들어 사람과 말을 지치게 한다. 그렇게 살찐 말이 여위어 죽으면 마침내 적군을 해치워버리는 것이다.

마오쩌둥은 '열여섯 글자의 비결'을 상세히 풀이한 적이 있다. 그는 "적이 진격하면 우리는 퇴각하고, 적이 주둔하면 우리는 교란하고, 적이 피로하면 우리는 공격하고, 적이 퇴각하면 우리는 추격한다. 왜 적이 진격하면 우리는 퇴각하는가? 적군이 강대하기 때문에 우리는 한 걸음 물러서서 그들이 지치길 기다렸다가 다시 공격해야 한다. 그러면 적군은 도리 없이 어려움에 빠져서 도망가려고 할 것이다. 적군이 도망갈 때 우리는 추격해야 한다. 이것 역시 인민들이 우리에게 가르쳐준 방법이다. 우리는 본래 이러한 전투를 몰랐다"[7]고 말했다.

마오쩌둥의 이 열여섯 글자는 연합·분열·이간·포섭을 꾀함과 동시에 자유자재로 돌려쓸 수 있다는 장점이 있었다. 여기서 필자가 지칭하는 것은 그 글자들이 내포한 뜻이다.

'열여섯 글자의 비결'을 살펴보면, 민요 형식으로 물 흐르듯 읽힌다는 특징이 있다. 또한 그 내용이 전투 방법을 알려주는 것이어서 차근차근 설명하듯 쉽게 정리되어 있다. '적진/아퇴(敵進/我退), 적주/아요(敵駐/我擾), 적피/아타(敵疲/我打), 적퇴/아추(敵退/我追)'에서 보듯이, 마치 밀고당기는 놀이 같은 느낌이 든다. 하지만 현실은 잔혹한 전쟁이다! 마오쩌둥은 이 점을 염두에 두고, 배움이 없는 사병들도 기억하기 쉽고 전하거나 다루기 쉬워서, 단번에 듣고 이해하고 배울 수 있을 만큼 쉽고 실용적인 표현을 만들었다. 그의 열여섯 글자는 전방에서 적진 깊숙이 파고들어 적을 약화시켰고, 사병은 그 뒤를 따라 필사적으로 공격해 마침내 적군을 함락시켰다. 이처럼 마오쩌둥의 언어는 외우기 쉽고 '노래로 부르기 쉬운' 문장으로 되어 있다. 이 문장 덕분에, 본래 힘이 모자라 싸움이 뜻대로 되지 않았던 미미한 농민군에 보병용 소총이 더해(小米加步槍)졌을 뿐인 마오쩌둥의 '허약한 군대(弱旅)'는 그 어떤 군대와 맞서도 지지 않을 만큼 강해졌다.

마오쩌둥의 군대는 한번 싸우기 시작하면 이길 때까지 싸우는 여유를 갖게 되었고, 산골에서 벌이던 작은 전투에서 벗어나 도시와 나라의 중심으로까지 진격해 대규모 전투를 벌이는 전력을 갖추게 되었다. 이렇게 "시골뜨기가 양코배기와 싸워 이긴(土包子打敗了洋包子)" 덕분에 마오쩌둥은 방대한 신중국의 기초를 다질 수 있었다. 그러니 문장 하나의 역할이 얼마나 대단한지 새삼 깨닫게 된다. 언어와 운명 간에는 모종의 신비한 관계가 있음이 확실하다.

중국 고대 역사를 살펴보면, 하나의 사상이 사회에 전파될 때 긴 문장보다 어록, 가요, 격언 같은 쉬운 문장에 의존했다. 시 같기도 하고 노래 같기도 한 순커우류(順口溜)● 같은 요언체(謠諺體)가 사람의 가슴에 가장 깊이 파고들기 때문이다. 이것은 한(漢) 민족의 중요한 문화 현상이다. 이를 일찍이 간파한 마오쩌둥이 '열여섯 글자의 비결'로 인민군대가 유격전을 전개하는 지도방침을 설명한 것이 그 증거다.

'열여섯 글자의 비결'과 '싸워서 이길 수 있으면 싸우고, 싸워서 이길 수 없으면 도망간다'에서 강조한 것은 진격과 퇴각의 논쟁이 아니며 단, 한 번 전투(一時一地一戰)의 득실이 아니라 기민하고 재빠르며 다양한 전술을 통해 적군을 소멸시키고 아군을 보호하여 승리를 얻는 것이다. 열여섯 글자는 전쟁의 공간을 확장했고 시간을 끌었으며 승부의 표준을 고쳐 썼다. 이는 새로운 전쟁관이다. 전 미국 국무

● 즉흥적인 문구에 가락을 얹어서 노래하는 민간 예술의 한 종류.

장관 헨리 키신저(Henry Kissinger)는 마오쩌둥의 '열여섯 글자의 비결'이 실제로 이전의 승패 표준을 전복시켰고, 손자(孫子)와 카를 폰 클라우제비츠(Carl Von Clausewitz) 이래 동방이나 서방에서 제정한 승리와 실패의 표준을 전복시켰다고 말했다.[8]

홍콩의 류지쿤(劉濟昆)이 쓴 《마오쩌둥 병법(毛澤東兵法)》의 광고 문구에 "옛날 《손자병법(孫子兵法)》의 삼십육계(三十六計)가 강자가 약자를 제압한 것이라면, 지금의 《마오쩌둥 병법》 사십팔계(四十八計)는 약자가 강자를 제압한 것이다"라는 구절이 있다. 1990년대 초에 이 책이 출판되었을 때 꽤 오랫동안 홍콩과 타이완에서 유행했다. 이 책에서 류지쿤은 마오쩌둥의 병법을 사십팔계로 나누었다. 그중 사계가 바로 '적진아퇴(敵進我退)', 즉 '열여섯 글자의 비결'이다. 류지쿤은 "열여섯 글자의 비결은 마오쩌둥 유격전의 기본 원칙이며 마오쩌둥 일생에서 이룩한 비범한 업적의 황금열쇠다. 마오쩌둥이 귀신과 천지조차 감동시킬 수 있었던 것은 열여섯 글자의 비결에서 기인한다"[9]고 평가했다.

'열여섯 글자의 비결'을 누가 발명했는지를 물으면, 대다수 사람은 마오쩌둥이 가장 먼저 제기했다고 대답한다. 일부만이 집단 창작이라고 답한다. 작가 류바이위(劉白羽)는 자신의 책 《주더 장군전(朱德將軍傳)》에서 "주더가 그것의 발명자이자 집행자"라고 말했다.

사실 마오쩌둥과 주더, 두 사람의 글 쓰는 스타일과 습관을 살펴보면 어느 곳에 있어도 십중팔구 누구의 작품인지 알 수 있다. 마오쩌둥은 총결하거나 개괄에 뛰어났다. 징강산 투쟁에 참여한 주요 리더인 주더, 천이(陳毅), 펑더화이(彭德懷)는 모두 '열여섯 글자의 비결'을 마오쩌둥이 개괄하고 총결한 것으로 인정했다.

1964년 마오쩌둥은 "예전에는 내가 군사(軍事)에 종사하여 전투

할 줄은 미처 생각지도 못했다. 시간이 흐른 뒤에야 사람을 인솔하여 전투를 시작했고 징강산으로 올라갔다. 징강산에서는 먼저 작은 승리를 거두었고, 이어진 두 번의 싸움에서 패배를 맛보았다. 이에 경험을 총동원해 유격전의 전술을 열여섯 글자에 쏟아넣었다"[10]고 말했다. 이는 마오쩌둥이 열여섯 글자의 비결을 창제했음을 스스로 인정한 말이다.

최근에 어떤 글에서 북송(北宋) 때의 정치가 범중엄(范仲淹)이 요(遼)와 대항하는 전략을 건의하면서 "(적이) 날래면 피하고, 지치면 어지럽히고, 밤이 되면 놀라게 하고, 떠나가면 따라간다(銳則避之, 困則擾之, 夜則驚之, 去則躡之)"●라는 말을 했다는 내용을 본 적이 있다. 마오쩌둥의 '열여섯 글자의 비결'과 범중엄의 열여섯 글자는 대동소이하며 형식이나 내용 면에서 비슷한 부분이 있다. 마오쩌둥이 범중엄의 이 말을 알고 있었는지는 확실하지 않지만, 마오쩌둥이 '열여섯 글자의 비결'을 창제할 때 여기서 영감을 받았는지도 모르겠다.

● 《속자치통감장편(續資治通鑑長編)》(권136) 경력(慶曆) 2년(임오 , 1042)조에 나온다.

6

3대 기율과 8가지 주의사항

三大紀律八項注意

'3대 기율과 8가지 주의사항'은 마오쩌둥의 걸작이다. 근사하고도 쓸모가 있으며 기억하기 쉽기 때문에 당시 중국에서는 모르는 사람이 없었다.

1980년대 초기에 필자가 막 군인이 되었을 때 시골에 사시는 모친이 내게 편지를 썼다. 그중에 잊히지 않는 당부는 "3대 기율과 8가지 주의사항을 준수하라"는 말이었다.

마오쩌둥이 제기한 '3대 기율과 8가지 주의사항'은 구식 군대가 가장 쉽게 저지르는 병폐를 겨냥한 것이다.

천스쥐(陳士榘) 장군은 "구식 군대가 인민에게 남겨준 가장 깊은 인상은 장정을 징발하여 파견하고, 물건을 가져가면서 돈을 지불하지 않고, 툭하면 구타하고 욕설을 퍼붓는 것이다. 사람들은 '병사(丘八)'•를

● 구팔(丘八)은 군사 '병(兵)'자의 파자(破字)다. '兵' 자를 나누면 '丘八'이 된다.

보면 피하려고 한다. 우리는 비록 노동자, 농민 혁명의 군대지만 부대 성원들이 대부분 구식 군대 출신이기 때문에 낡은 습속이 아직 청산되지 않았고, 새로운 기율이 제대로 서지 않았다. 그래서 군중의 이익을 침범하는 일이 이따금 발생하여 군민(軍民)의 단결을 해쳤다"[1]고 말했다. 당시에는 토호(土豪) 세력을 공격하면 그들의 물건을 빼앗아 부대에 나눠주었고(군중에게 분배하지 않았다) 때로 은화를 발견하면 장병이 모조리 약탈해갔다.[2] 이러한 상황에서 마오쩌둥은 '3대 기율과 8가지 주의사항'을 제기했다.

'3대 기율과 8가지 주의사항'이 완성되기까지 다음과 같은 과정이 있었다.

1927년 10월 3일 마오쩌둥은 부대가 싼완(三灣)을 떠나 닝강(寧岡) 고성(古城)으로 전진하기 전에 행군 기율을 선포했다. "말은 온화하게 한다(說話要和氣), 매매는 공평하게 한다(買賣要公平), 군중에게서 고구마 한 개도 가져오지 않는다(不拿群衆一個紅薯)." 이것이 '3대 기율'의 최초 형식이다. 10월 24일 마오쩌둥은 징주산(荊竹山)에서 노동자농민혁명군의 3가지 기율을 다시 선포했다.

1) 행동은 지휘를 따른다(行動聽指揮).
2) 군중에게서 고구마 한 개도 가져오지 않는다(不拿群衆一個紅薯).
3) 토호를 타도하면 공동 분배한다(打土豪要歸公).[3]

1928년 1월 15일 후난성 구이둥현(桂東縣) 사톈진(沙田鎭)의 논에서 마오쩌둥은 노동자농민혁명군의 6가지 주의사항(六項注意)을 선포했다.

1) 문짝은 돌려준다(還門板).

2) 침상에 까는 짚은 묶어둔다(捆鋪草).

3) 말은 온화하게 한다(說話和氣).

4) 매매는 공평하게 한다(買賣公平).

5) 인부를 징발하지 않는다. 인부를 부르면 반드시 돈을 지급한다(不拉伕, 請來伕子要給錢).

6) 구타와 욕설을 하지 않는다(不打人罵人).**4**

1928년 4월 3일 마오쩌둥은 노동자농민혁명군의 '3대 기율과 6가지 주의사항(三大紀律六項注意)'을 다시 선포하고 다음과 같이 풀이했다. "3대 기율은 첫째 행동은 지휘를 따른다, 둘째 노동자나 농민에게서 아무 것도 가져오지 않는다, 셋째 토호를 타도하면 공동 분배한다"이고, "6가지 주의사항은 첫째 (떼어낸) 문짝은 달아준다(上門板)●, 둘째 침상에 까는 짚은 묶어준다●●, 셋째 말은 온화하게 한다, 넷째 매매는 공평하게 한다, 다섯째 빌린 것은 반드시 돌려준다(借東西要還), 여섯째 파손되면 반드시 갚는다(損壞東西要賠)이다.**5** 1929년 이후에는 6가지 주의사항에 두 조항이 늘어 '8가지 주의사항'이 되었다.

'3대 기율과 8가지 주의사항'의 내용은 뒤에 조금씩 조정되다가, 1947년 10월 산베이(陝北)에서 확정되었다. 확정된 '3대 기율과 8가지 주의사항'의 내용은 다음과 같다.

● 당시 부대가 민가에서 투숙할 때 늘 민가의 문짝을 떼어내 병사들의 침대용 널판으로 사용하곤 했다. 그래서 사용한 뒤에는 반드시 주인에게 돌려주어 원상 복귀시킬 것을 강조했다.
●● 당시 군인들은 민가에서 빌려온 널판에다가 볏짚을 깔고 그 위에서 잠을 잤다. 그래서 일어난 뒤에는 반드시 볏짚을 원래 상태로 묶어서 주인에게 돌려주게 했다.

3대 기율

1) 모든 행동은 지휘를 따른다(一切行動聽指揮).

2) 군중에게서 바늘 하나, 실오라기 하나 가져오지 않는다(不拿群衆一針一線).

3) 모든 전리품은 공동 분배한다(一切繳獲要歸公).

8가지 주의사항

1) 말은 온화하게 한다(說話和氣).

2) 매매는 공평하게 한다(買賣公平).

3) 빌린 것은 돌려준다(借東西要還).

4) 물건이 파손되면 갚아야 한다(損壞東西要賠).

5) 구타나 욕설을 하지 않는다(不打人罵人).

6) 농작물에 피해를 입히지 않는다(不損壞庄稼).

7) 여성을 희롱하지 않는다(不調戱婦女).

8) 포로를 학대하지 않는다(不虐待俘虜).[6]

'3대 기율과 8가지 주의사항'은 중국인민해방군의 '제일군규(第一軍規)'로 일컬어지고 있다. 여기에는 인민군대의 성격과 설립 목적이 포함되어 있으며 공산당이 이끄는 인민군대와 토비, 구식 군대와 농민 봉기군의 근본적인 구별 또한 표명되어 있다. 그중 한 구절은 사소하고 일상적이며 구체적으로 보인다. 심지어는 자질구레하게 보이지만 작은 곳에서 착안하고 세심한 곳에서 시작하여 커다란 문제와 연결시키고, 그 문제를 해결했으며, 모두 구식 군대와 구식 군인들이 가장 저지르기 쉬운 잘못들을 겨냥했다.

'3대 기율과 8가지 주의사항'은 모두 60여 글자에 불과하나 목표가 분명하고 지향하는 바가 명확하며 이해하기 쉽고 매끄럽게 읽힌다. 후에 다시 민간에서 가곡으로 만들어 불러서 교양이 있든 없든 모든 사람들이 기억하고 이해할 수 있으며 노래 부를 수 있게 하였다.

'3대 기율과 8가지 주의사항'은 날마다 이야기하고 날마다 부르고 날마다 시행하면서 그 내용과 정신이 장병의 머릿속에 스며들었다. 마오쩌둥은 농민 위주의 무장 역량을 중국 역사상 가장 기율이 있는 부대로 개조했으며, 동시에 "세계에서 가장 기율이 있는 부대 중 하나"[7]로 만들었다. 그 중요한 규칙이 바로 3대 기율과 8가지 주의사항이었다.

마오쩌둥이 말했다.

과거 군대에서 어떤 사람이 노래를 만들어 다른 사람을 욕했는데 우리는 금지시키지도 않았고 조사하지도 않았다. 그런데도 군대는 무너지지 않았다. 우리는 다소 큰 것, 즉 3대 기율과 8가지 주의사항만을 잡았더니 대오가 서서히 궤도에 오르게 되었다.[8]

'왕의 군대'처럼 3대 기율과 8가지 주의사항을 준수하면 진정으로 기율이 엄격하고 공정해지며 추호도 잘못을 범하지 않게 된다.[9]

1953년 2월 마오쩌둥은 "부대에 3대 기율과 8가지 주의사항이 있다면 지방 간부들은 몇 가지 기율과 몇 가지 주의를 정할 수 있는가?"[10]라고 말했다.

마오쩌둥의 이러한 요구는 당시엔 사람들의 주의를 끌지 못했을 것이다. 1961년 1월에 이르러 중앙서기처 서기 후차오무는 '3대 기율과 8가지 주의사항'을 모방하여 〈당정(黨政) 간부 '3대 기율과 8가지 주의사항'(黨政幹部'三大紀律八項注意')〉(초안)을 기초했다. 마오쩌둥은 이를 보고 "너무나 복잡하고 홍군의 3대 기율과 8가지 주의사항처럼 간명하지 못해 기억하기 어렵다"[11]고 생각했다. 마오쩌둥이 수정을 지시한 후 '3대 기율과 8가지 주의사항'에 따라 글자 수를 절반으로 줄였는데 거의 모든 문구가 직접적으로 마오쩌둥 어록에서 나왔다. 이것은 1월 말 전국에 반포되었는데 그 내용은 아래와 같다.

3대 기율

1) 모든 일은 실제에서 출발한다(一切從實際出發).
2) 당의 정책을 정확히 집행한다(正確執行黨的政策).
3) 민주 집중제●를 실행한다(實行民主集中制).

8가지 주의사항

1) 같이 일하고 같이 밥 먹는다(同勞動同食堂).
2) 사람을 온화하게 대한다(待人和氣).
3) 일은 공정하게 처리한다(辦事公道).
4) 매매는 공평하게 한다(買賣公平).
5) 사실대로 상황을 반영한다(如實反映情況).
6) 정치 수준을 향상시킨다(提高政治水平).
7) 공작은 군중과 상의한다(工作要同群衆商量).
8) 조사가 없으면 발언권이 없다(沒有調査就沒有發言權).[12]

'당정 간부의 3대 기율과 8가지 주의사항'은 널리 전파되지 못해

● 인민 민주주의에 입각하여 프롤레타리아로 구성된 당이 국가 권력을 집중적으로 행사하는 제도.

오래지 않아 사람들에게 잊혔다. 사람들이 기억하는 것은 여전히 마오쩌둥이 제정한 '3대 기율과 8가지 주의사항'이었다.

1971년 8월부터 9월까지 마오쩌둥은 남방을 순시하면서 '3대 기율과 8가지 주의사항'을 재차 강조했다. 그는 "여러분은 3대 기율과 8가지 주의사항을 불러야 하고 설명해야 하며 이를 실행해야 한다. 보조가 맞지 않아 두 파로 나뉘면 어떻게 승리할 수 있겠는가?"라고 반문하며 "3대 기율과 8가지 주의사항 가운데 여러분은 3대 기율의 첫 번째 '모든 행동은 지휘를 따른다'와 8가지 주의사항의 첫 번째 '말은 온화하게 한다', 다섯 번째 '구타나 욕설을 하지 않는다'에 주의해야 한다. 왜 그런가? 중점이 있어야 하기 때문이다. 중점이 없으면 정책도 없다"[13]고 강조했다. 또 "나는 '3대 기율과 8가지 주의사항'으로 전사를 교육시키고 간부를 교육시키며 군중을 교육시키고 당원과 인민을 교육시키길 바란다"[14]고 말했다.

뤄룽환(羅榮桓) 원수가 말했다. "마오쩌둥 동지가 '3대 기율과 6가지 주의사항'(나중에 8가지 주의사항으로 개정)을 친히 제정하여 혁명 군인이 군중을 어떻게 대할 것인지 가장 구체적이고 가장 간명한 언어로 고정시켰다. 꽤 오랜 시간 동안 그것은 모든 지도원의 행동을 지도하고 있다."[15]

2014년 10월 31일 시진핑은 '신구톈회의(新古田會議)'●에서 "3대 기율과 6가지 주의사항은 대대로 장병에게 영향을 끼쳤고 그들을 교육시켰다"[16]고 말했다. 확실히 이처럼 마오쩌둥이 제정한 '3대 기율과 6가지 주의사항' 등 수십 글자가 부대를 몇십 년 동안 훌륭하게 관

● 2014년 10월 30일 전군정치공작회의(全軍政治工作会議)가 푸젠성(福建省) 상항현(上杭縣) 구톈진(古田鎭)에서 열렸는데 이를 '신구톈회의'라고 부른다. 앞서 홍사군(紅四軍)이 1929년 12월 28-29일간 이곳에서 열었던 당의 제9차 대표대회와 구분하기 위해 '신'자를 붙였다.

리하였으며 앞으로도 계속 관리할 것이다.

마오쩌둥은 청년기에 "나는 나와 가까운 사람, 특히 증문정에게 감복했다(愚于近人, 獨服曾文正)"[17]고 말한 적이 있다.

마오쩌둥이 창제한 '3대 기율과 6가지 주의사항'은 아마 그의 고향 선배 증국번(曾國藩)•에게서 영감을 받았을 것이다. 이것 역시 문화적 전승, 즉 앞사람의 뜻을 뒷사람에게 전해준 것이다.

함풍(咸豊) 8년(1858)에 증국번은 장시 쩬창(建昌)의 병영에서 500여 글자에 달하는 〈애민가(愛民歌)〉를 지었다.

삼군은 모두 자세히 들어라, 三軍個個仔細聽,

행군할 땐 먼저 백성을 사랑하라. 行軍先要愛百姓.

주둔할 때는 게으름 피우지 말고 第一扎營不貪懶,

남의 집에 들어가 문짝을 떼오지 마라. 莫走人家取門板.

민가를 헐고 벽돌을 가져오지 말고 莫拆民家搬磚石,

볏모를 밟아 농작물을 망가트리지 마라. 莫踹禾苗壞田産.

민간의 오리와 닭을 잡지 말고 莫打民間鴨和鷄,

민간에서 솟과 그릇을 빌리지 마라. 莫借民間鍋和碗.

인부를 파견하여 참호를 파지 말고 莫派民夫來挖壕,

민가에 가서 잠을 자지 마라. 莫到民家去打館.

담장을 쌓되 거리 앞의 길을 가리지 말고 築墻莫攔街前路,

• 증국번(1811-1872)의 자는 백함(伯涵), 호는 척생(滌生)이며 호남 상담현(湘鄕縣) 사람으로 도광(道光) 14년(1834)에 악록서원에서 수학했다. 그는 이홍장(李鴻章), 좌종당(左宗棠), 장지동(張之洞)과 함께 '만청 중흥 4대 명신(晩淸中興四大名臣)'으로 불린다. 관직은 양강총독(兩江總督), 직예총독(直隸總督), 무영전대학사(武英殿大學士)를 역임했다. 시호가 '문정(文正)'이라서 후세에 그를 '증문정'이라 불렀다.

땔나무를 베되 묘지의 나무를 베지 마라. 砍柴莫砍墳上樹.

물을 긷되 물고기가 있는 연못에서 긷지 말고 挑水莫挑有魚塘,

모든 일에는 한 발씩 양보하라. 凡事都要讓一步.

돈이 없으면 길가의 채소를 캐지 말고 無錢莫扯道邊菜,

돈이 없으면 공짜로 차를 마시지 마라. 無錢莫吃便宜茶.

더욱 중요한 한 마디가 있나니 更有一句緊要書,

절대 포로를 머슴처럼 부리지 마라. 切莫擄人當長夫.

포로가 짐을 짊어지고 떠나가면 一個被擄挑擔去,

일가가 놀라 울면서 편히 살지 못하니. 一家嚇哭不安居.

어머니는 자식 오는지 기다리다 울어 부스럼 생기고 娘哭子來眼也腫,

아내는 남편 오는지 기다리다 울어 눈물도 말랐다. 妻哭夫來淚也枯.

군인은 백성과 일가이니 軍士與民如一家,

절대로 그들을 속이지 않도록 기억하라. 千記不可欺負他.

날마다 〈애민가〉를 외워 부르면 日日熟唱愛民歌,

하늘이 화합하고 땅이 화합하고 사람도 화합하리라. 天和地和又人和.

마오쩌둥의 명구 "군인과 인민이 한 사람처럼 단결했으니, 천하에 누가 대적할지 보자(軍民團結如一人, 試看天下誰能敵)"라는 구절은 〈애민가〉의 "군인은 백성과 일가이니, 절대로 그들을 속이지 않도록 기억하라"라는 구절과 비슷한 부분이 있다.

7

땅에 때려눕히고 다시 한 발로 밟다

打翻在地, 再踏上一只脚

"땅에 때려눕히고 다시 한 발로 밟다"라는 구절에는 매우 중요한 가치가 있다.

이 말은 마오쩌둥이 1927년 3월에 쓴 〈후난 농민운동 시찰 보고 (湖南農民運動考察報告)〉에 처음 보인다. 이 글에서 그는 후난 농민운동을 가리키며, "절대적인 권력을 가지고 있는 농민협회는 지주의 발언을 허락하지 않아 지주의 위풍을 깡그리 쓸어버렸다. 이것은 곧 지주를 땅에 때려눕히고 다시 한 발로 밟는 격"[1]이라고 말했다.

혁명가의 입장에서 이 말을 기억한다면 혁명할 때 어떻게 '혁(革)' 할 것인가, 투쟁할 때 어떻게 '싸워야' 할 것인가, 비판할 때 어떻게 '비판'할 것인가, 적을 증오할 때 어떻게 '증오'할 것인가를 알게 될 것이다. 그래서 역대 운동에서 이 문장의 출현 빈도, 사용 빈도는 모두 높았다. 물론 가장 "실제의 필요에 근거하여 배우고 탄력적으로 적용한(活學活用)" 조직은 1966년 위풍당당하게 나타난 홍위병(紅衛

兵)과 이후 대거 출현한 '조반파(造反派)'*다.

1966년 6월 24일 칭화대학(淸華大學) 부속중학 홍위병은 〈혁명적 조반정신 만세(革命的造反精神萬歲)〉라는 대자보를 붙였다.

> 우리가 기왕 조반(造反)하려는데 당신들 뜻대로 되지 않을 것이다. 우리는 화약 냄새를 진하게 풍길 것이다. 폭파통, 수류탄을 함께 던져서 크게 싸우고 죽일 것이다. '인정'이나 '전면(全面)'은 전혀 고려하지 않고 모두 한쪽으로 밀어버릴 것이다. (…) 당신들은 우리가 너무나 과격하다고 말할지도 모른다. 사실대로 말하면 당신들이 말하는 과격함은 개량주의이고 '평화의 과도기(和平過渡)'다. 이것은 망상이다. 우리는 당신들을 땅바닥에 엎어놓고 한 발로 밟을 것이다.[2]

이 대자보는 마오쩌둥의 인정을 받고 《홍기(紅旗)》와 《인민일보(人民日報)》에 실려 널리 전파되었다.

대부분의 경우 홍위병들은 마오쩌둥의 "땅에 때려눕히고 다시 한 발로 밟다"는 말 뒤에 "그를 영원히 일어서지 못하게 하겠다"는 말을 첨가했다. 이 말의 발명자는 누구인지 아직 밝혀내지 못했다.

이 말은 문화대혁명 시기의 유행어 중 하나로, 혁명가가 적을 대할 때 취하는 가장 보편적인 행동의 하나였으며 문화대혁명에 참가한 이들의 조반 양상을 보여주었다.

필자는 상하이교통대학(上海交通大學)의 '광란대대(狂亂大隊)'와 상하이시공예미술학교(上海市工藝美術學校) 마오쩌둥주의홍위병(毛澤東主義紅衛兵)이 연합하여 학교의 지도자와 교사를 비판 투쟁하는 사진

---

* 중국 문화대혁명 당시 보수파 홍위병에 대항해 결성된 전국적인 규모의 대중조직으로 보수적인 당 관료들을 비판했다.

을 본 적이 있다. 사진에서 비판받는 사람은 땅에 무릎을 꿇고 머리를 숙여 조아리고 있었다. 반면 '광란대대'의 홍위병은 한 손으로 주먹을 쥐거나 어록을 높이 들고 한 발로는 비판받는 사람의 등을 밟고 있었는데, 표정은 자긍심으로 가득하고 정신은 흥분에 도취한 상태였다. 이른바 "땅에 때려눕히고 다시 한 발로 밟아 그를 영원히 일어서지 못하게 하겠다"는 태도였다. 그들이 마오쩌둥의 문장을 실제 행동으로 옮긴 것이다.

1967년 1월 22일 마오쩌둥은 군위팽두회(軍委碰頭會) 확대회의 인원을 접견할 때 비판하면서 말했다. "그들은 내가 〈후난 농민운동 시찰 보고〉에서 얘기한 방법을 실제로 사용했다. 고깔모자를 씌우고 땅에 때려눕히고 다시 한 발로 밟았다. 그 대상은 토호(土豪)와 악덕 지주(劣紳)였다. 지금 툭하면 고깔모자를 씌우고 제트기 자세*를 취하게 하는데, 그 모양새가 좋지 않다."³

마오쩌둥은 '땅에 때려눕히고 다시 한 발로 밟는' 방법을 비판하고 제지했다. 하지만 유사한 '행위예술'이 조반을 행하는 사람들 사이에서 지속되었다.

'땅에 때려눕히고 다시 한 발로 밟아 그를 영원히 일어서지 못하게 하는' 방법은 포용하고 공존하며 화합하면서도 부화뇌동하지 아니하고 온건하고 부드러운 태도를 보여주는 방법에 비해 상대를 무찌르는 수고를 덜게 되고 훨씬 간단하다. 적군과 아군이 서로 대립과 모순의 관계이므로 충분히 그렇게 할 수 있다. 그런 관계가 아니라면 뒤탈은 끝이 없을 것이다.

그 이후 수십 년이 지났으나 문화대혁명의 실천과 효과를 거쳐

---

* 문화대혁명 시기에 유행한 자세로, 비판 대상자의 두 팔을 등 뒤쪽으로 뒤틀어 꺾은 채 허리와 몸을 90도로 굽히게 한 자세.

'땅에 때려눕히고 다시 한 발로 밟는' 것은 중국의 수많은 사람들이 문제를 처리하는 사유방식과 행동방식이 되어버렸다.

2010년 리쩌허우는 한 인터뷰에서 이렇게 말했다. "현재 학술계에서 논쟁이 분분한데, 이 상황을 보니 문화대혁명 때 홍위병이 부르짖던 구호가 생각난다. '너희들을 땅에 때려눕히고 다시 한 발로 밟을 것이다.' (…) 지금 어느 파이건 심지어 자유파 지식인들까지 모두가 홍위병 유풍(遺風)을 가지고 있다."[4]

고깔모자

高帽子

8

"고깔모자를 쓰다(戴高帽子)"란 말은 북위(北魏)에서 기원한다. "지금은 허장성세하여 남들이 자신을 치켜세워주길 바라니 이를 고깔모자를 잘 썼다고 말한다."[1]

1927년 초 마오쩌둥은 32일 동안 온몸에 흙먼지를 뒤집어쓰면서 후난 농촌을 시찰한 후, 저명한 〈후난 농민운동 시찰 보고〉를 썼다. 이 문장은 중국 공산당 내에서 널리 주의를 끌었고 아울러 소련까지 전해졌다. 코민테른 기관지 《코민테른》의 러시아어어판, 영문판, 중문판 및 《혁명동방(革命東方)》 등의 잡지에서 같은 해 5월과 6월에 이 문장을 번역하여 실었거나 소개했다. 코민테른 기관지에서 이러한 영예를 누린 것은 마오쩌둥이 중공의 일인자였기 때문이다. 이 글은 소련 정부에서 '마오쩌둥'이라는 이름에 대해 처음으로 관심을 기울이는 계기가 되었고, 마오쩌둥이 코민테른에서 확고한 지위를 갖는 주춧돌이 되었다.

수많은 세월이 흘렀어도 〈후난 농민운동 시찰 보고〉는 아직도 읽고 기억하기 편할 만큼 유려하다. 이 보고에는 "높은 고깔을 씌워 온 마을로 끌고 다니기(戴高帽子遊鄕)"라는 구절이 있다.

높은 고깔을 씌워 온 마을로 끌고 다니는 일 역시 각지에서 자주 행해지고 있다. 토호와 악덕 인사에게 토호 아무개 혹은 악덕 인사 아무개라고 쓴 종이로 만든 높은 고깔을 씌우고는 몸을 묶어서, 많은 사람들이 떼를 지어 끌고 다닌다. 어떤 곳에서는 징을 치고 깃발을 휘날리어 사람들의 이목을 끌기도 한다. 이러한 처벌은 토호와 악덕 인사들이 가장 몸서리 쳤던 방법이다. 한번 높은 고깔을 쓰고 나면 얼굴도 들지 못하고 사람 축에 끼지도 못한다. 그러므로 돈 있는 사람들은 대개 벌금을 낼지언정 고깔만은 쓰지 않으려 한다. 그러나 농민들이 원하면 싫어도 쓰지 않으면 안 된다. 어느 농민협회에서 악덕 인사 한 명을 잡아다 그날로 높은 고깔을 씌운다고 을러대자, 그는 겁이 나서 얼굴이 새파랗게 질렸다. 그러자 농민협회는 그날은 고깔을 씌우지 않기로 하였다. 그렇게 한 이유는 일단 고깔을 씌우게 되면 악덕 인사에게 배짱이 생겨 처벌을 두려워하지 않게 될 것이므로, 일단 석방하여 집으로 돌려보냈다가 다른 날 씌우는 편이 낫다고 생각했기 때문이다. 그렇게 하면 악덕 인사는 언제 고깔을 쓰게 될지 몰라서 집에 있으면서도 매일 불안에 떨며 자나 깨나 마음을 놓지 못한다.[2]

1966년 6월 문화대혁명의 폭풍이 중국 대지에 휘몰아쳤다. 수많은 곳에서 '흑방(黑帮)'*, '우귀사신(牛鬼蛇身)'**에게 '고깔모자'를 씌

---

* 반동 조직을 말한다.
** '소 귀신과 뱀 귀신'이라는 뜻으로, 온갖 잡귀신이나 갖가지 악인을 비유하는 고사성어다.

워주는 모습을 볼 수 있었다. 높은 고깔을 쓴다는 얘기는 먼 옛날의 한어 전통에 상응한 것이지만 '고깔모자'는 언어적 표현에서 실물로 변하였고 칭찬에서 풍자와 모욕으로 의미가 변모했다.

베이징대학(北京大學) 교수 지셴린(季羨林)은 《우붕잡억(牛棚雜憶)》에서 이렇게 기술했다. "한번은 주자파(走資派)* 타도대회를 직접 목도했다. 작은 차량 한 대가 서서히 다가왔다. 차문이 열리자 반듯하게 다린 양복(혹은 고급 모직 제복)을 입은 주자파—아마도 국장이었을 것이다—가 차에서 내리더니 조심스럽게 차의 뒷좌석에서 종이 모자를 꺼냈다. 색깔이 화려하고 기이하게 생긴 모자였는데, 그는 그것을 자신의 머리에 썼다. 모자에는 작은 장난감이 주렁주렁 매달려 있었데, 그중 작은 자라가 특이하게 시선을 끌었다. 자라는 주인이 걸을 때마다 공중에서 흔들거렸다. (…) 모든 의식이 끝난 후 주자파는 회의장에서 걸어나가 다시 차 앞으로 가서 머리 위의 월계관을 들어—나는 작은 자라가 여전히 흔들리는 것을 유심히 보았다—다음에 사용하려는 듯 조심스럽게 뒷자리에 놓았다."³

작가 류사허(流沙河)의 《거치교흔록(鉅齒嚙痕錄)》에도 "고깔모자를 쓰고 거리를 돌다(戴高帽子遊街)"라는 구절이 있다. "하루는 나무통을 만드는 리(李) 군을 보았다. 그는 다른 사람과 담소하면서 칼로 대나무를 잘라 고깔모자의 골격을 만들었다. 그런 다음 골격에 종이를 바르면 완성된다. (…) 황(黃) 중대장은 세 자 높이의 고깔모자를 내게 주면서 차갑게 말했다. '써봐!' 이것은 며칠 전에 리 군이 골격을 만든 고깔모자 중 하나였다. 나는 머리가 작은데, 그가 미리 예상하기라도 한 듯 모자의 둘레가 크지 않아서 쓰기에 딱 맞았다. 이어서 나를 끌

---

* 중국 공산당 내에서 자본주의 노선을 주장하는 파를 가리킨다.

고 거리를 돌며 조리돌림을 하였다. (…) 그날은 바람이 불었다. 세 자 높이의 모자가 흔들려 나는 두 손으로 떨어지지 않도록 부여잡았다. (…) 두 번째로 쓴 약간 작은 모자는 높이가 한 자 반이었다. (…) 우리 진(鎭)의 백철사(白鐵社)에는 함석(白鐵)을 두드려 모자를 만드는 사람이 있는데 모자의 무게가 21근[•]에 달하여 이를 쓰면 머리에 물 한 동이를 이는 것과 같았다."[4]

고깔모자의 높이는 30센티미터에서 몇 미터에 이르는 등 제각각이었는데, 어떤 것은 높이가 1장(丈, 약 3.33미터)을 넘기도 했다. 무게 또한 몇 근에서 수십 근에 이르렀다. 저우언라이는 1966년 9월 1일 베이징 시 홍위병 대표와의 연설에서 어떤 조반파는 사람에게 무게가 20근에 달하는 고깔모자를 씌웠다고 비판했다. 문화대혁명 중에 박해를 받아 죽은 매탄공업부(煤炭工業部) 부장 장린(張霖)이 비판투쟁을 당할 때 60여 근에 달하는 양철로 만든 고깔모자를 썼다. 고깔모자의 재료는 종이, 대나무, 양철, 철근이었고, 거기에 장식으로 모욕적인 글을 쓰거나 거북, 뱀처럼 상징적 의미가 가득한 동물이나 찢어진 신발^{••} 등을 매달았다. 어떤 홍위병은 색다른 아이디어를 구상하여 고깔모자 안에 몰래 압정, 먹물을 숨겨놓아 '우귀사신'이 고깔모자를 머리에 쓰면 검은 먹물이나 붉은 피가 흘러내리기도 했다.

홍위병, 조반파가 사람들에게 고깔모자를 씌우던 모습은 〈후난 농민운동 시찰 보고〉에서 모방한 것임을 쉽게 알 수 있다.

마오쩌둥은 고깔모자를 씌우는 비이성적 행위를 반대했다. 1967년 9월 20일 그는 우한에서 다음과 같이 말했다. "누가 제트기 자세,

---

• 10.5킬로그램, 중국에서 1근은 500그램이다.
•• 거북(王八)은 수치를 모르거나 오쟁이를 진 남자, 찢어진 신발(破鞋)은 음란한 여자나 화냥년이란 뜻이다. 모두 중국의 심한 욕설에 해당한다.

목에 팻말 걸기, 고깔모자 씌우기 등의 행위를 허가했는지 모르겠다. 홍위병은 여전히 〈후난 농민운동 시찰 보고〉를 인용하는데 그때 고깔모자를 씌운 대상은 토호와 악덕 지주였다."[5]

　　마오쩌둥은 고깔모자를 씌우는 행동을 비판했지만, 대중들이 이를 따라하기 시작하자 상황을 통제하기가 쉽지 않았다. 필자는 소년 시절에 문화대혁명을 겪었는데 지주, 부농, 반혁명분자, 악질, 우파에게 고깔모자 씌우는 장면을 여러 번 보아서 그것이 무척 인상 깊게 남아 있다.

9

작은 불씨가 들판을 태우다

星星之火, 可以燎原

1927년 말 마오쩌둥은 병사를 징강산으로 이끌고 가 작은 불씨에 불을 붙였다. 이렇게 그는 외지고 빈궁한 징강산에 혁명의 근거지를 세웠다. 하지만 이곳을 국민당 군이 봉쇄하는 바람에 먹을 것과 입을 것이 부족해졌다. 그러자 부대 내의 많은 병사들이 희망이 보이지 않는다는 이유로 홍군의 미래를 비관적으로 생각하기 시작했다. 사태가 심각해지자, 1929년 12월 말 린뱌오는 마오쩌둥에게 편지를 써서 부대의 심각한 상황을 보고했다.

1930년 1월 5일 마오쩌둥은 린뱌오에게 보낸 답장에서 "이곳에서는 중국의 옛말인 '작은 불씨가 들판을 태울 수 있다'라는 말을 쓰고 있다. 그 말은, 지금은 비록 미미한 역량이지만 매우 빨리 발전할 수 있다는 뜻이다"¹라고 전했다.

마오쩌둥은 편지에서 이 문장의 뜻을 그럴싸하게 설명했다. "중국 전역에는 마른 장작이 가득 깔려 있어 빨리 뜨거운 불로 태울 수 있

星星之火
可以燎原

毛泽东

다. '작은 불씨가 들판을 태우다(星火燎原)'라는 말은 바로 시국 발전에 대한 적절한 묘사다. 수많은 곳에서 일어난 노동자 파업, 농민 폭동, 사병의 쿠데타, 학생들의 수업 거부 사태를 보면 이 '작은 불씨'가 '들판을 태울' 시기가 결코 멀지 않았음을 알 수 있다. (…) 그것(혁명 고조)은 해안에 서서 바다 가운데 깃발이 보이는 항해선을 바라보는 것 같다. 또한 높은 산꼭대기에 서서 동방에서부터 사방으로 빛을 뿌리는 아침 해를 바라보는 것과 같다. 그것은 엄마의 뱃속에서 꿈틀거리며 자라나는 태아와 같다."

"작은 불씨가 들판을 태우다"라는 말을 통해 마오쩌둥은 스스로 확고한 혁명 낙관주의자임을 표명하였고 혁명가와 추종자들의 믿음을 북돋웠다.

마오쩌둥은 전략의 대가다. 그는 "작은 불씨가 들판을 태우다"라는 전략을 제시함으로써 사람들에게 실망 속에서 희망을, 어둠 속에서 광명을 보게 하고, 까마득함 속에서 방향을, 실패 속에서 승리의 서광을 보게 만들었다.

과연 중국 공산당은 들판을 태울 기세로 발전하였고, 몇 년이 지나 신중국이 세워졌다.

신중국 성립 직전인 1948년 2월 린뱌오는 중앙 당국에 마오쩌둥이 자신에게 보낸 편지를 공개적으로 간행하자고 제의하면서 자신의 이름을 밝히지 않을 것을 요구했다. 린뱌오는 자신이 마오쩌둥의 이미지에 영향을 줄까 봐 우려했던 것이다. 당시 린뱌오는 이미 국내외에 알려진 고위급 장교였다. 마오쩌둥은 린뱌오의 요구에 동의했다.

1950년 10월 《마오쩌둥 선집》 제1권이 출판되었을 때 린뱌오에게 보낸 편지에는 〈작은 불씨가 들판을 태우다〉라는 제목이 붙었다. 마오쩌둥이 바꾼 것이다. 또한 린뱌오를 비판한 대목도 삭제되었다.

제목이 어떻든 그건 중요하지 않다. 다만 좋은 제목은 사람의 눈길을 끌 수 있다. 지식인들은 책을 볼 때 제목과 목차부터 살펴본다. 제목이 좋으면 자연히 두각을 나타내어 어느 누구도 그 글의 확산을 막을 수 없다. 지식인들이 종종 좋은 제목의 페이지를 넘겨보며 읽는 것은 무도회의 주빈이 댄스홀에서 가장 아름답게 춤추는 파트너를 가려내는 것과 같다.

마오쩌둥은 1958년 초 난닝회의(南寧會議)에서 이렇게 말했다. "신문을 발행하려면 좋은 문장을 써야 할 뿐 아니라 좋은 제목을 골라야 한다. 그래야 독자들의 관심을 끌 수 있다. 신문도 눈에 띠는 표제를 골라야 한다."[2] 의심할 바 없이 '작은 불씨가 들판을 태우다'라는 제목은 간략하고 우렁찬 데다 관점과 주장을 잘 드러냈으며 사람들의 눈길을 끈 좋은 제목이었다. 이러한 표제는 그가 일관되게 주장한 화풍(話風)과 문풍을 체현했다. 그런 문장은 "중국은 기개가 있어 서구화를 원하지 않고 양팔고(洋八股)●도 필요 없으며 판에 박힌 것도 필요 없고 생동적이고 활발해야 한다(中國氣派, 不要歐化, 不要洋八股, 不要刻板, 要生動活潑)"[3]라는 의미를 지니고 있다.

요컨대, 좋은 제목 덕분에 마오쩌둥의 문장과 '작은 불씨가 들판을 태우다'라는 구절이 널리 전파될 수 있었다.

1962년 8월 8일 "인민이여 행동하라(人民行動行動)"라는 말로 유명한 에콰도르의 지도자 아라우호(Araujo)는 마오쩌둥을 접견할 때 "우리나라에도 《모순론》《실천론》《작은 불씨가 들판을 태우다》와 같은 마오 주석의 저작이 있으며, 그것을 우리의 투쟁 지침으로 삼고 있다"[4]고 말했다.

● 서양물이 든 틀에 박힌 문장.

이에 마오쩌둥은 "'작은 불씨가 들판을 태우다'는 중국의 옛말이다"라고 말했다.

이 문장을 가리키는 '성화요원(星火燎原)'의 뜻을 살펴보려면《상서(尚書)·반경상(盤庚上)》의 "불이 들판을 태우면 가까이 다가갈 수 없다(若火之燎原, 不可嚮邇)"라는 구절까지 거슬러 올라가야 한다.《후한서(後漢書)》〈혹리열전(酷吏列傳)〉(제67)에도 "적은 물은 흐름이 부족하긴 해도 스며들어 강물을 이룰 수 있고, 횃불이 희미하긴 해도 끝내 들판을 태울 수 있다(涓流雖寡, 浸成江河; 爝火雖微, 卒能燎原)"라는 구절이 있다. 명대 사람 장거정(張居正)은 〈소수민족 사정을 논한 운남순무 하래산의 답장(答雲南巡撫何萊山論夷情)〉에서 "근년의 일을 살펴보면 모두 재간이 없는 무관직에서 발생했습니다. 이익만을 추구하는 관리와 사방의 연고가 없는 간악한 무리들이 그 속에 끼어들어 선동하고 있습니다. 작은 불씨가 들판을 태울 수 있습니다(究觀近年之事, 皆起於不才武職, 貪黷有司及四方無籍奸徒竄入其中者激而構煽之, 星星之火, 可以燎原)"라고 말했다. 청대 엄유희(嚴有禧)의《수화수필(漱華隨筆)·하상국(賀相國)》에서도 "세상일은 모두 작은 데서 일어나 신중하지 않은 데서 이루어진다. 작은 불씨가 들판을 태울 수 있고, 개미굴이 제방을 무너트릴 수 있다(天下事皆起於微, 成於愼. 微之不愼, 星火燎原, 蟻穴潰堤)"라고 말했다. 마오쩌둥은 민족의 언어, 민간의 옛말을 잘 활용해서 자신의 혁명 근거로 삼아 참신한 이론을 전개했다.

명대 주국정(朱國楨)의《용당소품(湧幢小品)》에도 "작은 불씨는 물 한 바가지로 끌 수 있다(星星之火, 勺水可滅)"라는 구절이 있다. 마오쩌둥의 "작은 불씨가 들판을 태우다"는 그것의 의미를 거꾸로 사용한 것이다. 두 구절을 함께 놓으니 역시 절묘하다.

"작은 불씨가 들판을 태우다"라는 옛말은 마오쩌둥이 사용함으로써 더 넓은 범위까지 전파되었다. 해방군출판사에서 1959년 말부터 출판하기 시작한 《성화요원》 총서 10권은 중국 혁명전쟁 시대의 회고록으로, 거기에 소개된 '성화요원' 네 글자도 마오쩌둥의 친필이다.

10

장정

長征

당나라 때 시인 왕창령(王昌齡)의 시〈출새(出塞)〉에 "진나라 달이 한나라 국경을 비추는데, 만 리 장정 나간 사람 돌아오지 않는다(秦時明月漢時關, 萬里長征人未還)"라는 명구가 있다.《송사(宋史)》에도 '장정(長征)'이라는 단어가 나온다. 하지만 그 단어가 세계어가 되고 '영웅창세기(英雄創世記)'가 된 것은 마오쩌둥에서 비롯한다.

1934년 여름 홍군은 제5차 반(反)포위토벌에 실패하자 압박을 받아 전략을 크게 수정했다. 이에 10월부터 중앙기관과 홍일(紅一), 홍이(紅二), 사방면군(四方面軍), 홍25군(紅25軍)은 계속해서 근거지를 철수하여 간고한 장정의 길에 오르게 된다.

1935년 5월〈중국 공농홍군 포고(中國工農紅軍布告)〉에 "홍군 만 리 장정은 파죽지세로 나아간다"라는 문장이 실렸다. 이는 문헌 중에서 군사행동을 처음으로 '장정'이라 부른 사례다. 이 포고의 서명은 '홍군 총사령 주더'로 되어 있는데 전하는 말에 의하면 기초자는 홍군 총정

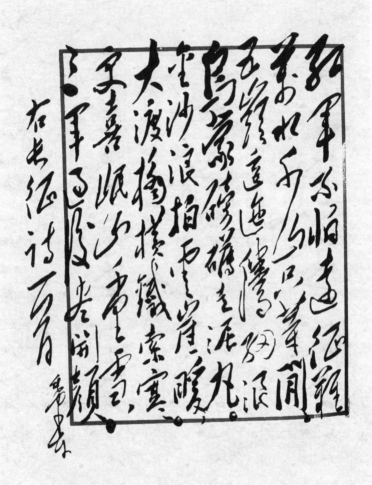

毛澤東의 친필 시〈七律·長征〉

치부가 발행하는《홍성보(紅星報)》의 주편 루딩이(陸定一)라고 한다.

"홍군의 장정은 등롱을 들고 밤길을 걸었다(紅軍長征是打着燈籠走夜路)." 남루한 차림에 누렇게 뜬 얼굴로 행군하던 군대는 1년 동안의 행군과 전투를 거쳐 산베이에 이르렀다. "장정 이전엔 홍군이 30만 명이었으나 산베이에 도착했을 때는 2만5000명뿐이었다. 중앙 소비에트 지역(蘇區)●의 8만 명은 산베이에 도착하자 고작 8000명만 남았다."[1]

장정의 승리는 중국 공산당이 이끄는 혁명을 위험에서 안전지대로 바꾸어놓았다.

장정이 중국과 외국에 이름을 떨치게 된 것은 마오쩌둥의 선동 및 노래와 떼어놓고 생각할 수 없다. 마오쩌둥은 장정의 승리를 이끈 지도자이자 지휘자다. 그는 위대한 장정을 열정적으로 구가했다.

1935년 10월 홍군이 막 산베이에 도착하여 우치진(吳起鎭)에 잠시 머물자 마오쩌둥은 저명한 〈칠률(七律)·장정(長征)〉을 써서 고난의 홍군 장정을 시적으로 총결했다.

홍군은 원정의 고난을 겁내지 않고 紅軍不怕遠征難,
만수천산만이 한가롭게 기다린다. 萬水千山只等閑.
오령산 구불구불 잔잔한 물결처럼 건넜고 五嶺逶迤騰細浪,
오몽산 웅장하여 흙덩이 넘듯 넘었다. 烏蒙磅礴走泥丸.
금사강 물결은 촉박하고 운애는 따스한데 金沙水拍雲崖暖,
대도하에 걸린 쇠줄다리 차갑기만 하도다. 大渡橋橫鐵索寒.
더욱 민산의 천리 눈길 좋아하노니 更喜岷山千里雪,

● 중국 공산당 혁명 과정에서 공산당 정권이 통치할 당시 이곳의 정권이 '소비에트' 형식을 취했다 하여 '소구(蘇區)'로 불렸다.

삼군 지난 뒤 얼굴에 웃음꽃 활짝 폈도다. 三軍過後盡開顔.[2]

이 시는 기세가 웅장하여 영웅주의와 낙관주의를 노래하는 전형으로 알려져 있다.

1935년 12월 27일 마오쩌둥은 〈일본 제국주의의 책략에 반대하여 논함〉이란 글에서 다음과 같이 말했다.

장정은 유사 이래 처음 있는 일이다. 장정은 선언서이고 장정은 선전대이며 장정은 혁명의 파종이라고 할 수 있다. 반고(盤古)가 천지를 개벽한 때부터 삼황오제를 거쳐 지금에 이르기까지 역사적으로 우리의 장정과 같은 것이 있었던가? 장정하는 12개월 동안 하늘에서는 매일같이 수십 대의 적기가 우리를 정찰하고 폭격했으며, 땅에서는 수십만의 적군이 포위, 추격, 차단, 저격하는 등 말로 형언할 수 없는 고난의 위험에 봉착했지만, 우리는 두 발로 11개 성을 종횡하면서 2만여 리의 머나먼 험로를 답파했다. 묻건대 역사적으로 우리의 장정과 같은 것이 있었는가? 없었다. 그야말로 단 한 번도 없었다.

장정은 또한 선언서이기도 하다. 장정은 전 세계를 향하여 홍군은 영웅호걸의 군대요, 제국주의자와 그들의 앞잡이인 장제스 무리들은 무용지물이라는 것을 선언했다. 장정은 제국주의와 장제스의 포위, 추격, 차단, 저격이 잘못된 것임을 선언했다.

장정은 또 선전대이기도 하다. 장정은 11개 성내의 2억 인민에게 오직 홍군이 걷는 길만이 그들을 해방시킬 수 있는 길이라는 것을 선전했다. 만일 이러한 선전이 없었다면 광범한 민중이 어떻게 세상에 홍군과 같은 큰 진리가 있다는 것을 그처럼 신속하게 알 수 있었겠는가?

장정은 또한 혁명의 파종이다. 장정은 11개 성에 수많은 종자를 뿌려놓왔다. 그 종자가 싹이 트고 잎이 자라고 꽃이 피고 열매를 맺어 앞으로 수확할 수 있게 될 것이다. 한마디로 장정은 우리가 승리하고, 적의 패배로 끝났다고 할 수 있다.[3]

이 말에는 문장의 정취가 풍부하고 내용과 이치가 서로 부합하며 구름과 용이 만나는 듯한 절묘함이 있다. 게다가 아름답고도 훌륭해서 무작위로 뽑아내도 한 편의 근사한 글이 된다.

장정이란 말은 낭만적으로 들리지만 그 안에는 끔찍한 고난과 희생이 가득하다. 그러나 마오쩌둥만은 힘들고 고통스러운 대탈주의 장정을 이처럼 아름답고 매력적인 해설로 바꿔놓았다.

마오쩌둥이 장정을 시화(詩化)한 뒤, 그 단어는 위대한 정신과 위대한 사업, 위대한 의의를 포함하는 전용명사(專用名詞)가 되었다.

마오쩌둥은 중국 공산당 가운데 문학언어를 정치언어 안으로 끌어들인 첫 번째 사람이다. 정치언어는 문학언어의 도움으로 당의(糖衣)를 걸친 것처럼 멋을 가지게 되었다.

1936년 8월 5일 마오쩌둥과 홍군 총정치부 부주임 양상쿤(楊尙昆)은 연명(聯名)으로 부대에 전보를 쳐서 장정에 참가했던 동지들에게 편지를 보내 장정 회고록을 모집했다. 이렇게 모인 회고록은 1937년 2월경에 소설가 딩링(丁玲) 등이 편집에 참여해 책으로 엮이게 되었다. 마침내 《홍군 장정기(紅軍長征記)》라는 제목의 책으로 만들어졌고, 1942년 11월에 팔로군 총정치부 선전부에 의해 옌안에서 정식으로 출판되었다.

마오쩌둥은 미처 못다한 말이 있었는지 혁명의 결정적인 시기에 장정으로 자신의 동지들을 격려했다. 1949년 3월 중국 공산당이 전국 정권을 석권했을 때 마오쩌둥은 호탕하게 말했다. "(우리는 지금) 전국 승리를 앞두고 있는데, 이는 단지 만 리 장정에서 첫걸음을 뗀 것일 뿐이다. 이 첫걸음이 자랑할 만하다면 그것은 상대적으로 보잘것 없는 것이다. 더욱 자랑할 만한 것은 아직 뒤에 남아 있다."[4] 그는 교묘하게 새로운 시대에 대한 희망을 '장정'이라는 단어에 주입시켰다.

1954년 10월 18일 그는 국방위원회 회의에서 "2만5000리 장정은 간단한 일이 아니었다. 우리가 지구에 구멍을 뚫어 여기에서 미국까지 관통한다면, 1만2500킬로미터가 조금 넘을 것이다"[5]라고 말했다.

1966년 6월 16일 마오쩌둥은 사오산(韶山) 디수이둥(滴水洞)에서 베이징으로 돌아와 문화대혁명을 이끌었는데, 그는 수행원에게 "이전에 나는 그들을 이끌고 장정했는데 지금 다시 그들을 데리고 '장정'하게 되었다"[6]고 말했다.

수십 년 동안 장정의 이야기와 정신은 전 세계로 퍼졌다. 미국의 저널리스트 해리슨 솔즈베리(Harrison Evans Salisbury)는 이렇게 말했다. "금세기에 장정보다 더 마음을 끌고 세계의 앞길에 깊은 영향을 끼친 사건은 그 어떤 것도 없었다." 그는 장정을 유태인의 이집트 탈출, 한니발(Hannibal)의 알프스 횡단, 미국인의 서부 개척에 비유했다.[7]

장정에 관한 책은 널리 전파되었다. 예를 들면 에드거 스노(Edgar Parks Snow)의 《중국의 붉은 별(Red Star over China)》, 해리슨 솔즈베리의 《장정-알려지지 않은 이야기(The Long March-The Untold Story)》, 왕수쩡(王樹增)의 《장정(長征)》 등이 있다.

이것을 자랑스럽게 여기는 국민들은 그 마음을 담아 '선저우(神舟)' '창어(嫦娥)'처럼 우주로 쏘아올린 로켓 시리즈에 '장정'이라는 이름을 붙였는데 그것 역시 깊은 뜻을 가지고 있다. 지금 '장정'이라는 단어는 중국 국민 모두가 알고 있을 만큼 친근하다. '장정 정신'은 중화민족의 고귀한 정신적 자산으로 후세 사람들을 영원히 격려할 것이다.

政治家言格

제2부

목표 확립기(1936–1949)

11

남이 나를 건드리면

人不犯我, 我不犯人, 人若犯我, 我必犯人

"인불범아, 아불범인, 인약범아, 아필범인(人不犯我, 我不犯人; 人若犯我, 我必犯人)"은 중국에서 널리 알려진 문장이다.

1930년대 말기에 국민당은 공산당을 소멸시키기 위해 고의로 '마찰'을 일으켜 공산당원과 공산당이 건립한 근거지를 공격했다. 중국 공산당원은 위험한 상황에 처해 있어도 두려워하지 않고 국민당과 팽팽히 대립하며 투쟁을 전개했다.

1939년 1월 12일 마오쩌둥은 이에 대해 다음과 같이 명확히 지적했다. "마찰 문제에 관한 우리의 원칙은 '남이 나를 건드리지 않으면, 나도 그 사람을 건드리지 않는다. 남이 나를 건드리면, 나는 반드시 그 사람을 건드린다'라는 것이다."[1]

보름 뒤인 28일 마오쩌둥은 〈현재의 전쟁국면과 정치형세에 관하여(關于目前戰爭局面和政治形勢)〉라는 글에서 "6중전회에서 우리가 말했듯이 무리한 마찰에 대해 우리는 결코 쉽게 관용을 베풀지 않을 것이다. 우리는 '인불범아, 아불범인, 인약범아, 아필범인'의 원칙을 견지하려고 한다"[2]고 말했다.

1940년 2월 마오쩌둥은 〈대립 단계의 형세와 임무(相持階段中的形勢與任務)〉에서 "반공 세력에 투항한 모든 공격에 저항해야 한다. 어떠한 투항파, 반공파, 완고파의 공격에 대해서도 반드시 자위의 원칙 아래, '남이 나를 건드리지 않으면, 나도 그 사람을 건드리지 않는다. 남이 나를 건드리면, 나는 반드시 그 사람을 건드린다'라는 원칙을 가지고 단호히 반항해야 한다. 그렇지 않으면 그들이 멋대로 창궐할 것이고, 통일전선은 끊어질 것이며 항일전쟁은 실패하게 될 것"이라고 말했다.

1945년 4월 24일 마오쩌둥은 중국 공산당 제7차 전국대표대회 구두 정치보고에서 "인불범아, 아불범인, 인약범아, 아필범인"을 거듭 강조했다.[3] 이 문장은 시 같기도 하고, 노래 같기도 하고 하다. 확실한 것은 이 문장에 민족의 형식, 옛 가락의 선율, 간결한 언어, 투명한 말뜻, 진솔한 표현으로 마오쩌둥의 세계관, 중국 공산당원과 중국인의 교제관, 전쟁관과 가치관이 근사하게 담겨 있다는 것이다.

철판으로 만든 비파가 낭랑하고 힘찬 소리, 단호한 자세, 아름답고 청아한 음률을 가진 것처럼, 이 열여섯 글자에는 최대의 관용과 인내, 최대의 불관용과 불인내, 최대의 결심과 역량을 포함하여 단호하고 패기 넘치며 강대하고 힘찬 전투력과 전투의지가 담겨 있다. 이른바 사리에 밝고 정의롭고 늠름하며 강대하여 천하무적이라고 할 수 있다. 이러한 구절에서 우리는 우두둑하며 주먹을 불끈 쥐는 소리를 듣기도 하고, 말하는 사람의 위엄을 느끼기도 한다. 동시에 이처럼 사상을 미묘하게 표현하는 언어의 고귀함, 우월성, 영광을 느낄 수 있다.

따라서 "인불범아, 아불범인, 인약범아, 아필범인"의 한 글자, 한 구절이 모두 최고의 명언이라고 할 수 있다.

이는 진정 매우 훌륭한 중국의 소리다. 문화적 시각에서 보면 이는 중국문화의 기본 정신과 중국 공산당원의 기본 가치관을 구체적으로 드러냈다. 언어적 시각에서 보면 이는 중국어의 수사적 특색과 간결한 품성을 드러냈다. 문학의 시각에서 보면 이는 또 중국 고전문학 창작의 이념과 마오쩌둥의 언어기교를 드러냈다.

중국 민족의 주체 민족은 한족이다. 한족은 기본적으로 침략성이 강한 민족이 아니다. 한족은 본토를 근거지로 방어 태세를 취하고 대부분은 주동적으로 출격(出擊)하지 않으며 "상대가 시비를 걸어와도 상관하지 않고(犯而不校)"● 무력을 목적으로 삼지 않았다. 마오쩌둥이 제기한 '인불범아, 아불범인'은 이러한 역사적 전통을 선명하게 계승한 것이다.

동시에 중국 공산당원의 투쟁을 위해 경계선을 그어주었다. '내가 이 선을 먼저 넘지 않을 것이니, 당신도 넘지 않으면 쌍방은 모두 무사하다. 하지만 이는 결코 내가 겁이 많다는 뜻이 아니다. 만일 당신이 이 경계선을 넘으면 나는 가만히 있지 않고 전쟁을 불사하여 강력한 힘으로 너를 해치울 것이다'라는 뜻이다. 즉, '인약범아, 아필범인' 한다는 것이다. 마오쩌둥은 중국 민족 철학사상의 '후위(後爲)'와 '기회가 무르익기를 기다렸다가 일거에 상대를 제압한다(後發制人)'●●라는 전통을 계승하여 이를 발전시켰다.

"남이 나를 건드리지 않으면, 나도 그 사람을 건드리지 않는다. 남

● '범이불교'는 《논어》〈태백〉 편에 나오는 증자(曾子)의 말이다.
●● 이 고사는 《荀子·議兵》 편의 "뒤에 출발하여 먼저 도착하는 것이 용병의 중요한 전술이다 (後之發, 先之至, 此用兵之要術也)"라는 구절에서 나온 것으로 "뒤늦게 나서서 적을 제압한다"는 뜻이다.

이 나를 건드리면, 나는 반드시 그 사람을 건드린다"라는 원칙은 강대하고도 겸손하게 자신을 낮춘 자세다. 이후 투쟁 형국이 엄준할 때 이 원칙은 중국 인민 모두가 염두에 두었던 군건한 맹세였다.

인도와의 자위반격전(自衛反擊戰)● 때 마오쩌둥은 "우리의 원칙은 '남이 나를 건드리지 않으면, 나도 그 사람을 건드리지 않는다. 남이 나를 건드리면, 나는 반드시 그 사람을 건드린다'는 것이다. 하지만 누구든 우리를 괴롭힐 수 없다. 어느 누구도 괴롭힐 수 없다"라고 말했다.

1969년 5월 중소 관계가 긴장되어 눈앞에 전쟁의 위험이 다가왔다. 중화인민공화국 정부에서는 5월 24일 성명을 발표했다. 그 가운데 "인불범아, 아불범인, 인약범아, 아필범인" 네 구절을 거듭 강조했다. 이 네 구절은 마오쩌둥이 친히 보탠 것이다.[4]

예전에 '미국의 소리(voice of America)' 방송국의 타이완 출신 아나운서가 왕멍에게 다음과 같이 말한 적이 있다고 한다. "1960년대에 베이징 방송을 들었을 때 '남이 나를 건드리지 않으면, 나도 그 사람을 건드리지 않는다. 남이 나를 건드리면, 나는 반드시 그 사람을 건드린다'라는 말을 듣고 우리는 정말 놀라서 벌벌 떨었다."[5]

2010년 8월 미국은 '조지 워싱턴'호 항공모함을 황해로 파견하여 한미연합 군사훈련에 참가하겠다고 선포했다. 《해방군보(解放軍報)》는 저명한 글 〈무력을 과시하는 배후는 패도(武力炫耀的背後是霸道)〉를 발표하였는데, 그 글 중에 "국가는 존엄을 가져야 하고 군대는 위엄을 가져야 한다. '남이 나를 건드리지 않으면, 나도 그 사람을 건드리지 않는다. 남이 나를 건드리면, 나는 반드시 그 사람을 건드린다.' 중국

● 스스로를 지키기 위해 반격함.

인민과 중국 군대에 대해 말하자면 이것은 결코 농담이 아니다"[6]라는 구절이 있다.

공자(孔子)는 "말은 꾸미지 않으면 멀리 전파되지 않는다(言之不文, 行之不遠)"고 말했다. 마오쩌둥의 '남이 나를 건드리지 않으면, 나도 그 사람을 건드리지 않는다. 남이 나를 건드리면, 나는 반드시 그 사람을 건드린다'는 문장은 내용과 형식 모두가 훌륭하다. 네 구에서 앞의 두 구는 네 글자를 새로 배열한 것이며, 뒤의 두 구는 한두 글자만 바꿨을 뿐이다. 한마디로 말하면, 몇 글자를 바꾸어 말했을 뿐이지만 읽어보면 말이 복잡하지 않아 긴장감이 있고 낭랑해서 입에 착착 감긴다. 또한 읽고 나면 글자가 마치 탄환이 발사된 것처럼 느껴져, 피할 도리 없이 얼굴에 강한 충격을 받은 것 같은 느낌이 든다.

이러한 구절은 반드시 오랫동안 멀리 전파될 것이다.

홍콩 위성 TV 펑황타이(鳳凰臺)의 저명한 사회자 롼츠산(阮次山)은 자신이 겪은 일화를 소개했다. 한번은 그가 이스라엘 국방부 장관 에후드 바락(Ehud Barak)과 인터뷰할 때였다. 언어가 통하지 않자 바락은 자신의 주머니에서 종이를 꺼내 그에게 주었다. 그가 놀라서 바라보니 종이에는 '인불범아, 아불범인, 인약범아, 아필범인'이라고 쓰여 있었다. 오래지 않아 바락은 중국어로 이 네 구절을 말했다. 2011년 6월 바락은 이스라엘 국방부장관 신분으로 중국을 방문하여 기자를 접견할 때 표준 중국어로 이렇게 말했다. "이스라엘의 국방 전략은 '인불범아, 아불범인, 인약범아, 아필범인'입니다."[7]

마오쩌둥의 말이 진정으로 '이스라엘의 국방 전략'이 되었는지는 잘 모르겠지만, 최소한 이것만으로도 이 열여섯 글자로 된 잠언의 영향력을 설명할 수 있을 것이다.

마오쩌둥의 열여섯 글자는 그 쓰임새가 넓다.

12

간고한 분투

艱苦奮鬪

인류는 고난 속을 걸어왔다. 하지만 본래 인류는 괴로움이 없는 삶을 동경하고 향락을 기대한다. 수많은 사람은 내심 고생하지 않을 수만 있다면 그렇게 하고 싶어한다. 고생을 해야 한다면 다른 사람이 대신 겪게 하면 된다. 이런 사람들은 종종 '이 세상에 어느 누가 자신이 고생하길 바라고 고생을 자처하며 다른 사람을 고생시키지 않으려 하겠는가? 그런 바보가 어디 있겠는가?'라고 생각한다.

'간고한 분투'를 하는 사람들이 바로 이러한 '바보'들이다.

'간고한 분투'는 괴로움을 견디면서 노력하고 완강하게 분투하여 좋은 날을 쟁취한다는 뜻이다. 그것의 더 깊은 뜻은 자신이 고통스럽게 분투하여 더 많은 사람에게 행복한 생활을 만들어준다는 것이다.

'간고한 분투'라는 말이 처음 나온 곳을 나는 지금도 찾고 있다. 분명한 것은 이 단어가 중국에서 유행하게 된 원인이 중국 공산당과 마오쩌둥의 제창에 있다는 점이다.

'간고한 분투'는 1930년대 전반기 중공의 문헌에 자주 출현한다. 마오쩌둥은 일상적으로 힘차게 제기했으며 착실하게 실천하여 효과를 보았다. 1937년 10월 19일 마오쩌둥은 옌안 산베이공학(陝北公學)에서 열린 루쉰 서거 1주년 기념대회 연설에서 산베이공학의 동지들이 "간고한 투쟁정신으로 충만하다"[1]고 말했다. 그 후 그는 정치연설에서 '간고한 투쟁'을 수없이 얘기했다.

확고하고 군건한 정치 방향, 간고한 분투의 공작 태도, 게다가 기민하고 재빠른 전략 전술을 갖추면 반드시 일본 제국주의를 몰아내고 자유해방의 신중국을 건립할 수 있다.[2]

쑨중산(孫中山)[*]의 위대함은 그의 삼민주의(三民主義) 강령, 통일전선의 정책, 간고한 분투 정신에 있다. 이 세 가지는 중국 인민에게 가장 중심적이고 가장 본질적이며 가장 위대한 유산을 남겨주었다.[3]

군건하고 정확한 정치 방향이 없으면 간고한 분투의 공작 태도를 분발시킬 수 없으며, 간고한 분투의 공작 태도가 없으면 군건하고 정확한 정치 방향을 집행할 수도 없다.[4]

간부 중에 자신의 간고한 분투와 유혈 투쟁을 거치지 않고 뜻밖의 편리에 기대어 요행으로 승리를 얻으려는 마음을 가진 사람이 있다면 그것을 깨끗이 쓸어내야 한다.[5]

전국적 승리를 쟁취하는 것은 만 리 장정 가운데 첫걸음을 걸은 것이다.

---

[*] 중화민국 임시 대총통을 지낸 쑨원의 호.

(…) 중국의 혁명은 위대하다. 하지만 혁명 이후의 노정은 더욱 길고 실현은 더욱 위대하며 더욱 간고하다. 이러한 점은 지금 당에 명백히 얘기해야 하고 반드시 동지들로 하여금 계속해서 겸허하고 조심하며 교만에 빠지지 말고 조급하게 굴지 않는 태도를 지니게 하고, 간고한 분투의 태도를 지니게 해야 한다.[6]

그는 '간고한 분투'를 일종의 태도와 정신으로 여겨 그 의미를 더욱 풍부하게 만들었으며, 이 표현은 단어의 바다 속에서 두각을 나타내어 더욱 그 위상이 높아졌다.

마오쩌둥의 제창에 따라 옌안 혁명 근거지 내의 모든 중국 공산당원들은 간고한 분투 정신과 태도를 형성하게 되었다. 1940년 6월 저명한 애국 화교 천자겅(陳嘉庚)은 옌안을 방문한 뒤 감명을 받아 말했다. "국경지역 각계의 간고한 분투 정신과 높은 기개에 나는 깊은 감명을 받았다."[7]

'간고한 분투'는 중국 공산당의 우수한 전통이자 정치의 진면목이 되었다. 이는 중공이 국민당 정권을 무너트리고 신중국을 건립한 중요한 방법이다.

신중국이 막 건립된 1949년 10월 26일 마오쩌둥은 옌안에 보낸 전보에서 "나는 전국의 모든 혁명공작자들이 과거 10여 년 동안의 옌안과 산간닝(陝甘寧)● 국경지역의 공작원들이 가졌던 간고한 분투의 태도를 영원히 지니길 바란다"[8]고 말했다.

사람은 즐기는 것이 무엇인지를 이해하고 그것을 좋아하는 동물이며, 고난을 피하고 향락을 바라는 본능을 가지고 있다. 고난과 즐거움

● 중공 서북국 소재지인 산시성(陝西省) 북부와 간쑤성(甘肅省), 닝샤성(寧夏省) 일대를 가리킨다.

가운데 사람들은 반드시 즐거움을 선택할 것이다. '간고한 분투'는 향락주의에 대한 저항이며 인성이 지닌 약점에 대한 일종의 시정이자 개조다. 그것은 소소한 즐거움에 심취하지 못하게 하며 인류의 더욱 큰 즐거움에 관심을 갖게 한다. 물론 '간고한 분투'는 그다지 편안하지는 않다. 그런 이유로 일반인들에게는 고차원적인 요구라고 할 수 있다.

마오쩌둥은 '간고한 분투'라는 단어를 사용했으며 동시에 '고통과 어려움을 견디며, 생활이 소박하다'는 뜻의 '간고박소(艱苦朴素)'—아마 이 단어도 마오쩌둥이 처음 만들었을 것이다—와 '자력갱생(自力更生)' '영구분투(永久奮鬪)' '간고창업(艱苦創業)' 등 의미가 비슷한 어휘를 다수 사용했다.

마오쩌둥 뒤에 등장한 중국의 역대 리더들은 모두 '간고한 분투'를 강조했다. 이 방면의 말이 무척 많아서 열거하기만 해도 작은 책자를 만들 수 있을 것이다. '간고한 분투'는 '자강불식(自强不息)'●하는 중국의 민족정신 및 우수한 전통과 일맥상통한다. 이 정신은 모든 중화민족에게 영향을 끼쳤다.

'간고한 분투'는 중국 사전에서 매우 중요한 어휘이며 현대 중국어 분야에서 자주 사용하는 단어이기도 하다. 어휘의 사용 빈도를 따져보면 가장 많이 사용하는 쪽에 속할 정도다. 확실히 간고한 분투나 간고박소는 모두 훌륭한 단어이며 긍정 에너지를 갖고 있다. 간고한 분투를 견지하면 덕을 쌓아 만물을 포용할 수 있고 장구한 발전 요소를 누적할 수 있다. 또한 게으름을 경계하고 사치를 막으며 재난을 피하고 중도 하차를 모면할 수 있다. 결국 장구하고 안전한 발전을 실현할 수 있다.

● 스스로 힘써 몸과 마음을 가다듬어 쉬지 않고 노력한다는 뜻.

13

오로지 남만 이롭게 하다

毫不利己, 專門利人

노먼 베순(Norman Bethune)은 공산당원이며 저명한 흉부외과 전문의다. 그는 중국의 항일전쟁을 지원하기 위해 먼 길도 마다 않고 1939년 1월 중국에 왔다. 그는 한커우의 국민당 육군병원의 만류를 뿌리치고 항일전선으로 가서 팔로군 부상병들을 구조했다. 1939년 11월 12일 새벽에 베순은 허베이(河北) 탕현(唐縣)에서 순직했다.

1939년 12월 21일 마오쩌둥은 곧 출판 예정이던 베순 기념 저서에 〈베순에게 배워라(學習白求恩)〉(《마오쩌둥 선집》에 수록할 때는 〈베순을 기념하며〉로 제목 수정)라는 글을 실었다. 이 문장에서 마오쩌둥은 베순의 '국제주의와 공산주의 정신'과 '자신의 이익은 전혀 고려하지 않고, 오로지 남만 이롭게 하는 호부이기(毫不利己), 전문리인(專門利人) 정신'을 높이 찬양했다.

베순 동지의 순수한 이타적 정신은 임무에 대한 그의 지극한 책임감과 인민에 대한 열정에 잘 표현되어 있다. 모든 공산당원은 그를 본받아야한다. 적지 않은 사람들이 자신의 책임을 회피하고 모든 부담을 남에게전가하며 자기는 책임으로부터 벗어나려는 경향을 보인다. 이런 사람은한 가지 일이 생기면 먼저 자신을 위한 후에야 남을 위하며, 작은 일을해도 자화자찬을 즐기며 남이 자신을 알아주지 않을까 걱정한다. 또한동지들과 전체 인민에 대해 아무런 열성도 갖지 못하고 냉담한 태도를취하며 어떠한 관심도 갖지 않는다. 이들은 사실 공산당원이 아니다. 적어도 순수한 공산당원이라고는 말할 수 없다.

(…) 우리는 모두 그의 이기심 없는 정신을 본받아야 한다. 이 점에서 출발하면 모두 인민에게 크게 도움을 주는 사람이 될 수 있다. 사람의 능력에는 차이가 있지만, 이 정신만 가지면 고귀한 사람, 순수한 사람이 될 수있으며 도덕적인 인간, 저급한 취미에서 벗어난 인간, 인민에게 유익한인간이 될 수 있다.[1]

이는 마오쩌둥의 도덕성을 이끌어낸 문장이다.

이기심은 동물의 속성이다. 동물은 자신에게 이로운 것만 안다. 혹자는 소는 송아지를 보호하고, 까마귀 새끼는 자라서 어미 까마귀에게 먹이를 물어다줄 줄 안다(牛護犢子, 鴉知反哺)고 말한다. 사실 소와까마귀의 이러한 행위는 본능의 확대에 불과할 따름이다. 사람으로서어떻게 하면 동물의 속성을 벗어나 높은 단계로, 고귀한 것으로, 신성(神性)을 향해 발전할 수 있을까? 이것은 사상가들이 생각해야 할 문제다.

1918년 마오쩌둥은 벗 쩌우윈전(鄒蘊眞)에게 주는 편지에서 세계에는 남에게 해를 끼치고 자신의 이익을 추구하는 사람, 자신의 이익을 추구하되 다른 사람에게 해를 끼치지 않은 사람, 자신이 손해를 보더라도 남을 이롭게 할 수 있는 사람 등 세 부류가 있다고 말했다. 그는 자신의 모친이 불교를 믿는다면서 "자신이 손해를 보고 남을 이롭게 할 수 있는 사람"²이라고 말했다.

마오쩌둥은 줄곧 다른 사람과 자신, 이기와 이타의 문제를 깊이 있게 사고했다. 그가 제기한 '자신의 이익은 전혀 고려하지 않고, 오로지 남만 이롭게 한다'라는 말은 처세의 원칙이자 도덕의 표준이며 그 범위가 원대하고 훌륭한 덕을 지닌 사람의 본보기로, 인간의 정신이 발휘할 수 있는 가능성을 지적한 것이다.

마오쩌둥의 〈베순을 기념하며〉에서 시작된 '자신의 이익은 전혀 고려하지 않고, 오로지 남만 이롭게 한다'라는 말은 중국 공산당원이 자신의 당성 수양, 도덕 수양을 더욱더 강화하는 전형적인 표어가 되었고, 아울러 수많은 군중 속에서 오래도록 전파되었다.

또한 이 말은 고대의 현자가 제창한 '대공무사(大公無私)'●와 일맥상통하는데 '차라리 세상 사람들이 나를 버리게 할지언정, 나는 세상 사람들을 저버릴 수 없다(寧讓天下人負我, 我不負天下人)'●●는 의미를 지니고 있다. 이것은 생명을 돌보지 않고 정의를 위해 목숨을 바치며 남을 위해 자기 몸을 희생하고 큰 집을 위해 작은 집을 버리고 큰 이익을 위해 작은 이익을 버리는 숭고한 정신적 경지다. 그것은 공자가 말한 "자기가 하고 싶지 않은 일은 남에게 시키지 않는다(己所不欲, 勿施於人)"는 말보다 더 높은 경지다.

〈베순을 기념하며〉 가운데 "고상한 사람, 순수한 사람, 도덕적인 사람, 저급 취미를 벗어난 사람, 인민에게 유익한 사람"이라는 명언과

● 매우 공정하여 사심이 없다는 뜻으로 한대 마융(馬融)의 《충경(忠經)·천지신명(天地神明)》의 "지공무사(至公無私)"에서 나온 말이다.
●● 《삼국연의》에서 유비가 했던 말이다.

'자신의 이익은 전혀 고려하지 않고, 오로지 남만 이롭게 한다'라는 말은 서로 호응하고 상호 설명할 수 있으며 인과관계를 가지고 있다. 이는 사회인에 대한 인격적·도적적 요구다. 마오쩌둥의 이 말은 이후의 세월 동안 인용도와 사용도가 매우 높았다.

마오쩌둥이 노파심에서 거듭 충고하면서 사람들에게 '자신의 이익은 전혀 고려하지 않고, 오로지 남만 이롭게 한다'를 권유하며 "고상한 사람, 순수한 사람, 도덕적인 사람, 저급 취미를 벗어난 사람, 인민에게 유익한 사람이 돼라"고 제창한 것은 인성의 어두운 면에 대한 깊은 깨달음과 인성의 진보, 인간의 고귀함에 대한 엄숙하고 크나큰 바람에서 기인한 것이다.

일찍이 1917년에서 1920년까지 마오쩌둥은 국민과 사회에 존재하는 병폐를 깊이 해부하고 비판했다. 마오쩌둥은 다음과 같이 말했다. "최근 신문을 읽어보고 중국과 외국의 상황을 대략 비교해보고서야 우리나라 국민에게 오랫동안 쌓인 폐단이 심각하고 사상이 편협하며 도덕이 심각하게 무너진 것을 느끼게 되었다."[3] "지금 국민성이 나태하고 위선과 속임수가 적나라한 데다 노예근성이 생겨 사상이 편협하니, 어찌 국민 가운데 위대한 철학적 혁명가나 윤리적 사상가가 출현하여 러시아의 톨스토이처럼 국민의 낡은 사상을 씻어내주고 새로운 사상을 개발해줄 수 있을까?"[4]

청년 마오쩌둥은 전심전력을 다해 새로운 목표를 세웠다. 민심, 즉 인심을 개조하자는 것이다.

"중국에 드리운 나쁜 풍조가 너무 깊고 너무 두터워 우리는 진실로 힘차게 새로운 분위기를 조성해야만 그것을 바꿀 수 있다. 나는 새로운 분위기를 조성하려면 뼈를 깎듯 분발하는 한 무리의 '사람'은 물론이거니와, 특히 사람들이 공통으로 신뢰하는 '주의'가 필요하다고 생각한다. '주의'가 없으면 공기를 조성할 수 없다. (…) 주의는 깃발과 같다. 깃발이 세워지면 사람들은 희망을 갖게 되고 갈 곳을 알게 된다."[5] 마오쩌둥은 "고상하고 순수하며 용맹 정진하는 동지 단체와 결합해야 한다"[6]고 지적했다.

마오쩌둥은 청년 시절 《윤리학원리(倫理學原理)》를 읽을 때 "성인이란 커다란 악에 저항하여 그 뜻을 이룬 사람(聖人者, 抵抗極大之惡而成者也)"이라는 주석을 달아놓았다.

마오쩌둥이 앞에서 말한 몇 가지 견해는 결코 한순간의 짧은 생각(一念)으로 민중을 구하는 것이 아니었다. 이것은 거대한 결의였다.

중국 역사를 훑어보면 수천 년의 풍파를 겪은 뒤 뚜렷해진 규칙과 숨겨진 규칙의 '세례'를 받아 크게 굽이치는 모래사장에서, 좋은 것이 죽고 나쁜 것이 살아남아 마치 악화가 양화를 구축하는 것처럼 고상한 사람, 순수한 사람, 도덕적인 사람, 참을 말하는 사람, 저급 취미에서 벗어난 사람, 자신의 이익은 전혀 고려하지 않고 오로지 남만 이롭게 하는 사람은 대부분 제거되고 걸러지고 도태되어 희귀동물이 되어버렸다. (…) 루쉰(魯迅) 선생이 말한 것처럼 "중국인 스스로 먼저 좋은 사람을 모조리 죽여버렸다".[7]

아침 기운이 왕성한 새로운 사회 옌안에서 '열 가지의 없음(十沒有)'[8] 현상까지 달성했으나 마오쩌둥은 여전히 만족하지 않았다. 1941년 8월 2일 마오쩌둥은 샤오쥔(蕭軍)에게 주는 편지에서 "옌안에

● 마오쩌둥은 1940년 2월 1일 옌안 민중 왕징웨이 성토대회(延安民衆討汪大會)에서 한 연설에서 "이곳엔 첫째 탐관오리가 없다. 둘째 토호열신(土豪劣紳)이 없다. 셋째 도박이 없다. 넷째 창기가 없다. 다섯째 첩이 없다. 여섯째 거지가 없다. 일곱째 작당하여 사리사욕을 꾀하는 무리가 없다. 여덟째 원기가 쇠퇴하여 활기가 없는 기세가 없다. 아홉째 국공내전이 없다. 열째 나라가 혼란한 틈을 타서 돈을 버는 사람이 없다"고 말했다.

는 나쁜 현상들이 부지기수입니다. 당신이 내게 했던 말은 모두 주의해야 할 가치가 있으며 그렇게 개정해야 합니다"⁹라고 말했다.

마오쩌둥은 오랜 기간 지켜보고 생각한 끝에 인연을 맺어 만나고 나서 이 시기에 비로소 '자신의 이익은 전혀 고려하지 않고 오로지 남만 이롭게 하다'란 말을 꺼낸 것이다. 이후의 세월 동안 그는 도공망사(導公忘私) 선공후사(先公後私)*, 대공무사(大公無私) 호무자사자리지심(毫無自私自利之心)**을 대대적으로 제창했고 사심을 공심(公心)으로 돌려 사심을 없애고 공심을 따르기를 바랐다. 이런 까닭에 마오쩌둥은 "윤리도덕주의(리쩌허우의 말) 또한 드높였다".¹⁰ 훌륭한 본보기를 세워 기풍을 전환하고 신인을 배양하기를, 사람들이 아집으로부터 빠져나오도록 인솔하고 지도하여 육체적 욕망과 미천한 물질 추구에서 벗어나 숭고한 정신을 추구하기를, 그래서 더욱 고귀하고 더욱 드높이 성장할 수 있기를 바랐다.

마오쩌둥의 '호부이기, 전문리인' 및 '오종인(五種人)'***의 견해에서 강조한 것은 '나(我)'가 있지만 사심이 없고 '나'를 버림으로써 사람이 되는 것이며 '나'를 버리고 남을 돕는 것이며, 심지어는 '나'를 내던져서 추호도 '나'가 없게 하는 것이다. 한 글자 한 구절에 모두 매우 정교한 의미가 담겨 있다.

마음을 크게 먹으면 큰 성과를 얻을 수 있을지도 모른다. 혹은 반드시 큰 성과를 얻을 수 없을지도 모른다. 마오쩌둥이 말한 뜻은 너무

● 도공망사(導公忘私), 선공후사(先公後私)는 《삼국지》〈위지〉'두서전'의 "憂公忘私者必不然, 但先公後私卽自辦也"라는 구절에서 변용한 것이다.
●● 대공무사(大公無私), 호무자사자리지심(毫無自私自利之心)은 마오쩌둥이 〈베순을 기념하며〉(1939년 12월 21일)에서 했던 말로, 사리사욕이 전혀 없다는 뜻이다.
●●● 오종인(五種人)은 마오쩌둥이 〈베순을 기념하며〉에서 한 명언 "고상한 사람, 순수한 사람, 도덕이 있는 사람, 저급한 취미를 벗어난 사람, 인민에게 유익한 사람"을 지칭한다.

높아서 중생의 입장에서 말하자면 고상한 경지는 정말로 도달하기 힘들다. 고원한 목표치에 도달할 수 없으니 고통스러운 것이다.

피단(皮旦)의 시 〈마오 주석에게 죄송합니다(毛主席對不起我)〉은 개인 입장에서 출발하여 높은 수준의 도덕적 기준을 요구하는 것에 대한 이의이자 조소다. 이는 다른 각도에서 마오쩌둥의 말이 모든 사람에게 미치는 영향이 크다는 사실을 말해준다.

마오 주석은 말했지, 고상한 사람 毛主席說要做一個高尚的人

순수한 사람 一個純粹的人

도덕을 갖춘 사람 一個有道德的人

저급 취미를 벗어난 사람 一個脫離低級趣味的人

인민에게 유익한 사람이 되라고. 一個有益于人民的人.

정말 유감스럽게도 很遺憾

다섯 부류 중에 나는 하나도 這五種人我一種

되지 못했다. 也做不到.

적어도 완전히 될 수 없다. 至少不能完全做到.

나는 인정한다. 我承認.

나는 마오 주석에게 미안하다고 我對不起毛主席

마오 주석은 훌륭한 주석이다. 毛主席是個好主席.

나도 인정한다, 그가 훌륭한 사람이라고 我承認他好

그는 사람 노릇하는 기준을 이 정도까지 올려놓았으니 他把做人的標準

弄到這種程度

그가 나쁘다고는 말할 수 없다. 不能說他不好.

하지만 그가 좋다고 말할수록 可他越好

내 마음은 더욱 부끄러워지고 越讓我心裏有愧

마음은 견딜 수 없다. 心裏不好受.

사실 그도 내게 미안해야 한다. 其實他也對不起我啊.

그는 주석이면서 作爲主席

그는 나만을 위한 기준을 내놓지 않았다. 他沒爲我單獨弄一些標準出來.

따라서 나를 쾌락에 빠지도록 만들었으니 從而讓我快樂

그도 내게 미안해야 할 구석이 있다. 他也有對不起我的地方.[11]

마오쩌둥은 부하에게 "시시각각 자신의 정책 조치가 반드시 현재 군중의 의식 수준과 군중의 절박한 요구사항에 부합하도록 해야 한다. 이 두 가지를 위배하면 결코 시행할 수 없으며 반드시 실패한다"[12]고 말했다. 이 말은 분명하고 타당하다.

'호부이기, 전문리인' 및 '오종인'의 견해는 일종의 이타주의적인 생명관이라서 아마도 "현재 군중의 절박한 요구사항에 부합하지" 않을 것이다.

하지만 도덕적인 요구는 구체적인 조치와는 달라서 대중의 도덕적 수준과 같은 수준에 머물러서는 안 된다. "펄쩍 뛰어서 손으로 더듬어 복숭아를 따는(跳一跳, 摸得着, 摘個桃) 것처럼"● 눈앞의 성공과 이익에만 급급한 위치에 서 있어서도 안 된다. 반드시 지휘소에서 깃발이 높이 나부끼는 것처럼, 산봉우리가 하늘을 찌를 듯 구름 위로 우뚝 솟은 것처럼, 태양과 달이 사람을 밝게 비추는 것처럼 행동함으로써, 대중들이 어려움을 헤치고 삶의 질을 향상시킬 수 있도록 이끌어나

● 러시아의 교육심리학자 레브 세마노비치 비고츠키(Lev S. Vygotsky, 1896-1934)의 교육이론이다. 교육 목표에는 힘을 써서 뛰면(지도), 복숭아를 딸 수 있을(목표치) 정도의 난이도(높이)를 두어야 하며, 난이도가 너무 높으면 복숭아를 딸 수 없어서 당사자가 자신감을 상실할 수 있다는 것이다.

가야 하며, 그것을 일생 동안 추구해야 한다. 이러한 이유로 그 말이 진부할 만큼 위대하다고 해서, 혹은 쉽게 이루기 어렵다고 해서 포기해서는 안 된다. 포기하지 않기 위해 스스로 긴장을 풀고 자신을 내려 놓고 낮추며 자유자재로 행동해야 한다. 다시 말해 거리낌없이 행동함으로써 그 일을 해내야 한다.

《금강경(金剛經)》에서 말한 것처럼 "여래가 대승에 발심한 이를 위하여 말하며, 최상승에 발심한 이를 위하여 말한(如來爲發大乘者說, 爲發最上乘者說)"것이다. 이 말을 쉽게 풀이하면, 하고자 하는 사람에게는 아낌없이 나눠준다는 뜻이다. '호부이기, 전문리인'과 '오종인'의 견해는 사람들이 "열심히 공부하여 나날이 향상(好好學習, 天天向上)"하도록 뜻을 세워주게 하고, "자신의 이익은 전혀 고려하지 않고 오로지 남만 이롭게 하는" 사람의 뜻을 세워주며 '고상한 사람, 순수한 사람, 도덕적인 사람, 저급한 취미를 벗어난 사람, 인민에게 도움을 주는 사람'의 뜻을 세워준다는 말이다.

이 세계는 어릿광대의 가장무도회와 같다. 당신이 그 속의 구성원이 되지 않으려 한다면, 마오쩌둥 및 마오쩌둥의 사상에 구원의 손길을 요청해야 한다. 모든 사람은 빨리 마오쩌둥의 따스한 손을 잡아야 한다. 그렇지 않으면 "마오 주석이 내게 미안한 것이 아니라" "내가 마오 주석에게 미안할" 것이다.

14

당팔고

黨八股

마오쩌둥이 말했다. "중국 공산당의 역사를 연구하려면 당이 성립되기 이전의 신해혁명(辛亥革命)과 5·4운동 자료를 살펴봐야 한다. 그렇지 않으면 역사의 발전을 분명히 이해할 수 없다. (…) 당팔고를 반대하는 것은 '5·4운동' 때 낡은 팔고문(老八股), 구태의연한 옛 교조(老敎條), 공자(孔子)의 교조, 문언문(文言文)●과의 관련성을 살펴보지 않은 것과 같아서 문제를 분명히 인식할 수 없게 된다."[1]

마오쩌둥의 지시에 따르면 '당팔고'를 연구하기 전에 먼저 '노팔고(老八股)'를 연구해야 한다.

중국어에 '팔고문'이란 단어가 있다. 팔고문은 과거시험 제도에서 규정한 특수한 문체다. 각 편은 파제(破題), 승제(承題), 기강(起講), 입수(入手), 기고(起股), 중고(中股), 후고(後股), 속고(束股) 등 여덟 개 부분

● 서면어로 쓰인 글. 백화문(白話文)과 대비되는 개념이다.

으로 이루어진다. 이러한 문체는 청말 과거제도가 없어짐에 따라 함께 소멸되었다. 하지만 팔고문이라는 단어는 딱딱한 문장의 대명사가 되어 사람들의 입에 언제나 오르내렸다. 루쉰은 《위자유서(僞自由書)》 〈진상을 알려주다(透底)〉에서 "팔고는 애당초 어리석음의 산물이다. 그것이 생긴 첫째 이유는 시험 감독관이 성가신 일을 싫어해서다. 그들 머리의 대부분은 화석처럼 굳어진 매목(埋木)과 같다. 성현을 대신하여 말한다느니, 기승전결이니, 문장 기운이니 하는 것들은 모두 정해진 기준이 없어서 제대로 파악하기가 어렵다. 따라서 한 고(股), 한 고 규정하고 이를 임용 규정에 합당한 격식으로 간주하고는 이것으로 '문장을 저울질하여' 한눈에 경중을 파악할 수 있도록 한 것이다. 둘째 이유는 응시자도 품이 덜 들고 손이 덜 간다고 느끼기 때문이다. 이런 팔고라면 신구를 막론하고 모두 소탕해야 한다"고 말했다.

마오쩌둥은 '당팔고'라는 단어를 발명했다. 그는 이를 모방하여 '팔고문'의 토대에서 신조어를 만들어냈다.

1937년 6월 5일 중공 중앙 정치국 회의에서 마오쩌둥은 〈군중 공작문제(群衆工作問題)〉라는 제목으로 발언했다. 그는 중국 공산당의 15년에 이르는 전통은 정통성이 있지만 약간 안 좋은 습관, 즉 '잘못된 전통'이 있고 그 좋지 않은 습관 중에 '당팔고'가 있다고 말했다.[2] 여기서 마오쩌둥은 당팔고란 단어를 처음으로 사용했다.

1942년 2월 1일 마오쩌둥은 중앙당교(中央黨校) 개학식에서 〈당의 작풍을 정돈하자(整頓黨的作風)〉라는 제목으로 연설했다. 그는 "당팔고는 쓰레기를 숨기는 것"이고 "주관주의, 종파주의, 당팔고는 지금 지배적 지위를 차지하는 것이 아니다. 오히려 이것은 방공호에서 불어오는 역풍과 악습에 불과하다. 우리 당내에 아직 이러한 바람이 불고 있는 것은 좋지 않은 일이다. 우리는 이러한 바람이 생기는 구멍을

틀어막아야 한다"고 말했다.³

1942년 2월 8일 마오쩌둥은 옌안 간부대회에서 〈당팔고를 반대한다(反對黨八股)〉라는 제목으로 연설했다. 그는 "5·4운동 시기의 생동감 있고 활발하며 진취적·혁명적이고 봉건주의에 반대하는 낡은 팔고와 낡은 교조의 운동이 나중에 일부 사람들에 의해 반대 방향으로 발전되어 새로운 팔고, 새로운 교조로 바뀌었다. 이것이 바로 주관주의, 종파주의와 당팔고다"⁴라고 말했다. 마오쩌둥은 당팔고의 '8대 죄상'을 다음과 같이 열거했다.

1) 전체가 다 공론일 뿐이고 알맹이는 하나도 없다.
2) 허세를 부리며 사람을 위협한다.
3) 표적 없이 활을 쏘고 대상을 고려하지 않는다.
4) '뜨내기'를 떠올리게 하는 무미건조한 말이다.
5) 한약방을 차리듯이 갑을병정 같은 방식으로 나열한다.
6) 무책임하고 곳곳에서 사람을 해친다.
7) 당 전체에 해독을 끼치고 혁명을 방해한다.
8) 널리 전파되어 국가와 인민에게 재앙을 가져온다.

마오쩌둥이 몸소 심의하여 출판한 《마오쩌둥 선집》에서는 당팔고라는 단어를 다음과 같이 풀이하였다. "당팔고는 혁명대오 내의 일부 사람들이 글을 쓰거나 연설을 하거나 다른 선전활동을 할 때 사물을 분석하지 않고 그저 되는 대로 몇 가지 혁명적인 명사나 술어를 도입한 것일 뿐이다. 이런 글은 내용 없이 공론만 늘어놓는다."⁵

〈당팔고를 반대한다〉라는 연설은 '당팔고'라는 단어를 크게 부각시켰다. 당팔고는 혁명 담론 가운데 두드러진 단어로서 중국 공산당당원들 거의 대부분이 아는 단어가 되었다.

어떤 학자는 마오쩌둥의 〈당팔고를 반대한다〉에 대해 "'현대 백화'에서 '혁명 백화'로 넘어가는 과도기의 표지이며, 이 문장은 루쉰 문장의 토대에서 발전하여 '낡은 팔고' '새로운 팔고' '서양 팔고' '당 팔고' 등 신조어를 만들었다"고 설명했다.[6]

1945년에 중공 7대(中共七大)*에서 마오쩌둥은 "우리 당내에서 과거엔 하나의 습관, 즉 고정된 틀이 있어서 문장을 쓰든 연설을 하든 모두 그 틀로 무마시켜버렸다. 그 틀이 바로 소위 당팔고다. 우리는 그 틀을 깨뜨려야 한다"[7]라고 말했다.

1955년 마오쩌둥은 《'중국농촌의 사회주의 고조' 평어선('中國農村 的社會主義高潮' 按語選)》에서 다시 한번 당팔고를 비판했다. "우리의 수많은 동지들이 문장을 쓸 때 당팔고를 좋아하여 생동감이 없고 구체적이지 않아 이를 보면 머리만 아프다. 그리고 문법과 수사도 따져보지 않고 절반은 문언, 절반은 백화의 스타일을 좋아하여 때로는 온 문장이 쓸데없고, 때로는 모든 것이 간결하고 예스러워 마치 독자들이 고생하도록 일부러 그렇게 하는 것 같다." 그는 예리하게 질문했다. "어느 해에 우리가 골치 아픈 당팔고를 보지 않게 될까?"[8]

마오쩌둥이 당팔고라는 단어를 만들 때 당내의 불량한 문풍 및 작풍과 명성이 좋지 않은 팔고문을 연계시킨 것은 창의적이라고 하지 않을 수 없다.

마오쩌둥이 아직 정권을 잡지 못했을 때, 군사투쟁이 한창 격렬했을 때, 사람들의 눈에 전쟁의 승부를 가늠하기 어려웠을 때 오로지 그만이 당팔고에 관심을 가졌다. 많은 사람이 보기에 이는 긴급하지 않

• 중국 공산당 제7차 전당대회, 이하 각 회차 전당대회는 숫자 다음에 대(大)를 붙여 표기.

은 문제였지만, 그는 이것의 심각성을 '국가와 국민에게 재앙을 가져온' 수준까지 끌어올려 사람들로 하여금 그의 깊은 생각에 찬사를 보내지 않을 수 없게 만들었다. 그 뒤로 몇십 년 동안 마오쩌둥은 당팔고에 대해 한시도 마음을 놓지 않고 맹렬히 공격하여 몸소 실천하면서 당팔고를 바로잡았다. 이것이 바로 지혜로운 사람의 안목이자 확고한 태도다.

분명 당팔고는 수고를 줄이고 힘을 덜어 머리를 많이 쓸 필요가 없었다. 그래서 일부 사람들은 그것을 좋아하게 되었다.

작가 한샤오궁(韓少功)은 《암시(暗示)》에서 '당팔고'라는 절(節)을 썼다. 그는 "마오쩌둥이 정권을 잡은 뒤 관리사회 공문의 십면매복(十面埋伏)*에 지쳤는데 이는 당팔고를 효과적으로 없애지 못했기 때문이다. 오히려 갈수록 당팔고가 심해져 1950년대 이후엔 중국 최대의 정보 공해가 되었다"고 말했다. 한샤오궁은 이 책에서 문화대혁명의 팔고문에 대해 다음과 같이 말했다.

문장은 어쨌든 최근 당 중앙의 중요한 회의에서 '정신적 조명'을 받으며 시작되었다. 작은 제목은 대구로 되어 있었다. 이를테면 "이리가 배울 학자를 잡다(狼抓一個學字)" "간 자를 실행하다(落實一個幹字)" 등등이다. 문장 맨 마지막에는 "빈농·하층민·중농이 심도 깊게 말하다(貧下中農深有體地說)"처럼 날조한 민의이거나 "홍기가 펄럭펄럭 날리고 북이 둥둥 울린다(紅旗飄飄戰鼓播)" "즐겁게 노래하며 웃다(一路歡歌一路笑)"처럼 날조한 민요로 글을 쓴 사람들이 제 딴에는 흡족하게 여기는 대미 장식의 공식을 보여주었다.

● 사방에 겹겹이 복병을 두는 것.

관료풍 문장을 잘 쓰기 위해 가장 중요한 것은 두 가지다. 하나는 같은 일을 다르게 말하는 것이다. 예를 들면 재작년에 면화를 심었고 작년에도 면화를 심었고 올해도 면화를 심었다면 이를 어떻게 말할 것인가? 그대로 쓰면 안 된다. 자료를 토대로 글을 쓰는 사람은 같은 면화에서 다른 것을 찾아내야 한다. 이에 재작년의 면화는 '치리정돈(治理整頓)'●의 결과가 되고, 작년에 심은 면화는 '비림비공(批林批孔)'●●의 결과가 되며, 올해 심은 면화는 "농업은 다자이(大寨)●●●에서 배우자(農業學大寨)"의 결과가 되어 한 걸음 한 걸음 최신식 시대 조류를 따라가는 것이다. 다른 한 가지는 다른 일을 같게 말하는 것이다. 예를 들면 아무개 서기의 부인이 재작년에는 농민이었는데 작년에는 갑자기 노동자가 되었고 올해에는 간부가 되었다면, 이것은 한 가지 일이 아니잖은가? 그대로 쓰면 안 된다. 자료를 토대로 글을 쓰는 사람은 다른 직위에서 같은 것을 찾아내야 한다. 농민이 된 것은 "간고한 단련에 투입된(投入艱苦鍛煉)"것이고, 노동자가 된 것은 "국가건설에 지원한(志願國家建設)"것이며, 간부가 된 것은 "용감하게 혁명의 무거운 짐을 진(勇挑革命重擔)"것이다. 지위가 아무리 변했어도 충성심은 시종 변하지 않았으며 모두 지난날과 다름없는 공산주의 사상의 경지라고 쓰는 것이다.

사실은 흙덩어리다. 문자는 그것을 마음대로 주물러 어떤 모양으로든 만들 수 있다. 이것이 문자의 마법이다. 또한 문자와 사실이 서로 떨어져 박리되는 것이다.[9]

● 경제 조건을 관리하고 경제 질서를 바로잡음.
●● 중국에서 1973년 말기부터 전 국방장관이자 당 부주석이었던 린뱌오(林彪)와 그가 즐겨 인용한 공자를 아울러서 비판한 운동.
●●● 산시성에 있는 마을로 계단식 농경으로 유명하다.

작가이자 화가인 무신(木心)은 《문학회억록(文學回憶錄)》이라는 강연 원고를 통해 팔고문에서 상용하는 말을 정리했다.

대륙팔고(大陸八股)의 예

首先(맨 먼저), 我認爲(나는 여긴다), 我們認爲(우리는 여긴다), 相當(상당히), 主觀上(주관적으로), 客觀上(객관적으로), 片面(단편적으로), 在一定的條件下(일정한 조건에서), 現實意義(현실적 의의), 歷史意義(역사적 의의), 不良影響(좋지 않은 영향), 必須指出(반드시 지적하다), 消極地(소극적으로), 積極地(적극적으로), 實質上(실질적으로), 原則上(원칙적으로), 基本上(기본적으로), 衆所周知(모두가 알다시피), 反映了(반영했다), 揭露了(폭로했다), 提供了(제공했다), 可以考慮(고려할 수 있다), 情況嚴重(상황이 심각하다), 保證(보증하다), 徹底(철저하다), 全面(전면적이다), 科學地(과학적으로), 此致敬禮(이에 인사드립니다).[10]

"싸움에 진 옥룡 300만 마리, 갑옷 비늘 하늘 가득 날려 떨어진다."● 한 갑자(甲子)가 지나서 중국 공산당이 이미 집권당이 되었다. 하지만 '당팔고'라는 '잘못된 전통'과의 투쟁은 여전히 진행 중이며 임무는 무겁고 갈 길은 아직도 멀기만 하다.

● "戰退玉龍三百萬, 敗鱗殘甲滿天飛." 송나라 장원(張元)의 시 〈눈(雪)〉에 나오는 구절이다.

15

낡은 것을 깨야 새것을 세운다

不破不立

'불파불립(不破不立)'이라는 어휘가 가장 먼저 나온 것은 당대 한유(韓愈)가 고문(古文)운동을 제창할 때다. 목적은 고문을 주장하고 변문(駢文)*을 반대하기 위한 것이었는데, 고문이 세워야(立) 할 것이고 변문이 깨뜨려야(破) 할 것이었다.

'불파불립'의 의미는 옛것을 제거하지 않으면 새것을 세울 수 없다는 것이다.

1940년 마오쩌둥은 〈신민주주의론(新民主主義論)〉이라는 연설에서 "반동문화는 제국주의와 봉건계급을 위해 복무하므로 반드시 타도해야 할 대상이다. 이것을 타도하지 않으면 어떤 신문화도 건립할 수 없다. 타도하지 않으면 건립할 수 없고 막지 않으면 흐르지 않고 멈추지

● 변려문(駢儷文) 또는 사륙변려문이라고도 한다. 산문이지만 운문처럼 한 구(句) 안에 글자의 수가 넉 자나 여섯 자가 들어가야 하고 운율과 화려한 수식을 강조하여 폐해가 많았다. 위진남북조에서 중당(中唐) 시기까지 유행한 문체다.

않으면 시행할 수 없다. 그들 간의 투쟁은 목숨을 건 투쟁이다"[1]라고 말했다.

마오쩌둥은 또 "타도하지 않으면 건립할 수 없다. 깨뜨림(破)은 비판이며 혁명이다. 깨뜨림은 이치를 따지는 것이며 이치를 따지는 것이 세움(立)이다. '파'자가 먼저이며 '립'은 바로 그 안에 있다"[2]고 말했다.

"낡은 우주를 무너트리면 새로운 우주를 얻을 수 있다."[3] 이것은 마오쩌둥의 정신이자 기개다.

마오쩌둥은 일생토록 파괴와 중건에 온 힘을 기울여 낡은 세계를 강력하게 '파괴'했으며 그 효과를 보았다. 그는 '깨뜨림'을 제창하고 '깨뜨림'에 용감했다. 그는 치국의 실천 속에서 파괴하면서 건설하였고 크게 파괴하고 크게 세웠다. 그는 확실히 수많은 것을 '파괴'했으며 수많은 것을 '세웠다.' 그의 제창으로 '불파불립'이라는 어휘가 널리 퍼지는 동시에 '불파불립'을 일종의 사고방식과 업무방식으로 삼는 것이 크게 유행하게 되었다.

불파불립은 나중에 '대파대립(大破大立)' '파이후립(破而後立)' '선파후립(先破後立)' 등의 어휘를 파생시켰으며, 문화대혁명 때 유행했던 '파구신립(破舊新立)'도 여기서 파생되었다.

파괴와 건립은 서로 모순이다. 양자는 많은 경우에 통일되며 대립적인 것이 아니다. 세계에 맞서서 반드시 파괴해야 하는 것은 아니며 강경하게 파괴하더라도 반드시 파괴해버릴 수 있는 것은 아니다. 반드시 어쨌든 건립해야 하는 것이 아니며 강력하게 건립해도 반드시 건립할 수 있는 것도 아니다. '파괴하지 않는다'고 해서 반드시 '건립할 수 없는' 것은 아니다. '크게 파괴한다'고 해서 반드시 '크게 세울 수 있는' 것은 아니다. 특히 '구와 신'으로 문화를 정의하면 결코 과학적이지 않다.

5000년 동안 끊임없이 이어져온 중국 전통문화에 대해 말하자면 항상 낡음 속에 새로운 것이 있고 옛것보다 더욱 새로워지고 새것과 옛것이 뒤엉켜 있다. 따라서 단순하게 '구와 신'으로 간주하여 '파와 립'을 수단으로 삼으면 툭하면 '낡은 것을 타파하고 새로운 것을 세우게 되어(破舊立新)' 그다지 뛰어난 견해가 되지 못한다. 더욱이 문화나 풍속은 호소, 구호, 행동을 통해 깨질 수 없다. 인위적이고 강제적인 파괴와 건립은 멀리 보건대 아무런 도움도 되지 않는다. 사람이 떠난 빈자리에는 쓰레기만 남고 세계는 여전히 원래의 모습을 유지하는 법이다.

16

반란에는 정당한 이유가 있다

造反有理

'반란(반역)을 일으킴'이라는 뜻의 '조반(造反)'이라는 단어는 《삼국지》〈위서〉 '장기전(張旣傳)'에서 처음 나온다.

반란의 창끝은 모두 윗사람을 향했고 폭력적이고 파괴적인 특징을 띤다. 일반적으로 말해서 야인, '천민들'이 반란을 좋아하며, 집권자는 글을 통해 반란을 일으키든 무장봉기를 하든 간에 반란을 좋아하지도 않고 허락하지도 않는다. 그래서 역대 통치자들은 '반란을 일으키는 것은 유죄(造反有罪)'라고 여겼다.

마오쩌둥은 이를 반대의 뜻으로 해석하여 '조반유리(造反有理)'라는 어휘를 발명했다.

1939년 12월 21일 마오쩌둥은 스탈린(Stalin) 탄생 60주년 기념대회에서 다음과 같이 말했다. "마르크스주의 이론은 얼기설기 뒤엉켜 있는데 결론은 한마디로 요약할 수 있다. 바로 조반유리다. 몇천 년 동안은 압박유리(壓迫有理)*, 박삭유리(剝削有理)**, 조반무리(造反無理)

가 정당한 것으로 받아들여졌다. 그러나 마르크스주의가 등장한 이래 이 전례가 뒤집어졌다. 이것이 그의 큰 공로다. 우리는 이 이론에 의거하여 반항하고 투쟁하며 사회주의를 추진했다."

이것이 중국에서 조반유리라는 어휘가 처음으로 출현하게 된 배경이다.

조반유리라는 어휘는 간결하고 기억하기 쉬우며 개괄적이지만 일방적이기도 하다. 마르크스주의 이론에는 조반유리의 내용이 들어 있다. 하지만 조반유리라는 어휘로 마르크스주의 이론을 귀납적으로 이해하면 너무 단순화하고 절대화한 느낌이 든다.

그러나 어휘 형성에 대해 말하자면 정말로 어떤 관계도 없고 절묘하게 좋은 말이며 이치를 따져도 되고, 따지지 않아도 된다. 다수가 인정하고 사람들 사이에 전파될 수만 있다면 좋은 것이다.

마오쩌둥은 조반유리라는 커다란 깃발을 들고 노동자와 농민을 이끌고 반란을 일으켜 정권을 탈취했고 신중국을 건립하여 집권자가 되었다. 하지만 이때 조반유리라는 말을 많이 하지 않았다.

1966년 6월 24일 칭화대학 부속중학 홍위병이 〈혁명적 조반정신 만세〉라는 대자보를 붙였다. "혁명은 조반이고 마오쩌둥 사상의 영혼이 바로 조반이다." 칭화대학 부속중학 공작조(工作組)가 홍위병 소장(小將)에게 물었다. "공산당의 영도 하에서 '조반'이라는 글자를 어떻게 해석하는가?" 이 말의 암시적인 뜻은 풍부하고 첨예하다.

7월 4일 칭화대학 부속중학 홍위병은 또다시 〈혁명적 조반정신 만세를 다시 논함〉이라는 대자보를 붙였다. 대자보 앞에 마오쩌둥의 어록을 쓴 것이 눈에 띄었다. "마르크스주의 이론은 얼기설기 뒤엉켜

● 압박하는 데는 정당한 이유가 있다.
●● 착취는 데는 정당한 이유가 있다.

있는데 결론은 한마디로 줄일 수 있다. 조반유리다. (…) 이 이론에 의거하여 반항하고 투쟁하며 사회주의를 추진하였다." 홍위병은 마오쩌둥의 어록으로 공작조의 질문에 대답했다.

마오쩌둥은 칭화대학 부속중학 홍위병의 대자보를 보았다.

홍위병의 조반 사상은 마오쩌둥과 단번에 일치했다. 마오쩌둥은 홍위병의 조반유리를 분명하게 지지했다. 8월 1일 그는 칭화대학 부속중학 홍위병에게 주는 답신에서 이렇게 말했다.

학생들의 6월 24일과 7월 4일의 두 대자보는 노동자, 농민, 혁명적 지식인과 혁명당파를 착취하고 압박하는 지주계급, 부르주아, 제국주의, 수정주의와 그들의 주구에 대해 분노하고 성토함을 설명하고, 반동파에 대한 조반유리를 설명하고 있다. 나는 학생들을 열렬히 지지한다. 동시에 나는 베이징대학 부속중학 홍기전투소조(紅旗戰鬪小組)에 대해 반동파에 대한 조반유리의 대자보와 평샤오멍(彭小蒙) 동지가 7월 25일 베이징대학 전체 사생원공대회(師生員工大會)에서 그들 홍기전투소조를 대신하여 작성한 훌륭한 혁명연설을 열렬히 지지한다. 여기에서 나는 나와 나의 혁명 전우들이 같은 태도를 가졌음을 말하고자 한다. 베이징이든 전국이든 문화대혁명 과정에서 학생들과 마찬가지로 혁명적 태도를 가진 사람들을 우리는 열렬히 지지한다.[2]

마오쩌둥은 연이어 세 번이나 "열렬히 지지한다"고 말했다. 가장 높은 영수가 그들을 격려하며 자신이 이끄는 체제에 조반하라고 한 것은 세계에서 드문 경우다.

칭화부중의 연이은 조반유리 대자보가 1966년 8월 21일 간행된 《홍기》 제11기에 실리면서 조반유리라는 구호는 신속히 전국에 퍼지게 되었다.

조반유리의 구호는 한번 세상에 나오자 힘차게 울려퍼졌다. 이 표현은 그 무엇과도 타협하지 않고 간명하게 요점을 찔렀으며 평이해서 이해하기 쉬웠다. 또한 청년의 반역심리와 공명하였고 불만자의 반항 정신 및 정서와 부합하여 즉각 수많은 사람들이 이를 받아들였다. 이로써 조반유리는 홍위병, 조반파의 기본 관념, 이론의 기둥과 좌우명이 되었다.

2000년 동안 봉건적 통치를 받았던 중국인은 감히 윗사람을 욕보이고 난을 일으키거나 경솔하게 반란을 얘기할 수 없었다. 역사적으로 반란을 일으키는 것은 목숨을 잃는 것이며 그 대가가 너무나 컸기 때문이다. 최후의 결과가 두려워 수많은 사람들은 조반 충동을 잠재웠다. "반란을 일으키는 것은 죽음이고 반란을 일으키지 않아도 죽음"인 상황에서만 사람들은 깃발을 들고 반역했다. 이 세계의 논리는 박삭유리(剝削有理), 압박무죄(壓迫無罪)였다. 인민의 영수 마오쩌둥은 조반을 선동했고 조반을 제창했다. "조반유리! 조반유리!" 조반은 합법 행위여서 두려워할 필요가 없었다. 이에 사람들은 거리로 나가 자신의 불만, 곤혹, 분노와 격정을 쏟아냈다.

마오쩌둥의 시대는 중국 역사상 보기 드문 '가두정치'의 시대다.

과거에는 통치자가 백성의 머리에 똥을 누고 오줌을 쌀 수는 있었지만, 백성들의 조반은 결코 허락되지 않았다. 마오쩌둥의 '조반유리'는 '천민'의 인심을 얻어 불만자 및 피압박자가 가장 그리워하고 사용하기 좋아했던 말이었다.

어떤 논자는 1960년대에 마오쩌둥이 중국인으로 하여금 서양정신의 사상조류를 인도하도록 하는 기적을 창조했다고 말한다. 그중 한 원인은 "마오주의의 수많은 내용은 반응이 빠르고, 기표(記標)●가

발달하고, 해석 공간이 무척 넓어서 다른 국가의 사상을 접목하기가 매우 편리하며 초국경 현상을 형성하였다는 점이다. 예를 들면 '조반유리' '반체제' '권위 멸시' '교육혁명' '반수방수(反修防修)'•• '반특권 (反特權)' '반당권파(反當權派)'와 같은 어휘는 중국이나 중국의 문화대혁명 중에 자신의 해석과 표현을 가지게 되어 서양에 이르러 도리어 자신의 새로운 해석과 표현을 생성하게 되었다."[3]

또 어떤 논자는 이렇게 말했다. "절망에 빠진 사람에게 마오쩌둥은 반항의 신이며 반항자의 기치다. 언어의 대가 마오쩌둥이 창조한 일련의 우렁차고 선동성이 풍부한 경전적인 문구 가운데 '조반유리'는 가장 강력한 뜻을 지니고 있으며, 그것이 포함하고 있는 진리는 '고별혁명(告別革命)'•••, '대사탐관(大赦貪官)'•••• 유의 좁은 식견보다 훨씬 깊다. 사악과 불의에 대한 반항은 인류의 천성이다. 마오쩌둥의 일생은 반역의 일생이다. 유년에 부친에게 반항했고 성장해서는 정부와 사회에 반역을 일으켰으며 늙어서는 수하의 관료들에게 반역을 일으켰다. (…) 사회가 관료의 압박에 처하게 되면 마오쩌둥의 가치는 다시 새롭게 발굴되었으며 피압박자의 기치는 쓰러지지 않았는데, 마오쩌둥이 직접적으로 영향을 끼친 몇 세대의 중국인은 더 말할 나위도 없다."[4]

마오쩌둥은 "어디에 압박이 있고, 어디에 반항이 있단 말인가?"[5]라고 했다. 그의 조반유리의 구호와 사상은 전 세계에 퍼졌고 영향을 미쳐 지금까지도 그 소리가 계속 귓전에서 맴돌고 있다.

• 한 단어를 이루는 소리나 표기.
•• 수정주의의 반대와 방지.
••• 혁명과 고별하다.
•••• 탐관을 대사면하다.

17

정치 좀도둑

政治扒手

중국어로 파서우(扒手)는 좀도둑이나 소매치기를 가리키는 속칭으로 민간에서 주로 쓰는 표현이다.

1941년 5월 23일 《해방일보》는 마오쩌둥이 쓴 사설 〈좀도둑에 주의하자(謹防扒手)〉를 발표했다.

> 우리는 전국의 군민(軍民)을 일깨우려 말한다. 우리가 승리로 나아가는 험난한 길에 가시나무 무성할 뿐 아니라(不仅荆棘丛生), 길옆엔 수시로 좀도둑이 숨어서 기다렸다가 우리가 방심하는 틈을 타서 우리의 분투한 성과를 훔쳐가려고 한다. 친구라는 가면을 쓴 좀도둑을 우리는 더욱 경계해야 한다.[1]

마오쩌둥은 이 글에서 처음으로 '좀도둑'을 정치언어로 사용했다. 이로부터 '정치 좀도둑(政治扒手)'이라는 새로운 단어가 탄생했다. 민간언어를 정치언어로 사용하면 민중들이 좀더 이해하기 쉽다. 이것이 바로 마오쩌둥의 강점이다.

문화대혁명의 대표 어휘가 된 '좀도둑'은 중공 중앙이 1966년 8월 8일 통과시킨 〈중국 공산당 중앙위원회의 프롤레타리아 문화대혁명에 관한 결정(中國共産黨中央委員會關于無産階級文化大革命的決定)〉(약칭 '16조')에서 처음 출현했다. "심각하게 잘못된 사상을 가지고 있는 사람, 심지어 반당·반사회주의를 견지하는 우파분자는 군중운동의 결점이나 착오를 이용하여 유언비어를 유포하고 선동하면서 고의로 일부 군중을 '반혁명'으로 만들었다. 좀도둑을 방비해야 하며 그들이 저지르는 속임수를 제때에 들춰내야 한다."[2]

이러한 말은 분명 마오쩌둥에게서 배운 것이다.

문화대혁명 초기에 류사오치(劉少奇)의 부인 왕광메이(王光美)는 칭화대학 공작조에 참가했다가 칭화대학 조반파에 의해 체포되었다. 1966년 8월 18일 칭화대학 항일규전투소조(向日葵戰鬪小組)는 왕광메이를 비판하는 〈왕광메이는 칭화위안 내의 제1호 도둑(王光美是淸華園內第一號大扒手)〉●이라는 제목의 대자보를 붙였다. "우리는 결코 제1호 좀도둑 왕광메이를 놓아줄 수 없다. 그녀가 얼마나 큰 붉은 우산을 가졌건, 누구의 기치를 들었건, 우리는 반마오쩌둥 사상의 큰 도둑을 잡아서 뿌리를 쫓아 밑바닥을 파보려고 한다." 여기에서 처음이자 공개적으로 왕광메이를 '제1호 큰 도둑'이라고 불렀다.

1967년 2월 7일 칭화대학 징강산병단(井岡山兵團)은 《좀도둑 외전(扒手外傳)-왕광메이는 어떤 사람인가(王光美何其人也)》라는 책을 펴냈다. 이 책의 '서문'에서 "왕광메이는 칭화위안의 제1호 큰 도둑이며

● 작자는 탕웨이(唐偉)와 천위옌(陳育延)이다.

반혁명수정주의의 총두목 류사오치와 덩샤오핑(鄧小平)이 칭화위안 안으로 뻗은 검은 손이다"라고 말했다. 이 해 4월 5일 칭화대학 징강 산병단은 〈4월 10일 큰 도둑 왕광메이의 비판 투쟁에 관한 통고(關于 四月十日揪鬪大扒手王光美的通告)〉를 발표했다. 4월 10일 칭화대학에서 한때 세상을 뒤흔든 왕광메이 비판투쟁 대회를 열었다. 회의장에 압 송되어 비판을 당한 왕광메이의 몸에는 '큰 도둑 왕광메이(大扒手王光 美)'라는 팻말이 걸렸다.

시간이 점점 흘러가 1976년 10월 마오쩌둥의 부인 장칭(江靑)은 문화대혁명을 이끌었던 과격주의자로 체포되었고 그후 '정치 좀도 둑'으로 불렸다. 인민출판사는 1976년 11월에《장칭은 세상 사람을 속여 헛된 명예를 얻은 정치 좀도둑(江靑是欺世盜名的政治扒手)》이라는 책을 출판했다.

18

실사구시

實事求是

어떤 논자가 말했다. "마오쩌둥이 성공한 방법은 간단히 말하면 두 글자로 설명할 수 있다. '무실(務實)'이다. (…) 만일 마오쩌둥이 중국 공산당 혁명에 대해 중요한 이론적 공헌을 했다면, 그것은 이로부터 형성된, 그가 누차 얘기했던 '실제에서 출발하는' 관점이고 '실사구시'의 관점이다."[1]

'실사구시'는 고어로 《한서(漢書)》〈하간헌왕 유덕전(河間獻王劉德傳)〉에 처음 보인다. 하간헌왕 유덕은 한 경제(景帝)의 아들이다. 그는 한평생 고서적을 연구하길 좋아했으며 수많은 서적을 소장했다. 전하는 말에 의하면 그는 "학문을 닦는 일과 옛것을 좋아했으며, 사실을 근거로 진리를 탐구하여 옳은 것을 구하고, 민간에서 좋은 책을 얻으면 반드시 필사하여 돌려주고는 그 진본을 남겨두기 위해 그를 초대해 금과 비단을 더 보태 하사했다"고 한다. 《한서》에 등장한 후 실사구시라는 단어는 송대 유학자의 책에 자주 출현했다. 하지만 조야(朝

野)의 문서와 민간언어에서는 널리 전파되지 못했다.

1916년 후난 웨루서원(岳麓書院)의 책임자는 '실사구시'라는 네 글자를 커다란 편액에 써서 강당 정문에 걸어놓았다. 청년 마오쩌둥은 여름방학을 이용하여 두 번이나 웨루서원에 들어가 공부했기 때문에 실사구시라는 단어에서 자연스럽게 깊은 인상을 받았을 것이다.

정계에 진출한 마오쩌둥은 일부 당원들이 오직 상부에서 말하는 것만을 표준으로 하고, 오직 책의 내용만을 전적으로 믿고, 외국 문물을 숭배에 가까울 정도로 좋아하는 것을 알게 되었다. 이에 마오쩌둥은 실사구시라는 단어를 가져와 그것에 새로운 정기를 불어넣고, 이를 통해 자신의 새로운 사상을 표현했다.

1941년 5월 그는 〈우리의 학습을 개조하자(改造我們的學習)〉에서 중국 공산당원이 실사구시를 학습하고 실천하는 정신을 가져야 한다고 호소했다.

'실사'는 객관적으로 존재하는 모든 사물을 가리키고, '시'는 객관적 사물의 내재적 관계, 즉 법칙성을 말하며, '구'는 우리가 그것을 연구하는 것을 가리킨다. 우리는 나라의 안팎, 성의 안팎, 현의 안팎, 구의 안팎의 실제에서 출발하고 그 속에서 우리의 행동지침으로서 억측이 아닌 고유의 법칙성을 끌어내야 한다.[2]

이 글에서 마오쩌둥은 "실사구시의 뜻을 따르지 않은 채 말이나 행동으로 군중 심리를 꾀어 그들의 호감과 지지를 얻으려는 마음을 가진" 일부 사람들을 비판했다.

이때 새로운 사상이 낡은 단어를 새롭게 탄생시켰다.

실사구시는 다음과 같은 마오쩌둥의 다른 말로 표현할 수도 있다.

"우리는 프롤레타리아 혁명의 공리주의자다." "우리는 가장 넓고 가장 원대한 목표를 가진 혁명의 공리주의자이지, 국부적이고 눈앞의 것만 바라보는 편협한 공리주의자가 아니다."[3]

1941년 7월 마오쩌둥은 중앙연구원 창립대회에서 〈실사구시〉라는 제목으로 연설했다. 1943년 여름에 마오쩌둥은 중앙당교(中央黨校) 교육장(敎育長) 펑전(彭眞)의 부탁을 받고 새로 건립한 중앙당교 대강당에 '실사구시'라는 네 글자를 써주었다. 이 글자는 강당의 정문 위에 새겨졌다.

이후에도 마오쩌둥은 실사구시를 반복하여 제창했다. 그는 옌안 동지들의 모든 일이 실사구시가 아닌 것이 없다고 말했다.[4] 그는 〈당팔고를 반대한다〉에서 공산당원은 실사구시에 의지해 밥을 먹는다고 말했다. 그는 또 공산당원은 실사구시의 모범이 되어야 한다고 강조했다. 그는 "실사구시 정신에 의거하여 있는 것은 있다고 말하고 없는 것은 없다고 말하고 옳은 것은 옳다고 말하고 그른 것은 그르다고 말해야 한다"[5]고 요구했다. 특히 마오쩌둥의 실사구시는 중국 공산당의 사상노선으로 확정되었다.

실사구시의 중요성은 마오쩌둥에 의해 더할 수 없이 높은 경지로 격상되었다. 마오쩌둥은 세상에 알려지지 않은 옛말을 철인(哲人)의 거시적인 안목으로 새롭게 발견하여 사상가의 글솜씨로 다시금 풀이했다. 그렇게 그의 사상체계에 녹여낸 이 말은 중국 공산당의 핵심이념 중 하나가 되었다.

일반적으로 국가 형세가 좋을 때는 실사구시가 비교적 잘 행해지는 반면, 혼란스러울 때는 대부분 실사구시에 문제가 있다. 화복(禍福)의 전환은 이 네 글자에 달려 있다.

예를 들어 1957년 이후 실사구시는 그다지 잘 견지되지 못했다.

마오쩌둥의 말을 빌리면 "최근 몇 년 동안 식량 사정이 좋지 않아 큰 손해를 봤으며 큰 대가를 치렀다." 1961년 1월 13일 마오쩌둥은 이렇게 말했다. "올해 실사구시의 시행은 어땠는가? 좋았는가, 나빴는가? 허베이성에 허젠현(河間縣)이 있다. 한나라 때 하간헌왕을 책봉했던 곳이다. 반고(班固)는 《한서》 〈하간헌왕유적전〉에서 그가 실사구시를 실천했다고 말했다. 이 말은 지금까지도 전해지고 있다. 올해를 실사구시의 해라고 정했다. 물론 우리가 과거에 전혀 실사구시를 시행하지 않았다는 말은 아니다. 우리 당은 전통적인 실사구시를 가지고 마르크스레닌주의의 보편적 진리를 중국의 실제와 결합했다. 하지만 건국 이래, 특히 최근 몇 년 동안 우리는 실제 상황을 잘 몰랐고 대체로 정부 당국에서 크게 떠들어댔다. 지금 우리는 한 방향을 발견했다. 그것은 동지들이 실사구시 정신을 회복시키는 것이다."[6]

실사구시라는 단어는 마오쩌둥이 사용하기 시작하면서 이성적 정신과 과학적 태도로 널리 알려지게 되었고 중국어 세계에서 새롭게 탄생하여 1949년 이후 사용 빈도가 가장 높은 단어가 되었다. 나아가 중국 공산당의 사상적 보고(寶庫) 가운데 중요한 사상이 되었다.

실천이 증명하는 법이다. 실사구시의 길을 걸어가면 작은 길을 큰 길로 바꿀 수 있고, 좁은 길을 넓은 길로 바꿀 수 있으며, 험한 길을 평탄한 길로 바꿀 수 있다.

실사구시라는 단어는 수많은 사람의 사상에 강렬한 족적을 남겼다. 덩샤오핑은 "내가 읽은 책은 결코 많지 않지만, 마오 주석이 얘기한 실사구시는 믿었다. 과거에 우리가 싸울 때 실사구시에 의지하였고, 지금 우리가 건설하고 개혁하는 데도 실사구시에 의거하고 있다"[7]고 말했다.

베네수엘라의 전 대통령 우고 차베스는 마오쩌둥을 매우 존경하고 숭배했다. 그는 마오쩌둥 저작을 열심히 학습하고 마오쩌둥 사상을 연구했다. 그는 "마오쩌둥 사상에는 신비한 무언가가 있는 것이 아니다. 단지 다음과 같은 세 가지가 있을 뿐이다. 첫째, 전심전력으로 인민을 위해 복무한다. 둘째, 사실에 근거하여 진리를 탐구하고 옳은 것을 구한다(실사구시). 셋째, 인민의 군대가 없으면 인민의 모든 것이 없다"고 말했다.

이러한 결론은 다소 간략하지만, 그 사상의 결정적 포인트를 지적한 말이었다. 전하는 말에 의하면 장쩌민(江澤民)이 베네수엘라를 방문했을 때 차베스는 그가 공부해 얻은 것을 장쩌민에게 들려주었다고 한다. 장쩌민 주석은 이 말을 듣고 웃으면서 차베스의 지식이 몇몇 중국 관리보다 더 깊다고 칭찬했다.[8]

지금 실사구시라는 네 글자는 중국 각지의 수많은 정당 건물 입구에 세워져 있어서, 예전에 저택 입구에 세워진 돌사자처럼 흔히 볼 수 있다. 베이징 이허위안(頤和園) 북쪽의 중공 중앙당교의 대문에 '실사구시' 석각이 있다. 전국 각지의 간부들이 이곳에 와서는 먼저 '실사구시' 네 글자를 보고 '실사구시' 비를 지나 학교에 들어가 공부하게 된다. 졸업한 후에 다시 '실사구시' 비 곁을 지나 전국 각지로 돌아가며 실사구시하거나 그다지 실사구시적이지 않은 정치가의 길을 걷게 된다. 실사구시의 마음자세가 아니면 실사구시를 가슴 속 깊이 배울 수 없다.

필자가 작사를 해보았다.

실사구시 힘들어 實事求是難:
실사구시 배우기 힘들고 實事求是難學,
실사구시 시행하기 어렵다. 實事求是難做;

실사구시 쉽다고 말하지만 實事求是說易,

실사구시 실행하기 어렵다. 實事求是行難;

남들의 실사구시 쉬워 보이지만 讓人實事求是易,

나의 실사구시 어렵다. 讓己實事求是難;

일시의 실사구시 쉽지만 一時實事求是易,

평생의 실사구시 어렵다. 終生實事求是難.

실사구시 어려운 줄 알아야 惟知實事求是難,

비로소 실사구시 좋은 줄 안다. 方知實事求是好.

실사구시 괴로워 實事求是苦:

실사구시 實事求是,

고생하는 줄 알고 會很辛苦;

실사구시 實事求是,

고생이 필요하다. 需要吃苦;

실사구시 實事求是,

고통스러울 거야. 可能痛苦;

실사구시해야 實事求是,

백성들이 고통에서 벗어날 수 있다. 才能讓百姓擺脫困苦.

장기간 다양한 실사구시의 실행을 두고 수많은 문제가 존재해왔다. 여하튼 우리는 기억해야 한다. 실사구시에 의거해 밥 먹는 사람들의 입장에서 실사구시를 하지 않는 것은 좌절과 실패를 의미한다. 실사구시를 하지 않는다면 성공은커녕 자기 일의 묏자리를 파게 될 것이다.

정풍

整風

저명한 화가 뤄궁류(羅工柳)는 1951년에 유화 〈마오쩌둥 정풍 보고(毛澤東整風報告)〉를 그렸다. 한 친구가 말했다. 한 외국인이 이 그림을 보았을 때 '정풍(整風)'이라는 단어를 알지 못해 그가 풀이해주어도 그 외국인은 이해하지 못했다. 외국인이 물었다. "사람은 정돈할 수 있으나, 동서남북에서 부는 바람은 어떻게 정돈한단 말인가? 또 '개문정풍(開門整風)'●이라는 말이 있는데 개문(開門), 정(整), 풍(風)이란 단어를 연결하면 무슨 뜻인가?"

외국인이 이해하지 못하는 것을 탓할 필요는 없다. '정풍'이라는 말은 분명 중국 공산당원이 외진 산골에서 발명한 단어다. 그 당시 사람조차도 '정풍'이라는 단어가 '신선'하게 들린다고 여겼으니 말이다.[1]

'정풍'은 방대한 역사와 관련이 있다.

● 당 회의에 비당원과 일반 대중을 참여시키고 그들의 비판을 받아들여 당풍(黨風)을 점검해나가는 운동을 지칭한다.

1942년 2월 1일 마오쩌둥은 중앙당교 개학식에서 〈학풍·당풍·문풍을 정돈하자(整頓學風黨風文風)〉*라는 제목의 연설을 했다. "주관주의를 반대하여 학풍을 바로잡고, 종파주의를 반대하여 당풍을 바로잡고, 당팔고를 반대하여 문풍을 바로잡자." 이 구절을 줄여 '정돈삼풍(整頓三風)' '정삼풍(整三風)' 또는 '정풍'이라 부르기도 한다.

현재 공인된 것은 1942년 4월 3일 중공중앙 선전부에서 발행한 〈중앙 결정 및 마오쩌둥 동지의 삼풍 정돈 보고를 논의한 옌안 토론에 관한 결정(關于在延安討論中央決定及毛澤東同志整頓三風報告的決定)〉으로 이것이 옌안 정풍운동 시작의 표지다.

옌안 정풍은 어떻게 바로잡았는가? 요약하면 주로 '삼보기(三步棋)'다.

제1보, 지정한 문건을 학습한다. 당사(黨史) 전문가 가오화(高華)는 "정풍으로 문건을 학습하고 마오쩌둥이 당내 투쟁방법을 전개할 때 갖춘 독창성을 반영하였다"[2]고 여겼다. 양제(楊劼)는 "옌안 정풍운동은 집중적으로 제도화된 정치학습 등 수많은 것을 발명했다"[3]고 여겼다.

제2보, 비평과 자아비평을 전개한다(이 책 '21 비평과 자아비평' 참조).

제3보, 조직적으로 청산하며 이를 간부 심사운동이라 부른다.

정풍은 "과거의 잘못을 앞으로의 교훈으로 삼고, 병을 치료해 사람을 구하는 것"을 목표로 삼아 비평과 자아비평으로 자신의 몸에 존재하는 부정한 기풍을 해결하려는 방법이다.

● 1953년 《마오쩌둥 선집》에 수록할 때는 〈당의 작풍을 정돈하자(整頓黨的作風)〉로 제목이 바뀌었다.

따라서 정풍하는 사람은 스스로 자신을 수습하고 구원하며 완벽하게 한다.

정풍은 '바로잡음(整)'을 통해 몸에 배인 좋지 않은 '풍(風)'을 바로잡는 것이다. 마오쩌둥이 말한 바와 같다. "정풍은 커다란 자아비평이며 투쟁으로 단결을 추구하는 것이다."

마오쩌둥이 '옌안의 다섯 원로(延安五老)' 중 한 명으로 꼽은 우위장(吳玉章)은 다음과 같이 말했다. "언뜻 현재의 정풍운동은 바로 중국 옛날 성현들이 말한 '극기복례(克己復禮)' '정심성의(正心誠意)'의 수양처럼 느껴진다."

중국 공산당은 옌안 정풍운동을 통해 이론을 실제에 연계시키고 군중에게 밀접하게 전달하며 비평과 자아비평이라는 3대 행동방침(3대 행동방침도 마오쩌둥이 요약한 것이다)을 형성했다.

옌안 정풍은 중국 공산당의 기질을 바꿨으며 중국 공산당의 성격을 만들어냈다. 중국 공산당은 이를 계기로 질적으로 비약했으며 그다지 성숙하지 않은 당에서 성숙한 당으로 성장하게 되었다.

마오쩌둥은 이렇게 말했다. "1921년 공산당을 창당하고 1945년 7대 이전까지 24년 동안 우리 당은 사상적으로 완전히 통일하지 못했다. (…) 옌안 정풍과 7대 이후 우리 당은 정치, 군사, 경제정책, 문화정책, 당의 건설 방면에서 통일된 정책을 갖게 되었다."[4]

중국 공산당은 바로 옌안 정풍을 통해 당의 기풍을 바로잡게 되었다. 그리고 이러한 당이 있었기에 신중국을 건설할 수 있었다.

결과적으로 옌안 정풍은 중공의 '백년대계'[5]를 다졌고 중국의 백년 대업을 이루었다.

정풍은 첫 시도다. 첫 시도라고 말하는 이유는 반고의 천지개벽, 삼황오제(三皇五帝)로부터 지금까지 어느 누구도 이처럼 자신을 '바로

잡는' '정풍'을 한 적이 없기 때문이다.

언제, 누가 마오쩌둥의 정돈삼풍(整頓三風)을 '정풍'이라 줄여 말했는가? 언제, 누가 옌안의 정돈삼풍 운동을 '옌안 정풍'이라 말했는가? 필자는 아직 확실하게 밝혀내지 못했다. 나는 《마오쩌둥 연보(1893-1949)》(수정본)에서 마오쩌둥이 1942년 5월에 이미 '정풍'과 '옌안 정풍'이라는 단어를 사용했음을 보았다.

마오쩌둥은 자신이 창조하고 영도한 '정풍'운동에 만족하고 득의양양했다.

옌안 정풍 20년 뒤 마오쩌둥은 다음과 같이 이를 회고하고 평가했다. "그것은 세밀한 정풍이었고 민주적인 방법을 채택했다. 다시 말하면 누가 어떤 잘못을 저질렀건 깨닫고 바로잡기만 하면 된다. 뿐만 아니라 사람들이 그를 도와 깨닫게 하고 바로잡게 하는 것이 바로 '과거의 잘못을 앞으로의 교훈으로 삼고, 병을 치료해 사람을 구하며' '단결의 바람에서 시작하여 비판이나 투쟁을 거쳐 시비를 분명히 가리고 새로운 바탕에서 새로운 단결에 이르는' 것이다. '단결-비판-단결'의 공식이 바로 그 시대에 생겼다. 정풍운동은 당의 모든 동지를 도와 인식을 통일시켰다. 당시의 민주혁명을 어떻게 할 것인지, 당의 총노선과 구체적인 정책을 어떻게 정할 것인지 같은 문제들은 모두 그 시기, 특히 정풍운동 이후에 완전히 해결되었다."[6]

이후에도 마오쩌둥은 '정풍'에 관한 수많은 언론을 발표했다. 대표적인 예를 들어보자.

정풍은 비평과 자아비평으로 당내 모순을 해결하는 일종의 방법이며, 당과 인민 사이의 모순을 해결하는 방법이기도 하다. (…) 정풍을 통해 우리 당의 간고한 분투라는 전통을 훌륭하게 발양시켜야 한다.[7]

(정풍)은 서로 도와서 비뚤어진 기풍을 바로잡고, 부정적인 면을 올바른 기풍으로 바꾸는 것이다.[8]

정풍 방법은 옌안의 정풍처럼 문건을 연구하고 착오를 비판하며, 사소한 민주적 방법, 온화하고 부드러운 태도로 병을 고쳐 사람을 구하는 것이며, 한 번의 공격으로 사람을 요절내는 것에 반대하는 방법이다.[9]

정풍 방법은 비평과 자아비평이며 사실을 늘어놓고 이치를 따지는 것이다. 정풍의 목적은 투쟁방향을 올바른 정치방향으로 이끌고 사상수준을 향상시키며 공작 결점을 개정하여 광범한 군중을 단결시키고, 부르주아 우파와 사회주의를 반대하는 모든 사람을 격려하고 분화시키는 것이다.[10]

지금 정풍하려고 하고 장래에도 정풍하여 끊임없이 우리 몸에 배인 잘못된 것을 바로잡아야 한다.[11]

우리 당은 옌안 정풍을 통해 수많은 간부를 교육시켰고 전체 당을 단결시켰으며 항일전쟁과 해방전쟁의 승리를 보증했다. 이러한 전통을 우리는 반드시 발양해야 한다.[12]

본문의 처음에 말한 '개문정풍(開門整風)'은 '폐문정풍(關門整風)'의 상대적인 말로 모두가 '정풍'이라는 단어에서 파생되었다. 문을 닫지 말고 비평과 자아비평을 거침없이 전개하고, 대문을 활짝 열어놓아 인민들이 여기에 들어와서 공산당을 도와 적극적으로 정풍을 진행하라는 뜻이다.

옌안 정풍은 하나의 본보기를 수립하였고 일종의 방법을 찾았다.

정풍은 중공의 미묘한 방법이자 공개적인 비급(秘笈)이었다.

정풍은 하나의 정신으로 승화하여 중국 공산당이 지닌 성격 중에 가장 특색 있는 일부분이 되었다. '정풍'이라는 단어는 마오쩌둥과 중국 공산당 사전에서 중요한 단어의 하나가 되었다.

신중국 성립 후 중국 공산당이 국가를 통치하고 당내 문제를 해결할 때 주로 정풍방식을 채택했다. 언제든지 편향적으로 흘러 '왼쪽'으로 기울면 '정풍'과 화풍세우(和風細雨)*는 '사람을 바로잡는' 폭풍우로 변했고, 심지어는 사람을 죽일 때도 있었다. 하지만 이는 옌안에서 발명한 정풍의 첫 시도에 손상을 입히지는 않았다.

필자가 정풍의 노래를 작사해보았다.

정풍 좋아, 정풍 좋아, 독서 학습이 진보했다. 整風好, 整風好, 讀書學習進步了.

정풍 좋아, 정풍 좋아, 바지를 벗고 목욕했다. 整風好, 整風好, 脫掉褲子洗澡了.

정풍 좋아, 정풍 좋아, 상호 비평이 솔직하고 성실했다. 整風好, 整風好, 相互批評坦誠了.

정풍 좋아, 정풍 좋아, 바른 마음과 성의가 사람을 구했다. 整風好, 整風好, 正心誠意救人了.

정풍 좋아, 정풍 좋아, 부정한 기풍을 날려 보냈다. 整風好, 整風好, 不正之風整跑了.

정풍 좋아, 정풍 좋아, 잘못과 결점이 정돈되었다. 整風好, 整風好, 毛病缺點整掉了.

● 부드러운 바람과 보슬비.

정풍 좋아, 정풍 좋아, 방지가 변하여 사람을 정돈했다. 整風好, 整風好,
防止變成整人了.

정풍 좋아, 정풍 좋아, 잘 견지하여 버리지 말자. 整風好, 整風好, 好好堅
持別丟了.

20

병을 고쳐 사람을 구하다

懲前毖後, 治病救人

사람은 스스로 자신을 완벽하게 하고 향상시킬 수 있다. 하지만 사람은 외부의 도움을 필요로 한다. '징전비후(懲前毖後), 치병구인(治病救人)'은 외부의 도움을 말한다.

여와가 하늘을 깁고(女媧補天), 정위가 바다를 메운 것(精衛塡海)처럼, 마오쩌둥이 병을 고쳐 사람을 구한다는 뜻도 담겨 있다.

'징전비후, 치병구인'은 사람을 구하는 것이며 사람을 채우는 일이기도 하다. 외부의 역량을 통해 사상의 빈틈과 결점을 메우고 인간의 사상을 더욱 건강하고 고상하게 만드는 것이다. 이 두 구절은 옛 단어이며 옛말이다.

'징전비후'는 《시경(詩經)·주송(周頌)·소비(小毖)》에서 나왔는데, "나는 지난 일을 경계하여 후환을 조심한다(予其懲, 而毖後患.)"라는 문장에서 찾아볼 수 있다. 전하는 말에 의하면 이 문장은 주 성왕(成王)이 자신을 경계하기 위해 늘 곱씹었던 말로, 자신이 받은 징벌 속에서 교훈을 받아들이고 조심하고 근신하면 다른 우환을 당하지 않는다는 뜻이다. 후에 사람들은 이 두 구를 축약하여 '징전비후'라는 성어를 만들어 훈계하는 담론으로 삼았다. 과거의 교훈을 받아들여 이후 조심하고 근신하면 다른 과오를 범하지 않는다는 것이다.

'치병구인'은 진대(晉代) 갈홍(葛洪)의 《신선전(神仙傳)》에서 나온 말이다. 거기에 "심의는 오군 사람으로 촉에서 도를 배워 병을 치료하고 사람을 구할 수 있는 대단한 은덕을 가졌다(沈羲, 吳郡人, 學道于蜀, 能治病救人, 甚有恩德)"라고 기록되어 있다. 치병구인은 병을 잘 치료하여 기사회생시켜 사람의 생명을 구한다는 뜻을 담고 있다.

마오쩌둥은 징전비후, 치병구인이라는 두 표현을 가져와 연결시켜서 정풍 방법과 목적으로 삼았다. 가히 인심을 파악한 묘수이며, 인심과 혼연일체가 된 생각의 결과물이라 할 수 있다.

언어 운용 방면에서 생각해보면, '옛것'에서 '새것'이 나오고 '얕은 것'에서 '새것'이 나오며 '속된 것'에서 '새것'이 나온다. 이것은 모두 마오쩌둥의 특기인데 그는 이것을 자유자재로 사용했다.

1942년 2월 1일 마오쩌둥은 중앙당교 개학식에서 〈당의 작풍을 정돈하자〉란 제목으로 다음과 같이 연설했다.

우리가 주관주의, 종파주의, 당팔고에 반대할 때 주의해야 할 두 가지 원칙이 있다. 첫째는 '과거의 잘못을 경계 삼아 훗날을 조심한다'는 것이고, 둘째는 '병을 고쳐 사람을 구한다'는 것이다. 앞으로 활동을 좀더 신중히 하고 좀더 잘하기 위해서는 정실에 사로잡히지 말고 과거의 잘못을 사정없이 지적하고, 과학적인 태도로 과거의 나쁜 점을 분석하고 비판해야 한다. 이것이 바로 '과거의 잘못을 경계 삼아 훗날을 조심한다'는 의미다. 그러나 우리가 잘못을 지적하고 결점을 비판하는 목적은 의사가 병을 치료하는 것과 같이 오로지 사람을 구하는 데 있지, 죽음에 이르게 하는 데 있지는 않다. 어떤 사람이 맹장염에 걸렸을 때 의사가 그 맹장을 잘라버리면 그는 구조된다. 과오를 범한 사람도 치료를 받는 것이 두려워 병을 감추거나 과오를 고집해 도저히 치료할 수 없는 지경에까지 이르지 않았다면, 또한 진심으로 성실하게 치료받고 행실을 고치려고 한다면 우리는 그를 환영하고 좋은 동지가 될 수 있도록 병을 고쳐주어야 한다. 이것은 결코 화풀이를 하며 맹비난하는 것으로 성과를 거둘 수 있는 일이 아니다. 사상적인 병폐나 정치적 병폐에 대해서는 결코 거칠거나 무모한 태도를 취해서는 안 되고 '병을 고쳐 사람을 구하는' 태도를 취해야 한다. 이것만이 올바르고 효과적인 방법이다.[1]

이로부터 징전비후와 치병구인은 중국 사전에서 유행하고 상용하는 어휘의 하나가 되었다. 마오쩌둥은 이렇게 말했다. "이후 이 공작을 계속하여 징전비후, 치병구인의 정신으로 당내의 사상교육을 대대적으로 전개할 것이다."[2]

마오쩌둥의 치병구인은 이미 당시에 고어에서 등장한 것처럼 의사가 치병구인하는 의미를 넘어섰다.

어휘의 연혁 시각에서 보면 마오쩌둥의 징전비후와 치병구인은 '흐름'이지 '근원'이 아니다. 하지만 마오쩌둥의 개조를 통해 새로운 내용을 채워 환골탈태했다. 한 자도 고치지 않아 껍데기는 그대로이지만, 그 뜻은 바뀌어 새로운 면모를 갖추게 된 것이다. 이것은 그야말로 '헌 병에 새 술 담기'와 같은 일이라 볼 수 있다. 오래된 단어에 담긴 새로운 뜻은 '헌 병의 빛'을 한층 향상시켰다.

확실히 마오쩌둥의 손을 거친 징전비후와 치병구인은 이미 구체적인 의미를 가졌고, 내용이 더욱 풍부해진 어휘로 변모했으며, 어떤 배경도 없었던 어휘에 아름다운 배경을 갖추어주었다.

마오쩌둥은 치병구인이라는 신체의 질병을 치료하는 어휘를 가져와 사상적인 질병인 인식의 차이, 옳고 그름의 문제, 비적대적 모순을 해결하는 데 사용했다. 그런 활용이 매우 구체적이며 적절하여 사람들이 쉽게 받아들일 수 있었다. '병을 치료하자(治治病)'는 견해는 자기 몸에 병이 들어 제때에 치료한 사람들로 하여금 친근감을 느끼게 했다.

류사오치에 따르면 중공 역사에서 "당내 투쟁은 정확하고 잘못된 두 가지 전통이 있다". 잘못된 전통은 두 가지의 잘못된 경향으로 표현된다. 첫째는 당내 투쟁을 아예 하지 않는 것이다. 이것은 우경적 경향이다. 둘째는 '잔혹한 투쟁'으로 사정없이 타격하는 것이다. 이것은 좌경적 경향이다. 특히 1930년대에 왕밍(王明)• 노선 시기에는 당내 투쟁에서 "잔혹하게 투쟁하여 사정없이 타격했다". 동지가 의심스러우면 무조건 잡아다 죽이는 바람에 중국 공산당은 엄청난 손실을 보았다. 수많은 사람들이 친히 이 장면을 보았고 피해자가 되었다.

마오쩌둥은 이렇게 말했다. "사람은 언제나 정을 가지고 있기 마련이다. 하물며 동지는 어떻겠는가? '사정없이 타격하는' 것이 당내에 수립되면 단결할 수 없고, 오늘 내가 당신을 타격하면 내일은 당신이 나를 타격할 것이다. 서로 타격하다 보면 사람들은 화목하게 지내지 못하고 당의 사업 또한 왕성해지거나 발전하지 못하며 동지들은 대부분 불쾌해질 것이다."³

1942년 11월 중공 서북국(西北局) 고급간부회의에서 마오쩌둥은

• 1904-1974. 마오쩌둥의 정적(政敵)이자 중공 초기 지도자다. 소련 유학파로 레닌의 교조주의적 입장에서 중국혁명을 이끌려 했다. 후에 정권 실세에서 밀려난 뒤, 1956년에 소련으로 망명했다.

이렇게 말했다. "쭌이(遵義) 회의* 이전에 당내 관계에서 주요하게 드러난 편향은 지나친 투쟁이었다. 쭌이 회의 이후엔 당내의 주요 편향은 자유주의였다."[4] 옌안 정풍의 징전비후와 치병구인은 이상으로 두 가지 '주요 편향'에 대한 시정이자 새로운 사고의 방향이다.

징전비후, 치병구인 방침을 통해 잔혹한 정치투쟁에서 살아남은 수많은 사람은 당에 친근함과 따스함을 느끼게 되었다. 옌안 시기 마오쩌둥은 또 '일개불살, 대부불착(一個不殺, 大部不捉)'이라는 여덟 글자 방침을 제시했다.[5] 이 문장은 설령 증거가 확실한 잘못이라도 멋대로 죽이거나 잡아들이지 않는다는 말이다. 일개불살, 대부불착이라는 어휘는 지금도 사용하고 있다.

마오쩌둥의 징전비후와 치병구인은 사상을 명확히 하고 인민을 단결시키는 목적이 되었다.

1962년 7월 15일 파키스탄 중국주재 대사 라시디(拉希迪)는 마오쩌둥의 치병구인을 찬양했다. 그는 마오쩌둥이 중국 사회의 질병을 진단하고 치료한 위대한 의사이며, 그의 진단과 치료는 위대한 세계사적 의의를 가지고 있다고 말했다. 이에 마오쩌둥이 이렇게 대답했다. "의사로 비유한다면 나는 일반의사에 불과하다. 나는 우리 당과 함께 중국사회의 일부 질병을 고쳤다. 하지만 일부 질병은 발견하고도 아직 고치지 못했다. 그리고 일부 질병은 지금까지도 발견하지 못했다."[6]

제목과 관계없는 말 몇 마디 더 하겠다. 옌안 시기는 마오쩌둥 담론이 형성되고 수립되던 시기다. 이 시기에 창조된 수많은 어휘는 이

---

* 1935년 1월 15일에 열린 중국 공산당 중앙정치국 확대회의로 구이저우(貴州)성 쭌이에서 개최된 회의를 말한다. 이 회의에서 마오쩌둥의 지배권이 확립되었고 농촌 중시, 농촌에 의한 도시 포위전략 등 마오의 군사전략이 당의 노선으로 채택되었다.

후 수십 년 동안 가장 빈번하게 사용되는 중국의 기본 어휘가 되었다. 예를 들면 '정풍' '징전비후, 치병구인' '비평과 자아비평' '단결-비평-단결'과 같은 표현들, 그리고 "군대를 보호하고 가족을 근심하고, 정치를 옹호하고 인민을 사랑한다(護軍憂屬, 擁政愛民)" "아는 것은 다 말하고, 말은 다 얘기하고, 말하는 사람은 죄가 없고, 듣는 사람은 경계로 삼기에 족하며, 있으면 이를 고치고, 없으면 격려해준다(知無不言, 言無不盡, 言者無罪, 聞者足戒, 有則改之, 無則加勉)"와 같은 문장이 그렇다. 이처럼 명확한 어휘로 구성된 사상과 방법은 중국 공산당원이 혁명과 건설을 진행하는 과정에서 반드시 기억해야 할 체계적인 지침이 되었다.

전하는 말에 의하면 허베이의 한단(邯鄲)은 중국에서 성어를 가장 많이 배출한 곳인데, 어떤 사람은 심지어 여기에서 1500여 개의 고사성어가 나왔다고 말하기도 한다. 확실히 옌안은 혁명 담론과 혁명 어휘가 왕성하게 생성된 곳이다.

1930-1940년대에 중공 중앙이 옌안에서 머문 13년 동안, 마오쩌둥을 대표로 하는 중국 공산당원이 여기에서 창조한 풍부하고도 다채로운 혁명 담론은 전 중국 인민의 언어습관에 영향을 끼쳤다. 누군가가 통계를 내본다면 무척 재미있을 것이다.

21

비평과 자아비평

批評與自我批評

'비평과 자아비평'은 중국 공산당의 표지를 선명하게 보여주는 새로운 어휘이자, 뚜렷한 민족적 특색을 드러내는 단어이기도 하다.

'비평'이라는 단어는 옛날부터 존재했는데, 명대 이지(李贄)와 청대 이어(李漁)의 저작에서 찾아볼 수 있다. 이에 비해 '자아비평'이라는 단어는 다소 늦게 생겨났다. 아마 '5·4운동' 이후일 것이다. 그래서인지 중국 공산당의 초기 담론 가운데 '비평'이라는 단어는 자주 보인다. 한편 스탈린은 자신이 쓴 《레닌주의개론》에서 레닌주의 방법론에는 네 가지가 있는데 그중 하나가 자아비평이라고 말했다. 중공의 '자아비평'은 아마도 여기에서 처음 모방했을 것이다.

비평과 자아비평을 한데 연결시켜 반복적으로 강조하고 실천에 힘쓴 사람이 바로 마오쩌둥이다.

마오쩌둥은 언제 처음으로 비평과 자아비평을 제창하였을까? 그의 저작에서 시간을 더 거슬러올라간 기록을 발견할 수도 있기 때문

要注意批评与自

我批评的方法

去分析它和处

理人民内部矛

盾。 1966年，

2月24日

에 감히 확신할 수는 없다. 여하튼 이 어휘는 마오쩌둥의 정치 연설과 작업 실천에서 여러 차례 사용되었다.

비평과 자아비평은 마오쩌둥 등 리더들이 중공 당내 투쟁의 참담 속에서 배운 교훈을 받아들여 새롭게 개괄해낸 것이다. 이 시기 '좌' 경 교조주의자들은 당내의 다른 의견에 대해 "잔혹하게 투쟁하고 사 정없이 타격하여 당내에서 난투극을 벌였다. 시비나 큰 일 작은 일 가리지 않고 일률적으로 '가장 단호하고 무정한 투쟁'이었으며 당내에서 불화반목하고 무서워서 하루도 살 수가 없는 국면을 조성했다".[1] 이 때문에 수많은 사람들이 고통을 받았고 당의 단결에 해를 끼쳐 당의 역량이 크게 소모되었다.

1937년 8월 마오쩌둥은 《모순론(矛盾論)》에서 "질이 다른 모순은 질이 다른 방법을 써야만 해결할 수 있다. (…) 공산당 내의 모순은 비평과 자아비평의 방법으로 해결해야 한다"[2]고 지적했다. 이 글을 통해 마오쩌둥이 비교적 일찍 비평과 자아비평이란 표현을 사용했음을 알 수 있다.

1942년 시작된 저명한 옌안 정풍에서 마오쩌둥은 비평과 자아비평의 방법을 특별히 강조하고 제창했으며, 아울러 이러한 방법을 형상화하고 구체화하여 '단결-비평-단결'이라는 공식으로 표현해냈다. 마오쩌둥은 나중에 이를 회상하며 이렇게 말했다. "옌안에서 우리는 당외 관계에 대한 명확한 입장을 찾았다. 단결하지도 않고 투쟁하지도 않았으며 당내 관계 역시 '사정없이 잔혹한 투쟁'은 아니었다."[3]

신(上帝)이 인류를 설계할 때 그다지 완벽하게 설계하지는 않았다. 따라서 인류는 발전 과정에서 이러저러한 실수를 저지를 수 있다. 이른바 '완전무결한 사람은 없다(人無完人)'는 것이다. 그래서 인간은 끊임없이 비평과 자아비평을 실천해야 한다.

조설근(曹雪芹)은 자신의 책《홍루몽(紅樓夢)》에서 '보천(補天)'●하려고 했고, 마오쩌둥은 저작과 실천 속에서 '보인(補人)'●●하려고 했다.

비평과 자아비평은 사람과 사람 사이의 상호격려, 상호작용, 상호촉진을 일으킨다. 비평은 주로 내가 남을 비평하되 그와 친밀하게 흉금을 털어놓는 것이고 상대방의 결점과 부족을 지적하여 상대방이 완전하게 변하길 바라는 것이다. 자아비평은 자신이 자발적으로 자신의 단점을 드러내고 자신의 추한 점을 밝혀 자기 몸에서 원인을 찾는 것이다. 또한 지금의 나로 어제의 나에게 도전하는 것이자, 정확한 나로 부정확한 나를 해부하는 것이며, 청결한 나로 내일의 나를 맞이하는 것이다. 따라서 그 목적은 자신을 더욱 완전하게 바꾸는 것이라 할 수 있다.

비평과 자아비평에는 언제나 고통과 우려가 따라 마음을 불편하게 만든다. 따라서 마오쩌둥은 비평과 자아비평에 대해 논하면서 "알면 다 말해야 하고, 말을 꺼냈으면 끝까지 다 말해야 한다. 말한 사람에게는 죄가 없고, 듣는 사람이 알아서 경계해야 한다. (결점이나 잘못이) 있으면 고치고, 없으면 그런 잘못을 범하지 않도록 더욱 힘써야 한다(知無不言, 言無不盡, 言者無罪, 聞者足戒, 有則改之, 無則加勉)"고 주장했다. 그는 공산당원에게 필요한 비평과 자아비평이라는 덕목을 중국 전통문화 중 '하루에 세 번 자신을 반성한다(三省吾身)'●●● '자신의 잘못이나 결점을 남이 지적해주면 기쁘다'(聞過則喜)'●●●● 등 수양에 필요한 덕목과 접목시켰다.

● 하늘을 깁다.

●● 사람 몸의 구멍을 깁다.

●●●《논어》〈학이(學而) 편〉에서 증자가 한 말이다.

●●●●《맹자(孟子)》〈공손추 상(公孫丑上)〉에 나오는 구절로, 자로(子路)가 잘못이 있다는 말을 들으면 기뻐했다는 말에서 남의 비평을 기꺼이 받아들이는 것을 비유한다.

저명한 작가 왕멍은 소년 시절에 비평과 자아비평을 접하고 강하게 매료되어 "참신한 사고와 사람 노릇하는 길을 체득했으며 흠잡을 데 없이 완전무결하고, 엄밀하고 적당하며 싸우면 반드시 이기는 논증방식이라고 느꼈다. 내 입장에서 이는 성인이 되는 길이며 일에 맞닥뜨릴 때마다 먼저 자아를 비평하는 것이 너무나 훌륭해 보였다"[4]고 말했다.

비평과 자아비평에 대해 마오쩌둥은 혁명과 건설 진행 과정에서 자주 언급했다. 또한 전면적이고 깊이 있게 다루었다.

1942년에 우리는 인민 내부모순을 해결하는 민주적인 방법을 구체화시켜 하나의 공식으로 만들었다. 이를 '단결-비평-단결'이라 불렀다. 조금 더 상세히 이야기하자면 단결의 바람에서 시작하여 비평이나 모순 해결 투쟁을 거쳐서 새로운 토대에서 새롭게 단결한다는 것이다. 우리 경험에 비추어보면 이것은 인민 내부모순을 해결하는 정확한 방법이다. 1942년에 우리는 이 방법을 써서 공산당 내부의 모순을 해결했다. (…) '좌'경 교조주의자들은 종전에 사용했던 당내 투쟁방법을 "잔혹한 투쟁, 사정없는 타격"이라고 불렀다. 이것은 잘못된 방법이다. (…) 우리는 하나의 공식을 찾았다. '단결-비평-단결.' 혹자는 징전비후, 치병구인이라 말한다. 우리는 이 방법을 당 밖으로 확대하려고 한다. 각 항일 근거지에서 우리가 지도자와 군중의 관계, 군민관계, 장병관계, 일부 군대간의 관계, 일부 간부 간의 관계를 처리할 때 모두 이 방법을 써서 크게 성공을 거두었다. (…) 전국 해방 이후 우리가 민주당파와 상공업계에 대해서도 '단결-비평-단결'이라는 방법을 썼다.[5]

(비평과 자아비평은) 훌륭한 방법이며 사람들이 진리를 견지하고 착오를 수

정하는 것을 도와주는 좋은 방법이다. 또, 인민국가 내의 전체 혁명인민이 자아교육과 자아개조를 진행하는 유일하고도 정확한 방법이다.[6]

소수민족 내부에서도 비평과 자아비평의 방법을 써서 당신이 나를 타도하고 내가 당신을 타도하며 당신이 나를 독살하고 내가 당신을 독살하는 방법을 대체할 수 있다.[7]

단결-비평-단결, 징전비후, 치병구인은 우리가 당내 모순, 인민 내부모순을 해결하는, 정확하고도 역사에 의해 유효하다고 증명된 방법이다. 우리는 반드시 이 방법을 견지해야 한다.[8]

자아비평은 마르크스레닌주의 정당의 불가결한 무기이자, 마르크스레닌주의 방법론 중 가장 혁명적이고 가장 생기 있는 일부다.[9]

소위 단결은 자신과 의견이 다르거나 무시하거나 존중하지 않는 다른 사람의 마음마저도 변화시켜 힘을 한데 뭉치는 것이다. 또한 자신과 맞지 않는 데다 투쟁하며, 손해를 입힌 일부 사람들과도 단결하는 것이다. 의견이 서로 같다면야 이미 단결했으니 더 이상 문제가 발생하지 않을 것이다.[10]

마오쩌둥은 1940년부터 1976년 사망할 때까지 '비평과 자아비평'이라는 말을 거의 모든 모임 때마다 얘기했고 매년 언급했다. 또한 모순과 문제를 만날 때마다, 곤란과 실패를 만날 때마다 더욱 강조하여 말했다. 그는 한평생 이 어휘를 수천 번 사용했다.

'비평과 자아비평'은 가끔 무기로 일컬어지기도 하는데 사람들은 일반적으로 '비평과 자아비평의 무기'라고 표현한다. 이 무기는 중공의 단결, 인민의 단결에 큰 도움을 주었다. 또 정당, 단체, 개인들이 만회할 수 없는 커다란 잘못에서 벗어나는 데 큰 도움을 주었다. 비평과 자아비평은 "당신도 좋고 나도 좋고 모두가 좋은" 인정(人情)사회에 대한 강력한 개조이며, "사람을 만나면 3할만 얘기하고 마음을 전부 쏟아놓지 않는(逢人只說三分話, 不可全抛一片心)"● 모리배 철학에 대한 철저한 부정이다.

비평과 자아비평을 전개하면 정당의 성정과 면모를 충분히 바꿀 수 있고 개인의 성정과 면모도 바꿀 수 있다.

비평과 자아비평이라는 말은 마오쩌둥 등 역대 중공 리더들이 널리 알린 덕에 옌안 정풍 이래 정부 당국에서 사용 빈도수가 많은 어휘의 하나가 되었다. 또한 그것은 단결을 옹호하고 모순을 해결하며 결점을 극복하는 방법이 되었고 위대한 전통이 되었다.

비평과 자아비평은 모든 개인을 포함시켰다. 세상 사람을 속일 수 없고 부정을 저지를 수 없어 모든 사람이 다른 사람의 눈에 들어왔으며 손에 잡히게 되어 이로부터 도망갈 수도 없고 몸을 감출 수도 없게 되었다.

관의 담론은 대대로 민간에 큰 영향을 미쳤다. 비평과 자아비평이라는 엄숙한 정치 어휘는 수십 년이 하루 같은 중공의 선전과 견지 하에서 민간 언어와 민간 생활로 파고들어가 최하층의 인민조차도 그것을 일하는 방법, 사람 되는 방법, 교류하는 방법 그리고 모순과 분규를 해결하는 방법으로 여겼다. 어느 해에 필자가 중원의 어느 시골 시장에 갔는데 양을 파는 두 사람이 양 두 마리 때문에 다투고 있

●《증광현문(增廣賢文)》에 나오는 구절이다.《석시현문(昔時賢文)》《고금현문(古今賢文)》이라고도 불리는 이 책은 명대에 편찬된 도가의 아동교육 서적이다.

었다. 옆에 있는 사람이 다툼을 말리며 말했다. "당신 둘이 자아비평 하시는 건 어때요? 양은 자아비평을 할 수 없으나, 사람은 말을 할 수 있잖아요?" 나는 옆에서 그 말을 듣고 웃음을 참을 수 없었다.

물론 비평과 자아비평을 전개하는 것은 칭찬받고 찬양받기 좋아 하는 인류의 습성에 어긋나기 때문에 실천하기가 그다지 쉽지 않다. 예를 들어보자. 어떤 사람이 "상급자를 비평하면 승진에 영향을 미칠 까 두려워할 것이고, 동료를 비평하면 감정이 상할까 두려워하며, 하 급자를 비평하면 인기에 영향을 미칠까 두려워할 것이다".

어떤 사람은 "군중과 밀접하게 관련된 것, 이론과 실제가 연계된 것, 비평하고 자아비평하는 것"을 "지도자와 밀접하게 관련된 것, 이 론과 실익이 연계된 것, 칭찬하고 자아칭찬하는 것"으로 바꾼다. (생 동감 있고 신선하며 신성하고 숭고한 사물을 장난삼아 모방하고 인용 속에서 전 복하는 것은 일종의 작문 방법이기도 하다.) 또 어떤 경우에는 비평이 용납 되지 않는다. 물론 지나치거나 극좌적일 때 비평은 비난이 되고 서로 욕하며 타도하는 태도로 바뀐다. 이렇게 된다면 우리는 그 점에 대해 '비평과 자아비평'을 진행해야 한다.

22

바지 벗기, 꼬리 자르기,
세수하기, 목욕하기

脫褲子, 割尾巴, 洗臉, 洗澡

'바지를 벗다(脫褲子)' '꼬리를 자르다(割尾巴)'와 같은 통속적인 혁명 어휘는 마오쩌둥이 창조하고 그의 비서 후차오무가 전파했다.

1942년 3월 9일 《해방일보》는 후차오무가 쓰고 마오쩌둥이 수정 한 논설 〈교조와 바지(敎條和褲子)〉를 발표했다. 이 글에서는 교조주의 자를 다음과 같이 비평했다.

그들은 소리 높여 외쳤다. 모두 몸을 씻으라고! 모두 수영을 배우라고! 하지만 그들은 자신의 귀한 몸에 무슨 문제가 닥쳤을 때면 언제나 물에 들어가려고 하지 않았으며 바지를 벗으려고 하지 않았다.

누가 성심성의껏 교조주의를 반대하려고 하는가? 그렇게 한다면 그는 처음으로 바지를 벗을 결심과 용기를 얻을 것이다.

마오쩌둥 동지는 2월 1일 강연에서 오늘날 우리 당의 영도노선이 정확하 다고 말했지만, 일부 당원 중에 세 가지 작풍이 올바르지 못한 문제가 있다. 그래서 당신도 오고 나도 와서 사람들은 교조주의, 종파주의, 당팔고의 꼬리를 잘랐다. 통일시킨다고 큰소리쳤으니 꼬리를 자르는 일이 끝나면, 우리 당은 어찌 완전무결하지 않겠는가? 애석하게도 꼬리는 내려오지 않았다. 사람들은 바지를 벗기 두려워한다. 그 안에 꼬리를 감추고 있기 때문이다. 반드시 바지를 벗어야만 꼬리를 볼 수 있으며, 반드시 칼로 자르고 피를 봐야 한다. 꼬리의 굵기는 각기 다르고 칼의 크기도 다르며 유혈량도 다르다. 하지만 어쨌든 마음 편한 일은 아니다. 이는 쉽게 볼 수 있는 현상이다.

마음씨 좋은 동지들은 바지를 벗되 비밀리에 벗어야 하며, 군중 앞에서 벗으면 체면이 크게 깎일 뿐 아니라, 적과 반공분자들이 옆에서 박수를 칠 것이라고 말한다. 하지만 군중이 공산당의 자연적이고 법률적인 감독자나 심사자가 아니란 말인가? 공산당이 기타 비군중적 당파와 구별되는 까닭은 성과를 발전시켰기 때문이다. 이것은 군중이 감독하고 심사한 결과가 아니란 말인가? 그렇다면 공산당이 자신을 좋아하는 사람들 앞에서 엄숙하게 자신을 드러내 보이고, 옳으면 옳다 하고, 그르면 그르다 하는 것이 어째서 하나의 폐단도 없이 모두 이롭기만 한 것이 아니란 말인가?

이것이 바로 '바지 벗기'와 '꼬리 자르기'의 유래다.

'바지 벗기'와 '꼬리 자르기'는 모두 비유다. '바지 벗기'는 꼬리를 드러내는 것이고, 그 목적은 '꼬리를 자르기' 위해서다. '꼬리'가 가리키는 것은 주관주의, 종파주의, 당팔고 등을 포함한 교조주의다. '꼬리 자르기'는 이러한 병폐를 잘라버리는 것이다.

'바지 벗기'와 '꼬리 자르기' 두 어휘는 민간적이고 통속적이며 구체적이다. 이처럼 '통속'적인 어휘로 신문 사설을 쓰고 당의 이론을 얘기하고 정치 선전을 한다는 것은 매우 신선하며 1919년 신문화운동이 일어난 이래 없었던 일이다. 그래서 그것은 옌안 정풍 기간에 신속하게 전파되어 정풍운동 중 사용빈도가 매우 높은 어휘가 되었다.

〈교조와 바지〉는 인민출판사에서 1992년에 출판된 《후차오무 문집(胡喬木文集)》(제1권)에 수록되어 있다. 공산당사 연구가 가오화는 이 문장이 "중국 언론사의 기이한 문장이라 부를 수 있으며" "저속한 문자를 정치투쟁에 대담하게 사용함으로써 중공 문화선전 언어의 새로운 범례를 창조했다"고 여겼다.

사실 '바지 벗기'와 '꼬리 자르기'는 공산당이 비평과 자아비평을 진행하는 일종의 형상화 표현일 뿐이다.

'바지 벗기'와 '꼬리 자르기'는 구체적이고 생동감이 있다. 하지만 통속은 통속이다. 언어 측면에서 말하자면 저속하여 사람으로 하여금 터무니없는 생각을 하게 만들며, 일부 사람들은 이 어휘에 대해 속으로 비방했다. 나중에 마오쩌둥은 '바지 벗기'와 '꼬리 자르기' 같은 어휘를 두 번 다시 사용하지 않고 '세수하기'와 '목욕하기' 등으로 바꿔 개조사상의 이치를 설명했다.

1945년 4월 마오쩌둥은 〈연합정부를 논함(論聯合政府)〉이라는 글에서 이렇게 말했다. "방은 청소하지 않으면 먼지가 잔뜩 쌓이게 되므로 늘 청소해야 하고, 얼굴도 씻지 않으면 때가 잔뜩 쌓이게 되므로 항상 씻어야 한다. 우리 동지들의 사상, 우리 당의 활동에도 먼지가 앉을 수 있으므로 역시 청소하고 씻어야 한다."[1] 신중국 성립 초기에 전개된 '삼반(三反)' 운동에서 마오쩌둥은 "각급 간부들은 각자 군중을 향해 반성하고 자신의 잘못을 검토해야 한다. 즉 사람마다 물속에 들어가 씻어야 한다"[2]고 요구했다.

양장(楊絳)은 1988년 출판한 소설 《목욕(洗澡)》에서 한 지식인이

1951년부터 1952년까지 '삼반'운동을 겪은 경험을 묘사했다. 양장은 서문에서 다음과 같이 썼다. "이 소설은 해방 후 지식인이 첫 번째로 경험한 사상개조—당시엔 '삼반(三反)'이라 불렸으며 또는 '바지 벗기, 꼬리 자르기'라고도 불렸다—를 묘사했다. 이러한 지식인은 듣기가 거북한 '바지 벗기'라는 말에 익숙지 않아 '씻기'라고 불렸는데, 이는 '잘못된 생각을 없애는 일(洗腦筋)'이다.

후에 바지 벗기, 꼬리 자르기, 세수하기, 목욕하기 등 담론은 정치 실천 속에서 발전하여 수많은 신조어가 파생되었다. 예를 들어 냉수욕(冷水澡), 온수욕(熱水澡), 때밀이(搓澡) 등은 공산당원이 '군중언어'를 사용하는 데 출중한 능력이 있음을 보여주었다.

2013년 중공은 전당개전군중노선교육실천활동(全黨開展群衆路線教育實踐活動)에서 "거울을 보고, 옷매무새를 바로잡고, 목욕하고, 병을 고치자(照鏡子, 正衣冠, 洗洗澡, 治治病)"라는 총요구를 관철하도록 요청했다. 시진핑 총서기가 말했다. "우리의 사상과 행동에도 먼지가 낄 수 있고 정치 미생물의 침입을 받을 수 있다. 따라서 '씻어서' 재와 먼지를 제거하고 심신을 편안하게 하고 모공을 이완하고 신진대사를 촉진하며 깨끗하게 일하고 말끔하게 사람 노릇해야 한다. 어떤 사람들은 자신의 사상과 행위에 묻은 먼지를 가리려고만 하지, 씻으려고 하지 않는다. 이러한 사람에 대해 동지들과 조직에서는 그들을 도와 씻겨야 한다."[3] 이는 마오쩌둥의 담론과 일맥상통한다.

23

국민을 위해 봉사하는 사람

孺子牛

'유자우(孺子牛)'에 나오는 소는 평범한 소가 아니다. 이 소는 대부호 좌구명(左丘明)의 저택에서 출생하여 문호 루쉰의 돌봄을 거치고 마부 마오쩌둥의 어필점정(御筆點睛)●을 거쳐 신이 채찍질하여 내쫓았다(神鞭赶出). 이런 이유로 2000살이 넘은 소는 뛰어난 능력을 가지게 되었다.

유자우라는 단어는 《좌전(左傳)》의 〈애공 6년(哀公六年)〉에서 처음으로 등장한다. 제(齊) 경공(景公)이 아들을 무척 사랑하여 자신의 손발을 땅에 대고 엎드려 소를 흉내 내면서 아들을 등에 태웠다. 그러고는 입에 줄을 물어 고삐를 만들어서 아들이 소를 끄는 것처럼 놀 수 있게 했다. 아들이 실수하여 아버지의 등에서 떨어졌는데 줄이 당겨지자 아버지의 이가 빠져버렸다. '유자우'라는 고사는 이처럼 깊은 자

● 임금의 글씨로 가장 중요한 대목을 마무리하다.

식 사랑을 비유하는 말이다.

　무려 2000년 전에 일어난 사건이니 사람들은 이 고사를 거의 잊어버렸다. 하지만 갑자기 한 위대한 인물에게 일어난 변화를 계기로 이 고사가 다시 주목받게 되었다. 이처럼 소위 위대한 인물은 평범한 사물을 갑자기 변화시키거나 사람들에게 주목을 받지 못하던 사물을 주목받게 만든다.

　1932년 10월 5일, 날이 맑았는지 흐렸는지 모른다. 작가 위다푸(郁達夫)와 왕잉샤(王映霞)가 루쉰 부부를 취풍원(聚豊園)에 초대하여 고별연을 베풀었다. 그 자리에서 루쉰은 칠언율시 〈자조(自嘲)〉를 읊조렸는데, 그 시구 중에 "분노한 눈으로 뭇 사람들의 손가락질에 맞서고, 고개 숙여 기꺼이 아이들 소가 되리라(横眉冷對千夫指, 俯首甘爲孺子牛)"라는 구절이 있었다. 그 자리에서 루쉰은 1000여 년 동안 침묵하던 '늙은 소'를 당대 사람들 앞에 끌어다놓았다. 같은 해 12월에 루쉰은 이 시를 류야쯔에게 주었는데, 다음과 같은 발문(跋語)이 붙어 있었다. "다푸가 식사자리에 초대했다. 옆 사람이 타유시*를 지었는데 반 연을 얻어 1율로 합쳐서 야쯔 선생에게 바로잡아줄 것을 부탁했다(達夫賞飯, 閑人打油, 偸得半聯, 湊成一律, 以請亞子先生敎正)." 이를 보면 루쉰이 이 두 구절의 시에 대해 얼마나 만족했는지 짐작할 수 있다.

　이 두 구가 마오쩌둥에게로 전해지자 그도 기뻐했다. 마오쩌둥은 재삼 읊조려보고 유자우라는 단어의 범위를 더욱 넓게 확장시켰다. 1942년 5월 23일 마오쩌둥은 〈옌안문예좌담회 강연(在延安文藝座談會上的講話)〉에서 다음과 같이 말했다.

● 평측(平仄)과 운(韻)에 구애받지 않는 통속적인 해학시를 말하며 당대 시인 장타유(張打油)가 이런 시를 지었다고 해서 붙은 이름이다.

루쉰의 다음과 같은 두 구절, 즉 "분노한 눈으로 뭇 사람들의 손가락질에 맞서고, 고개 숙여 기꺼이 아이들 소가 되리라"를 우리의 좌우명으로 삼아야 한다. '사람들'은 여기에서 '적'을 가리킨다. 우리는 아무리 흉악한 적에게도 결코 굴복하지 않을 것이다. '유자'는 여기에서는 프롤레타리아 계급과 인민대중을 가리킨다. 모든 공산당원, 모든 혁명가, 모든 혁명적 문학예술 일꾼은 루쉰을 본받아 프롤레타리아 계급과 인민대중의 '소'가 되어 목숨이 다하는 날까지 최선을 다해 노력해야 한다.[1]

당시 지식인을 포함한 수많은 당원들은 소를 타는 데만 습관이 되어 자신이 '소'가 되려고 하지 않았다. 마오쩌둥은 "프롤레타리아와 인민대중의 소가 돼라"고 호소했는데 목적성이 매우 강하다.

시인 썬쯔(森子)는 〈뭇 산을 마주하고 낭송하며(面對群山而朗誦)〉에서 이렇게 말했다.

모든 단어는 소실되어 每一個詞都渴望消失,
글자의 의미에서 벗어나길 갈망한다. 離開字面上的意義,
모든 단어는 운반노동자의 역할을 달가워하지 않는다. 每一個詞都不甘
于搬運工的角色.
모든 단어는 입이 썩어서 每一個詞都渴望嘴巴爛掉,
공기 속에 넣어두길 갈망한다. 置入空氣.

마오쩌둥은 유자우를 통해 단어에 대한 '갈망'을 실현했다.

마오쩌둥의 유자우는 어린아이를 위해 봉사하는 소이고, 힘들게 밭을 가는 소이며, 선량하고 부지런한 소이고, 자신을 희생하는 소다.

하지만 어떤 사람은 마오쩌둥의 말이 루쉰의 시의(詩意)를 왜곡했다고 여겼다. 기자 출신의 작가 차오쥐런(曹聚仁)은 이렇게 말했다. 마오쩌둥은 "시인의 뜻을 인용한 것이지 결코 '곡해'하지 않았다. 시인의 새로운 뜻을 인용하여 단장취의(斷章取義)●한 감이 있다." "범위는 루쉰의 원뜻보다 더 확대되었지만, 시 인용은 루쉰의 본뜻과는 전혀 다르다."² 루쉰과 친밀하게 지냈던 작가 펑쉐펑(馮雪峰)은 이렇게 말했다. "마오쩌둥의 해석은 천재적인 해석이다."³ 루쉰의 시에 나오는 '유자(孺子)'가 본래 그의 아들 하이잉(海嬰)을 가리키기 때문이다.

다행히도 루쉰의 시구가 마오쩌둥에게 전해져 유자우라는 단어는 의미상 더욱 심화된 단계로 나아가게 되었다. 그렇지 않았다면 '유자우'는 평범한 소에 불과했을 것이다. 바로 마오쩌둥 덕분에 그것은 중국 대륙에서 우량한 품종의 유자우가 되었다.

마오쩌둥의 '유자우'라는 소는 2000여 년 동안 힘을 축적하여 여러 문화 대가의 자양분을 섭취하고 마오쩌둥이 점화하자 신기(神氣)를 얻어 사명을 띠고 중국인의 일상사로 들어왔다. 이때의 '유자우'는 가축이 아니라 사람으로 변했다. 어쩌면 소이기도 하고 사람이기도 하며, 사물이기도 하고 원기이기도 하다.

유자우는 '무풍자장(無風自長)'●●하거나 '영풍이장(迎風而長)'●●●하는 특성을 가지고 있다. 마오쩌둥은 중국 공산당원에게 인민대중의 소가 되라고 호소했다. 저우언라이는 마오쩌둥의 말을 이어서 〈한 마리 소처럼 힘써 분투하자(像條牛一樣努力奮鬪)〉라는 제목의 '상하이 루쉰 서거 10주년 기념회의 연설'에서 다음과 같이 말했다. "우리는 소처럼 노력하고 분투하며 일치단결하여 죽을 때까지 인민을 위해 봉

● 남의 글이나 말의 일부를 끊어 제멋대로 사용하는 일.
●● 바람이 불지 않아도 저절로 자라다.
●●● 바람을 맞으며 자라다.

사해야 한다." 궈모뤄(郭沫若)는 "나는 소의 꼬리가 되고 싶다"고 말했다. 마오둔(茅盾)은 "나는 소꼬리의 털이 되어 소의 피를 빨아먹는 파리와 모기를 쓸어버리겠다"고 말했다.[4] 그리고 더 많은 사람들이 유자우가 되어 인민대중을 위해 봉사하겠다고 말했다. 한순간에 '유자우'는 전국 인민의 공통 화제가 되었다.

2014년 10월 15일 시진핑 총서기는 베이징에서 문예활동좌담회를 열고 연설했다. "문예활동가가 성취를 얻으려면 스스로 깨달아 인민과 함께 호흡하고 운명을 같이하며 마음이 서로 통하고 인민의 기쁨을 기뻐하고 인민의 우환을 근심하며 인민의 유자우가 되어야 한다."[5] '유자우'는 일맥상통하고 멀리서도 서로 호응한다. 아직 '유자우'가 죽지 않았으니 중국인에게는 행운인 셈이다.

24

인민을 위해 복무하다

爲人民服務

혁명의 선구자 쑨중산 선생의 제사(題詞)를 언급하자면 먼저 '천하위공(天下爲公)'●이라는 네 글자가 생각난다. 마오쩌둥의 제사를 얘기하자면 내게 가장 깊은 인상을 남긴 "인민을 위해 복무하다(爲人民服務)"가 떠오른다.

어느 왕조, 정당, 집단이든 누구를 위해 봉사할 것인가 하는 문제에 직면하게 된다. 중국의 기나긴 역사에서 모든 왕조는 소수를 위해 봉사했다. 근대 이래 등장한 수많은 정당과 단체도 교묘한 분장 뒤에 숨어 입으로는 다수를 위해 봉사한다고 말했지만, 실제로는 자신을 위해 혹은 (힘 있는) 소수를 위해 이익을 도모했다. 오로지 마오쩌둥이 이끄는 공산당만이 일반적인 집단이익을 뛰어넘어 사리사욕을 챙기는 마음을 버리고 더 넓은 시야, 더 넓은 가슴, 더 위대한 도량과 이전

● 온 세상은 일반 국민이 공유하는 것이다.

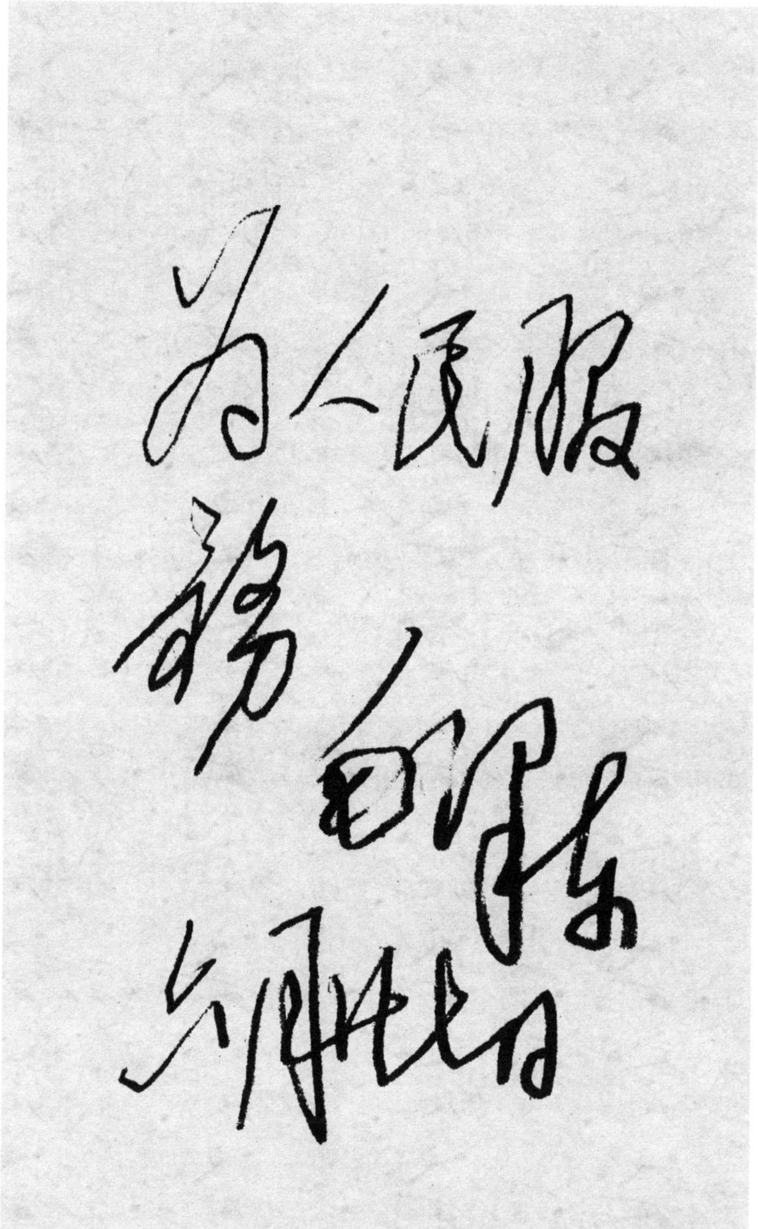
为人民服务
毛泽东

엔 없었던 경계로 평민의 입장에 서기를 선택했다. 그리고 '인민을 위해 복무하는' 방침을 선명하게 제기하고 시행했다.

'인민을 위해 복무하는' 사상은 중국 공산당 초기 담론에서 체현되었으나 직접적으로 '인민을 위해 복무하다'라는 어휘는 마오쩌둥이 창조함으로써 더욱 명확히 제기되었다.

1939년 2월 20일 마오쩌둥은 장원톈(張聞天)에게 주는 편지에서 처음으로 '인민을 위해 복무하다'라는 개념을 명확하게 제시했다.[1]

1944년 9월 5일 중앙경위단(中央警衛團) 전사 장쓰더(張思德)가 숯을 굽다가 숯가마가 붕괴되는 바람에 순직했는데 그의 나이 겨우 29세였다. 이 일로 장쓰더는 전쟁 영웅이 되었지만, 그는 평상시에도 성실하고 부지런해서 평판이 무척 좋았다. 마오쩌둥은 그가 희생되었다는 소식을 듣고 추도회를 열고자 했다. 이에 중앙경위단은 8일 오후에 옌안 펑황산(鳳凰山) 기슭의 짜오위안(棗園) 운동장에서 장쓰더 추도회를 개최했다. 마오쩌둥은 인민의 영수와 군대의 통수자 자격으로 일반 사병의 추도회에 참석해 다음과 같이 연설했다.

우리 공산당과 공산당이 영도하는 팔로군, 신사군은 혁명적 대오입니다. 우리의 대오는 인민을 완전히 해방시키기 위해, 그리고 철저히 인민의 이익을 위해 일합니다.

(…) 우리는 인민을 위해 봉사하기 때문에, 우리에게 결점이 있을 때 다른 사람이 비평하고 지적하는 것을 두려워하지 말아야 합니다. 어느 사람이든지 누구든지 우리에게 지적해주면 됩니다. 그 말이 옳다면 우리는 바르게 고쳐야 합니다. 당신이 말한 방식이 인민에게 도움이 된다면, 우리는 당신 말을 따라야 합니다. (…) 우리가 인민의 이익을 위해 잘못을 고친다면, 우리의 대오는 반드시 흥성해질 것입니다.

(…) 우리는 인민의 이익을 생각하고 대다수 인민의 고통을 생각합니다. 우리가 인민의 이익을 위해 죽는다면, 그 죽음은 가치 있는 것입니다.[2]

추도회에 참석한 중앙판공청(中共辦公廳) 속기실(速記室) 주임 장수더(張樹德)는 마오쩌둥의 강연을 기록했다. 또한 당시 중앙정치국 비서를 맡았던 후차오무는 마오쩌둥의 강연 원고를 토대로 글을 만들어두었다. 이를 읽어본 마오쩌둥은 잠깐 생각하더니 즉시 원고에 다섯 글자를 보탰다. "위인민복무(爲人民服務)." 이렇게 하여 〈인민을 위해 복무하다〉라는 저명한 연설이 탄생했다.

마오쩌둥은 '인민을 위해 복무하다'라는 표현으로 중국 공산당의 근본 취지를 완전하고 정확하게 개괄했다. 이 취지는 〈인민을 위해 복부하다〉라는 제목의 글을 통해 널리 전파되었다.

어떤 사람은 예부터 지금까지 좋은 내용과 형식을 가진 한 편의 문장이 중국 민족의 정치, 문명, 인격, 행위, 문화사상에 영향을 끼친 경우가 많지 않은데, 마오쩌둥의 〈인민을 위해 복무하다〉는 그중 하나라고 생각했다.[3] 맞는 말이다. 〈인민을 위해 복무하다〉는 정론으로 제목을 정하여 얼떨결에 문학 경전의 경지에 이르렀다.

마오쩌둥은 무언가를 임의로 배치해서 하찮은 것을 위대하게 보는 능력을 갖고 있었다. 작은 인물을 통해 큰일을 말하고, 평범한 일로 큰 이치를 얘기했으며, 희생된 사람을 통해 살아 있는 사람에게 말해주었다. 그는 평범한 인물의 희생을 통해 인생의 의미를 깨우치고 발굴했으며, 중국 공산당원의 사상을 얘기했다. 이처럼 중대한 취지를 담고 있는 언설은 평범한 일에서 시작된다. 이러한 경우는 예나 지금이나 드물며 중공에서 마오쩌둥이 그 첫 번째 사람이다. 극히 평범한 일은 높고 심오한 이치와 밀접한 관계가 있는 법이다.

1945년 중공 7대에서 마오쩌둥은 '인민을 위해 복무하다'의 사상을 한 차원 더 발전시켜 논술했다. 개막사에서 그는 모든 당원이 "겸허하고 조심하면서 교만과 성급함을 경계하고 전심전력으로 인민을 위해 봉사하자"고 호소했다. 그는 〈연합정부를 논함〉에서 다음과 같이 지적했다. "중국 인민과 긴밀하게 연합하여 중국 인민을 위해 봉사하는 것이 이 군대의 유일한 취지다. 중국 인민을 위해 전심전력으로 봉사하고 한순간도 군중을 벗어나지 말아야 한다. 모두 인민의 이익에서 시작해야지, 개인이나 소집단의 이익에서 시작해서는 안 된다. 인민에게 책임을 지고 당의 영도기관에 책임을 지는 일치성, 이것이 우리의 출발점이다."4

'인민을 위해 봉사하다'는 중국 공산당의 근본 목표로, 7대 '보고'에도 쓰여 있다. 그 후 마오쩌둥은 '인민을 위한 봉사'를 반복하여 강조했으며 여러 번 '인민을 위해 복무하다'란 글자를 썼다.

전하는 말에 따르면, 만년에 마오쩌둥이 강가에서 헤엄치는 물고기를 보고 웃으면서 간호장 우쉬쥔(吳旭君)에게 이렇게 말한 적이 있다고 한다. "나는 평생 물고기 먹는 것을 좋아했으니, 내가 죽으면 화장한 다음 양쯔강에 물고기 밥으로 뿌려라. 그리고 물고기들에게 미안하다고 전해라. 나는 생전에 많은 물고기를 먹었지만, 이번에는 당신들이 (물고기 속에 담긴) 나의 유골을 마음껏 먹고 살쪄라. 그리고 건장해지거든 인민을 위해 봉사하라." 이것도 그의 인민을 위한 봉사라는 생각을 은연중에 드러낸 것이다.

'위인민복무(爲人民服務)', 마오쩌둥 사상의 핵심은 이 다섯 글자뿐이다. 전당의 목적이 다섯 글자의 진언(眞言)에 달려 있다. 소박한 다섯 글자는 수천 수만 자로 이루어진 만 권의 책보다 낫다. 청년 마오쩌둥은 이렇게 말했다. "무엇이든지 희생할 수 있다. 하지만 목적은 절대로 희생할 수 없다."⁵ 그는 한평생 이렇게 해왔다.

불가에는 문자에 의해 자세히 살피고 가르침(敎)에 따라 봉행(奉行)하고 봉지(奉持)함으로써 행한다는 말이 있다. 행(行)은 자신의 행위이기도 하고 타인에게 권하는 행위이기도 하다.

마오쩌둥은 큰 바람을 세워 이를 크게 실천하고 공산당원을 이끌고 친히 힘쓰고 실천하여 인민의 근무원(勤務員)과 공복이 되어 인민을 위한 봉사의 취지를 모범적으로 실천했다. 엉덩이를 인민들 속에 붙이고 인민을 위해 생각했으며 인민을 대신하여 말하고 인민을 위해 일하고 사람마다 평등하게 만들어 "사람들은 모두 고통이 없고 먹을 밥이 있고 입을 옷이 있으며 할 일이 있게 만들었다."⁶ 그리고 인민을 위해 "승진, 돈 벌기, 생명을 희생"⁷할 수 있었다. 이로부터 인민의 지지와 추대를 받게 되었다. 미국《뉴욕 헤럴드 트리뷴》의 기자 스틸(A. T. Steele)조차도 옌안을 방문해 열흘이 지난 뒤 감격하며 말했다. "나는 옌안 방문에서 공산당이 늘 말하는 '인민을 위한 봉사'를 진정으로 체험하게 되었다. 진정으로 내가 옌안에서 하루를 더 살았더라면 나는 반드시 공산주의자가 되었을 것이다."⁸

인민을 위한 봉사는 중국 공산당의 근본으로 돌아가 본래의 취지를 얻는 것이다. 한 어휘가 한 정당의 사명을 규정했으며 한 정당의 대업을 성취시켰다. 천하를 얻는 길은 이 길뿐이고, 강산을 지키는 것은 이 문뿐이다(得天下只此路, 守江山唯此門).

인민을 위한 봉사는 중국 혁명사에서 인민의 마음속에 깊이 자리 잡고 인민에게 가장 환영받는 구절이다.

인민을 위한 봉사는 중국 혁명사에서 가장 우렁차고 가장 근사하며 가장 지속적인 어휘다.

기독교에《성경》이 있다면, 〈인민을 위해 복무하다〉는 바로 중국 공산당의 '성경'이다. 불교에 《심경(心經)》이 있다면, 〈인민을 위해 복무하다〉는 공산당원의 '심경'이다. 불가에서 《금강경》으로 모든 '미혹'을 끊을 수 있다고 했는데, 인민을 위한 봉사의 취지를 배우고 견지하며 실천하면 모든 어려움을 이길 수 있고 어떤 악마나 요괴와도 싸워 이길 수 있다.

마오쩌둥이 남긴 문자는 엄청난 분량이다. 이미 발표된 것만 해도 2000만 자가 넘어 방대한 분량이다. 우리가 능력이 미치지 못한다고 탄식할 필요는 없다. '인민을 위한 봉사'라는 단어를 잡고 있으면, 마오쩌둥의 이론과 실천이 '점정결혈(點睛結穴)'●하는 곳을 찾을 수 있다. 중국 공산당이란 거대한 용은 '인민을 위한 봉사'라는 '점정'의 붓을 가지고 있어 '잠룡(潛龍)'이 '비룡(飛龍)'으로 바뀌고 한번 날아서 하늘을 찌르고 천하를 주행했다. 중국 공산당은 인민을 위한 봉사라는 '풍수'가 절묘한 곳에 '결혈(結穴)'하였다. 따라서 깊이 뿌리박혀 있고 순조롭게 좋은 결과를 맺어 오래도록 이어지고 있다.

인민을 위한 봉사란 어휘에서 파생된 요즘의 담론으로 '인민폐(중국의 법정 화폐)를 위해 복무하다(爲人民幣服務), 인민에게 스모그를 마시게 하다(爲人民服霧), 당신이 인민을 위해 복무하다(你爲人民服務), '인민이 나를 위해 복무하다(人民爲我服務)' 등이 있는데, 무쓴 의미인지 단박에 눈치챘을 것이다. 이렇게 훌륭한 말이 풍자의 도구로 쓰이는 것이 안타깝다.

● 생기가 흘러들어 혈을 이루는 것(結穴)처럼 가장 중요한 대목을 잘함으로써 전체를 생동적이고 두드러지게 한다는 뜻. 화룡정점(畵龍點睛)과 같은 의미로 쓰인다.

25

소똥

牛糞

농민 출신인 마오쩌둥은 소똥에 대해 잘 알았다. 마오쩌둥의 동문인 샤오위(蕭瑜)의 〈마오쩌둥과 나의 유학 경력(毛澤東和我的遊學經歷)〉에 의하면, 마오쩌둥은 소싯적에 항상 똥을 짊어지고 논에 나갔는데 반나절 동안 열다섯 번이나 똥 양동이를 날랐다고 한다.[1] 디엔성(邸延生)의 《역사적 감정(歷史的情懷): 마오쩌둥의 생활 기록(毛澤東生活記事)》(신화출판사, 2012)에 의하면, 마오쩌둥은 학창 시절에 부잣집 아들로부터 모욕을 당했고, 누군가는 수많은 사람 앞에서 그를 조롱했다고 한다. "똥통 지고 가네! 아직도 짚신 신었잖아. 다리에 소똥이 묻었어!"

마오쩌둥은 정치 무대에 오른 뒤 '소똥' 문제를 분명하게 제기했다. 1942년 5월 2일 마오쩌둥은 〈옌안문예좌담회 강연〉에서 다음과 같이 지적했다. "아직 개조되지 않은 지식인을 노동자, 농민과 비교하면 지식인이 깨끗하지 못한 것을 느끼게 된다. 가장 깨끗한 사람은 여전히 노동자, 농민이다. 그들의 손이 아무리 검고 다리에 소똥이 묻었더라도 부르주아, 프티 부르주아보다는 깨끗하다. 이를 감정의 변화라고 하는데, 한 계급에서 다른 계급으로 변하는 것이다. (…) 이러한 변화가 없고 이러한 개조가 없으면, 어떤 일도 추진하기 어렵다. 또한 인민을 위한 일과는 전혀 어울리지 않는 사람이 될 것이다."[2]

어떤 사람은 마오쩌둥의 이 말을 다음과 같이 평론했다. "이는 문학적인 표현이어서 무척 재미있다. (…) 그것의 '더러움'과 '깨끗함'에 각각 상반된 내용이 부여되었다. '더러움'의 배후는 진정한 '깨끗함'이고, '깨끗함'의 배후는 숨겨진 '더러움'이다."[3]

마오쩌둥은 정치적 열기를 내뿜고 있는 '소똥'을 모든 사람의 생각 앞에 가져다놓았다. 그의 '우분설(牛糞說)'을 이해하려면 같은 문장에서 제창한 '유자우(孺子牛)'와 연결시켜야 한다. 당신이 인민의 '유자우'라면, '소똥'이 깨끗하지 않다고 여기겠는가?

마오쩌둥의 말을 통해서 '소똥'은 표상적 부호가 되었고, '깨끗함과 더러움' '개조와 미개조' '감정의 변화와 감정의 미변화'의 중요한 징표가 되었다.

마오쩌둥의 언어 환경, 즉 혁명의 언어 환경에서 소똥 및 기타 대소변을 대하는 사람의 태도는 정치문제, 사상문제가 되었으며, 심지어 계급 입장에 관한 근본적인 시비 문제가 되었다. 어느 누가 소똥을 불결한 물건으로 여기지 않는가? 마오쩌둥은 소똥을 불결한 것으로 여기는 사람의 몸에 소똥을 발라 그의 몸을 더럽혀 그들의 심령을 순결하게 만들고자 했다. 당신은 소똥을 대하면 '몹시 역겨운가, 아니면 향기로운가?' 반드시 대답해야 한다.

마오쩌둥의 비서 예쯔룽(葉子龍)은 1952년에 마오쩌둥이 황허(黃河) 유역을 시찰하다가 소똥을 밟고는 크게 웃은 적이 있다고 회상했다. 예쯔룽이 말했다. "그가 가장 호탕하게 웃을 때가 바로 소똥을 밟았을 때였다.”

마오쩌둥의 영향으로, 혁명의 언어 환경에서 소똥과 그밖의 대소변에 대한 사람들의 인식은 이후 철저하게 변하기 시작했다. 사람들은 똥의 ‘냄새’를 적극적으로 약화시키거나 망각하고 대소변의 ‘향기’를 철저히 찾아냈다. 똥에서 향기가 아니라 악취가 난다는 것은 기본상식임에도 말이다.

상하이시 징안구(靜安區) 제일중심소학(第一中心小學)의 한 학생은 〈부르주아 사상이 가장 구리다(資産階級思想最臭)〉라는 글에서 다음과 같이 썼다.

학교에서 대청소를 실시했다. 린화(林華)와 양밍(楊明)은 즐겁게 학교에 와서 임무 분배를 기다렸다. 린화와 양밍이 화장실 청소를 배정받았을 때 한 가지 생각이 번득였다. ‘냄새.’ 하지만 그들은 즉각 마오 주석의 가르침을 생각했다. “우리 대오는 완전히 인민 해방을 위한 것이며 철저하게 인민의 이익을 위해 일한다.” 그들은 마오 주석의 가르침에 따라 자신의 살아있는 사상을 연계하여 인식하게 되었다. 더러움과 냄새를 두려워하면 ‘완전하고도’ ‘철저하게’ 인민을 위해 봉사할 수 없다. 인민을 위한 봉사에는 조금이라도 사심이 들어가서는 안 되며 단련할 수 없다. 이에 그들 두 사람은 마오쩌둥의 사상으로 부르주아의 악취 나는 사상을 극복하고 화장실을 깨끗하게 청소하고 파리의 자생지를 소멸시켰으며 위생 작업을 말끔하게 마무리했다. 비록 그들은 청소하는 동안 악취를 맡았고 몸에 오물이 튀기도 했지만 자랑스럽게 말했다. “우리는 마오 주석의 말대로 완전하고도 철저하게 인민을 위해 봉사했다.” 린화와 양밍의 말이 정말 맞다. 화장실은 냄새가 난다. 하지만 더 악취 나는 것은 더러운 것과 악취를 두려워하는 부르주아 사상이다. 두 친구는 더러운 화장실을 청소

했을 뿐만 아니라, 자기 사상의 '더러운 것'을 청소했다. 그것이 더욱 중요한 점이다.[4]

전 중국 외교관인 리후이(李輝)는 〈'구'자를 어떻게 이해할 것인가(怎一個'求'字了得)〉라는 글에서 당시 허난(河南) 시현(息縣) 오칠간부학교(五七幹校)*의 총결을 인용하며 철학자 런지위(任繼愈)가 농촌에서 똥을 줍던 일을 말했다.

전 종교연구소 부소장 런지위는 똥 바구니를 등에 지기 시작하면서 그 일이 창피스럽게 느껴졌다. 똥은 단지 짐승 똥만 주었다. 한번은 인분을 보게 되자 주을까 말까 고민하며 인분 곁을 맴돌았다. 이때 그는 마오 주석의 가르침을 생각했다. "가장 깨끗한 것은 여전히 노동자, 농민이다. 그들은 손이 검고 다리에 소똥이 묻었어도 부르주아와 프티 부르주아 지식인에 비하면 깨끗하다." 마오 주석의 가르침은 그의 앞을 환히 트이게 만들었다. 원래 똥이 더러운 것이 아니라 자신의 사상이 더러운 것이다. 그는 더러움을 두려워하는 사상을 극복하고 끝내 인분을 줍기 시작했다.[5]

초등학교 학생의 심리변화 과정이 지식인의 심리변화 과정과 매우 비슷한데, 이것은 당사자의 진실한 심리일까, 아니면 '붓대(筆杆子)'의 뛰어난 문학적 재능일까? 시인 사오옌샹(邵燕祥)은 1968년 5월의 사상 보고에서 다음과 같이 말했다.

---

* 1966년 5월 7일 마오쩌둥이 당시 국방방관이었던 린뱌오에게 보낸 편지에 의거한 중요한 지시(五七指示)에 따라 창립되어 간부를 훈련시키고 교육했던 학교.

내가 과거에 시골에 내려가서 노동할 때는 그래도 더러움을 무서워하지 않는다고 자인했다. 그러나 도시에서 몸에 묻은 오물을 생각하니 체면이 깎인 것 같았다.

나는 이 문제를 생각하면서 마오 주석의 〈옌안문예좌담회 강연〉에 나오는 "가장 깨끗한 것은 여전히 노동자, 농민이다. 그들의 손이 검고 다리에 소똥이 묻긴 했지만 부르주아와 프티 부르주아 지식인보다 깨끗하다. 이를 감정의 변화라고 부른다. 한 계급에서 다른 계급으로 바뀐 것이다"라는 말을 다시금 떠올렸다.

지금 스스로 노동과 생활 속에서 "더러움을 두려워하고" "손이 검고 다리에 소똥이 묻을까 두려워하는 것"을 반성하고 있다. 과거에 시골에 내려갔을 때 얼마간의 시간, 심지어는 오랜 기간 '더러움을 두려워'한 듯한데 이는 일종의 허상일 따름이다. 도시로 돌아오자 나는 지식인의 '생활방식'을 회복하고 견지하려고 했다.

한 걸음 나아가 살펴보면 진정으로 (생활이나 노동 방면에서) '더러움을 두려워하지 않는다' 하더라도 문제의 핵심을 해결할 수 없다. 자신의 세계관, 부르주아의 반동사상이 어떤 오물, 소똥, 오줌보다 더 더럽고 냄새난다고 여길 때 비로소 사상이 비약하는 조건이 마련되며 감정에서 가장 중요한 변화가 일어날 것이다.[6]

헌책방에 들렀다가 《중앙기관 오칠간부학교 회의 문건(中央機關五七幹校會議文件)》을 찾아냈다. 그 문건에서 읽은 내용 중 일부 지식인의 '똥'에 대한 사고방식과 생각의 변화를 열거해보겠다.

전 국제부에 착취계급 가정 출신의 지식인이 있었다. 외국에서 장장 11년 동안이나 거주하며 서양의 생활방식을 배워온 그를 사람들은 '서양

신사'라고 불렀다. 간고한 노동의 단련을 거쳐 사상 감정이 명확히 바뀌기 시작하여 과거에는 비행기를 타고 "구름 속에서 오고, 안개 속으로 떠나갔으나(雲裏來, 霧裏去)" 지금은 생산투쟁 속에서 "바람 속에서 오고, 빗속으로 떠나간다(風裏來, 雨裏去)". 과거엔 더러움과 악취를 무서워했으나 지금은 손으로 말똥을 줍는다. 그가 말했다. "대변 냄새가 나지 않으면 곡식의 향기도 맡을 수 없다."

야금공업부(冶金工業部)의 엔지니어 양스샹(楊世祥)은 오칠간부학교의 노동단련을 통해 사상 수준이 향상되었다. 그가 말했다. "돼지똥, 소똥은 냄새가 나지만 주워오면 밭을 기름지게 만들 수 있다. 우리들 두뇌 속의 악취나는 사상은 자본주의 부활의 기초이며 돼지똥, 소똥보다 더 냄새난다.

시인 짱커자(臧克家)는 후베이(湖北) 샹양호(向陽湖) 오칠공사(五七公社)로 하방(下放)●되어 노동할 때 체험을 다음과 같이 묘사했다.

몇 돼기 황폐한 밭의 물과 진흙 深耕細作走東西.
깊이 갈고 정성껏 가꾸느라 동분서주한다. 塊塊荒田水和泥,
늙은 소 역시 세월이 귀한 줄 알고 老牛亦解韶光貴,
채찍을 기다리지 않고 스스로 발굽 내딛는다. 不待揚鞭自奮蹄.

그는 또 시를 써서 대소변에 대한 그의 인식 변화를 묘사했다.

악취 맡아 코를 막고 지나가고 聞臭捂鼻過,

● 당원이나 공무원의 관료화를 방지하기 위하여, 이들을 일정 기간 농촌이나 공장에 보내 노동에 종사하게 한 운동을 말한다.

똥을 보니 창자가 뒤집히려 한다. 見糞欲飜腸.

깨끗하고 하얀 옛날의 손이여 潔白舊時手,

장내의 주머니 가리기 어렵도다. 難掩臟內囊.

똥과 오줌을 어깨에 지고 肩挑屎尿水,

옷이 젖는 걸 무서워하지 않는다. 不怕濺衣裳.

물을 조금씩 채소밭에 대고 涓滴灌菜園,

바라보니 미주(맛좋은 술) 같도다. 視之若瓊漿.[7]

혁명(극좌) 시대의 사람들이 똥을 만났을 때 그것에 대한 혐오감과 거부감을 없애려 노력하고 마음속으로 그것을 적극 받아들이고 인정하며 감상하고 찬미하려고 했다. 혁명의 지도자는 똥에 대한 개인의 태도를 사람의 도덕, 사상을 검증하는 시금석으로 보았다. 똥에 대한 태도는 프롤레타리아 사상과 부르주아 사상을 검증하는 경계선이 되었다

'소똥'으로 대변되는 대소변은 혁명 시대의 정치구호가 되었다.

지금 '소똥' 위에 덮인 이데올로기는 이미 사라졌다. 하지만 혁명 시대 사람들의 '소똥'에 대한 태도와 인식은 아직까지도 우리로 하여금 스스로를 깊이 되돌아보게 만든다.

26

근무원

勤務員

'근무원'이란 단어는 공무원 사회와 부대에서 일찍부터 존재했다. 지도자 신변에서 지도자를 위해 잡무를 보는 사람을 근무원이라 부른다. 일반적으로 말해서 근무원은 남의 사환이며 주인의 도구다. 옛날 말로 하면 '시종(跟班的)'이나 '심부름꾼(跑腿的)'이다. 마오쩌둥은 헌 병에 새 술 붓기 방식으로 근무원이란 단어에 혁명적 함의를 부여했다.

1944년 12월, 즉 저명한 〈인민을 위해 복무하다〉 강연을 한 지 3개월 후에 1945년의 업무를 배치하는 회의에서 마오쩌둥이 말했다. "우리의 모든 간부는 직위 고하를 막론하고 모두가 인민의 근무원이다. 우리가 하는 모든 일은 인민을 위해 봉사하는 것이다."[1]

이것은 중국 공산당원과 영도 간부에 의해 '근무원'이 거론된 최초의 출처다.

마오쩌둥은 자신을 '인민의 근무원'으로 여기고 인민의 도구가 되어 인민의 부름에 복종하려고 했다. 이것은 그의 자아 정체성이며 '모든 간부'에 대한 그의 요구이기도 하다.

본래 관리는 자신을 근무원이라 불렀다. 이는 마오쩌둥의 입장에서 억지도 아니고 언어유희도 아니며, '인민을 위한 봉사'라는 취지를 실천하는 구체적 체현이다. 근무원이란 단어는 그가 말한 '유자우' '공복' '인민대중의 초등학생'과 마찬가지로 옛 관리와의 구별이자 그것에 대한 반작용이며, 그의 '양반 나리(當官做老爺)' 관료에 대한 강력한 시정 요구다.

옌안 시기에 마오쩌둥은 니신(泥神)●을 읊은 시를 인용한 적이 있다.

한 목소리도 내지 않고 一聲不響,

두 눈은 빛이 없으며 二目無光,

세 끼 먹지 아니하고 三餐不食,

사지에 힘이 없으며 四肢無力,

오관이 바르지 않고 五官不正,

육친 의지할 곳 없으며 六親無靠,

일곱 구멍 막혀 있고 七竅不通,

팔방에서 위풍당당하며 八面威風,

오래 앉아서 움직이지 않으니 久(九)坐不動,

십분 쓸모가 없도다. 十分無用.

이렇게 관료를 풍자했다. 그는 '삼찬불식(三餐不食)'을 제외하고 그 밖의 관료주의자의 특징은 진흙이나 나무로 만든 신상(神像)과 같다고 말했다.[2]

● 진흙으로 빚은 신상(神像).

중국 공산당은 옌안 시기에 "공복만 보고 관료를 보지 않는(只見公僕不見官)"*는 사회의 새로운 기풍을 만들어냈다.

원로 혁명가 셰줴짜이(謝覺哉)는 "마오쩌둥이 최초로 중국의 '관료 국가(官國)' 전통과 철저하게 결별한 지도자"라고 말했다.[3] 확실히 마오쩌둥의 일생은 '양반 나리' 같은 관료를 매우 증오했고 관위(官威, 관료적 위력), 관기(官氣, 관료 근성), 관화(官話, 관료적 말투), 관가자(官架子, 관료 티내기)를 혐오했다. 그는 "관료 근성을 타도하는 것이 매우 필요하다"[4]고 말했다.

마오쩌둥은 대대로 형성된 '관상민하(官上民下)' 관계를 전도시키고자 힘썼고, 역사적으로 지위가 가장 낮은 '민(民)'을 높이 올려 '주인'과 '선생님'으로 삼고자 했다. 그는 위에 있는 '관'의 신분을 낮춰 '근무원' '유자우' '초등학생' '공복'으로 만들었다. 이처럼 관과 민에 대한 새로운 자리매김과 명명(命名)을 통해 어휘와 관념을 바꾸었고, 실천 속에서 구체적으로 조치하였으며 수천 년 동안 유행한 '관존민비(官尊民卑)' 전통을 일소했다.

마오쩌둥은 지나깨나 생각하는 듯 시시각각으로 그 사실을 일깨웠다. 그가 말했다.

사람마다 하는 일도 다르고 직무도 다르다. 하지만 어느 누구도 관직이 얼마나 높든지 간에 인민 속에서는 일반 노동자의 자태로 출현해야 한다. 결코 거드름을 피워서는 안 된다. 반드시 관풍(官風)을 부숴야 한다.[5]

관기(官氣)는 일종의 저급 취미다. 거드름 피우는 것, 경력을 뽐내는 것,

---

* 주더의 말이다.

사람을 불공평하게 대하는 것, 남을 무시하는 것, 이것은 가장 저급한 취미다. 이것은 고상한 공산주의 정신이 아니다. 일반 노동자의 자세를 드러내는 것이 일종의 고급 취미이며 고상한 공산주의 정신이다.[6]

우리는 국민당과는 다르다. 그들은 귀족의 태도, 나리의 위신으로 인민 속에서 등장했다. 하지만 우리는 일반 노동자의 자세로 인민 속에서 등장한다.[7]

이 정부의 일꾼은 인민의 말을 반드시 공손하게 들어야 한다.[8]

우리는 관리다. 하지만 관풍이나 관기는 서서히 부숴야 한다. 우리의 모든 일꾼은 관직의 대소를 막론하고 주석이든 총리든 부장이든 위원이든 한마디로 일반 노동자의 자세로 인민 속에서 출현하여 일반 노동자를 우리 앞에서 평등하게 느끼도록 해야 한다.[9]

우리의 일부 간부들은 자기가 천하제일이라며 남을 깔보고 지위에 기대어 밥을 먹으며 관리가 되었다. 특히 높은 관리가 되면 일반 노동자의 자세를 드러내려고 하지 않는다. 이것은 악질 현상이다. (…) 이런 관료 근성을 제거하고 소탕해야 하며 간부들도 이러한 근성을 청소해야 한다.[10]

우리는 모두 국가 일꾼이라서 관료적 방식으로 일할 수 없으며, 관료주의에서 힘써 벗어나 영원히 일반 노동자의 자세를 드러내야 한다.[11]

월급이 많아지고 관직이 높아지고 좋은 집에서 거주하고 문을 나설 때마다 자동차를 타고 다닌다. 이 네 가지 조건을 갖춘 사람은 혁명적이지 않고 인민 군중에게 다가서지 않으며, 하급 간부에게 접근하지 않고 관리가 나리 노릇을 한다. 이러한 사람에 대해 우리는 어찌할 방법이 없다. 이번엔 군중들이 그들을 바로잡을 것이다.[12]

우리는 인민의 위가 아니라 인민의 가운데에 서있다. 우리는 노동 인민의 아들이지 착취계급의 아들이 아니므로 관료로서 거드름을 피울 수 없다.[13]

이것은 몇천 년 동안 이어져온 '관료사회 유전자'에 대한 개사(改詞)다.

마오쩌둥이 사용한 수많은 '치리(治吏)' 조치, 예를 들어 정풍운동, 군중운동 등은 '양반 나리'를 방지하기 위한 것이다. 그의 제창으로 중공 영도 간부와 많은 당원들은 모두 자신을 근무원이라 불렀다. 그 표현이 좋진 않았지만 공개적으로 자신이 '양반 나리'라고 감히 말하는 사람은 하나도 없었다.

수십 년 동안 '근무원'이란 단어는 지속적으로 정부의 유행어가 되었고 영향력도 컸다.

국가주석 류사오치도 똑같은 말을 한 적이 있다. 1959년 전국모범노동자대회에서 그는 환경위생 노동자 스촨샹(時傳祥)의 손을 잡으며 말했다. "당신은 대변을 줍는 인민 근무원이고 나 국가주석도 인민 근무원이다. 다만, 우리가 맡은 역할이 다를 뿐이다."[14]

후진타오(胡錦濤) 총서기도 2008년에 모범을 보였다. 때는 쓰촨(四川) 대지진이 일어난 이후였다. 후진타오 총서기가 산난(陝南) 한중(漢中)의 재난구조대 천막에서 정맥 주사를 맞고 있는 할머니를 친절하게 바라보았다. 할머니가 감동하여 말했다. "당신처럼 높으신 관리가 우리를 보러 와주셔서 감사드립니다." 그러자 후진타오가 말했다. "우리들은 모두 인민 근무원입니다. 인민의 일은 바로 우리가 가장 관심을 갖고 해결해야 할 대사입니다."[15]

시진핑 총서기는 2013년 3월 18일 '양회(兩會)'*에서 "영도 간부는 출가한 사람이 날마다 아미타불을 읽는 것처럼, 날마다 '우리가 인민의 근무원'이라고 읽어야 합니다"[16]라고 말했다.

● 전국인민대표대회와 전국인민정치협상회의를 합쳐 부르는 줄임말이다.

27

노동대학

勞動大學

마오안잉(毛岸英)은 마오쩌둥과 두 번째 부인인 양카이후이(楊開慧) 사이에 태어난 장남이다. 어머니인 양카이후이가 1930년 11월 희생된 뒤 마오안잉은 유랑생활을 하다가 나중에 중국 공산당의 주선으로 소련으로 유학을 가게 되었다.

소련에서 9년 동안 생활하던 마오안잉은 1946년 1월에 옌안으로 돌아왔다. 당시 마오안잉은 장기간 외국생활을 한 탓에 국내 상황을 잘 몰랐고 심지어 중국말도 잊어버렸다. 마오쩌둥은 아들에게 중국의 사회 상황을 충분히 이해시키기 위해 그를 농촌으로 보내 노동 단련을 받게 하기로 결정했다. 마오쩌둥은 이 결정을 마오안잉에게 설명하면서 다음과 같이 말했다. "너는 소련에서 대학을 졸업했다. 하지만 배운 것은 책에 나오는 지식뿐이고, 지식의 절반일 뿐이라서 완전하지 못하다. 너는 다른 대학에 들어가 절반의 지식을 더 배워야 한다. 이 대학은 중국의 과거에도 없었고 외국에도 없다. 그것은 '노동대학'

이라 부른다."[1]

이 말을 통해 마오쩌둥은 무심코 노동대학이란 신조어를 창조했다.

노동대학은 들판에서 '새, 짐승, 풀, 나무 이름을 많이 알게(多識於
鳥獸草木之名)'● 하는 곳이 아니다. 이것은 비교적 완곡한 설명이다. 직
접적으로 말하면 농촌으로 들어가 농민에게서 배우는 것이다. 직접
농사일을 해보며 농작물에 대한 지식을 얻고 노동 단련을 받음으로
써 육체노동을 통해 땀을 흘리는(모든 육체노동자가 흘리는 땀은 자신의 체
중의 몇 배다) 것이다. 그렇게 살가죽을 태우며 힘든 노동을 체득하고
농민의 감정에 접근하여 소박한 농촌에 가까이 다가가는 것이다.

노동대학이라는 단어는 아주 미묘하다. 일반적으로 말하면 대학
은 노동에서 벗어나 있다. 대학에 들어가면 육체노동에 종사하지 않
는다. 그래서 시골 인민들은 대학에 들어가는 것을 '출세'하는 것이라
고 여겼다. 하지만 마오쩌둥은 '노동'을 '대학'으로 삼고 논밭을 캠퍼
스로 삼았다. 여기에 그의 인식과 사상이 담겨 있으며 그의 세계관이
투영되어 있다.

마오쩌둥이 아들을 위해 선택한 노동대학은 산간닝 국경지역의
저명한 노동영웅 우만유(吳滿有)가 거주하는 옌안현 류린구(柳林區) 우
자짜오위안(吳家棗園)이었다. 이곳은 옌안에서 20여 킬로미터 떨어져
있다.

산베이의 2월은 봄갈이가 시작되는 시기였다. 마오쩌둥은 마오안
잉을 노동대학으로 보냈다. 아들을 떠나보내며 그는 이렇게 부탁했
다. "시골사람들하고 같이 밥 먹고 같이 살고 같이 노동하거라. 그리
고 황무지를 개척하여 수확하고 나서 돌아오너라. 네가 노동대학을

● 《논어·양화(陽貨)》 편에 나오는 구절이다.

졸업한 뒤엔 다시 옌안대학에 들어가는 것이 어떠냐?"

마오안잉은 우자짜오위안에 온 뒤 우만유의 세심한 지도를 받으며 당나귀를 몰고 똥을 실어 산으로 나르고 파종하기, 똥 줍기, 밭 갈기, 김매기 등 기본 농사일을 배웠다. 시골사람들은 그를 이렇게 칭찬했다. "훌륭한 젊은이며, 뛰어난 일꾼이다(是個好後生, 是個好勞力)."

마오안잉은 중국에서 처음으로 상산하향(上山下鄕)*한 지식청년이 되었다.

1946년 내전이 발발하자 국민당 후쭝난(胡宗南) 군대가 옌안 공격을 준비했다. 이때 마오안잉은 조기에 노동대학의 학업을 마쳤다. 그가 머리에 수건을 동여매고 값싼 마포로 된 옷을 걸치고 검게 그을린 얼굴로 부친을 만났을 때, 마오쩌둥은 기뻐하며 이렇게 말했다. "좋아, 하얀 똥보가 검은 똥보로 변했구나!" 그는 굳은살이 박인 아들의 두 손을 만지며 말했다. "이것이 바로 노동대학의 졸업장이야."[2]

농민 출신의 마오쩌둥은 노동을 중시했을 뿐 아니라 육체노동을 통한 인간 교육과 개조를 중시했다. 마오쩌둥은 중국 역사상 처음으로 육체노동에 대한 인식의 편견을 바꿨다. 아울러 육체노동 및 그 가치를 높이 평가하면서 노동은 신성하며 고상하다고 강조했다. 마오쩌둥의 호소에 호응하여 "노동이 가장 영광스럽다"라는 구호가 대륙에 울려퍼졌다. 옌안에서 시작하여 각지에서 '노동경쟁(勞動競賽)'을 전개했고, '노동모범'을 평가했으며 '노동표창대회'를 열었다. 이는 중국 농촌역사에서 없었던 풍경이었다. '노동경쟁' '노동모범' '노동영웅' '의무노동' '노동단련' '노동의 난관 넘기' 같은 신조어들도 탄생했다.

---

* 문화대혁명 시기 기관의 간부나 청년 지식인들이 지방으로 내려가 노동자·농민과 노동을 함께하고, 이것을 통하여 사상성을 높이고자 하는 것을 일컫는 표어를 말한다.

마오쩌둥은 학교에서 노동의 중요성을 가르칠 것을 요구하며 다음과 같이 말했다. "수천 년 동안 모든 교육은 노동을 벗어나 있었으나, 지금은 교육과 노동을 결합시켜야 한다. 이것이 기본원칙이며 혁명이다."[3] "부르주아 계급의 육체노동을 경시하는 풍조, 육체노동자를 경시하는 잘못된 현상을 고치고 학교 교육의 내실화를 보장해야 한다."[4] "교육과 노동 결합의 원칙은 바꿀 수 없다."[5]

또한 마오쩌둥은 간부들에게 노동에 참가하라고 요청했다. "기층 간부, 지부 서기, 생산대대장, 대장은 반드시 대부분의 시간을 노동에 쏟아야 한다. (…) 공사 1급, 현 1급의 간부는 매년 일부 시간을 노동에 할애해야 한다. 우리가 국민당과 구별되는 것이 있다면, 바로 이렇게 하는 것이다."[6] "노동에 참가할 수 있는 사람은 어느 관직에 있든 관직의 대소에 상관없이 모두 참가해야 한다. 직접적인 노동을 하고 노동과 임무를 결합시켜야 한다."[7] 1957년 5월 중공 중앙은 〈각급 지도자의 육체노동 참여에 관한 지시(關於各級領導人員參加體力勞動的指示)(초안)〉를 반포했다. 마오쩌둥은 전국 인민들에게 노동에 참가하라고 호소하며 다음과 같이 말했다. "공산당의 영도를 받으며 지식인, 당, 정, 군 공작원들은 반드시 노동을 해야 한다."[8]

또한 이렇게 말했다. "노동자와 함께하면 좋은 점이 있다. 우리 감정이 변화할 수 있고 수천만 간부 자제에게 영향을 미칠 수 있다. 조조(曹操)가 한 헌제(獻帝)를 '깊은 궁궐에서 태어나 여자의 손에서 자랐다(生於深宮之中, 長於婦人之手)'라며 욕한 것도 일리가 있다."[9]

결론적으로 마오쩌둥은 일반 인민처럼 육체노동에 참가하고 대중과 같이 먹고 같이 자고 같이 노동함으로써, 간부가 양반 나리가 되어 군중으로부터 이탈하는 일을 방지하려고 했다. 마오쩌둥은 지식인들에게 농촌으로 가서 소똥을 밟으며 자기 손을 더럽혀 자신의 마음을 깨끗하게 하라고 요청했다.

'노동'은 마오쩌둥 가치관 가운데 중요한 내용이며 중국 공산당의 우수한 전통이 되었다. 마오쩌둥이 언급한 노동대학이라는 구체적 개념은 환상이 현실로 이루어진 것처럼 중국 땅에서 실현되었다. 1960년대에 전국 각지에서 '장시공산주의노동대학(江西共産主義勞動大學)' '안후이노동대학(安徽勞動大學)' '창바이산노동대학(長白山勞動大學)' 등 수많은 노동대학이 출현했다.

1961년 7월 30일 마오쩌둥은 '장시공산주의노동대학' 설립 3주년 때 이 노동대학에 편지 한 통을 보냈다. "여러분의 사업을 저는 전적으로 찬성합니다. 일하면서 배우는 노동대학은 국가에서 돈 한 푼 안 들이는 것으로 초등학교, 중고등학교, 대학교에 모두 있습니다. 모든 성(省)의 산골 각지에 분산되어 있는가 하면, 몇몇은 평지에도 있습니다. 이 학교는 확실히 좋습니다. (…) 저는 장시에도 이러한 학교가 생기고 각 성에도 이러한 학교가 생기길 바랍니다. 각 성에서는 능력 있고 식견 있는 책임자를 파견하여 장시를 시찰하고 그 경험을 통해 좋은 노동대학을 만드는 방법을 시험해보시길 바랍니다."[10]

마오쩌둥의 제창에 따라 노동대학의 명칭과 학교 설립 방식이 중국에서 한때 유행했다.

문화대혁명 중에 마오쩌둥은 "수많은 간부들에게 하방하여 노동하라"고 주문하면서 "이러한 간부들이 다시 학습할 수 있는 좋은 기회"[11]라고 말했다. 이에 중국 대지에는 수많은 오칠간부학교가 출현했다. 이에 중국민들은 "간부학교, 간부학교는 일하는 학교(幹校幹校, 幹活的學校)"라고 말했다.

문화대혁명 중에 마오쩌둥은 이렇게 호소했다. "지식청년들은 농촌에 내려가 빈농과 하층인민, 중농에게서 재교육을 받을 필요가 있다."[12] 이에 중국에서는 '상산하향' 운동을 전개하여 수천만에 달하는 도시 청년들이 도시를 떠나 농촌으로 내려갔다. 그들의 운명은 이렇게 바뀌었다.

마오쩌둥의 '재교육' '새로운 학습'이라는 말은 사실 노동대학의 교육을 받는 것을 말한다. 이것은 그가 사회를 학교로 삼고 노동을 교육으로 삼은 구체적 실천이다. 그 당시 햇볕에 타서 검게 그을린 얼굴, 농기구에 마모되어 굳은살이 박인 두 손은 노동대학의 표지가 되었고 주류 이데올로기에 의해 대대적으로 널리 알려지게 되었다.

하지만 수많은 사람은 이렇게 여겼다. '육체노동은 체면이 깎이는 일이다. 농촌에 내려가 노동하는 것은 일종의 징벌이다. 육체노동을 하며 사는 것 역시 가장 행복하지 못한 생활이다.' 그래서 옌안 사투리로 노동을 '서우쿠(受苦)'라고 불렀다.

마오쩌둥의 '노동'은 대부분 사람에 대한 개조와 징벌의 도구였는데, 반대되는 뉘앙스의 '노동개조' '노동교양'이라는 신조어가 탄생하기도 했다. 이를 보면 마오쩌둥의 노동관은 때때로 역설적인 상황(悖论状态)에 처하기도 했다.

지금 노동대학의 개념은 여전히 민간에서 사용되고 있다. 필자가 작년에 고향에 돌아갔을 때 몇몇 고등학교 동창생을 만나서 그들에게 무슨 대학에 들어갔는지 물어봤다. 그들은 대학에 떨어진 상태였는데 자조적으로 "노동대학"이라고 대답했다. 그들이 사용하고 있는 노동대학이라는 단어가 마오쩌둥이 창조한 그것인지는 모르겠다.

마오쩌둥의 '노동대학'은 과연 옳은가, 그른가? 후대의 평가를 기다린다.

28

종이호랑이

紙老虎

지노호(紙老虎)의 호랑이는 호랑이면서도 호랑이가 아니다. 시인 이사(伊沙)의 시 〈종이호랑이(紙老虎)〉(1995)에 이런 구절이 있다.

중국 당대의 가장 우수한 中國當代最優秀的

고전 시인 마오쩌둥 古典詩人毛澤東

혁명현실주의와 革命現實主義加

혁명낭만주의의 革命浪漫主義的

창립자 始作俑者

조국을 꾸짖고 指點江山

격앙된 문자의 대가 激揚文字的大師

써냈다, 무수하고 寫下了無數

위대한 문장을. 偉大的篇章

하지만 그가 사용했던 而他所用過的

가장 아름다운 이미지는 最漂亮的意象

그의 시가에 있지 않고 却不在其詩歌裏

그의 산문 속에 들어 있다. 而在其散文中

그가 말했다. 소련 수정주의자와 미제 他說：蘇修美帝

모든 반동파는 和一切反動派

종이호랑이라고. 都是紙老虎

구조적이고 旣是結構的

해체적이다. 亦是解構的

나는 생각한다, 설령 我想：卽使

그것을 把它譯成

영어와 러시아로 英語和俄語

혹은 그 밖의 어떤 오랑캐 말로 번역해도 或者其它什麽鳥語

이 이미지는 這個意象

아름다움을 잃지 않으리라. 也不會失其漂亮

　　중국 민간에는 일찍부터 '종이호랑이'라는 단어가 있었다. 명말·청초의 소설가 저인획(褚人獲)의《견호집(堅瓠集)》에 "카드놀이는 사람과 재물을 소진할 수 있으므로 종이호랑이라고 부른다(紙牌能耗人財, 故呼紙老虎)"라는 구절이 있다. 민간에도 '포노호(布老虎)' '지호(紙虎)' '모노호(母老虎)' 등의 어휘가 있다. 공산당 초창기 지도자 가운데 차이허썬(蔡和森), 윈다이잉(惲代英), 덩중샤(鄧中夏) 등은 모두 '종이호랑이'라는 개념을 사용하여 반동 세력을 형용한 바 있다. 분명 '종이호랑이'라는 단어는 마오쩌둥이 창조한 말이 아니다.

　　하지만 마오쩌둥이 '종이호랑이'에 참신한 정치적 함의를 부여하면서 민간 용어를 강력한 정치적 어휘로 개조했으며 가장 합당한 시간, 가장 합당한 장소에 가장 합당한 사람, 가장 합당한 전파 수단을 통해 힘차게 언어의 세계로 밀어붙였다. 종이호랑이라는 단어는 마오 쩌둥이 다시 발굴한 것이다.

1940년 2월 1일 마오쩌둥은 종이호랑이라는 단어를 사용했다. 그날 열린 '옌안 민중 왕징웨이(汪精衛)● 성토대회'에서 마오쩌둥은 이렇게 연설했다. "국민당은 통일이란 이름을 빌려 전제 정치를 행하고 통일이란 양머리를 걸고 일당 독재라는 개고기를 판다. 철면피로 마구 허풍을 떠니 인간 세상에 이처럼 수치스러운 일이 어디 있겠는가? 우리가 오늘 대회를 여는 목적은 그들의 종이호랑이를 부수기 위해서다."[1] 여기서 거론된 종이호랑이는 마오쩌둥이 말한, 국내외에 널리 알려진 그 종이호랑이가 아니다.

마오쩌둥이 인용하여 세상이 주목하게 된 '종이호랑이'는 1946년 8월 6일에 탄생했다. 그날 비가 내린 뒤 날이 개었을 때, 마오쩌둥은 옌안 양자링(楊家嶺)에서 미국인 기자 안나 루이스 스트롱(Anna Louise Strong)과 인터뷰했다. 그녀에게 예의를 표시하기 위해 마오쩌둥은 특별히 좋은 남색 의복을 갖춰 입었다. 마오쩌둥과 스트롱은 과일나무 아래 돌 의자에 앉아 흥미진진한 이야기를 나누었다.

당시 사람들이 듣기만 해도 안색이 변할 만큼 두려워했던 원자탄 얘기가 나왔을 때 스트롱이 물었다. "만일 미국이 원자탄을 사용하면 어떻게 하시겠습니까? 미국이 소련에 원자탄을 투하한다면 세계 정세가 어떻게 변할까요?" 이에 마오쩌둥이 대답했다. "원자탄은 미국 반동파들이 사람들을 겁주기 위해 사용하는 종이호랑이입니다. 보기엔 두렵지만 실제로는 결코 두렵지 않습니다. 물론 원자탄은 대규모

● 국민당 요직을 맡아 쑨원과 친밀한 관계였으나 중일전쟁 발발 후 친일파가 되어 친일정부를 조직, 주석으로 취임하였다. 중화민족에게는 매국노로 인식되고 있다.

살상 무기지요. 하지만 전쟁의 승패를 결정하는 것은 신생 무기가 아니라 인민입니다."[2]

당시 인터뷰에서는 미국 출신 의사 조지 하템(George Hatem, 중국어 이름은 마하이더[馬海德])과 중공의 루딩이가 배석해 통역을 맡았는데, '종이호랑이'라는 단어가 나오자 어떻게 번역을 해야 할지 난감해했다. 그러고는 '허수아비(scare crow)'라는 단어로 통역했다. 스트롱은 이 말을 듣고 이해하지 못하겠다는 표정을 지었다. 스트롱의 표정을 본 마오쩌둥은 급히 스트롱에게 허수아비의 정확한 뜻을 물었다. 스트롱은 "새를 놀라게 하는 허수아비"라고 풀이해주며 공책에 허수아비를 그려서 마오쩌둥에게 보여주었다.

허수아비가 무엇인지 이해한 마오쩌둥은 종이호랑이는 절대로 그런 뜻이 아니라며 손을 내저었다. "아닙니다, 그런 뜻이 아닙니다. 종이호랑이는 논에 세워 새를 쫓는 허수아비가 아닙니다. 종이호랑이는 종이로 붙여 만든 가짜 호랑이입니다. 그 모양은 무섭고 아이들을 놀라게 할 수 있어요. 하지만 종이를 오려 붙인 것이라서 물에 젖으면 끝장입니다." 마오쩌둥은 확고하게 말했다. "반동파들은 모두 종이호랑이입니다. 반동파는 무섭게 보이지만 실제로는 그렇게 대단한 힘을 가지고 있지 않아요. 원대한 관점에서 문제를 바라보면 진정 강대한 힘은 반동파에게 있지 않고 인민에게 있지요. (…) 장제스와 그의 지지자 미국 반동파도 모두 종이호랑이입니다."

그는 원자탄, 강대한 적을 종이호랑이에 비유했다. 종이로 만든 호랑이라고 표현함으로써 복잡하고 무거운 사안을 단순 명료하게 처리하는 모습이 재치 있다. 이러한 단어는 그의 수많은 표현 중에서도 빼어나다.

마오쩌둥과 스트롱의 담화는 미국의 《아메라시아(Amerasia)》라는 잡지의 1947년 4월호에 발표되었다. 동시에 홍콩의 주간지《군중》에도 실렸다. 마오쩌둥의 '종이호랑이' 설은 재빨리 전 세계로 전파되었다.

한 단어가 창조되어 유행하기까지 얼마나 많은 시간이 소요될까? 어떤 요소가 필요할까? 일정한 규칙은 없는 것 같다. 하지만 단어의 '순도(成色)', 단어가 사람에게 주는 '감동' 여부, 단어 창조자의 신분, 시대적 수요 여부 등의 요소를 갖춰야만 공명을 일으킬 수 있다는 것은 확실하다. 전파자의 힘과 기교 등을 봐야 한다는 의미다. 산골의 토굴집에서 지냈던 마오쩌둥은 '종이호랑이'라는 단어를 창조했는데, 지금처럼 미디어가 발달하지 못했던 시대에 그렇게 빨리 사람들에게 인정받고 전 세계에 널리 전파된 것은 기적이라고 할 수 있다.

마오쩌둥은 이후 국내외 매체에 종이호랑이에 관한 자신의 관점을 여러 번 설명하여 그 함의를 더욱 풍부하게 했다.

1957년 11월 18일 마오쩌둥은 모스크바 64차 국제공산당과 노동자당 대표대회에서 연설하면서 좀더 심층적으로 종이호랑이에 대해 설명했다. 이 연설은 〈모든 반동파는 종이호랑이(一切反動派都是紙老虎)〉라는 제목으로《마오쩌둥 선집》제5권에 수록되었다.

1958년 10월《세계지식》편집부는 마오쩌둥의 각 시기에 '종이호랑이'라는 관점을 설명한 문장을 모아서 〈마오쩌둥 동지가 제국주의와 모든 반동파가 종이호랑이임을 논함(毛澤東同志論帝國主義和一切反動派都是紙老虎)〉이라는 제목의 글로 발표했다. 마오쩌둥은 이에 대해 긍정적으로 평가하면서 "새로운 문장처럼 보인다"고 말하고《인민일보》에 전재할 것을 요구했으며, 친히 편자의 견해를 썼다. 또한 11월 인민출판사는 이 글을 같은 제목의 책으로 출판했다.

1958년 12월 1일 마오쩌둥은 〈제국주의와 모든 반동파가 종이호

랑이인가에 관한 문제〉라는 글을 써서 '진짜 호랑이'가 '종이호랑이'로 바뀌는 과정을 서술했다.[3]

마오쩌둥은 일생 동안 정치 언설에서 종이호랑이를 수십 번 언급했으며 그것은 20여 년 동안 지속되었다.

1964년 1월 30일 마오쩌둥은 프랑스 국회의원 대표단을 접견할 때 이렇게 말했다. "현재 우리는 미국과 수정주의 소련이라는 두 개의 종이호랑이와 대면하고 있다고 말할 수 있습니다. 소위 종이호랑이란 그들이 군중을 이탈했음을 의미하지요."[4]

1964년 7월 2일 마오쩌둥은 콜롬비아 공산당 대표단을 접견할 때 다음과 같이 말했다. "세력이 얼마나 크든 군중을 이탈하고 혁명에 반대하면, 아무리 큰 세력이라도 무너질 수 있으며 모두가 종이호랑이가 됩니다."[5]

1966년 8월 마오쩌둥은 이렇게 말했다. "미 제국주의와 각국 주구들의 겉모습은 강대한 것 같으나 실제로는 허약합니다. 멀리서 바라보면 그들은 모두 종이호랑이입니다."[6]

마오쩌둥이 마지막으로 종이호랑이를 언급한 것은 1970년 5월 20일일 것이다. 그날 마오쩌둥은 대국민 성명 〈전 세계 인민이 단결하여 미국 침략자 및 그 주구와 싸워 이기자(全世界人民團結起來, 打敗美國侵略者及其走狗)〉를 심의했는데, 거기에 "미 제국주의자는 보기엔 방대한 것 같으나 사실은 종이호랑이가 목숨을 걸고 몸부림치는 것에 불과하다"라는 말이 있다.

마오쩌둥의 종이호랑이에 관한 일련의 견해는 〈종이호랑이에게 주며(致老虎)〉라는 힘찬 글에 들어 있다.

당시 소련 사람은 마오쩌둥의 종이호랑이에 관한 견해에 동의하지 않았다. '종이호랑이' 담론은 이후 중·소 두 공산당 사이에 논쟁의 초점이 되었다.

1963년 7월 14일 소련 공산당 중앙은 소련 각급 당 조직과 전체 공산당원에게 보내는 공개편지에서 다음과 같이 말했다. "중국 동지들은 분명 열핵(熱核) 전쟁의 위험성에 대한 평가가 부족하다. 그들은 '원자탄이 종이호랑이'이며 그것은 '결코 무섭지 않다'고 단언한다. 그들은 주로 가능한 한 빨리 제국주의를 소멸시키고 무슨 방법을 써서라도, 어떠한 손해를 감수하고라도 이것을 달성해야 한다고 말하는데 이는 부차적인 문제인 것 같다." "분명 열핵 무기를 종이호랑이로 부르는 사람들은 이 무기의 파괴력을 충분히 의식하지 못하고 있다."[7]

니키타 흐루쇼프(Nikita Khrushchov)는 회상록에서 말했다. "마오쩌둥은 유명한 슬로건 '제국주의는 종이호랑이다'라는 말을 외쳤다. 나는 이것을 불가사의한 것으로 여겼는데 그는 결국 미 제국주의를 종이호랑이로 여겼다. 하지만 실제로는 위험한 맹수다."[8] 당시 이탈리아 공산당 중앙총서기였던 팔미로 톨리아티(Palmiro Togliatti)도 흐루쇼프를 따라 마오쩌둥의 '종이호랑이' 이론을 공격했다.[9]

'종이호랑이' 설에 대해 당연히 미국인들도 관심을 가졌다. 1970년대 초기에 중국은 미국과 악수하며, 화해 분위기를 조성한 적이 있다. 이때 마오쩌둥은 내방한 키신저에게 이렇게 말했다. "내가 영어단어 종이호랑이, 즉 'paper tiger'를 발명했습니다." 키신저가 이 말을 받아 "종이호랑이, 맞아요. 그것은 우리를 가리키지요"라고 말했다.

전하는 말에 의하면 호랑이도 이 말 뜻을 안다고 한다. 화가 황융위(黃永玉)가 쓴 《관재잡기(罐齋雜記)》라는 책에서는 호랑이 한 마리가 나타나 이렇게 말한다. "나는 '종이호랑이'라는 나쁜 명성 때문에 성과 이름을 바꿀 거야."[10]

마오쩌둥의 '종이호랑이' 설은 미국에 대한 공포증(恐美症)과 핵에 대한 공포증(恐核症)을 깨버렸다. 이로써 중국은 어떠한 강대국도 두려워하지 않게 되었고, 압박받던 제3세계 인민의 사기 또한 크게 높아졌다.

1950년대 말기에서 1960년대에 이르기까지 아프리카 민족해방운동의 바람이 세차게 불어닥쳤다. 아프리카 사람이 말했다. "마오 주석의 저작 중에 아프리카 사람을 감동시킨 인상 깊은 글이 있는데, 미 제국주의를 종이호랑이라고 말한 글이다." "모든 아프리카 민족해방운동은 마오 주석이 천명한 철학, 즉 '제국주의와 모든 반동파는 종이호랑이'를 지도 사상으로 삼고 있는데, 아프리카 해방운동에서 이 말은 그 어떤 말보다도 많이 운용되었다."[11] 이 말은 모두 당사자의 마음속에서 우러나온 말이다.

기자 류훙(劉宏)은 〈강대국 에너지원 게임의 고수 차베스 대통령의 마오쩌둥 저작 읽기(大國能源博奕中的高手 査韋斯總統苦讀毛選)〉란 글에서 다음과 같이 기록했다. 2005년 11월에 제4차 미주 국가 정상회담이 아르헨티나의 마르 델 플라타(Mar Del Plata)에서 거행되었는데 베네수엘라의 차베스 대통령이 회의에 출석하여 연설했다. 그는 다음과 같이 말했다. "그저께 미국의 어느 신문에서 보도하길 펜타곤(Pentagon)이 베네수엘라를 침략할 준비를 한다고 공표했다더군요. 저는 이것이 불변의 진실이라고 말하고 싶습니다. 이것이 바로 미 제국주의 절망의 신호이기 때문입니다. 우리는 마오쩌둥이 말했던 '제국주의와 일체의 반동파는 모두 종이호랑이다'라는 말을 잊지 말아야 합니다. 그래서 우리는 그것을 무서워할 필요가 없습니다. 우리의 인민이 그것을 반드시 이길 겁니다."

차베스는 마오쩌둥의 '종이호랑이' 설을 숭배했다. 2007년 9월 9일 차베스가 말했다. "오늘은 마오쩌둥이 서거한 기념일이다. 사람들은 마오쩌둥의 저명한 슬로건, 제국주의는 종이호랑이라는 말을 잊지 말아야 한다."

마오쩌둥의 '종이호랑이' 설은 스토롱이 전파한 덕에 전 세계로 퍼졌다. 스트롱은 이 덕분에 크게 명성을 얻어 '종이호랑이 여사'로 칭송되었다. 1960년 스트롱은 〈현 시대의 위대한 진리〉라는 글에서 당시 마오쩌둥과 담화하던 상황을 회상했다. "마오 주석은 14년 전 옌안에 있을 때 제국주의와 일체의 반동파는 모두 종이호랑이라고 말했다. 지금 이 말은 이미 역사적 의미를 가진 역사적 명언이 되었다." "마오 주석의 급소를 찌르는 어구, 박식한 지식, 예리한 분석과 시인의 상상력이 담긴 그와의 담화는 내 일생 중 가장 기억할 만한 담화가 되었다."[12]

1958년 스트롱은 73세의 고령에 베이징에 정착하여 1970년 3월 29일에 베이징에서 85세의 나이로 서거했다. 마오쩌둥이 화환을 보내왔는데 화환에 쓰인 구절은 "중국 인민의 친구, 미국의 진보적 작가 안나 루이스 스트롱 여사에게 바칩니다"였다.

지금은 마오쩌둥과 스트롱 두 사람 모두 살아있지 않다.

하지만 '종이호랑이'는 여전히 세계에서 횡행하고 있다. 종이호랑이라는 단어는 지금도 세계 각국의 사람들이 사용하고 있으며 이를 인용해 상대방을 욕하기도 한다.

손꼽아 헤아려보니 마오쩌둥이 창조한 종이호랑이라는 단어가 세계에서 유행한 지 이미 반세기가 지났다. 그럼에도 그것은 여전히 유행 중이다.

29

어려움을 극복하고 승리를 쟁취한다

下定決心, 不怕犧牲, 排除萬難, 去爭取勝利

마오쩌둥이 1945년 6월 11일에 발표한 〈우공, 산을 옮기다(愚公移山)〉라는 글에는 "마음을 굳게 먹고 희생을 두려워하지 않으며, 온갖 어려움을 극복하고 승리를 쟁취한다"[1]라는 구절이 있다.

이 훌륭한 문장은 글을 쓰려다 나온 것이 아니라, 격정과 충격으로 무의식중에 나온 것이다. 만약 쓴 것이라면 갈 '거(去)' 자를 없애 열여섯 글자를 깔끔하게 맞추어 4언시가 되었을 것이다. 하지만 이 문장에는 갈 '거' 자가 있어서 그다지 깔끔하지 않으며 구어 같은 느낌이 있다. 그래서 그것은 거대한 마음속 장력(張力)으로 조성된 무의식에서 비롯한 것이며, 막을 수 없는 견고한 힘이 자연스럽게 표출된 것이라 말할 수 있다. 그래서 열일곱 글자 가운데 한 글자도 군더더기가 없다.

네 구절은 완전한 격언이 되었고 정치적으로 정확할 뿐 아니라 형식적으로 옛 정취가 남아 있으며 기세가 있다. 또한 간략하여 기억하기 쉽고, 내용도 좋아서 전해지기 쉽다.

1964년 5월 중국인민해방군 총정치부에서 펴낸《마오 주석 어록 (毛主席語錄)》이 정식으로 출판되었는데, 거기에 "마음을 굳게 먹고 희생을 두려워하지 않으며, 온갖 어려움을 극복하고 승리를 쟁취한다" 라는 구절이 실렸다.

1966년에 선양칠이사창(瀋陽七二四廠)*의 엔지니어 웨이펑잉(尉鳳英)이 최종 평가한 〈마오쩌둥 저작을 학습하며 생각할 열 가지(學習毛著十個想一想)〉가 전국에 널리 보급되었다. 이 글에 등장한 '열 가지 생각' 가운데 하나가 바로 "곤란한 처지를 당했을 때 '온갖 어려움을 극복하고 승리를 쟁취한다'는 것이 무엇인지 다시 한번 생각해야 한다" 라는 말이다. 이 글 덕분에 마오쩌둥 시대에는 사람들이 곤란한 처지에 놓였을 때 대부분 이 어록을 생각하게 되었다.

1966년 3월 허베이성 싱타이(邢臺)에서 대지진이 발생했다. 이에 저명한 작곡가 제푸(劫夫)가 〈마음을 굳게 먹고 희생을 두려워하지 않으며, 온갖 어려움을 극복하고 승리를 쟁취한다〉라는 노래를 작곡했는데, 그 노래가 재난 지구에서 널리 불렸다. 이것이 최초의 마오쩌둥 어록가다. 이로부터 마오쩌둥의 어록은 음악이라는 날개를 달고 더욱 많은 사람의 가슴속으로 날아갔다.

간결한 어록은 기억하기가 편리하다. 거듭 학습하여 기억을 심화시켜서 가슴속에 기억된 말이 뿌리를 내리고 가치관을 형성한다면, 결정적인 순간에 자동으로 '튀어나와' 손을 뻗어 방향을 가리킬 수 있고 개인의 행동에도 영향을 미치게 된다.

---

* 지금의 선양시 다둥구(大東區) 원관툰(文官屯) 정신로(正新路) 42호에 있었던 공장 이름이다. 1936년에 나카무라부대(中村部隊)로 출발하여 만주 제918부대, 관동군(關東軍) 조병창(造兵廠), 선양 제724공장 등의 이름을 거쳐 2009년에는 선양동기유한공사(瀋陽東基有限公司)로 개명했다.

30

우공, 산을 옮기다

愚公移山

중국 역사가 길고 문헌이 많은 만큼 고사도 많다. 《열자(列子)》〈탕문(湯問)〉편에 '우공, 산을 옮기다'라는 이야기가 나오는데 대다수 우화와 마찬가지로 훌륭한 내용이지만 아는 사람은 드물다.

태행과 왕옥이라는 두 산은 넓이 700리에 높이는 만 길이나 되는데 본래 기주 남쪽과 하양의 북쪽 사이에 있었다.

북산에 아흔이 다 되어가는 우공이라는 노인이 살고 있었는데 그의 집 맞은편에 두 산이 있었다. 그 산이 북쪽을 가로막아 출입할 때마다 돌아가야 해서 불편했다. 그는 집안사람들을 모아놓고 상의했다.

"나와 너희들은 힘을 다해 험한 산을 평평히 다져서 예주의 남쪽으로 곧장 통하고 한수의 남쪽으로 곧장 다다르게 하는 게 좋겠다. 괜찮겠느냐?"

모두가 그것에 동의했다. 그러나 그의 아내가 의심스러운 점을 아뢰었다.

"당신 힘으로서는 조그만 괴보산의 언덕조차도 없앨 수 없는데, 태행이나 왕옥 같은 산을 어찌 하시겠습니까? 게다가 그 흙과 돌을 어디다 두겠습니까?"

여러 사람이 말했다.

"그것은 발해의 끝 은토의 북쪽에다 버리지요."

마침내 그는 자손들과 짐을 지는 사람 세 사람을 거느리고서 돌을 두드려 깨고 흙을 파서 삼태기에 담아 발해까지 날랐다. 이웃 경성씨의 과부가 된 부인에게도 유복자가 있었는데 겨우 이를 갈기 시작한 나이였으나 뛰어가 이 일을 돕게 하였다. 그들은 추위와 더위의 계절이 바뀌어야 비로소 한 번 되돌아왔다.

하곡의 지수가 그것을 보고서 비웃으며 말렸다.

"당신은 정말 지혜롭지 못하군요. 늙은 나이의 여력을 가지고는 산의 터럭 하나도 무너뜨릴 수 없을 것이거늘 산의 흙과 돌을 어떻게 하겠다는 거요?"

북산의 우공은 길게 탄식하며 말했다.

"당신 마음의 고루함은 본래 거두어들일 수가 없는 것이니 과부된 여인의 어린 아들만도 못하군. 비록 내가 죽게 된다 하더라도 자식은 남아 있소. 내 자식은 또 손자를 낳을 것이고 손자는 또 자식을 낳을 것이며, 그 자식은 또 자식을 낳고, 그 자식은 또 손자를 낳아서 자자손손이 영원히 이어질 것입니다. 그러나 산은 더 솟아오르지 않을 것인데 어찌하여 평평해지지 않으리라 걱정을 하십니까?"

하곡의 지수는 대답할 말이 없었다.

두 산을 지키는 조사신이 이 얘기를 듣고서 우공이 그만두지 않을까 걱정했고, 사실을 상제에게 알렸다. 상제는 그의 정성에 감동하여 과아씨네 두 아들에게 명하여 두 산을 업어다가 하나는 삭 땅의 동쪽에 놓고 하나는 옹 땅의 남쪽에 놓게 하였다. 이로부터 기주의 남쪽과 한수의 남쪽이 막히지 않게 되었다.

'우공, 산을 옮기다'라는 고사는 폐지 더미에 묻혀 있어 극소수의 지식인만이 알고 있었다. 그러다가 마오쩌둥이 인용하고 선전하면서 중국사람 누구나 알게 되었다.

1938년 4월 30일 마오쩌둥은 항대(抗大)에서 연설하면서 사람들에게 우공이 산을 파내는 정신을 배우고 제국주의, 봉건주의, 자본주의라는 세 산을 모두 옮기자고 호소했다.[1]

1945년 6월 11일 중공 제7차 전국대표대회 폐막식에서 마오쩌둥이 폐막사를 했는데, 폐막사의 제목이 바로 〈우공, 산을 옮기다〉였다. 이 문장은 《고문관지(古文觀止)》의 어떤 문장과도 아름다움을 견줄 수 있는 백화문이다. 아래에 적어놓겠다.

옛날에 중국에는 〈우공, 산을 옮기다〉라는 우화가 있었다. 그것은 옛날 화북 지방에 살았던 북산의 우공이라는 노인의 이야기다. 노인의 집 남쪽에 하나는 태이항(太行)산, 다른 하나는 왕우(王屋)산이라 불리는 큰 두 산이 있어 집으로 드나드는 길이 가로막혀 있었다. 우공은 자식들을 거느리고 이 큰 두 산을 괭이로 파서 없애버리기로 결심했다. 그런데 지수라는 영감이 이것을 보고 비웃으며 이렇게 말했다. "당신네들, 그런 일을 하다니, 너무 어리석은 짓을 하고 있는 것 아니오? 당신네 부자 몇 명이서 이렇게 큰 산을 두 개씩이나 파 없앤다니, 그것은 도저히 이루어질 수 없는 일이오." 이 말을 들은 우공은 다음과 같이 대답했다. "내가 죽더라도 아들이 있고, 아들이 죽더라도 손자가 있어 자자손손 이 일은 끊이지 않을 것이오. 이 두 산이 높기는 하지만 더 이상 높아질 리 없소. 파내면

파낸 것만큼 줄어들 텐데, 어째서 파 없애지 못한단 말이오?" 우공은 지수의 잘못된 생각을 반박하며 조금도 동요하지 않고 날마다 산을 팠다. 이에 감동한 상제가 두 명의 신선을 인간 세상에 내려보내 두 산을 등에 지고 옮기게 했다.

지금 중국 국민의 머리 위에도 제국주의와 봉건주의라 불리는 두 개의 큰 산이 올라앉아 누르고 있다. 중국 공산당은 오래전부터 이 두 산을 파 없애려고 결심했다. 우리는 반드시 이 일을 끝까지 해낼 것이고 그러기 위해 끊임없이 일해야 한다. 그러면 우리도 상제를 감동시킬 것이다. 이 상제는 다름 아닌 전 중국의 인민대중이다. 전국의 인민대중이 일제히 일어나 우리와 함께 이 두 산을 파낸다면 어찌 파 없애지 못하겠는가?[2]

수억 인구의 나라에서 사람마다 모두 다 알고 있는 고사는 그다지 많지 않다. 마오쩌둥의 〈우공, 산을 옮기다〉 때문에 이 고사가 전국적으로 파급되었다.

이후에 마오쩌둥은 여러 번 '우공'을 언급했다.

우공이산 정신으로 중국을 개조하자.[3]

우공이 해충과 모기를 모두 쓸어버리는 날, 추모식 때 마르크스에게 알리는 걸 잊지 말기를(愚公盡掃饕蚊日, 公祭無忘告馬翁).[4]

옛날 중국에 '우공, 산을 옮기다'라는 고사가 있었다. 우리는 지금 모두가 산을 파는 사람이다. 파내는 것은 제국주의, 수정주의와 같은 몇 개의 산이며 몇 세대의 시간을 들여서라도 언젠가는 그것들을 모두 파내 없앨 것이다.[5]

문화대혁명 기간에 마오쩌둥의 〈우공, 산을 옮기다〉는 '매일 학습(天天讀)'의 '노삼편(老三篇, 〈인민을 위해 복무하다〉, 〈베순을 기념하며〉, 〈우공, 산을 옮기다〉)' 중 하나였다. 노삼편은 당시 전국민이 암송할 수 있었던 문장이다. 중·고등학교 교과서에도 《열자》 〈탕문편〉의 '우공, 산을 옮기다'의 원문을 수록하고 학생들에게 암기시켰다. 이렇게 해서 '우공, 산을 옮기다'의 명성이 커졌다.

마오쩌둥은 다음과 같이 비평했다. "우리는 옛사람의 언어 가운데 생명력 있는 것들을 아직 충분하고도 합리적으로 이용하지 못하고 있다." 그는 "옛사람의 언어 가운데 생명력이 있는 것을 배워야 한다"[6]고 말했다. '우공, 산을 옮기다'의 성공적 운용은 그가 옛사람의 언어를 이용한 전형적 사례다.

폐지 더미에 묻혔던 '우공, 산을 옮기다'라는 고사는 마오쩌둥이 인용하면서 붉은색 배경을 가진 단어가 되어 누구나 알고 있다. 그래서 한 시기에 4대 민간전설(牛郞織女, 孟姜女哭長城, 白蛇傳, 梁山伯과 祝英臺)*보다 더 전파되었고 지명도도 더 높았다. 여기에 우공이 '옮긴 산', 즉 태이항산과 왕우산도 덩달아 유명해져 누구나 알게 되었다.

열자(列子)에게 영혼이 있다면 마오쩌둥에게 감사해야 할 것이다. 태이항산의 돌멩이도 마오룬즈(毛潤之)**에게 감사해야 한다.

'우공, 산을 옮기다'의 뿌리는 《열자》 〈탕문편〉에 있으나 꽃을 피우고 열매를 맺어 천하에 전파된 것은 마오쩌둥의 〈우공, 산을 옮기다〉다. 2000여 년의 성장을 통해 '우공, 산을 옮기다'라는 '우공정신'은 끝내 고유명사가 되어 책에서 나와 대중 속으로 들어갔다.

---

* 견우와 직녀(牛郞織女), 맹강녀(孟姜女), 백사전(白蛇傳), 양산백(梁山伯)과 축영대(祝英臺) 전설을 말한다.
** 마오쩌둥의 자가 '룬즈(潤之)'다.

"우공, 산을 옮기다"는 중국의 어휘이자 고사이며 마오쩌둥의 명편이다. 또한 화가 쉬베이훙(徐悲鴻)의 명화이자 유행 가곡이고 대대로 전승되는 위대한 정신이다.

31

반장

班長

반(班, 분대)은 부대에서 가장 낮은 하급 단위다. 반의 책임자를 반장이라 부르며 부대에서 가장 낮은 '관(官)'이다.

마오쩌둥은 1911년 10월 후난신군(湖南新軍) 25혼성협(混成協) 50표(標) 제1영(營) 좌대(左隊)에 투신하여 반년 동안 열병(列兵)을 맡았다. 그가 열병을 맡았을 때 한 반장(혹은 반장과 유사한 사람)이 그를 관리했음을 시인했다. 신중국 성립 초기에 펑유성(彭友勝)이라 불리는 사람이 마오쩌둥에게 편지를 써서 도움을 요청했다. 마오쩌둥은 후난성 인민정부 부주석 청싱링(程星齡)에게 다음과 같이 소개 편지를 썼다. "그 사람은 펑유성이라고 합니다. (…) 신해혁명이 일어난 그해에 후난 군대에서 부목(副目, 부반장)을 맡았는데 나는 그의 반에서 열병을 맡았습니다."[1] 이 편지가 그 증거다.

후에 마오쩌둥은 중국 공산당에 투신하여 천군만마를 호령하는 통수가 되었고 군대에서 가장 높은 '관'이 되었다. 이때 그는 자신이 병사였던 정경을 회상하고 자신의 반장을 생각하고는 번뜩이는 영감이 떠올라 '반장'이라는 단어에 새로운 함의를 부여했다. 1949년 3월 13일 마오쩌둥은 중공 제7기 2중전회에서 다음과 같이 연설했다.

> 당 위원회 서기는 '반장' 역할을 잘해야 합니다. 당 위원회는 10-20명으로 되어 있으니 군대의 반과 같고 서기는 '반장'에 비유할 수 있습니다. 이 반을 잘 이끌기란 확실히 어렵습니다. (…) 습당 위원회는 자신의 영도 임무를 완성해야 하며 반드시 당 위원회라는 '일반인(一班人)'에 기대어 그들의 역할을 충분히 발휘해야 합니다. 서기는 '반장' 역할을 잘 맡아야 하며 반드시 잘 학습하고 연구해야 합니다.[2]

'일반인'은 군중을 이끌고 '반장'은 반을 이끈다.

마오쩌둥이 이 연설을 하고 난 뒤 반장이란 명사는 중국 공산당의 사전에 하나의 표제어로 첨가되었다. 반장은 반을 통솔하는 사람이다. 특히 중공이 정권을 얻은 뒤 그 함의는 사회적으로 약정되었다. '일반인'은 중국 공산당 당 위원회, 지부(支部)를 가리키고 반장은 서기를 가리킨다.

1958년 3월 10일 마오쩌둥은 청두(成都) 회의에서 말했다. "한 반은 반드시 반장을 숭배해야 하며 숭배하지 않으면 안 된다."[3] 이 말은 하나의 말이 두 가지 뜻을 가지는 쌍관어다. 부대의 반장을 의미할 뿐만 아니라, 반의 반장을 말한다. 다시 말하면 반장을 맡은 사람은 위신, 권위, 설득력을 가져야 한다는 말이다.

32

피아노를 연주하다

彈鋼琴

탄강금(彈鋼琴)은 중국 공산당에서 유행하는 말이다. 마오쩌둥은 특별히 문장을 써서 '탄강금'의 문제를 얘기했다.

피아노를 칠 때는 열 손가락을 모두 움직여야 한다. 어느 손가락은 움직이고 어느 손가락은 움직이지 않을 수 없다. 하지만 열 손가락으로 동시에 건반을 누르면 리듬을 이룰 수 없다. 좋은 음악이 나오게 하려면 열 손가락의 움직임에 장단이 있어야 하고 서로 배합해야 한다. 당 위원회는 핵심 임무를 틀어쥐고 둘러싸는 동시에 다른 방면의 임무를 전개해야 한다. 우리가 지금 관할하는 분야는 매우 많아서 각지, 각 군, 각 부문의 임무를 모두 살펴봐야 하며, 일부 문제에만 주의를 기울이고 다른 문제를 버려서는 안 된다. 피아노를 잘 치는 사람도 있고 못 치는 사람도 있다. 이 두 종류의 사람이 연주하는 리듬에 차이가 많이 난다. 당 위원회의 동지들은 '피아노 연주'를 잘 배워야 한다.[1]

위 문장을 읽다 보면 마오쩌둥이 말한 '피아노 연주'라는 말은 단순히 피아노 연주를 가리키는 것이 아니라, 일종의 사고방식이자 업무방식임을 알 수 있다.

덩샤오핑도 피아노 연주라는 말을 한 적이 있다. 1962년 2월 6일은 음력 정월 초이틀이었다. 해를 넘겨 열린 업무회의에서 덩샤오핑이 말했다. 당 위원회 내에서 반장을 맡은 사람은 피아노 연주를 배워야 하는데 이는 배우기가 쉽지 않다. 우리는 아마도 영원히 배워야 할 것이며 모두 배울 수 있다고는 장담할 수 없다. 마오쩌둥은 이 말을 듣고 끼어들어 덩샤오핑의 말에 찬동했다. "배울 수도 있고 배우지 못할 수도 있다."² 영원히 피아노 연주를 배워야 한다는 뜻이다.

중국어 사전에서 '탄강금(彈鋼琴)'이라는 동빈(動賓) 구조*의 뜻 중 하나는 우리가 일반적으로 말하는 피아노를 연주한다는 의미이고, 다른 하나는 마오쩌둥의 사고방식과 업무방식에 대한 일종의 비유다.

• '동'은 동사, '빈'은 목적어를 뜻한다. 중국어 문법에서 동사와 명사의 결합 관계를 말한다.

33

고추

辣椒

중국인이라면 후난 사람이 매운 것을 좋아한다는 사실을 대부분 알고 있다. 세계 사람들도 후난 사람이 매운 맛을 좋아한다고 알고 있는데, 이는 마오쩌둥과 연관이 있다. 어떤 사람은 마오쩌둥과 저우언라이를 비교하며 한 사람은 '후난 고추' 같고, 한 사람은 '사오싱 황주(紹興黃酒)'● 같다고 표현한다.¹

마오쩌둥은 "고추는 가난한 사람의 고기다"²라고 말했다. 이 말은 고추와 가난한 사람의 관계를 말해준다. 빈민은 물고기와 육류 고기를 먹을 수 없어서 고추를 고기로 여길 수밖에 없으며 고추로 '생활'을 개선한다는 뜻이다.

1936년 미국 기자 에드거 스노가 옌안을 방문했다. 스노가 눈여겨보니 마오쩌둥의 식사는 단출해서 항상 고추 한 접시, 채소 요리 한

● 저장성(浙江省) 사오싱 지방에서 나는 전통주를 말한다.

접시뿐이었다. 이따금 소량의 고기가 나왔으며 주식은 좁쌀이나 만두였다. 스노는 마오쩌둥의 이러한 생활이 너무나 소박하다고 생각했지만, 정작 마오쩌둥은 고추만 있으면 식사로 충분하다고 여겼다.

어느 날 마오쩌둥이 스노에게 말했다. 고추를 먹는 것은 어느 정도 한 사람의 혁명정신을 반영할 수 있다. 혁명가는 고추를 즐겨 먹는다. 그는 예를 들면서 후난에서 수많은 혁명가, 예를 들어 황싱(黃興), 천톈화(陳天華)와 홍군 대오의 펑더화이, 뤄룽환, 허룽(賀龍), 왕전(王震) 등을 거론했다. 마오쩌둥은 이어서 논증하며 세계에서 매운 음식을 잘 먹는 국가, 예를 들어 프랑스, 스페인, 멕시코, 러시아 등에서 혁명가가 많이 나온다고 말했다. 스노는 이 말을 듣고 반문했다. "이탈리아 사람들도 매운 것을 좋아하여 마늘을 잘 먹기로 유명한데, 어째서 지금은 혁명가가 나오지 않고 오히려 무솔리니(Mussolini)가 나왔는가?" 마오쩌둥은 웃으며 "졌다"고 인정했다.

전하는 말에 의하면 마오쩌둥은 스노에게 〈고추의 노래(辣椒歌)〉를 불러줬다고 한다.

> 멀리서 오신 손님, 앉아서 遠方的客人, 你請坐,
> 제가 부르는 〈고추의 노래〉 들어보세요. 聽我唱個辣椒歌.
> 멀리서 오신 손님, 비웃지 마세요. 遠方的客人 你莫見笑,
> 후난 사람은 고추로 손님을 접대한답니다. 湖南人待客愛用辣椒.
> 비록 시골의 토산품이지만 雖說是鄉里的土産貨,
> 날마다 빠질 순 없답니다. 天天不可少.
> 고추가 얼마나 좋으냐고요? 要問這辣椒有多好?
> 멋대로 몇 가지만 말씀드리죠. 隨便都能說出幾十條.
> 습기를 제거해주고 去濕氣,

심장박동을 안정시키고 安心跳,

비장과 위장을 튼튼하게 해주고 健脾胃,

두뇌를 일깨우고 醒頭腦,

기름에 지지거나 볶아서 불로 익히면 油煎爆炒用火燒,

여러 맛이 기가 막힌답니다. 樣樣味道好.

고추가 빠지면 요리로 칠 수 없으니 沒得辣子不算菜.

일단 매워야 훌륭한 요리지요. 一辣勝佳肴.

1990년대에 중국 학자 허신(何新)이 쿠바를 방문했을 때 카스트로 (Castro) 주석이 그를 접견했다. 카스트로가 말했다. "마오쩌둥은 고추를 먹지 않으면 혁명을 이해하지 못한다고 말했다. 하지만 쿠바에서는 치즈를 먹지 않으면 혁명을 알지 못한다."[3] 치즈는 쿠바의 특산물이며 버터와 마찬가지로 유제품이다.

마오쩌둥은 "혁명가는 고추를 즐겨 먹는다" "고추를 먹지 않는 사람은 혁명가가 될 수 없다"고 말했다. 그리고 그는 '고추'라는 단어를 '혁명'과 함께 연결시켰다. 마오쩌둥의 이런 말 속에 진실한 부분이 얼마이고 유머러스한 부분이 얼마나 되는지 구분하기는 쉽지 않다. 여하튼 고추는 마오쩌둥 때문에 명성을 날리게 되었다.

마오쩌둥의 고추에 관한 가장 유명한 고사는 '고추와 고양이'의 민간 전설이다. 어느 날 마오쩌둥이 류사오치와 저우언라이에게 어떻게 하면 고양이에게 고추를 먹일 수 있는지 물었다. 류사오치는 간단하다며 입을 벌려 집어넣으면 된다고 말했다. 마오쩌둥은 고개를 흔들며 너무 잔인하다고 말했다. 저우언라이는 잠시 생각하더니 3일을 굶기고 고추를 고기 속에 넣은 다음 고양이에게 먹인다고 말했다. 마오쩌둥은 역시 만족하지 않았으며 이렇게 하면 광명정대하지 못하다고 생각했다. 마오쩌둥이 말했다. "내게 방법이 있다. 고추를 고양이 엉덩이에 문지르면 참을 수 없어서 반드시 핥을 터이니 핥을수록 매워지고 매워질수록 핥을 것이다. 이렇게 하면 자신도 모르게 고추를 먹을 수 있다."

이러한 얘기를 필자는 1980년대에 들은 적이 있으며 수많은 간행물에도 실렸다. 그것의 진위 여부는 꼼꼼하게 고증해봐야겠지만 진짜처럼 들린다. 필경 마오쩌둥은 고추를 먹다가 주변의 고양이를 보았거나 고추를 먹지 않는 고양이를 연상하고 갑자기 '어떻게 하면 고양이에게 고추를 먹일까?'라는 생각이 자연스럽게 떠올랐을 것이다. 류샤오치, 저우언라이와는 달리 그가 생각해낸 고양이에게 고추를 먹이는 방법은 바로 그의 특기인 '양모(陽謀)'•의 구체적인 운용이 아닐까?

재미있는 것은 러시아에서도 비슷한 고사가 유행했다는 사실이다. 내용은 이렇다. 미국 대통령, 프랑스 대통령, 러시아 대통령이 모여 누가 더 영리한지 내기를 했다. '누가 고양이에게 겨자를 먹일 수 있을까'라는 내기였다. 미국의 부시(Bush)는 반나절 동안 겨자를 고양이 주둥이 안으로 넣었지만 성공하지 못했다. 프랑스의 시라크(Chirac)는 고양이에게 겨자 먹기를 권유했지만 말을 듣지 않았다. 러시아의 푸틴(Putin)은 한참 생각하다가 겨잣가루를 고양이 꼬리에 발라놓았다. 고양이는 너무나 아파서 주둥이로 꼬리를 핥았다.[4]

• 겉으로 쉽게 드러나 보이는 계책, 공개적인 계획을 의미한다.

34

투쟁철학

鬪爭哲學

'투쟁철학'이라는 단어는 1930년대에 국민당이 창조한 것으로 공산당을 비난할 때 사용했다. 국민당원은 공산당의 철학을 투쟁철학이라고 말했다. 공산당을 동정하는 국민당 21군단 군단장, 진산쑤이변구(晋陝綏邊區) 총사령 덩바오산(鄧寶珊) 장군이 옌안을 방문했을 때에도 "공산당은 투쟁철학을 얘기한다"고 말했다. 이 말은 당시 수많은 공산당원의 불만을 야기했다. 마오쩌둥이 말했다.

이 세계에는 다툴 '쟁(爭)'자가 있음을 우리 동지들은 잊지 말아야 한다. 어떤 사람이 우리 당의 철학을 '투쟁철학'이라고 말했다. 위린(楡林)의 덩바오산이라 불리는 총사령이 이렇게 말했다. 나는 그의 말이 맞다고 생각한다. 노예주, 봉건주, 자본가가 생긴 이래 그들(국민당)은 피압박 인민과 투쟁을 전개했는데 '투쟁철학'은 그들이 먼저 발명했다. 피압박 인민의 '투쟁철학'은 비교적 늦게 나왔다. 투쟁한 지 몇천 년이 지나서 마르

크스주의가 생겨나게 되었다.[1]

1959년 8월 16일 마오쩌둥은 〈기관총과 박격포의 내력 및 기타(機關槍和迫擊炮的來歷及其他)〉라는 글에서 이렇게 말했다.

유물변증법에 따르면 모순과 투쟁은 영원하다. 그렇지 않으면 세계가 이루어질 수 없다. 부르주아 정치가들은 공산당의 철학이 투쟁철학이라고 말한다. 조금도 틀리지 않다. 다만, 투쟁형식이 시대에 따라 다를 뿐이다.[2]

마오쩌둥은 상대방의 비방을 받은 뒤 자신의 세계관으로 이를 비튼 다음 투쟁철학을 자신의 무기로 삼았다. 그는 프롤레타리아의 철학은 투쟁철학이라고 말했다.[3] 투쟁철학은 투쟁으로 생존을 구하는 철학이며 네가 죽고 내가 사는 생존철학이다.

중국 공산당은 성립된 뒤에 즉각 폭력혁명을 진행하지 않았고 투쟁철학을 신봉하지도 않았다. 마오쩌둥은 일찍이 무혈혁명을 주장했고 온화한 타도를 주장했다. 그는 "대인(對人)적 측면에서 군중연합을 주장했고 강권자에게 지속적으로 충고운동을 벌였다. '호소(呼聲) 혁명'(빵의 호소, 자유의 호소, 평등의 호소)과 무혈혁명을 실행했다. 심지어 큰 소란을 피우거나 효과가 없는 '폭탄혁명' '유혈혁명'은 실행하지 않았다."[4]

"혁명은 여하를 막론하고 산길이 막히고 물길이 막힌 뒤 오갈 수 없을 때 사용하는 임기응변 책략이다."[5] 마오쩌둥의 투쟁철학은 국내외 격렬한 계급투쟁 형세하에서 이뤄진 객관적인 선택이며, 세계적 수준의 급진적 혁명이 중국 공산당 이론과 실천 면에서 필연적으로 반영된 것이고, 국민당이 공산당을 미친 듯이 진압하여 공산당원에게 남긴 피의 교훈이자 경험이다. 마오쩌둥이 말했다. "우리는 엄격한 수단으로 적을 대하지 않지만, 적은 더욱 잔혹한 수단으로 우리를 대했다." "우리는 적에게는 인자했으나, 동지에게는 잔인했다." "우리는 적에게 치명적인 타격을 가하지 않았으나, 적은 우리에게 치명적인 타격을 가했다."[6]

그래서 투쟁철학은 핍박받고 얻어맞아 부득이해서 나온 것이지, 생각 끝에 나온 것이 아니라고 말했다. 마오쩌둥의 말대로 "전국의 인민은 투쟁을 제외하고는 출구가 없다".[7]

마오쩌둥은 일평생 강렬한 투쟁의식과 투쟁철학을 지니고 있었다. 투쟁철학은 그의 성격이 되었으며 그의 사상의 일부분이 되었다. 그는 "나는 노를 저을 때 위험한 곳에서 젓길 좋아한다. 고인물이 좋은가, 아니면 끊임없이 흐르는 창강(長江)이 좋은가? 나는 끊임없이 흐르는 창강이 좋다고 생각한다. 사람의 생활이 평범하고 밋밋하면 아무런 재미가 없다"[8]고 말했다.

마오쩌둥과 이 세계와의 관계는 대치와 투쟁의 관계로 이루어져 있다. 투쟁은 그의 생명력의 상징이다. 그는 강직하고 의협심이 있으며 반역적이고 용맹하며 거대한 힘을 가지고 있었다. 그는 용감히 도전했고 과감하게 결렬했으며 반목을 두려워하지 않았다. 또 모든 것을 쓸어버리는 것을 즐겼으며 끝까지 혈전을 벌였다. 그는 권위와 세도가를 멸시했으며, 상대방이 강하면 강할수록 그의 투쟁정신은 오히려 강해졌다. 파죽지세로 헤치고 나아가 가는 곳마다 당할 자가 없었다. 그는 다음과 같이 말했다.

하늘과 싸우면 與天奮鬪,

그 즐거움 무궁하고 其樂無窮.

땅과 싸우면 與地奮鬪,

그 즐거움 무궁하며 其樂無窮.

사람과 싸우면 與人奮鬪,

그 즐거움 무궁하다. 其樂無窮.

마오쩌둥은 투쟁을 갈망하고 좋아했으며 용감하게 투쟁했고 한평생 투쟁했다.

마오쩌둥의 투쟁철학은 음유(陰柔)의 기운이 무거운 중국문화에 양강(陽剛)의 기운을 불어넣었다. 중국 전통문화의 3대 기둥인 유교, 불교, 도교는 모두 중국정신을 부드럽게 하는 요소들이다. 유가는 수성(守成)에 뛰어나 침략성이나 공격성을 갖지 않는다. 도가는 점점 산으로 달아나 현실사회에 대해 수수방관한다. 불가는 자비를 제창하여 청정심을 닦고 이를 지킨다.

이에 반해 마오쩌둥의 투쟁철학은 영향력이 거대한 관념으로 계급의 원한을 분발시키고 투쟁의지를 모아준다. 중국 공산당이 어려움에 맞서 싸우고 적과 싸워 정권을 쟁취하고 정권을 공고히 하는 데 강대한 무기를 제공했으며, 중화민족에게 새로운 정신과 기질을 불어넣어주었다.

중국 공산당은 정권을 탈취하여 집권당이 된 후 계속 투쟁철학을 견지하여 몇 년 동안 쉼 없이 투쟁했다. 그는 투쟁철학을 견지하면서도 한때 철학의 발전, 철학의 건설, 철학의 화해를 그다지 중시하지 않는 경향이 있었다. 그 결과 항상 억제적이고 이성적인 수단으로 각종 모순을 처리하지 않았고 부단히 새로운 투쟁 상대를 찾았으며, 계급투쟁으로 모든 모순을 해석하고 문제를 해결했다. 이는 논의해볼 가치가 있다. 분명 세상일이란 투쟁에 의지해서만 해결할 수는 없다.

마오쩌둥의 지도로 공산당원들은 국민당이 말한 "공산당의 철학은 투쟁철학"이라는 말에 반감을 갖다가 투쟁철학을 신봉하고 견지하게 되었다. 장기간에 투쟁철학은 당 전체에 영향을 끼쳐 사람의 가슴속 깊이 들어가 일정한 성격으로 굳어져 일종의 사유방식으로 체화되었으며 일종의 습관으로 표면화되었다. 일부 사람들은 투쟁의 눈빛으로 모든 것을 바라보는 습관을 양성하기도 했다.

물론 마오쩌둥은 투쟁철학이 단지 투쟁만 얘기하고 통일을 얘기하지 않는 것이 아니라고 주장했다. 그도 말한 적이 있다. "공자는 마작을 할 때도 조화를 귀중하게 여긴다(孔夫子打牌, 和爲貴)." "서른여섯 가지 계책 중에 조화가 가장 좋은 계책이다(三十六計, 和爲上計)." "또 단결하고 또 투쟁하며 투쟁으로 단결을 추구한다."[9] "투쟁은 단결의 수단이고 단결은 투쟁의 목적이다."[10] "또 단결하고 또 투쟁하며 투쟁이란 수단으로 단결이란 목적을 달성한다."[11]

하지만 마르크스주의 철학 가운데 '다양성의 통일', 중국 문화전통 속의 '화(和)'의 정신, 즉 '화위귀(和爲貴)' '화이부동(和而不同)' '상성상화(相成相和)' '겸애비공(兼愛非攻)' '합동이(合同異)' 등 우수한 사상은 분명 마오쩌둥의 관심을 끌지 못했다. 화해철학과 투쟁철학은 중국문화의 병체련(幷蒂蓮)*이 되었다. 하지만 마오쩌둥에게 있어서 투쟁과 화해는 예의적으로 악수한 것일 뿐, 친밀하게 포옹한 것은 아니다.

---

* 한 줄기에 나란히 핀 연꽃.

35

당의포탄

糖衣炮彈

'포탄'과 '당의(糖衣)'● 두 단어는 그 모습에서 의미까지 서로 거리가 멀어 전혀 관계가 없는 듯한 느낌이 든다. 마오쩌둥이 그것을 연결하여 '당의포탄(糖衣炮彈)'이라는 신조어를 만든 것은 정말 말할 수 없을 정도로 절묘하다.

1949년 3월 중국 공산당이 정권 탈취를 눈앞에 두고 있을 때 수많은 공산당원에게 승리자가 가지는 교만한 정서가 생겨났다. 이때 마오쩌둥이 말했다.

승리 때문에 당내의 교만한 정서, 공신으로 자처하는 정서, 정체되어 진보를 추구하지 않는 정서, 향락을 도모하며 다시는 힘든 생활을 하지 않겠다는 정서가 자라날 수 있다. 승리 때문에 사람들은 우리에게 감사했

● 당분이 든 막, 쓴 약에 씌운 단 껍질을 가리킨다.

고 부르주아도 나타나 격려하고 있다. 부르주아의 격려는 우리의 대오 중에 의지 박약자를 정복할 수 있다. 이러한 공산당원이 반드시 있을 수 있으며 그들은 총을 가진 적에게는 정복되지 않았지만, 영웅의 칭호를 붙이며 다가오는 적들 앞에서는 항복할 수도 있다. 사람들은 당의(糖衣)로 싼 포탄의 공격을 견뎌낼 수 없으며, 그들은 이런 당탄(糖彈) 앞에서 패배할 것이다. 우리는 반드시 이러한 상황을 대비해야 한다.[1]

장기간 잔혹한 전쟁을 겪은 중국 공산당의 '포탄'에 대한 이해는 깊다. 포성이 울리면 천지가 갈라지는 듯하고 몸이 산산이 부서지고 포연이 휘날린다. 바로 "포탄이 포문을 벗어나면, 육친도 알아보지 못한다(炸彈一離開炮口就六親不認)" "포탄 한 방이면 무덤을 팔 수 있다"[2] 라고 말하는 것과 같다.

포탄을 피해 죽지 않고 도시로 들어가서 노래와 춤으로 평화를 노래하며(歌舞升平) 집무실의 붉은 카펫을 밟던 시절, 마오쩌둥은 혁명이 성공한 뒤 혁명가가 권력을 장악해 행사하면, 주위는 권력에 아첨하는 자들로 둘러싸이게 되고 사방에 할 일이 없고 천하가 태평하며 경계심을 늦추게 되어 민생에 힘쓰려는 의지가 해이해지는 위험에 처하게 되리라는 것을 분명히 인식하고 있었다. 그는 분명하게 '당탄(糖彈)'이라는 명사를 언급하여 사람들에게 깊은 인상을 주었고 어쩔 수 없이 해이해진 신경을 옥죄게 만들었다.

"모든 가르침 가운데 대포만큼 사람에게 주는 교훈이 깊은 것은 없다."● 마오쩌둥은 '당탄'으로 당내 동지들에게 경고하고 지도했다.

이후에 마오쩌둥은 '당의포탄'이라는 단어를 여러 번 사용했다.

● 저우타오(周濤)의 시구.

1953년 8월 12일 그는 〈당내의 부르주아 사상을 반대한다(反對黨內的 資産階級思想)〉에서 "부르주아는 반드시 사람을 타락시키고 당의포탄 으로 사람을 공격한다. 부르주아의 당의포탄은 물질적인 것도 있고 정신적인 것도 있다"고 말했다. 이는 '당의포탄'에 대한 구체적인 풀 이다.

'당의포탄'이라는 단어는 집정자 및 당권자가 닥친 도전과 시련을 생생하게 보여주었으며 사람으로 하여금 깊이 생각하고 깨닫게 한다. 그것은 "공산당원이 어떻게 하면 과거 혁명전쟁 시기의 배짱, 혁명 열정, 필사적인 정신을 유지하여 혁명 임무를 철저하게 완수하느냐"[3] 라는 물음에 대한 중요한 경고라는 의의를 가지고 있다.

애석하게도 일부 사람들은 사람을 죽이는 '포탄'의 위험성을 모르 고 있으며, '당의포탄'의 위험을 더욱 무시하고 있다. 그들은 마오쩌 둥의 말을 잊었고 어떤 사람은 '당의포탄'을 동경하고 있다. 심지어 "상대방의 계략을 역이용하여 상대방을 공격하기(將計就計)"도 했다. 이에 그들은 당의포탄의 공격을 받았다.

시인 이사(伊沙)가 1990년에 〈사실상(事實上)〉이라는 시 한 수를 썼다.

부르주아는 당의포탄으로 資産階級用裹着糖衣的炮彈

우리를 뒤엎었다. 將我們打飜

이것은 논단이다. 這是論壇

사실상 프롤레타리아도 事實上無産者也

속일 수 있는 어린아이가 아니다. 不是可欺的兒童

우리는 거대한 당탄에 엎드려 我們趴在巨大的糖彈之上

두꺼운 당의까지 吃厚厚的糖衣

전부 먹어치웠다. 將他們全都吃光

그런 다음 사방으로 흩어지고 然後四散逃走

알몸의 나체를 멀리 바라보며 然後遠遠望着赤身裸體

갓난아기처럼 순진하게 嬰兒般天眞的炸彈

포탄소리를 듣는다. 聽個響兒.

국무원 부총리를 지낸 보이보(薄一波)의 아들 보시청(薄熙成)이 말했다. "당의포탄이 무엇이 두려운가? 사람들은 당의포탄으로 공격하지만, 나는 당의포탄을 먹고 나서 다시 포탄을 때린다." 이 말은 이사의 시와 마찬가지로 해학적이지만, 이사의 시에는 더 많은 것이 숨겨져 있다. 류야저우 장군은 보시청의 말을 다시 인용하면서 이렇게 말했다. "무수한 사실이 증명하듯이 당의는 아편이며 먹으면 중독되니 어찌 반격할 힘이 있겠는가?"[4] 이 말 속에는 역사, 현실, 우환, 뼈아픈 교훈이 들어 있다.

마찬가지로 당의포탄은 "한 방이면 무덤을 팔 수 있다". 그러니 그것을 맞는다는 것은 스스로 '무덤' 속에 뛰어드는 것과 같다. 당신이 그 속에 매장되길 바라지 않는다면 당의포탄에 맞지 않도록 방비해야 한다. 동지들이여, 깨어나라! 동지들이여, 각성하라!

36

양모

陽謀

중국에는 일찍부터 '음모(陰謀)'라는 단어가 있었다. 《국어(國語)》 〈월어(越語)〉 하(下)에 "음모는 덕을 거스르는 것이니 흉기를 즐겨 사용한다. 사람에게서 시작되어 사람에 의해 끝장난다.(陰謀逆德, 好用凶器, 始於人者, 人之所卒也.)"라는 구절이 있다. 여기에서 가리키는 것은 병모(兵謀)다. 《사기(史記)》 〈제태공세가(齊太公世家)〉에는 "주 서백 희창(姬昌)은 유리(羑里)*에서 벗어나 돌아오자, 여상과 은밀한 계획을 세우고 덕행을 닦아 상나라 정권을 무너뜨렸다(周西伯昌之脫羑里歸, 與呂尙陰謀修德以傾商政)"라는 구절이 있다. 여기에서 얘기하는 것은 비밀스러운 모략을 말한다.

'양모'라는 단어는 '음모'를 바탕으로 생긴 말인데, 처음 만든 사람은 마오쩌둥이다.

● 지금의 허난성 탕인현 북쪽에 있는 옛 지명.

음모는 몰래 꾸미는 일을 가리키며 보통 꾸미는 사람은 나쁜 사람이고 하는 일도 나쁘다. 양모는 모든 계획을 공개적으로 드러내놓은 계략이다. '음모'가 진상을 감추어 상대가 아무 것도 모른 채 속아 열 걸음에 피를 뿌리는 것(十步濺血)이라면, '양모'는 감춤이 없고 비밀이 없으며 모든 것이 투명하여 상대가 알 수 있으나 상대방이 스스로 막다른 골목으로 들어가지 않아 방향을 바꿀 방법이 없으니 목이 잘릴 수도 있다. 이는 노인들이 항상 "침착하게(穩), 정확하게(準), 호되게(狠)"●라고 충고하는 것과 같다.

마오쩌둥은 역사를 창조한 동시에 신조어를 창조했다.

'양모'라는 단어가 유명하게 된 계기는 1957년의 반우(反右) 투쟁으로 거슬러 올라간다. 반우에 대해 〈건국 이래 당의 몇 가지 역사 문제에 관한 결의(關于建國以來黨的若干歷史問題的決議)〉에서 이렇게 말했다. "(1957년) 이해에 당은 정풍운동을 전개하고 군중을 동원하여 당에 비평적 건의를 제기하였고, 사회주의 민주국가의 정상적 단계를 발전시켰다. 정풍 과정에서 극소수 부르주아 우파분자들이 기회를 틈타 소위 '대명대방(大鳴大放)'●●을 부추겨 당과 신생의 사회주의 제도를 향해 제멋대로 공격했으며 망령되게도 공산당의 영도를 대신하려고 했다. 이러한 공격에 대한 단호한 반격은 정확하고도 필요한 것이었다. 하지만 반우파 투쟁은 엄중하게 확대되어 일부 지식인, 애국인사와 당내 간부를 '우파분자'로 잘못 분류하여 불행한 결과를 초래했다."

당시 중국 공산당은 정풍을 진행하면서 공산당에게 의견을 제시하고 진심으로 민주주의를 발전시키라고 호소했다. 수많은 사람이 서

● 반혁명 분자를 "침착하게, 정확하게, 철저하게 공격하자(打得穩, 打得準, 打得狠)"는 구호에서 나온 말로, 1950년 반혁명 진압에 대한 마오쩌둥의 지시다.
●● 큰 문제에 대해 대중들이 자유롭게 말할 수 있음을 이르는 말이다.

습없이 의견을 제시했는데, 어떤 의견은 첨예하고 민감했으며 진실해서 공산당이 더욱 훌륭하게 이끌기를 바랐다. 이러한 의견들이 《인민일보》 등 각지 신문에 실렸다. 하지만 당의 각급 지도자들은 천지를 뒤덮을 만큼 많은 의견을 접하고 그중에서 그다지 듣기 좋지 않은 의견, 예를 들어 '당천하(黨天下)' '교대로 권력을 잡는다(輪流坐莊)' 같은 의견에 대해서는 좌시할 수 없었다. 각 지역 당 위원회와 리더들은 분분히 마오쩌둥에게 전보를 보내 괴로움을 하소연했다. 마오쩌둥 등 당의 고위층에서는 부르주아가 당을 향해 난폭하게 공격하는 것으로 생각했다. 이에 '반우'투쟁을 전개했다. 의견을 제시한 수십만 명(주로 지식인)은 비판을 당했고 '우파'라는 모자가 씌워졌으며 '인민' 이외의 사람이 되었다. '모자'를 쓴 사람은 일순간 속았다고 생각했다. 이에 대해 마오쩌둥은 정면으로 대응했다.

1957년 7월 1일 마오쩌둥은 〈문회보의 부르주아 방향은 비판받아야 한다(文滙報的資産階級方向應當批判)〉에서 이렇게 말했다.

한 시기에 긍정적인 의견을 올리지 않거나 거의 올리지 않고 잘못된 의견에 대해 다른 관점을 제시하지 않으면 잘못된 것인가? 본보 및 모든 당보(黨報)는 5월 8일부터 6월 7일 동안 중공 중앙의 지시를 집행하여 이렇게 처리했다. 그 목적은 이매망량(魑魅魍魎)●과 우귀사신이 기탄없이 자기 견해를 밝히고, 독초를 크게 자라게 하여 인민들에게 보여주어 깜짝 놀라게 하고, 원래부터 이 세상에 존재했던 추악한 무리들을 섬멸하기 편하도록 하기 위해서였다. 다시 말하면 공산당은 부르주아와 프롤레타리아의 계급투쟁이 불가피하다고 보았다. 부르주아 및 부르주아 지식인

● 사람을 해치는 온갖 귀신을 일컫는 말이다.

으로 하여금 이 전쟁을 일으키게 하여 신문은 이 시기에 정면 의견을 올리지 않거나 거의 올리지 않았으며 부르주아 반동우파의 미친 듯한 공격에 대해 반격을 가하지 않았다. 모든 정풍 기관학교의 당 조직은 이처럼 미친 듯한 공격에 대해 한 시기에 일괄적으로 반격하지 않고 군중으로 하여금 분명히 보게 했다. 어떤 사람의 비평은 선의적이었고 어떤 사람의 비평은 악의적이어서 역량을 모아 시기의 성숙을 기다려 반격을 실행했다. 어떤 사람은 이것을 음모라고 말했다. 우리는 이것을 양모라고 말한다. 미리 적에게 알려주었기 때문이다. 우귀사신이 새장에서 나와야만 비로소 그들을 섬멸할 수 있다. 독초는 흙에서 나와야만 뽑아버리기가 편하다.[2]

마오쩌둥의 이 말로 인해 수많은 사람들은 '양모'란 단어를 처음으로 알게 되었다. 사람들은 고개를 돌려 생각하였을 것이다. 마오쩌둥의 '반우'는 정말 음모가 아닌가? 그는 일찍이 "우귀사신이 새장에서 나와야만 그들을 섬멸할 수 있고, 독초는 흙에서 나와야만 뽑아버릴 수 있다"고 말하지 않았는가? 분명히 양모다.

마오쩌둥의 사전에 양모란 단어는 일찍 발명되었다. 1949년 3월 13일 마오쩌둥은 〈중공 제7기 2중전회에서의 총결(總結)〉에서 왕밍의 교조주의를 비판할 때 양모라는 단어를 사용했다.

정풍운동은 동지의 후각을 향상시켰고 교조주의 시장을 축소시켰다. 어떤 사람은 이것이 음모이며 음모가 이를 대신한 것이라고 말했다. 사실 이것은 음모가 아니라 양모이며 양모가 대신한 것이다.[1]

이 보고는 당시에 발표되지 않았고 《마오쩌둥 선집》에도 실리지 않았다. 그래서 수많은 사람들은 마오쩌둥이 '양모'를 창조한 줄 몰랐다.

마오쩌둥이 양모를 창조한 시기는 1949년 3월보다 빨랐다. 샤오쥔일기(蕭軍日記) 기록에 의하면 1942년 1월 1일 마오쩌둥은 그와 담화할 때 다음과 같이 말했다. "나는 국민당 연락참모에게 말했다. 당신들은 무엇을 보았는가? 공산당은 결코 음모는 없고 양모가 있을 뿐이다. 내가 명령을 내려 만일 허잉친(何應欽)이 반공하지 않으면 우리는 그를 반대하지 않고, 그가 우리를 반대하면 우리도 그를 반대하고 그가 멈추면 우리도 정지한다." 이를 보면 마오쩌둥이 창조한 양모는 1940년대 초기까지 거슬러 올라갈 수 있으며, 심지어 이보다 더 빠를 수도 있음을 알 수 있다.

양모라는 단어가 사람들에게 널리 알려진 것은 이전에 발생했던 무서운 사건과 관계가 있다. 이 때문에 수많은 사람이 함정에 빠지고 심연으로 떨어져 가슴 아픈 경험을 하게 되었다. 어휘는 사람을 편하게 할 수도, 불편하게 할 수도 있다. 하지만 단어를 만들고 단어를 구성하는 방면에서 말하자면 마오쩌둥의 '양모'는 옛 단어를 새롭게 뒤집고 환골탈태한 미묘함이 있다고 인정하지 않을 수 없다. 동시에 양모는 햇볕처럼 따스한 어휘 같으면서도 음모처럼 쌀쌀한 분위기도 내포하고 있다.

37

물고기와 물의 관계

魚水關係

제갈량(諸葛亮)과 융중에서 일대일로 만났을 때(隆中一對)● 현덕공(玄德公) 유비는 탄식하며 말했다. "내가 제갈공명을 얻는 것은 물고기가 물을 얻는 것과 같다(吾得孔明, 猶魚之得水也)."[1]

마오쩌둥은 물고기와 물을 빌려와 군대와 인민, 당과 인민의 관계를 비유했다. 그가 언제 이런 비유를 하였을까? 추수봉기 때 처음 하였을 것이다.

허창궁(何長工)의 회고에 의하면, 1929년 9월 마오쩌둥은 추수봉기 때 물고기와 물의 관계를 말한 적이 있다고 한다. "마오 주석이 연설할 때의 표정을 나는 지금도 분명히 기억하고 있다. 그가 말했다.

● 207년 겨울에서 208년 봄 사이에 당시 신야(新野)에 주둔하던 유비가 서서(徐庶)의 건의로 제갈량이 머물던 융중을 방문해 삼고초려(三顧草廬)했으나, 세 번째 방문에야 겨우 제갈량을 만날 수 있었다. 이때 제갈량은 유비에게 삼국의 형세를 분석해주면서, 형주(荊州)와 익주(益州)를 점거한 다음 중원을 차지할 전략을 도모하게 했다.

'볏모 한 포기도 가져갈 수 없고 계란 한 알도 가져갈 수 없으며 바늘 하나, 실오라기 하나라도 인민의 이익을 침범할 수 없다. 우리는 인민과 생사와 환난을 함께해야 하고, 전선에서도 그들과 밀접한 관계에 있어야만 승리할 수 있다.' 마오 주석은 '군대와 인민군중은 물고기와 물의 관계와 같다'고 말했다.' 군중을 잃으면 물고기가 물을 잃은 것과 같다. 군중과 결합하고 군중 속에서 뿌리를 내리고 광범한 군중의 옹호를 얻을 수 있어야 승리할 수 있다. 마오 주석의 연설은 옛날이야기 하듯 통속적인 형식과 생동감 있는 표정이 담겨 있어 매우 훌륭하고 생생했다. 노동자·농민·군중은 심오하다고 느끼지 못했으며, 지식인은 천박하다고 느끼지 못했다. 당시 우리들은 그를 '마오 위원'이라 불렀다."²

이후 마오쩌둥은 '물고기와 물'의 비유를 자주 사용했다.

농촌은 바다다. 우리 홍군은 물고기에 비유할 수 있으며, 드넓은 농촌은 우리가 휴양하며 원기를 회복하는 곳이다.³

우리 당에 인민이 없는 것은 물고기에게 물이 없는 것과 같으며, 생존의 필요조건이 없는 것과 같다.⁴

인민군대와 인민은 물고기와 물처럼 서로 떨어질 수 없다.⁵

군중을 이탈하지 말고 군중의 의견을 경청하고 분석해야 한다. 물에서 헤엄치는 것처럼 물의 성질에 순응해야 한다. 혹자는 물고기와 물의 관계라고 말한다. 간부가 군중을 이탈하면 살 수가 없다.⁶

공산당원은 군중과 상의하여 일을 처리해야 한다. 어떠한 경우라도 군중을 이탈해서는 안 된다. 당과 군중의 관계는 물고기와 물의 관계로 비유할 수 있다. 당과 군중의 관계가 좋지 않으면 사회주의 제도는 세울 수 없다. 사회주의 제도가 세워지더라도 공고해질 수가 없다.[7]

1949년 3월 25일 마오쩌둥은 황실 정원이었던 이허위안에 들어갔다. 당시 베이핑(北平)*이 막 해방되었으나 국민당 특무가 많아서 사회부 부장 리커눙(李克農)이 중앙 지도자의 안전을 꾀하기 위해 이허위안에서 노니는 사람을 내쫓았다. 마오쩌둥은 이허위안에 사람이 없는 것을 보고는 기분이 언짢았다. 어떤 사람이 마오쩌둥에게 안전을 위해 그랬다고 설명해주었다. 그러자 마오쩌둥이 말했다. "당신은 어리석기 짝이 없소. 물을 빼버리면 물고기가 살아갈 수 있소? 무슨 안전을 따진단 말이오? 당신이나 그곳에서 안전하게 일하다 굶어 죽으시오."[8]

마오쩌둥은 옌안에 있을 때 "물고기는 큰데 물은 부족한(魚大水小)" 모순을 첨예하게 지적했다.[9] 관리가 많아 군중들의 부담이 무거우니 군대를 정예화하고 행정을 간소화해야 한다는 의미다.

군신 관계, 관민 관계에 대해 고대의 가장 유명한 비유는 '배와 물의 관계'다. 공자가 말했다. "군주는 배이고 사람은 물이다. 물은 배를 띄울 수도 있지만, 배를 뒤집을 수도 있다. 군주가 이것으로 위험을 생각한다면 안다고 할 수 있다."** 당나라 초기에 위징(魏徵)과 당 태종 이세민(李世民)도 이 말을 인용한 적이 있다. 마오쩌둥은 '물고기와

● 베이징의 전 이름. 1949년 이전까지 베이핑으로 불림.
●● "夫君者舟也, 庶人者水也. 水所以載舟, 亦所以覆舟. 君以此思危, 則危可知矣." 《공자가어(孔子家語)·오의해(五儀解)》에 나오는 구절이다.

물의 관계'로 리더와 군중, 군대와 인민의 관계를 비유했는데, 구체적이고 정곡을 찌르는 말로 '배와 물의 관계'보다 더욱 들어맞는다. '물고기와 물의 관계' 이론은 당과 인민, 간부와 군중, 군대와 인민의 관계를 힘차게 촉진시켰다.

마오쩌둥의 '물고기와 물의 관계' 설은 국내외에 광범한 공명을 일으켰다.

짐바브웨의 전 대통령이었던 로버트 가브리엘 무가베(Robert Gabriel Mugabe)가 말했다. 한동안 그들은 조국에서 멀리 떨어진 숲에서 백인과 작전하고 있었다. 일부 전사들이 가족을 그리워하여 도망갔다. 최후에 마오쩌둥의 군민어수정(軍民魚水情)* 이념을 가지고 학습반을 열어 사상을 통일시키고 전법을 바꾸고 나서야 로디지아 전쟁에서 승리를 거둘 수 있었다. 알제리 민족해방군 정치부 주임이 말했다. "우리 부대의 정치와 사상교육 작업에서 전문적인 수업 중 하나가 중국 혁명의 경험을 소개하는 것이다. 우리 장병은 모두가 마오쩌둥의 명언, 즉 군대와 인민의 관계는 물고기와 물의 관계라는 것을 알고 있다. 우리는 이 명언을 따라 우리의 군민 관계를 처리한다."[10]

베네수엘라 대통령 차베스도 군민 관계에 관한 마오쩌둥의 이론을 숭배했다. 그는 항상 다른 장소에서 '군민어수정' '군민이 한 사람처럼 단결했으니, 천하에서 누가 대적할 수 있겠는가'** 및 '인민전쟁' 등 마오 주석의 어록을 언급했다.

좋은 담론, 좋은 어휘는 자연스럽게 전파되는데 아름답고 향기 나는 꽃송이처럼 향기가 오랫동안 멀리 퍼지고 꿀벌과 나비가 먼 곳에

---

* "군인과 인민은 물고기와 물 같은 정을 나눈다"는 뜻이며 해방군 혁명 가곡이기도 하다.
** "軍民團結如一人, 試看天下誰能敵." 1938년 5월 마오쩌둥이 옌안항일전쟁연구회에서 발표한 〈지구전을 논함(論持久戰)〉에 나오는 구절이다.

서 날아와 꿀을 모은다.

　지금 어떤 사람은 마오쩌둥의 '물고기와 물의 관계'의 이치에 근거하여 '기름과 물의 관계' '개구리와 물의 관계' '물과 불의 관계' 같은 이치를 발명했다. 이러한 말뜻은 글자를 보면 이해하기 어렵지 않다.

　말이 나온 김에 민간에서 떠도는 우스갯소리 한 토막을 소개하겠다. 어느 지도자가 연설중에 군민 관계를 얘기했다. "군민 관계는 물고기와 물의 관계와 같다. 물고기는 물을 벗어날 수 없고, 물도 물고기를 벗어날 수 없다. 물고기가 물에서 벗어나면 물고기는 죽는다. 물이 물고기를 떠나면? 아……." 청중들은 갑자기 조용해졌다. 몇 년 동안 청중들은 같은 말을 반복해서 듣는 데 습관이 되어 있었는데, 예상밖의 새로운 뜻을 가진 견해를 듣고는 곧 관심을 보였다. 중언부언이 몸에 밴 지도자는 뜻밖에도 이번의 중언부언이 자신에게 난제를 내준 셈이 되었던 것이다. 그는 잠시 생각하더니 30, 40초 정도 있다가 난감해하며 말했다. "아, 물이 물고기를 벗어나면 물도 보기 좋지 않습니다." 사실 공자는 일찍이 이 문제에 대답했다. "물고기는 물을 떠나면 죽고, 물은 물고기를 떠나도 여전히 물이다."•

• "魚失水則死, 水失魚猶爲水也." 《시자(尸子)》(권하)에 나오는 구절로 공자의 질문에 자하가 대답한 말이다.

38

열심히 공부하면 나날이 향상된다

好好學習, 天天向上

1940년 4월 마오쩌둥은 4월 4일(四四) 어린이날에 '천천향상(天天向上)'이라는 글씨를 썼다. 이 글씨는 4월 12일 발행된《신중화보(新中華報)》에 실렸다.[1] 1949년 9월 10일 마오쩌둥은《중국아동(中國兒童)》창간호에 '호호학습(好好學習)'[2]이라는 글씨를 썼다. 지금은 '호호학습, 천천향상(好好學習, 天天向上)'처럼 대부분 함께 연결하여 쓴다.

마오쩌둥이 언제부터 이 두 구절을 연결하여 썼는가? 여기에는 두 가지 견해가 있다.

하나는 1951년 9월 말에 썼다는 견해다. 마오쩌둥이 안후이성(安徽省) 국경일 참가 대표단을 접견할 때 대표단 중에 도강(渡江)의 영웅 마싼제(馬三姐)가 있었다. 마오쩌둥은 그녀에게 학습 현황을 친절하게 묻고는 공책을 주며 속표지에 '호호학습, 천천향상'이라는 글자를 써주었다. 이때부터 이 여덟 글자는 전국으로 신속하게 퍼지기 시작했다.

다른 하나는 1951년 5월 3일에 썼다는 견해다. 쑤저우(蘇州)의 여

덮 살 난 소년 천융캉(陳永康)이 학교 주변에서 놀 때 한 청년이 그에게 사탕을 먹으라고 주더니, 밀가루 한 포대를 건네며 선생님의 탁자에 밀가루를 놓아달라고 부탁했다. 천융캉은 속으로 그 청년이 나쁜 사람일 거라 짐작하며 청년의 부탁을 들어주는 척했다. 그러다가 순시하던 해방군 병사를 보자마자 청년의 다리를 붙잡고 고함쳤다. "해방군 아저씨, 나쁜 놈을 빨리 잡으세요." 청년은 화가 나서 주먹으로 천융캉을 때려서 그의 얼굴에 피가 흘렀다. 그럼에도 천융캉은 한사코 손을 놓지 않아 잠시 후에 해방군 병사가 그 청년을 제압했다. 조사해보니 '밀가루' 포대는 폭발하기 쉬운 폭약이었고 청년은 첩자였다. 천융캉의 사건이 마오쩌둥에게 알려지자 마오쩌둥은 친필로 '호호학습, 천천향상'을 써서 우승기를 만들어 인편으로 천융캉에게 보내주었다. 당시는 신중국이 성립한 뒤라 적대세력들이 늘 테러를 일으켰는데, 꼬마 영웅의 안전을 고려하여 마오쩌둥이 친필로 쓴 글씨를 전달한 일은 줄곧 공개하지 않았다.

이상의 두 가지 견해는 그다지 믿음직하지 않다. 필자가《마오쩌둥 연보(1949-1976)》를 조사해보니 위의 두 가지 일은 기록되어 있지 않았다. 마오쩌둥이 '호호학습, 천천향상' 두 구절을 함께 쓰지 않았다면, 누가 두 구절을 연결해놓았단 말인가? 이는 좀더 확인해봐야 한다.

'○○학습'은 낡은 문장 구조다.《일주서(逸周書)·시훈해(詩訓解)》에 "매가 배우고 익힌다(鷹乃學習)"는 말이 있는데, 이것도 '학습'이라는 단어의 초기 출처다. 이것은 매가 반복하여 날개를 퍼덕이며 학습하여 최후에는 창공을 장악한다는 뜻이다.《설문해자(說文解字)》에는 "익힘은 자주 날갯짓을 한다는 뜻이다(習, 數飛也, 從羽)"라고 쓰여 있다.

'호호학습, 천천향상' 두 구절은 말투가 명백해서 구어 같다. 깔끔

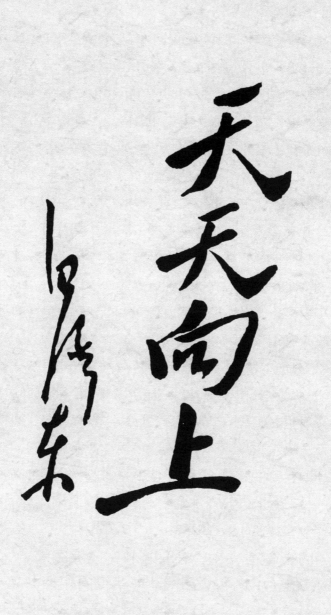

하고 평이한 말 속에 깊은 이치를 담고 있는 데다, 매우 쉬우면서도 의미심장하다고 할 수 있다.

마오쩌둥은 언어학의 기초와 기교를 갖추고 있었다. 그는 소박하고 간단하며 평이한 글자로 중요한 표현을 만들었으며 그런 표현은 소박하지만 지혜롭다. 이는 어려운 작업이다. 간단하고 평이하면 평범하고 얕아지기 쉽기 때문이다. 평범하고 얕으면 전파될 수 없고 전파될 수 없는 단어는 훌륭한 단어가 아니다. '호호학습, 천천향상'은 소박하고 간결하며 입에 달라붙고 함의가 분명하고 풍부하며 깊이가 있다. 글자를 알기만 하면 그것의 함의를 이해할 수 있으며, 글자를 모르더라도 그 뜻을 이해할 수 있으니 훌륭한 단어가 아닌가? 이렇게 훌륭한 단어가 유행하지 않으면 이상한 일이다.

마오쩌둥이 만든 '자신의 이익은 전혀 고려하지 않고 오로지 남만 이롭게 하다' '열심히 공부하면 나날이 향상된다' '마음을 비우면 진보하고, 교만하면 낙후한다(虛心使人進步, 驕傲使人落後)' '간고한 분투' 등은 중요하고 심오한 말이다. 글자마다 귀한 뜻을 담고 있어 말로 설명하기 부족하고 행간마다 넓은 길로 인도해주며 일상생활을 훈계하고 경계하며 채찍질하고 이끌어주어 우리 자신의 결점과 빈틈을 메워줄 수 있다. 일상생활 중에도 마음에 지니고 때때로 비추어보고 전념하며 정진 수행하여 물러서지 않으면, 인격을 수양하고 인품을 기르며 마음을 맑고 깨끗하게 하여 자기 본성을 발견하고 다른 사람을 비추어보고 인도하기에 족하다.

이처럼 훌륭한 문장은 한 가지만 배우면 열 가지를 진보시킬 수 있다. 모르는 사이에 이에 감화되고 피 속에 녹아서 자신의 생명 암호를 은연중에 수정하여 우리 운명을 좋은 방향으로 발전시킬 수 있다. 이처럼 절묘한 문장은 반드시 오랫동안 널리 전파될 것이다. 우리는 이러한 문장을 들을 수 있는 행운을 가졌으니 한 귀로 듣고 한 귀로 흘려보내지 말아야 한다. 이렇게 좋은 문장은 암송해야 한다. 이처럼 좋은 사상은 실천해야 한다. 이 문장의 정신을 오랫동안 익히고 배우면 서투름에서 익숙한 경지로, 얕음에서 깊숙한 경지로 나아가게 된다. 또 곳곳에서 심혈을 기울이고 때때로 힘을 쓰며 일을 만날 때마다 마음을 단련시키고 몸과 마음을 다잡아야 한다. 그렇게 하면 오랜 세월이 흘렀을 때 과거를 벗어나 새로운 사람이 되어 진보할 것이고 희망을 갖게 될 것이다.

제3부
권위 강화기(1949–1966)

”

: 민심의 이탈을 막는 언어

백화제방 | 호랑이를 때려잡다 | 꼬리를 내리고 사람이 되다 | 지구적 | 교만하면 낙후한다 | 큰 소리로 외치다 | 건전한 사상과 우수한 기술 | 사과 | 동풍, 서풍 | 고귀한 자가 가장 우둔하다 | 대자보 | 참새 | 황제를 말에서 끌어내리다 | 큰 인물, 작은 인물 | 화강암 대가리 | 공사 | 시간을 아끼다 | 고난과 죽음을 두려워하지 않는다 | 옛것은 오늘을 위해 활용한다 | 소 귀신, 뱀 귀신 | 독초 | 자기 발등을 찍다 | 마르크스와 진시황을 합치자 | 반쪽 하늘 | 여덟아홉 시의 태양 | 소장 | 반조류 | 방귀 뀌지 마라 | 열 손가락 | 3·7제 | 수영 | 싹을 뽑아 성장을 돕다

39

백화제방

百花齊放

'온갖 꽃이 한꺼번에 핀다'는 뜻의 '백화제방(百花齊放)'이란 단어는 마오쩌둥이 창조한 말이 아니다.

청대 이여진(李汝珍)의 장편소설 《경화연(鏡花緣)》 제3회에 '백화제방'이라는 말이 나오는데, 내용은 이렇다. 백화선자(百花仙子)●는 바둑에 몰두한 나머지 하계의 왕들이 모든 꽃에게 일제히 피어나라고 명한 것을 알지 못했다. 당대의 여황제 무측천(武則天)이 어느 늦겨울에 눈을 감상하다가 눈이 갈수록 커지는 장면을 보고 마음속으로 기뻐하였다. 그리고 설중매가 피어 있는 것을 보고 술김에 말했다. "모든 꽃도 마찬가지로 초목이고 납매(매화)는 추위를 두려워하지 않고 피어 짐에게 즐거움을 주었으니, 다른 꽃들도 짐을 즐겁게 하여야 할 것이다." 그녀가 분부하며 말했다. "내일 상원(上苑)에서 노닐 것이니 재

● 꽃들의 개화를 주관하는 꽃들의 왕.

百花齊放
推陳出新

毛澤東

빨리 봄신에게 알려라. 꽃이 밤새 피어나되 새벽바람에 꺾이지 않도록 할지어다."

이 소설에서 말한 것은 자연계의 백화제방이다.

1951년 마오쩌둥은 경극 배우 메이란팡(梅蘭芳)의 초청을 받고 중국희곡연구원 개원식에 참석하여 '백화제방, 추진출신(百花齊放, 推陳出新)●'¹이라는 글을 써주었다.

'추진출신'이란 어휘는 마오쩌둥이 옌안에서 쓴 적이 있고, '백화제방'은 마오쩌둥이 처음 사용했다. 그는 '백화제방'이라는 생동감 있고 선명한 자연현상에 풍부한 정치적 함의를 부여했다.

1956년 4월 28일 마오쩌둥은 중앙정치국 확대회의에서 말했다. "내가 보기엔 예술 분야의 백화제방, 학술 분야의 백가쟁명을 우리의 방침으로 삼아야 한다. '백화제방'은 대중 속에서 제기된 것인데 누가 먼저 꺼냈는지 모르겠다. 사람들이 내게 글씨를 써달라고 부탁하여 나는 '백화제방, 추진출신'이란 글씨를 썼다. 이는 2000년 전에 있었던 일이다. 춘추전국 시대는 백가쟁명의 시대였다. 학술을 얘기할 때는 이런 분야도 얘기할 수 있고 저런 분야도 얘기할 수 있다. 한 분야만으로 모든 것을 압도할 수 없다."²

5월 2일 마오쩌둥은 10대(十大)관계●●를 얘기할 때 다음과 같이 말했다. "지금 봄이 다가온다. 몇 종의 꽃만 피어나게 하거나 몇 종의 꽃만 못 피게 하지 말고, 백 가지 꽃이 피도록 해야 한다. 이를 백화제방이라 부른다."³

● 서로 다른 형식의 예술 작품을 자연스럽게 발전시키되, 그중 찌꺼기는 버리고 알맹이만 취하여 새로운 방향으로 개혁하다.
●● 1956년 4월에 마오쩌둥이 중앙정치국 확대회의에서 중국에서 사회주의를 건설하기 위해 해결해야 할 기본적인 문제 열 가지를 언급했는데, 이를 '10대관계론'이라 한다.

'백화제방, 백가쟁명'의 제창은 당시 다른 사회주의 국가에서는 감히 할 수 없는 일이었다. 이를 통해 마오쩌둥의 자신감과 개방성, 포용력을 엿볼 수 있다.

　마오쩌둥은 이렇게 말했다. "중국은 '백화제방, 백가쟁명' 정책을 실행하고 있다. 건국 7년 뒤에 토지개혁, 반우파 소탕을 완성하고 사회주의 개조를 기본적으로 완성한 뒤에 제기한 정책이다."[4] 다시 말하면 '백화제방, 백가쟁명'은 시국을 충분히 파악한 뒤에 언급한 것이다.

　'백화제방, 백가쟁명'에 관해 마오쩌둥은 〈성시 자치구 당위원회 서기회의에서의 강연〉, 〈인민 내부모순을 정확히 처리하는 문제에 관하여〉, 〈중국 공산당 전국선전공작회의에서의 강연〉 등의 글에서 전면적이고도 깊이 있게 설명했다. "백화제방은 예술을 발전시키는 방법이고, 백가쟁명은 과학을 발전시키는 방법이다. 백화제방, 백가쟁명이란 방침은 과학과 예술을 발전시키는 좋은 방법이며, 이를 넓혀서 우리가 모든 일을 진행하기에 좋은 방법이기도 하다. 이 방법을 쓰면 우리는 잘못을 범하지 않을 수 있다."[5] "강압적으로 복종시키는 방법을 쓰면 백화제방, 백가쟁명을 추구할 수 없다. 그렇게 되면 우리 민족은 활발하게 성장할 수 없게 된다."[6]

　'쌍백방침(雙百方針, 백화제방·백화쟁명의 방침)'은 실제로 〈헌법〉에서 규정한 공민이 '언론의 자유'를 갖는다는 구체적이고도 형상적인 견해다.

　'쌍백방침'은 학문과 저술이 번영했던 춘추전국 시기를 생각나게 한다. 그 시기에 제자백가들이 쏟아져나와 중국문화 발전의 꽃을 피웠다. 이처럼 위대한 시기는 중국 역사에서 손에 꼽을 정도다. 바로 눈앞에서 이처럼 위대한 현상이 출현하여 향기가 코를 찌르고 꽃 그림자가 눈에 가득하니 어느 누가 기뻐서 춤추지 않을 수 있겠는가?

백화제방, 백가쟁명 두 마디만 보면 기뻐할 만하다. 자연계든 예술·학술계든 백화제방하고 백가쟁명하면 반드시 가벼운 바람, 맑은 구름, 찬란한 햇빛으로 가득한 따스한 봄날에 꽃이 피는 아름다운 풍경이 연출될 것이다. 마오쩌둥은 이처럼 '백화제방'이라는 농촌의 어휘를 정치 영역에 운용하여 정치적 시정화의(詩情畵意), 즉 정치에 시와 그림의 아름다움을 입혀서 관화(官話)에 생동감을 입히고 때때로 향기로움마저 느끼도록 변화시켰다.

'백화제방, 백가쟁명'이란 구호는 국내에서 강렬한 반향을 일으켰을 뿐 아니라, 사회주의 진영에서도 커다란 관심을 끌었다. 역사학자 선즈화(沈志華)에 따르면, 마오쩌둥의 '쌍백방침'은 외국에서 '백화운동(the hundred flowers)'으로 불렸으며 폴란드, 헝가리의 지식인과 간부들은 이 구호를 알고 있었다. 하지만 소련 중앙 총서기 흐루쇼프는 '쌍백방침'이 다소 타당하지 않다고 말했다. 그는 감히 "피울" 수도 없고 "피우길" 두려워했기 때문일 것이다.[7]

《흐루쇼프 회고록》에는 이렇게 기록되어 있다.

마오쩌둥이 내게 질문하던 일이 기억난다. "당신은 우리의 '백화제방'이란 구호에 대해 어떻게 생각하십니까?" 나는 이렇게 대답했다. "마오쩌둥 동지, 나는 당신들이 말하는 그 구호가 무슨 뜻인지 모르겠어요. 꽃은 각양각색이고 아름다운 꽃, 혐오스런 꽃, 심지어는 독을 품은 꽃도 있지요. (…) '백화제방'이란 구호에 대해 우리는 신문에 발표하지 않기로 결정했어요."[8]

이에 마오쩌둥이 말했다. "어떤 동지들은 향기 나는 꽃만 피울 수 있고 독을 품은 꽃을 피울 수 없다고 여깁니다. 여기에 문제가 있습니다. 백화제방, 백가쟁명이란 방침은 옳으며 변증법에 부합한다고 봅니다. 대립통일의 관점에서 시작하여 우리는 백화제방, 백가쟁명이란 방침을 제기했어요. 진리는 오류와 비교하고 아울러 그것과 투쟁하며 발전하는 것입니다. (…) 향기 나는 꽃을 피울 때 독을 품은 꽃도 반드시 피어나게 마련이죠. 이는 결코 두렵지 않습니다. 어떤 조건에서는 유익하죠. 향기 나는 꽃만 허용하고 독을 품은 꽃을 허용하지 않는 관념은 옳지 않아요. 향기 나는 꽃과 독을 품은 꽃을 함께 피어나게 해야 합니다. 향기 나는 꽃은 독을 품은 꽃과 싸우며 나오고, '저녁노을은 외로운 따오기와 함께 납니다.'"⁹

마오쩌둥의 이 말은 국내외에서 '백화제방, 백가쟁명'에 반대하고 회의적인 반응을 보이는 사람들을 향한 답변이기도 했다.

그때 중국 공산당 내의 수많은 사람이 마오쩌둥의 '백화제방, 백가쟁명'을 찬성하지 않았다. 그들은 쌍백방침이 나오자마자 "공산당을 비판하는 사람이 많아졌고 내부에서 시끄러운 일이 많이 발생했다"고 여겼다. 어떤 당원은 "모두가 '백화제방, 백가쟁명' 두 구호 때문에 시끄러워진 것"이라고 원망했다. 마오쩌둥은 이러한 현실 상황에 직면하여 "백화제방, 백가쟁명을 (…) 어떤 동지들은 이러한 방침을 찬성하지 않는다"¹⁰고 인정했다.

국내외, 당내외의 비판 의견을 접한 마오쩌둥은 이렇게 말했다. "당내든 사상계, 문예계든 주요한 지배적 지위에 있는 세력은 반드시 힘써서 향기 나는 꽃과 마르크스주의를 쟁취해야 한다. 독초와 비마르크스주의 및 반마르크스주의는 지배당하는 지위에 처해 있을 뿐이다. 이러한 관점에서 보면 백화제방, 백가쟁명은 유익하고 무해하다."¹¹ 분명 이 말은 '천을 대어 깁는 것(打補丁)'으로 '백화제방, 백가쟁명'의 입장에서 보면 후퇴이자 타협이다.

1957년 5월에서 6월까지 베이징대학의 한 학생이 〈나의 우려와 호소〉라는 제목의 글을 써서 교내에 뿌렸다. 그 내용은 이렇다. "당 중앙은 이미 분열하기 시작했다. 마오 주석의 '백가쟁명'과 '백화제방' 방침은 당내 90퍼센트 사람의 반대와 당내 보수세력의 반격을 당했다. 어떤 사람은 마오쩌둥 주석을 끌어내야 한다고 생각하고 있다." 마오쩌둥은 이 글을 보고 '완전히 헛소문'[12]이라고 말했다.

후에 한 학자는 이렇게 평가했다. "쌍백방침은 마오쩌둥의 뛰어난 사상적 공헌이다. 우선 이것은 사회주의 진영 내부에서 말한 것으로, 당시 전체 사회주의 진영에서 이데올로기를 이러한 수준으로 논한 사람은 아무도 없었다. 다음으로 쌍백방침 자체의 정신적 함의는 인류 문명의 진보적 방향과 일치한다. 총괄하면 전 세계에 내어놓아도 모두 지나치지 않다고 할 것이다."[13] "원래 그 말이 나온 동기에서 보면 '백화제방, 백가쟁명'은 그래도 마오쩌둥 시대의 가장 좋은 슬로건이다."[14]

왕명 또한 다음과 같이 회고했다. "우리의 문예관에는 매우 정치화한 동시에 '지나치게 문예화한 정치이론과 정치표현'이 존재한다." 그는 예를 들어 말했다. "'의욕을 불태워 더 높은 목표에 도달하기 위해 힘쓰며, 더 빨리 더 절약하여 사회주의를 건설하자'라고 한다. 이것은 노선의 표현인가, 아니면 감정의 표현인가, 아니면 문학을 지향하는 표현인가? '백화제방, 백가쟁명'처럼 비흥(比興)●이라는 수사 법을 운용한 정책 규정은 매우 보기 드물다."[15] 또 이런 말도 했다. "바람이 갑자기 일어나자, 못의 푸른 물이 일렁인다(風乍起, 吹皺一池綠水)."●●

● 어떤 사물을 다른 사물에 비유하여 재미있게 표현하는 수사법.
●● 남당(南唐) 시인 풍연사(馮延巳, 903-960)의 《알금문(謁金門)·풍사기(風乍起)》에 나오는 구절이다. 이 책의 저자는 원작의 '춘수(春水)'를 '녹수(綠水)'로 바꾸어 놓았다.

'쌍백방침'을 제기한 지 오래지 않아 정치적 하늘에 천둥 번개가 치면서 시의(詩意)는 벗겨지고 잔혹한 현실로 돌아왔다. 중공 중앙이 '반우파' 운동을 일으키자 '백화제방'이 갑자기 사라진 것이다. 이에 대해 양이화(楊一華)는 〈반우유감(反右有感)〉이라는 시에서 이렇게 표현했다.

온갖 꽃이 모두 피고 모든 사람이 다투어 울며 百花齊放百家鳴,

선을 받아들여 흐름을 따르니 극히 친할 만하다. 納善從流劇可親.

누가 구름을 뒤집고 비를 쏟는 사람을 아는가? 誰識翻雲覆雨手,

일시에 재능 가진 사람이 모두 몰락하였도다. 一時才俊盡沉淪.

갑자기 비바람이 몰아쳐 어두워지고 가을바람이 불어 푸른 나무가 시들어졌다. 비록 자연의 여러 꽃(百花)은 일제히 피고 온갖 새들(百鳴)도 여전히 울었지만, 예술과 학술의 천지에서는 "백화가 피고 싶어도 감히 필 수 없었고, 백가(百家, 여러 학파)가 울고 싶어도 감히 울 수 없었다".[16] 수많은 사람이 감히 쓸 수도, 이야기할 수도 없었으며 감히 터놓고 토론할 수도 없었다.

마오쩌둥이 이를 설명했다. "'대명대방(大鳴大放)'은 우파가 창조했고, 내가 얘기한 것은 '백화제방, 백가쟁명'이다. 그들은 과학예술 방면의 구호를 정치구호로 바꾸어 '대명대방'이라 부르며 공산당을 향해 '자유'를 쟁탈한다. 지금 이 구호는 우리에게 붙잡혔다."[17]

'백화제방' 제창에서 '반우파' 운동에 이르기까지 이 기간의 상황은 소설《경화연》의 내용을 연상시킨다. 무측천이 '백화제방'을 명령하자, 백화선자는 소식을 듣고 감히 게으름을 피울 수 없어 급히 조치를 취하였다. 이에 여러 꽃이 만발하였으나, 유독 모란만은 꽃을 피우지 않았다. 무측천은 99종의 꽃이 자신의 요구대로 만발하였으나 오로지 '꽃 중의 왕'이라 불리는 모란만이 피지 않은 것을 보고 분노하여 모란꽃을 '뤄양(洛陽)으로 유배 보냈다.' 후에 무척 변덕스러운 무측천이 다시 모란을 왕으로 책봉하니 백화가 시들게 되었다.

1960년 10월 미국 기자 스노가 마오쩌둥에게 물었다. "'백화제방, 백가쟁명'은 서구 신문에서 여러 가지 견해로 다뤄졌지만, 가장 중요한 것은 이 정책이 1957년에 집행되기 시작했을 때, 당신들은 당의 위신이 이미 공고해졌다고 여겼기에 반대하는 사람이 없을 거라 생각했다는 점입니다. 하지만 운동이 전개되자 곧 그 정책에 반대하는 수많은 사람들이 나타났지요. 그러자 당신들은 이 운동을 중지했어요. 그것에 대해 어떻게 생각하시나요?"

마오쩌둥은 이에 대해 다음과 같이 설명해주었다. "당신의 말은 반은 맞고 반은 맞지 않습니다. 우리가 '백화제방'을 중지했다고 말했는데, 우리는 아직 중지하지 않았어요."[18]

대자연의 화원에서 아무리 아름다운 꽃이라도 꽃 한 송이만 단독으로 피어서는 꽃의 세계를 제패할 수 없다. 예술과학의 세계도 이와 같다. 마오쩌둥은 이를 분명하게 지적했다. "사람들이 모두 똑같은 그림을 그리고 똑같은 곡조를 부른다면, 천편일률이라 좋지 않고 보는 사람도 없으며, 듣는 사람도 없고 감상하는 사람도 없을 것이다."[19]

'반우'운동은 기본적으로 '백화제방'의 과정을 중단시켰다. 하지만 '반우'운동 이후 문화대혁명의 광풍이 뒤따라 일어나자 백화제방과 백가쟁명은 오랫동안 아름다운 희망의 전형으로 남게 되었다.

1975년 7월 마오쩌둥은 다음과 같이 비평했다. "양판희(樣板戲)●는

● 문화대혁명 기간 중 모범극으로 지정된 8대 현대극. 1976년에 문화대혁명이 끝날 때까지 중국 연극계에서는 공식적으로 사인방이 선정한 여덟 편의 모범극만 공연이 허락되었다.

그 수가 너무나 적고 약간이라도 잘못이 있으면 비판당한다. 백화제방은 이미 없어졌다."[20] "시가, 소설, 산문, 문예평론 등이 모두 부족하다."[21] 이는 '백화제방'이 없는 것에 대한 커다란 원망이다. 하지만 어떻게 이러한 국면이 출현하였는가? 누구를 원망하는가? 물론 이것은 어디까지나 기존의 태도를 바꾼 것으로 백화제방 이론에 대한 회귀이거나 백화제방에 대한 현실적 동경이다.

마오쩌둥은 백화제방, 백가쟁명을 제창했지만, 마오쩌둥 시대에 한동안은 백화제방, 백가쟁명의 국면이 결코 출현하지 않았다. 이는 백화제방의 '변주곡'이었다. 땅에 떨어진 모든 단어가 뿌리를 내리지는 않는 법, 가지를 나눠 향기를 토하고(分枝吐芳), 각기 그 화려함을 뽐내는데(各耀其華), 어떻게 이를 '백화제방'이라고 할 수 있겠는가? 언어와 실제의 거리, 호소와 실천의 거리, 단어와 현실의 거리는 항상 엄청난 법이다.

물론 백화제방, 백가쟁명은 마오쩌둥 사상의 중요한 구성 요소이며, 마오 주석이 남긴 고귀한 이론 유산이다. 나는 기도한다. 백화가 자라날 때 그처럼 많은 벽돌이나 기왓장을 만나지 말기를, 백화가 일제히 필 때 두 번 다시 폭풍우를 만나지 않기를.

40

호랑이를 때려잡다

打老虎

신중국 성립 초기에 대단한 기세로 '삼반(三反)운동'●을 전개했는데 그중 중요한 내용이 '타노호(打老虎)'다. 이 단어에서 '호랑이'가 가리 키는 것은 탐오(貪汚), 즉 부정 축재한 액수가 큰 사람을 말한다. 이는 처음으로 1952년 1월 20일 마오쩌둥과 군사위원회 총정치부에 보고 하는 보고에서 제기되었고 마오쩌둥의 승인을 받았다. 마오쩌둥은 '타노호'라는 단어를 가져와서 이 표현을 '부정부패 척결'의 메시지 로 삼고 운동을 시작했다. 이 기간에 마오쩌둥이 각지에 '타노호'라는 이름으로 보낸 전문(電文)이 약 100여 편인데,《건국 이래 마오쩌둥 문고(建國以來毛澤東文稿)》(제3책)에 수록되어 있다.

'타노호'는 특히 1952년에 마오쩌둥이 빈번히 사용한 단어로서, 그는 이 단어를 수 차례 언급했다.[1]

● 반탐오(反貪汚), 반낭비(反浪費), 반관료주의(反官僚主義) 운동을 말한다.

여러분은 큰 호랑이 잡기에 주의하세요.(1952년 1월 22일)

동지들의 관심을 큰 호랑이 찾기에 돌리고 끝까지 추격하여 포획하기에 힘쓰자. 멈추지도 말고 해이해지지도 말고 이미 얻은 성적에 만족하지도 말아야 한다.(1952년 1월 23일)

모든 대군구(大軍區)의 계통(각급 군구와 각 군 포함)에 최소한 크고작은 호랑이 수백 마리가 있다. 잡지 못하면 싸움은 실패한다.(1952년 1월 24일)

야무진 역량을 조직하여 탐오 분자를 색출하고 큰 호랑이(1000만 위안 이상은 작은 호랑이, 1억 위안은 큰 호랑이)●를 잡아야 한다. (…) 이 크고 작은 호랑이는 부르주아가 우리 군 내부에 안치한 보루다. 그들은 부르주아 분자이며 인민을 배신한 적이다. 징벌하지 않으면 후환은 끝이 없을 것이다. ……그들을 깨끗이 제거하기 위해 탐오 혐의가 있는 사람들을 대담하게 의심하고 자료를 수집하여 심사하면, 수많은 호랑이를 발견할 수 있다.(1952년 1월 25일)

호랑이를 잡는 데는 전술이 필요하다. 보편적으로 전개하고 경험을 신속히 총결하여 호랑이 잡는 부대를 전문적으로 조직하고 크고 작은 호랑이에게 돌격해야 한다.(1952년 1월 26일)

반탐오와 특히 호랑이 잡기에 중점을 두어야 한다. 호랑이를 모두 잡지 않으면, 철수할 수 없다.(1952년 2월 1일)

● 당시 1000만 위안은 지금의 1000위안에 해당하고, 1억 위안은 지금의 1만 위안에 해당한다.

당시 마오쩌둥은 "호랑이의 유형이 많고 분포가 넓으며 사람들로 하여금 깊이 성찰하게 하기에 충분하다"(1952년 2월 4일)고 여겼다. 그는 각 지역의 '호랑이를 때려잡는' 역량에 그다지 불만을 표시하지 않고 각 지역의 '호랑이 분포 숫자'를 증가시켰으며, 심지어 각지에 '호랑이' 지표를 직접 하달하여 "호랑이 때려잡기에 힘쓰지 않는 자는 비판하고 심각한 자는 파면하라"(1952년 2월 5일)고 요구했다. 동시에 그는 '호랑이 때려잡기' 수량이 많은 기관에 대해서는 표창하겠다고 통보했다. 이때 마오쩌둥은 거의 매일 전보나 지시를 내보내 각지의 호랑이 때려잡기 운동을 심할 정도로 독촉했다.

이 역시 "굽은 것을 바로잡으려면 곧은 것을 지나쳐야 한다. 곧은 것을 지나치지 않으면 굽은 것을 바로잡을 수 없다"●는 사고방식이다. 그는 이렇게 말했다. "호랑이를 때려잡을 용기를 증가시켜야 한다. 부패 범죄자는 인민의 적이다. 그들은 이미 우리의 동지나 친구가 아니다. 그러므로 그들을 철저하고도 말끔하게 숙청해야 하며, 조금도 그리워하거나 동정해서는 안 된다."(1952년 2월 10일) "사상 호랑이를 타도하지 않으면, 호랑이를 잡아낼 수 없고 완전히 잡을 수도 없다."(1952년 2월 12일)

마오쩌둥이 대대적으로 추진하는 가운데 각지에서는 '호랑이 때려잡기' 운동을 맹렬히 전개했으며, 수많은 곳에서 《타호전보(打虎戰報)》를 창간하여 매일 호랑이를 잡은 수량을 발표했는데 숫자가 날마다 증가했다. 이에 중앙은 호랑이 때려잡기 운동의 성취를 전시하기도 했다.

호랑이 때려잡기 운동이 벌어지던 기간에 동요 하나가 전국 각지

● '교왕과정(矯枉過正)'이란 말은 《후한서(後漢書)·범장통전(范長統傳)》에 나오나, 마오쩌둥은 이 전고를 운용해서 〈후난 농민운동 시찰 보고〉에서 썼다. "矯枉必須過正, 不過正不能矯枉."

에 유행했다.

> 하나, 둘, 셋, 넷, 다섯 一二三四五,
> 산에 올라가 호랑이 때려잡자. 上山打老虎.
> 호랑이는 밥을 먹지 않고 老虎不吃飯,
> 오직 악당들만 먹어치운다. 專吃大壞蛋.

상급 기관은 '호랑이' 비례(예를 들어 공무원의 10퍼센트)를 하달하여 주변에 호랑이가 없는지 의심해보라고 강력히 지시했다. 하급 기관은 이 일을 긴급히 수행하면서 한 단계 한 단계 감독을 강화했다. 이에 각지에서 자백 강요 행위가 횡행하였고 수많은 사람이 억울하게 당했다. 이때 마오쩌둥은 급히 바로잡아 "나쁜 사람을 놔주지 말고, 좋은 사람을 억울하게 만들지 마라"(5월 9일)고 강조했다. 작가 마시투(馬識途)는 다음과 같이 회고했다.

중앙에서 지시를 내려 더욱 심하게 군중을 닦달하여 부정부패 사범을 적극적으로 추적 조사했는데, 이를 속칭 '호랑이 때려잡기'라고 했다. 상급 기관은 규정을 만들어 비율을 정하라는 지시를 내렸다. 아울러 '호랑이 때려잡기' 숫자를 늘리고 부패 혐의가 있는 사람을 "대담하게 의심하고 자료를 수집하고 탐사를 시행하여 정기적으로 완성했다. (…) 강요된 자백을 옮겨와 유죄 추정 방침을 써서 죄를 인정하도록 당사자를 강박하고 꾀어냈다. 그 결과 '호랑이'는 갈수록 살지고 부패 숫자도 늘어만 갔다. (…) 그동안 기관 간부는 갈수록 오리무중이었다. 특히 운동 초기에 낭비와 관료주의를 비판한 적이 있는 간부들은 모두 스스로 위태롭게 되어 지도자가 언제 자신에게 '탐오'란 모자를 씌워 '호랑이'로 변하게 될지 몰랐다. '호랑이 때려잡기' 고조기에 출현한 과격 현상은 끝내 중앙에 발각되어 제때에 조치를 취해 바로잡았으며, 모든 '호랑이'를 다시 심사하여 바로잡게 되었다. 청두시를 예로 들면 통계를 낸 '호랑이' 숫자는 원래 보고한 숫자보다 60.5퍼센트 줄었으며, 부패 금액도 70퍼센트 줄어들었다."[2]

마오쩌둥이 서거한 뒤 몇 년 지나자 관료사회의 부패 및 반부패에 대한 국민의 역량이 그다지 확대되지 않아서 민간에서는 다소 불만을 느끼고 있었다. 21세기 초에 유행한 민간 속담이 기억난다.

쥐만 때려잡고 光打老鼠,
호랑이는 잡지 않는다. 不打老虎.

'호랑이 때려잡기' 담론은 마오쩌둥에게서 전해 내려왔다. 당시의 동요 "하나, 둘, 셋, 넷, 다섯, 산에 올라가 호랑이 때려잡자"는 어린이들 사이에서 유행처럼 불렸고, 그 과정에서 수많은 각색 판본이 출현했다. 이것은 모두 당시 엄혹했던 '호랑이 때려잡기'의 역사적 배경과는 상관이 없다.

2013년 1월 22일 시진핑 총서기는 중앙기율검사위원회(中央紀律檢查委員會)에서 다음과 같이 연설했다. "호랑이와 파리를 일망타진할 수 있도록 노력해야 한다." 그 뒤 일부 '호랑이'급의 다른 탐관(貪官)도 낙마하여 국민들은 이를 통쾌하게 여겼다.

41

꼬리를 내리고 사람이 되다

夾緊尾巴做人

'협긴미파주인(夾緊尾巴做人)'은 '협착미파주인(夾着尾巴做人)'이라고도 하는데 이는 민간 속어다. 마오쩌둥은 이 민간 언어를 즐겨 인용하여 정치연설에서 여러 번 사용했다. 1950-1960년대에 그는 '꼬리를 내리고 사람이 되다'를 10여 번이나 반복 강조하였다. 최고 지도자가 반복하여 강조하자 너무나 토속적인 말의 명성이 높아졌다.

마오쩌둥은 이렇게 말했다. "'꼬리를 들지 말고, 꼬리를 내려 사람이 되자(不要翹尾巴, 要夾緊尾巴做人).' 내가 어렸을 때 어머니는 내게 '꼬리를 내리고 사람이 돼라'고 늘 교육시켰다. 이 말은 맞다. 지금도 나는 항상 동지들에게 말하곤 한다."[1] (내가 어렸을 때 어머니도 이렇게 나를 가르쳤다.)

마오쩌둥은 "언제든지 겸허하고 근신하면서 꼬리를 바짝 내려야 한다"[2]고 말했다. (내가 어른이 되자 지도자도 나를 이렇게 가르쳤다.)

1964년 12월 26일 마오쩌둥은 생일날 모범 노동자를 초대하여 식사할 때 천융구이(陳永貴)에게 "꼬리를 들지 말라"고 당부했다. (한 지도자는 식사 자리에서 내게도 이렇게 당부했다.)

꼬리의 원래 뜻은 동물 신체 말단의 보조 활동이나 신체의 균형을 유지하기 위해 튀어나온 기관을 가리킨다. 인류는 진화 과정에서 꼬리가 없어졌다. 인류의 이웃인 원숭이, 호랑이, 소, 양은 꼬리를 가지고 있는데 항상 사람에게 붙잡히고 조롱을 당하곤 한다. 사실 사람에겐 유형의 꼬리는 없으나 무형의 꼬리가 있다. 이것은 길을 걸을 때 쉽게 간파할 수 있는데, 어떤 사람은 꼬리를 들고, 어떤 사람은 꼬리를 내리고, 어떤 사람은 꼬리를 드러낼 듯 말 듯 한다.

"꼬리를 내리고 사람이 되다"란 말은 매우 인상적이다. '꼬리'를 운운하는 표현은 형상을 빗대 어떤 현상을 설명하는 사람들이 자주 이용한다. 이 표현 또한 '꼬리'의 원래 뜻을 확대하여 타인의 약점이나 결점을 묘사하는 데 자주 쓰인다. 이런 표현은 생생하게 사람들에게 소박한 인생의 이치를 알려준다. 그것은 바로 사람 노릇하는 데 있어 늘 겸허하고 근신하는 마음을 가지라는 뜻이다.

한 번 '꼬리'를 들면 실수를 범한다. 《서유기(西遊記)》의 손오공은 72종의 변신술을 지닌 데다 수완도 뛰어났지만 자신의 꼬리까지 숨길 수는 없었다. 꼬리를 깃대로 변하게 해도 양이랑(楊二郞)*에게 간파되어 이가 거의 빠지게 되었다.

일반적으로 말해서 '꼬리'는 득의양양할 때 든다. 인간의 인생과정은 대체로 순경(順境), 역경(逆境), 상경(常境)으로 나눌 수 있다. 상경에 처해 있을 때는 평범하며 큰 기쁨이나 슬픔도 없고 마음이 평온하고 기운이 가라앉아 꼬리를 들지 않는다. 역경에 처해 있을 때는 어려

---

* 《서유기》에 이랑진군(二郞眞君)으로 등장하는 인물. 옥황상제의 명을 받아 손오공을 잡으러 가서 손오공과 치열한 싸움을 벌인다.

움이 거듭 닥쳐오고 모순 속에 빠져 인생이 가라앉게 된다. 이때는 꼬리가 내려간다. 순경에 처해 있을 때는 일이 순조롭고 사업이 성공하며 한 무리의 사람들이 알랑거리곤 한다. 이때는 득의만면하다고 할 수 있는데 종종 자신도 모르게 교만해져서 요구가 그리 엄격하지도 않은데 '꼬리'를 들게 되고 실수도 따라오게 된다.

마오쩌둥은 이렇게 말했다. "속담에 '꼬리를 내리고 사람이 되다'라는 말이 있다. 사람은 본래 꼬리가 없는데 어째서 꼬리를 내리라고 하는가? 개에 비유해보자. 꼬리를 들 때와 꼬리를 내릴 때가 있다. 대개 몽둥이로 몇 대 맞으면 개는 꼬리를 내린다. 그리고 대개 칭찬받을 만한 일을 했을 때는 꼬리가 들려 있다. 나는 우리의 모든 동지들이 영원히 겸허하고 진취적인 정신을 유지하길 바란다."[3]

득의양양한 사람들이여, 마오쩌둥이 인용한 "꼬리를 내리고 사람이 돼라"라는 말을 기억해두라. 득의했거나 실의한 사람들이여, 마오쩌둥의 일깨움을 기록해두라. "100년 동안 자만하지 마라. 꼬리를 영원히 들지 마라."[4]

42

지구적

球籍

1956년 8월 30일 마오쩌둥은 중국 공산당 8차 전국인민대표대회 예비회의에서 〈당의 단결을 강화하여 당의 전통을 계승하자(增强黨的團結, 繼承黨的傳統)〉라는 제목으로 연설하고 50, 60년 안에 미국을 따라잡자는 계획을 제안했다.

"50, 60년 후면 우리는 미국을 완전히 따라잡을 것이다. 이것은 우리의 책임이다. 지금 (우리 중국이) 인구가 얼마나 있고 땅이 얼마나 넓고 자원이 얼마나 풍부하건 간에, 그리고 (더 강력한) 사회주의 체제를 갖춘 더 우월한 나라라고 일컬어지건 간에 50, 60년 안에 미국을 따라잡지 못한다면 무슨 소용이란 말인가? 그렇다면 지구상에서 당신의 호적(球籍, 지구적●)을 제거해야 한다. 미국을 초월하는 일에는 충분한 가능성이 있고, 확실한

● 지구적(地球籍)이란 개인이나 국가가 지구에서 발전하거나 생존할 권리를 말한다.

필요성도 있다. 따라서 우리는 이 일을 의심의 여지없이 반드시 이루어야만 한다. 그렇게 하지 못하면 우리 중화민족은 전 세계 각 민족에게 면목 없는 존재가 될 것이고, 인류에 공헌하는 바도 없게 될 것이다.[1]

'지구적'은 지구에 살고 있는 호적 자격을 말한다. '지구적'을 제거한다는 말은 지구에서 살 자격이 없어진다는 말이다. 사실 지금의 조건에서는 어느 누구도 지구에 사는 다른 사람의 자격을 없앨 수 없다. 그가 가난하고 미천하다고 해서 누군가를 지구에서 살지 못하게 한다면, 그가 어디로 가겠는가? 어느 누구도 사람들을 다른 천체로 유배시킬 수는 없다. 설사 그들이 죽는다 해도 그들의 시체는 여전히 지구에 남아 있다.

"준엄한 말로 나라를 존속시키고, 자기 몸을 희생하여 인을 이룬다."● 마오쩌둥의 '지구적 제명(開除球籍)' 설은 낙후하고 빈궁한 인민을 일깨우고 인민에게 경각심을 주려는 의도에서 나온 말이다. 중국이 실패한 국가가 되는 것을 방지하고 그런 사태를 모면하여 강성해지기 위해 분발함으로써 중화민족의 위대한 부흥을 실현하고 나아가서 인류에 큰 공헌을 하자는 것이다. 마오쩌둥은 "우리는 지구와 싸워 이겨서 강대국을 건립할 것이다. 반드시 그렇게 할 것이다. 반드시 그렇게 할 것이다"[2]라고 호기롭게 말한 적이 있다."

중국어 사전에는 학적, 호적, 국적이란 단어가 있는데, '지구적'은 분명 이 단어들을 모방하여 나온 표현일 것이다.

어떤 사람은 '지구적'이라는 단어는 마오쩌둥이 창조한 것은 아니라고 말했다. 예전에 청 정부가 일본의 강요에 못 이겨 일본과 '21조

● 왕일(王逸)의《초사장구서(楚辭章句序)》에 나오는 구절이다. "危言以存國, 殺身以成仁."

(二十一條)'●를 체결할 때 위안스카이(袁世凱)가 했던 말을 어떤 글에서 본 적이 있다. 내 기억에 그 글에서 위안스카이는 "중국이 다시 분기하지 못하면 지구의 적에서 제적될 것이다"라고 말했다. 하지만 필자가 다시 위안스카이의 글을 찾아본 결과, 이 말의 구체적인 출처를 발견하지는 못했다. 그래서 마오쩌둥이 당시 위안스카이의 글을 읽었는지 여부는 알 수가 없다.

확실한 것은 신중국의 중국 공산당원 가운데 '지구적'이란 문제를 처음 제기한 사람이 마오쩌둥이라는 것이다. 마오쩌둥은 지구적이란 단어로 그의 동지들이 간고하게 분투하고 부지런히 작업하며 웅장한 포부와 이상을 세워서 중화민족의 위대한 부흥을 실현하도록 자극했다. 1956년 11월 12일 〈쑨중산 선생을 기념하며(紀念孫中山先生)〉라는 글에서 똑같은 생각을 표현했다. "중국은 960만 제곱킬로미터의 토지와 6억 인구를 가진 국가이기 때문에 인류에 비교적 큰 영향을 끼쳐야 한다. 이러한 공헌은 과거 오랜 기간 너무나 부족했다. 이 때문에 우리는 부끄러움을 느낀다."[3]

지구적이란 단어는 넓은 시야에, 우려감, 위기감, 긴박감으로 충만하다.

개혁개방을 힘차게 추진하던 1980년대에 '지구적'이란 화제가 한창 유행했다. 1989에는 《지구적(球籍): 한 세기적인 선택(一個世紀性的選擇)》이란 도서가 간행되기도 했다.

현재 '지구적'이란 단어는 그다지 자주 언급되지 않는다. 이 표현은 우리가 '지구적'에서 제적될 위험에 처해 있다는 말이 아니다. 마

● 일본 제국주의가 중국 영토를 차지하고자 중국에 요구했던 21개의 비밀 조항으로, 1915년 1월 중국 주재 일본공사가 위안스카이에게 제기했다. 5월 9일 중국은 일본의 최후통첩에 굴복하여 이를 수락했다.

오쩌둥의 지구적에 관한 말은 언제나 장점이 있었다. 지금에 와서 생각해보면 결국 중국은 "인구가 얼마건, 땅이 얼마나 넓건, 자원이 얼마나 풍부하건, 사회주의 체제이건, 우월하다고 일컬어지건" 간에 인류에 대한 공헌은 크지 않았다. 심지어 자신의 약점조차 잘 해결하지 못했으니, 마오쩌둥의 말이 모두 실현된 것은 아니다.

43

교만하면 낙후한다

虛心使人進步, 驕傲使人落後

마오쩌둥은 이렇게 말했다. "어떤 사람은 스스로 쓰지 않고 비서에게 대신 쓰게 한다. 내가 글을 쓸 때는 한 번도 다른 사람에게 대필시킨 적이 없다. 병이 나서 쓸 수 없으면 입으로 말했다. 지금 베이징에서 부장, 국장들은 스스로 쓰지 않고 모두 비서에게 시킨다. 비서는 자료만 찾을 수 있을 뿐이다. 만일 모든 것을 비서가 처리한다면 부장, 국장은 없애고 비서가 그 자리를 맡아야 한다."[1]

마오쩌둥은 평생 부지런히 글을 썼는데 공인된 문호이자 저작의 거장이다. 그가 문장을 쓸 때 기본적으로 직접 썼으며 부하나 비서에게 대필시키지 않았다. 물론 예외도 있었다.

1956년 9월 15일 마오쩌둥은 중공 제8차 전국대표대회에서 개막사를 했다. 회의 전날 '붓대' 천보다(陳伯達, 좌익이론가)가 마오쩌둥을 대신하여 개막사를 기초했으나 마오쩌둥이 보고는 불만을 느꼈다. 회의가 이튿날 개막되므로 시간이 촉박하여 마오쩌둥은 그의 비서 톈쟈잉에게 밤새 쓰게 했다. 톈쟈잉은 마오쩌둥의 의견을 근거로 밤에 특근하면서 완성했다. 마오쩌둥이 보고는 매우 만족스러워했다. 개막식에서 마오쩌둥은 톈쟈잉이 기초한 원고를 읽었다. 이 원고는 2000자가 넘는데 30여 차례나 박수를 받았다. 그중에 한 단락은 다음과 같다.

> 우리의 과업이 위대한 성과를 거두었다 하더라도 교만 떨거나 우쭐거릴 이유가 없습니다. 마음을 비우면 진보할 수 있고, 자만하면 낙후하게 됩니다. 우리는 이 진리를 영원히 기억해야 합니다.[2]

마오쩌둥 연구가 펑셴즈(逢先知)가 쓴 《마오 주석의 비서 톈쟈잉(毛主席的秘書田家英)》의 기록에 따르면, 마오쩌둥이 연설한 뒤 사람들마다 분분히 마오 주석의 연설이 명언이라고 칭찬했으며, 어떤 사람은 특별히 "마음을 비우면 진보하고 자만하면 낙후한다"라는 경구(警句)가 근사하다고 언급했다. 마오쩌둥은 "이 글은 젊은 수재가 쓴 것이다. 그 수재는 톈쟈잉이다"라고 말했다.

중공 기관의 업무 시스템을 이해하는 사람이라면 알고 있듯이, 부속기관은 반드시 명을 받아 지도자의 연설문 초안을 작성하거나 정리하는데 이는 그들이 맡은 일이다. 연설문이 완성되면 지도자가 인가한 후 직접 연설을 통해 대중에게 알리거나, 지도자의 서명을 받아 다른 사람이 대신 발표하기도 한다. 그러나 누가 연설문을 작성하고 발표했든지 간에, 이 연설문에 담긴 말은 지도자의 것이다. 따라서 연설문에 착오가 있거나 내용의 정확도가 떨어져도 모두 지도자가 책임을 진다. 이러한 작품은 참여자(창작이건 정리건)의 것이 아니다. 일부 지도자는 부하가 칭찬받는 것을 매우 꺼려 어느 연설은 자신이 쓴 것이라 한다. 일부 지도자는 그다지 개의치 않는다. 마오쩌둥은 자신의 연설이 비서가 쓴 것이라고 솔직하게 말했다. 이를 보면 그의 솔직함과 자신감(그는 자신의 문학적 재능이 다른 사람들에 의해 가려질까 두려워하지 않았다)을 짐작할 수 있으며 동시에 톈쟈잉이라는 '붓대'에 대한 애정도 확인할 수 있다.

"마음을 비우면 진보하고, 자만하면 낙후한다"라는 말은 동양적 도덕의 기준이며 인류의 기본 가치관이기도 하다. 이 말은 마오쩌둥이 옌안에 있을 때 제창한 "반드시 겸허하고 근신해야 한다. 교만하거나 조급해 하지 말고 교만과 조급을 경계해야 한다(必須謙虛謹愼, 不要驕傲急躁, 要戒驕戒躁)"라는 말과 일치한다.

"마음을 비우면 진보하고, 자만하면 낙후한다"라는 말은 내용적으로 건강하고 진보적이다. 더욱이 표현의 형식이 완전하며 음절도 착착 들어맞아 이미 '격언'의 모든 품격을 갖추었다. 좋은 사상과 좋은 문학적 재능이 만나면 좋은 문구가 나오는데 이는 정치가, 문학가들이 가장 만족스러워하는 일이기도 하다. 이러한 이상적인 우연이 정확하게 겹쳐 일어날 확률은 영웅이 미인을 만날 확률보다 훨씬 낮다.

"마음을 비우면 진보하고, 자만하면 낙후한다"는 《상서(尙書)·대우모(大禹謨)》에서 말한 "자만하면 손실을 가져오고, 겸허하면 이익을 얻는다(滿招損, 謙受益)라는 말과 서로 호응한다. 《성경》에서 "신은 교만한 사람을 물리치고, 겸허하고 비천한 사람에게 은혜를 내린다"(야고보서 4:6)는 말과 서로 호응한다. 이처럼 철학적 이치가 충만한 담론은 우리를 채찍질하고 심신을 다잡아준다. 또한 이처럼 의미심장한 일깨움은 가슴속에서 온기가 흐르는 훈훈한 느낌을 준다.

"마음을 비우면 진보하고, 자만하면 낙후한다"라는 말은 음절이 아름답고 소리가 입에 붙는다. 백화 형식이라 전파하기에도 편리하다. 이 명언은 나중에 발행량이 엄청난 《마오 주석 어록》에 수록되어 누구나 다 아는 마오쩌둥의 격언이 되었다. 한마디 덧붙이면, 톈쟈잉은 1966년 5월 23일 마오쩌둥의 서재에서 42세의 나이로 자살했다.

44

큰 소리로 외치다

大喊大叫

'대함대규(大喊大叫)'는 중국인이 느끼기에 비방의 뜻을 지니고 있다. 스스로를 '큰 소리로 외치는' 사람이라고 부른 사람은 지금까지 홍위병과 조반파뿐이었다.

1966년 6월 이후 홍위병 운동이 일어났다. 홍위병 운동의 중요한 현상 중 하나가 누구든 대오를 이끌고 조직을 만들 수 있고, 누구든 글재주를 부려 간행물을 펴낼 수 있다는 점이다.

1966년 하반기에 베이징대학, 외교부 기요국(機要局) 등 기관은 각기 '대함대규전투대(大喊大叫戰鬪隊)'라는 유명한 홍위병을 조직했다. 1967년 1월 상하이희곡학원(上海戲曲學院) '혁명루(革命樓)' 홍위병은 《대함대규》라는 간행물을 창간했다. 2월 10일 '수도중등학교 홍위병 혁명조반파(首都中等學校紅衛兵革命造反派)' 총근무부 선전부는 팸플릿 《대함대규》(총 3기 간행)를 창간했다. 랴오닝외국어사범학교(遼寧外語師範) 혁명조반 총지휘부, 청두공인혁명조반병단(成都工人革命造反兵團)

외동분단(外東分團)도 각기 팸플릿《대함대규》를 창간했다.

필자는 이를 읽다가 수천 개의 홍위병, 조반파 간행물이 '발간사'에서 모두 '대함대규'라는 단어를 쓰고 있는 것을 발견했다. 원래 '대함대규'는 '조반유리'와 마찬가지로 홍위병 운동에서 유행한 어휘다.

홍위병은 왜 '큰 소리로 외쳤'을까? 원래 이 말은 마오쩌둥이 제창했다. 1955년 마오쩌둥은 〈정비된 조직에서의 좋은 경험(一個整好的好經驗)〉의 평어(評語)●에 이렇게 기록했다. "새로운 사회제도의 탄생은 언제나 대함대규를 수반하기 마련이다. 이것이 바로 새로운 제도의 우월성을 선전하고 낡은 제도의 낙후성을 비판하는 것이다."[1]

1966년 8월 24일《인민일보》에 사설 〈투쟁 속에서 새로 탄생한 베이징대학을 환영하며〉를 발표했는데, '대함대규'에 관한 마오쩌둥의 말을 이렇게 인용했다. "우리는 반드시 사회주의의 새로운 제도의 모든 신사물을 위해 대함대규해야 한다." "낡은 것을 혁파하고 새로운 것을 세우기 위해 대함대규해야 한다."

홍위병은 청춘 충동, 불만 정서와 조반 의지로 인해 그것을 배출할 통로가 필요했으며 내뱉지 않으면 즐겁지 않았다. 그들은 마오쩌둥이 큰 소리로 외치는 것(大喊大叫)을 들었고 그것은 통쾌한 표현 방식이 되었다. 사람들은 일제히 큰 소리로 외치기 시작했다.

일본 대장상(大藏相) 오히라 마사요시(大平正芳)는 다음과 같이 회고했다. "마오쩌둥이 담화할 때는 천천히 어휘를 골랐다."[2] 마오쩌둥이 문장을 쓸 때도 그랬다. 마오쩌둥은 그의 정치 주장을 선전하면서 뜻밖의 언어와 어휘를 세심하게 골랐다. '대함대규'와 같은 어휘는 자극성을 띠고 있어 사람들의 주의를 쉽게 끌 수 있으며, 일반적인 어휘

● 글쓴이가 문장에 붙이는 부연 설명.

를 사용했을 때 듣는 사람이 한쪽 귀로 듣고 한쪽 귀로 흘려버려 머릿속에 남아 있지 않는 문제를 해결했다. 그래서 정치 연설과 문학 창작에서 '기괴한 단어', 심지어 '부적당한 단어'를 사용함으로써 때때로 뜻밖의 효과를 거둘 수 있었다.

지금 많은 일이 달라졌다. 마오쩌둥의 단어 중에서 일찍이 유행했던 것들이 이제는 죽어버렸고, 정치나 일상생활에서 퇴화되어 퇴장하거나 사라져 낯선 어휘가 되어버렸다. 이것은 정상적인 일이다. '대함대규'는 마오쩌둥 때문에 유행하였고 마오쩌둥이 떠난 지금은 유행하지 않는 어휘가 되었다.

45

건전한 사상과 우수한 기술

又紅又專

'우홍우전(又紅又專)'은 마오쩌둥이 제창하여 유행했던 신조어다. 1957년 10월 9일 마오쩌둥은 제8기 3중전회의 연설에서 처음으로 '우홍우전'이라는 어휘를 언급했다. 그는 다음과 같이 말했다. "정치와 업무는 대립하고 통일하는 것입니다. 정치는 중요하고 일차적인 것이므로 정치를 따지지 않는 경향을 반드시 반대해야 합니다. 하지만 단지 정치만 하고 기술을 이해하지 못하고 업무를 알지 못해서도 안 됩니다. (…) 각종 업무에 종사하는 우리 간부는 모두 기술과 업무에 정통하여 자신을 전문가로 만들고 사상도 건전하고 기술도 우수(又紅又專)해야 합니다. 소위 선전후홍(先專後紅)은 바로 선백후홍(先白後紅)•이니 잘못된 것입니다."[1]

1958년 1월 마오쩌둥은 〈공작방법 60조(工作方法六十條)〉의 22조

• 선전후홍은 '기술이 먼저이고 사상은 나중'이라는 뜻이고, 선백후홍은 '반동이 먼저이고 혁명은 나중'이라는 뜻이다.

에서 '홍(紅)과 전(專), 정치와 업무의 관계'에 대해 얘기했다. "정치와 경제의 통일, 정치와 기술의 통일, 이는 전혀 이의가 없는 것으로 해마다 그럴 것이며 영원히 그럴 것이다. 이것이 바로 우홍우전이다. (…) 사상과 정치에 주의하지 않고 온종일 사무에 바쁘면 방향을 잃어버린 경제가와 기술자가 될 것이므로 상당히 위험하다. (…) 정치가는 업무를 잘 알아야 한다. 많은 어려움이 있음도 이해해야 한다. 너무 적게 이해해도 안 되며 반드시 더 많이 알아야 한다. 실제를 이해하지 못하는 것은 거짓 사상가이며 유명무실한 정치가다."[2]

1958년 4월 마오쩌둥은 이렇게 말했다. "우홍우전 문제는 군중에서 나왔는데 지금은 당의 구호가 되었다. 소위 홍(紅)이란 것은 세계관을 바꾸고 사고방식을 바꾼다는 것이다."[3]

위의 얘기에서 알 수 있듯이 마오쩌둥이 말한 '우홍우전'의 '홍'은 프롤레타리아 세계관을 지니고 정치 표현이 좋으며 당의 말을 따르고 당과 함께 가는 것을 가리킨다. '전'은 전업 지식과 전문 기술을 장악하고 어느 방면의 전문가가 되는 것을 말한다. '우홍우전'은 일반적인 말로 표현하면, 덕망과 재능을 겸비하고 말을 잘 듣고 효율적이라는 뜻이다.

'홍'과 '전' 양자의 관계에서 마오쩌둥은 '홍'에 기울었고 그것을 중시했다. 그는 "업무만 알고 정치를 따지지 않는 사람은 지전불홍(只專不紅)"[4]이라 말했다.

마오쩌둥의 호소 덕분에 중공 중앙은 "사상도 건전하고 기술도 우수한" 간부 대오의 건립을 중시하게 되었으며 이를 위해 많은 작업을 했다.

마오쩌둥이 '우홍우전'을 강조한 뒤 '우홍우전' '홍여전(紅與專)' '홍전(紅專)' '백전(白專)'* 등의 명사는 고유명사가 되어 전국에 광범

한 영향을 끼쳤다. '대약진(大躍進)'●● 시기 수많은 곳에서 '홍전대학
(紅專大學)'을 세웠으며 수많은 지식인이 자신을 위해 '홍전(紅專) 규
칙'을 제정했다.

하지만 일정 기간 동안 '홍과 전'의 관계는 실천 속에서 잘 처리되
지 못했다. 특히 극좌사상의 영향으로 전문 지식을 가진 일부 지식인
은 '백전'의 전형으로 여겨져 비판을 받았다. '백전'이라는 모자를 쓴
사람의 마음속에 남은 것은 불쾌한 기억뿐이었다. 심지어 생리적, 심
리적 상처는 피할 수 없는 사실이었다.

'우홍우전'이라는 어휘는 무미건조하고 아름답지 못하지만, 그것
은 언어의 경제성 원칙에는 부합한다. 단지 네 글자로 의미를 표현했
다. 게다가 그것은 마오쩌둥이 제창한 어휘였으므로 급속히 유행하기
시작했다.

마오쩌둥은 큰 영향력을 가진 지도자다. 그런 지도자의 말은 일반
적으로 말해 주류 담론이 된다.

《시경》'풍(風)' 편을 보면 '풍'에는 조류(潮流)의 의미가 들어 있다.
마오쩌둥 시대에 마오쩌둥의 단어는 '풍', 다시 말하면 풍향(정세)이
었고 풍향계였으며 유행을 일으키는 바람이었다. 전국 인민은 '풍'을
쫓아갔고 '풍'을 따라 올라갔으며 '풍'과 함께 시행했으니 유행하지
말아야 할 어휘도 유행하게 되었다. 이것은 무시할 수 없는 언어현상
이다.

● 정치에는 무관심하고 전문 분야에만 우수하다는 뜻이다.
●● 1958년-1960년까지 중국에서 전개한 대규모 수리시설 건설과 공업의 기본 건설 운동을 말
한다.

46

사과

蘋果

역사적으로 보면 '사과' 세 개가 세계를 바꿨다. 하나는 이브(Eve)를 유혹한 사과이고, 다른 하나는 뉴턴(Newton)에게 깨달음을 준 사과다. 그리고 나머지 하나는 스티브 잡스(Steve Jobs)의 사과다. 그것은 세계를 인식하는 방법을 바꿔놓았다.

중국에서도 하나의 '사과'가 일시에 유행하여 수많은 사람에게 영향을 주고 사회를 바꿔놓았는데, 그것이 바로 마오쩌둥의 '사과'다. 마오쩌둥은 다음과 같이 말했다.

진저우(錦州) 지방에는 사과가 나온다. 랴오시(遼西) 전쟁 때는 마침 가을이었다. 인민들의 집에는 사과가 많이 있었으나, 우리 전사들은 한 개도 가져오지 않았다. 나는 그 소식을 듣고 감동했다. 이 문제에서 전사들은 다음을 깨달았다. '먹지 않는 것은 고상하고 먹으면 비열한 것이다. 그것은 인민의 사과이기 때문이다.' 우리 기율은 이러한 자각 위에 세워졌다.

이는 우리 당의 영도와 교육의 결과다. 사람은 정신을 가지고 있으며 프롤레타리아의 혁명 정신은 바로 그 안에서 나왔다.[1]

마오쩌둥의 이 말은 하나의 역사적 고사를 언급한 것이었다.

1948년 가을 동북야전군은 랴오시 주랑 일대에 집결하여 진저우를 공략했다. 뤄룽환은 전선의 정공회(政工會)에서 각 종대(縱隊)에게 전시 정치공작을 잘 처리하고 특히 군중 기율을 엄격하게 지켜서 인민의 어떤 재물도 다치지 않을 것을 당부했다. 그는 뜰 안의 과실이 주렁주렁 달린 사과를 가리키며 말했다. "교육부에서는 인민의 사과 한 개라도 먹지 말라고 했다. 나무에 매달린 것이든, 수확하여 집에 보관한 것이든, 땅에 떨어진 것이든 모두 먹지 말아야 한다. 이것은 기율이니 단호히 지켜야 한다."

진저우 전투에서 자제병(子弟兵)●이 기율을 엄수하여 결국 "인민의 사과 한 개도 먹지 않았다."

이 일이 어떤 경로를 통해서 마오쩌둥의 귀에까지 들어갔는지는 모르겠지만, 그는 이 일을 기억하고 있었다. 몇 년 동안 이 일을 기억했다. 1956년 11월 15일 중공 중앙 제8기 2중전회에서 간고한 분투의 본색을 유지하자고 언급했을 때, 그는 인민의 사과를 먹지 않은 전사들을 찬양했다. 그 후에도 여러 번이나 이 일을 언급했다.

1967년 11월 그는 이렇게 말했다. "인민해방군의 기율이 가장 훌륭하다. 진저우를 공략할 때 그렇게 많은 사과 중에 단 한 개도 건드리지 않았다. 이 기율은 자각성과 혁명의 토대 위에 세워진 것이다."[2]

마오쩌둥이 생동감 있고 독특한 연설을 통해 평범한 '사과'에 풍

● 인민군대를 친숙하게 부르는 호칭이다.

부한 정치적 이미지를 부여한 후, 자연적이고 구체적인 '사과'는 정치적인 사과, 형이상학적인 사과로 변모했다.

영국의 버나드 쇼(Bernard Shaw)가 말했다. "두 사람이 함께 사과를 교환하는 것과 두 사람이 함께 사상을 교환하는 것은 완전히 다르다. 두 사람이 사과를 교환하면 각자의 손에는 사과가 하나씩 들려 있다. 하지만 두 사람이 사상을 교환하면, 각각의 머릿속에 두 사람의 사상이 다 들어 있다."

마오쩌둥의 사과는 '사상 사과'다. 수많은 사람들은 마오쩌둥의 '사과'에서 풍부한 영양을 섭취했다.

'사과를 먹는다'라는 마오쩌둥의 말을 나는 열 살 즈음 한 번 듣고는 기억했다. 이후 수십 년 동안 내가 사과를 먹을 때마다 항상 자신도 모르게 어떤 사과를 먹으면 고상해지고 어떤 사과를 먹으면 저속해지는가 하는 문제를 생각하게 되었다. 이것은 정말 이상한 일이다.

왕명은 이렇게 말했다. 마오쩌둥은 "정신을 매우 중시했다. 예를 들어 유명한 사과 먹는 이론에서 사과를 먹지 않는 것이 고상하다고 언급했는데 매우 구체적이고 심오한 이야기다. 이처럼 형상적이고 심도가 깊다. 이러한 낭만주의와 군사공산주의를 결합하여 혁명 임무를 수행할 때, 그는 비범한 성과를 얻게 되었다."[3]

"진저우 지방에는 사과가 난다." 지금 진저우 사람은 이 말을 광고 문구로 만들어 진저우 경계 길가인 징하(京哈) 고속도로●에 세워 놓았다.

● 베이징에서 하얼빈(哈爾濱)에 이르는 방사선 국가고속도로로, 전체 길이는 1209킬로미터다. 2000년 9월 15일부터 전 구간이 개통되었다.

47

동풍, 서풍

東風, 西風

바람은 사방에서 불어오며 동풍, 남풍, 서풍, 북풍이 있다.

　민간 속담에 "동풍이 서풍을 압도하지 못하면, 서풍이 동풍을 압도하게 된다(不是東風壓倒西風, 就是西風壓倒東風)"라는 구절이 있다.《홍루몽》82회에서 여주인공 임대옥(林黛玉)이 말했다. "하지만 가정의 일이란 동풍이 서풍을 압도하지 않으면 서풍이 동풍을 압도하는 법이다." 허약하고 다정다감하며 잘 우는 쑤저우(蘇州) 아가씨 임대옥도 민간 속담을 활용할 줄 알았다.

　마오쩌둥은 평생 동안《홍루몽》을 여러 번 보았다. 그는 "《홍루몽》은 좋은 책으로 이 책을 다섯 번 읽지 않았다면 그것에 대해 말할 권한이 없다"[1]고 말했다. 임대옥이 사용한 민간 속담을 그가 보고 기억했으며 또 인용하고 발휘했다.

　1956년 11월 15일 마오쩌둥은 중국 공산당 제8기 2중전회 연설에서 말했다. "우리의 옛사람 임대옥은 동풍이 서풍을 압도하지 않으면, 서풍이 동풍을 압도한다고 말했다. 지금은 양풍(陽風), 양화(陽火)가 음풍(陰風), 음화(陰火)를 압도하지 않으면 음풍, 음화가 양풍, 양화를 압도한다."

1957년 7월 1일 마오쩌둥은 〈문회보의 부르주아 방향은 비판해야 한다(文滙報的資産階級方向應當批判)〉에서 이렇게 말했다. "동풍이 서풍을 압도하지 않으면, 서풍이 동풍을 압도한다. 노선문제에서 타협의 여지가 없다."[2] 마오쩌둥은 민간 속담을 이용하여 "타협의 여지가 없다"는 사상을 강조했다.

처음에 마오쩌둥은 누가 '동풍'이고 누가 '서풍'인지 전혀 설명하지 않았다. 중국 전통의 관념에 따르면, 동이 위쪽이고 상서로운 기운은 동쪽에서 나온다. 사람은 죽으면 서천으로 돌아간다. 동은 어쨌든 서보다 좋다. 지리적 위치에서 보면 중국은 동양의 대국이다. 당시의 서양은 제국주의 진영으로 이를 '서양 적대세력'이라 불렀다.

1957년 11월 17일 마오쩌둥은 모스크바에서 중국 유학생들을 접견할 때 연설을 통해 명확하게 설명했다. 그는 사회주의 진영의 인구수를 열거하며 이미 자본주의 진영을 초과했다고 언급한 뒤 "지금은 서풍이 동풍을 압도하지 못하고 동풍이 서풍을 압도했다"[3]고 말했다.

이튿날 마오쩌둥은 〈모스크바 공산당과 노동자당 회의 강연〉에서 말했다. "현재 나는 국제 형세가 새로운 전환점에 이르렀다고 본다. 세계에는 지금 두 가지 바람이 분다. 동풍과 서풍이다. 중국에는 '동풍이 서풍을 압도하지 않으면 서풍이 동풍을 압도한다'는 성어가 있다. 나는 현 정세의 특징이 동풍이 서풍을 압도한 것이라고 생각한다. 다시 말하면 사회주의 역량이 제국주의 역량에 비해 압도적인 우세를 차지하고 있다."[4]

마오쩌둥의 연설은 구체적이고 생동감이 있어 우레 같은 박수갈채를 받았다. '동풍이 서풍을 압도한다'라는 표현은 마오쩌둥이 자주 했던 말이다. 적은 날마다 문드러져가고 우리는 날마다 좋아지고 있다.

몇 년 뒤 중·소 논쟁에서 소련공산당 중앙은 중공을 비난하며 말했다. "중국 동지들은 '전 세계의 무산자여, 연합하라'는 슬로건의 계급적, 국제주의적 태도를 취하지 않고 계급적 내용이 없는 '동풍이 서풍을 압도한다'는 구호를 완고하게 선전하고 있다."[5] 소련 사람이 보기에 동풍과 서풍은 모두 자연의 바람인데 동풍이 어떻게 서풍을 압도한단 말인지 의아할 것이다. '바람' 속에 어찌 계급적인 내용이 있단 말인가? 사람들은 동일한 단어를 쓰고 있지만, 말하는 내용은 동일한 뜻이 아니다. 이것 또한 인류의 교류에서 생기는 곤혹스러운 장면 중 하나일 것이다.

베트남의 호치민(胡志明) 주석은 일찍이 마오쩌둥에게 이렇게 말한 적이 있다. "어떤 서양의 동지가 '동풍이 서풍을 압도한다'는 견해를 오해하여 그들은 '동풍'이 중국을 가리키고 '서풍'이 '유럽 국가'를 가리킨다고 여겼다." 호치민은 그 사례를 소개했다. "소련 사람은 '동풍'을 동쪽에서 불어오는 바람으로 여겨 '동풍'은 중국일 뿐이라고 생각했다. 동양에는 중국이라는 사회주의 대국만 있다고 생각했기 때문이다. 특히 서양 사람들은 일찍이 중국에 대해 '황화(黃禍)'•라는 견해를 가지고 있었다."

마오쩌둥은 이를 다시 풀이했다. "서양, 서풍은 제국주의를 가리키고 동양, 동풍은 사회주의 진영과 아시아, 아프리카, 라틴 아메리카 국가를 가리킨다."[6]

"동풍이 서풍을 압도하지 않으면, 서풍이 동풍을 압도한다"는 말

• 황색 인종이 서양 문명을 압도한다는 백색 인종의 공포심. 영어로는 Yellow Peril이라고 한다.

은 융통성 있고 교묘한 표현이다. 수많은 말 속에 설득력이 있는 이유는 그 안에 이치가 들어 있기 때문이 아니라, 교묘하기 때문이다. 마오쩌둥이 말한 '동풍, 서풍'은 교묘한 의미를 담고 있다. 하지만 우리가 자세히 생각해보면 다른 결론을 내릴 수도 있을 것이다.

동풍, 서풍의 화제는 마오쩌둥이 고취하면서 '유행 열풍'을 일으켰다. 이 말은 특히 쌍방의 논전에 사용하기 적합하다. 예를 들어 문화대혁명 중에 두 파가 싸울 때 늘 이것을 인용했다. 또 하나의 재밌는 기사가 있다. 저명한 시인 저우타오(周燾)는 다음과 같이 회고했다. "1966년 11월 마오쩌둥이 소련에서 '동풍이 서풍을 압도하지 않으면, 서풍이 동풍을 압도한다'를 연설한 10주년이었다." 마오쩌둥의 홍위병은 이 날을 기억하고 있었다. 신장(新疆) '공인조반파(工人造反派) 혁명촉진위원회' 기관지는 편집부에서 초안이 작성된 〈동풍이 서풍을 압도하다〉라는 문장을 기념으로 보여주었다. 당시 이 팸플릿을 만드는 과정에 참여했던 저우타오가 말했다. "동풍이 서풍을 압도한다는 말은 마오쩌둥의 말이고, 모두가 알다시피 편집부 문장의 제목이며 새로운 뜻은 없다." 저우타오는 〈동풍이 서풍을 압도하다〉를 〈동풍이 서풍을 압도한 것을 축하하며, 홍기를 전 세계에 꽂자〉로 바꾸었다.[7]

저우타오가 고친 것이 훨씬 낫다는 것을 인정하지 않을 수 없다.

한 마디 더하자면 성어는 네 글자로 된 것이 보편적인 규칙이다. 네 글자 이외에 세 글자로 된 성어도 있고—예를 들어 '막수유(莫須有)'•—가장 긴 것은 10여 글자로 된 것도 있다. 어떤 사전에서는 "동풍이 서풍을 압도하지 않으면, 서풍이 동풍을 압도한다"도 성어에 넣었는데 가능한 일이다. 그것은 광의의 성어이자 특수한 성어다.

• '어쩌면 있을 것이다'라는 뜻.《송사·악비전(宋史·岳飛傳)》에 나온다.

48

고귀한 자가 가장 우둔하다

卑賤者最聰明, 高貴者最愚蠢

1958년 5월 18일 마오쩌둥은 안둥(安東, 지금의 단둥) 기계창(機械廠)에서 시범적으로 제조한 30마력짜리 트랙터를 보고 지시문을 썼는데, 관련 부문에서 자료를 수집하여 최근 300년간 세계 각국의 과학, 기술 발명가에 대한 대중적이고 간단한 전기를 펴내서 "비천한 자가 가장 총명하다(卑賤者最聰明)"라는 말을 증명하길 바라는 내용이었다.

증명할 수 있는지 보자. 과학, 기술 발명은 대부분 피지배계급에서 나왔다. 다시 말하면 사회적 지위와 학문 수준이 낮고 조건이 좋지 않으며 처음엔 남에게 무시당하다가 심지어 공격과 고통을 당하고 형벌을 받은 사람에게서 나온다. (…) 이러한 점을 체계적으로 증명할 수 있다면, 수많은 지식인, 노동자와 농민을 고무시킬 것이고 수많은 신구(新舊) 간부들이 열등감과 미신을 떨쳐버리고 과감하게 생각하고 말하며 실천하는, 전혀 두려움 없는 창조정신을 진작시킬 수 있을 것이다. 그리고 우리나라가 7

년 만에 영국을 따라잡고 다시 8-10년 만에 미국을 따라잡기 위해 완수
해야 할 임무에 중대한 도움을 줄 것이다. 변화(卞和)는 옥의 원석을 바쳤
다가 세(네) 번이나 월형(刖刑)을 당했다(卞和獻璞, 三(四)刖其足).● "함곡관
에 달 지자 닭소리 들으며 넘어가고(函關月落聽鷄度)"●●는 계명구도(鷄鳴狗
盜)●●●의 무리에서 나왔다. 옛날부터 그랬거니와 지금은 더욱 심하다. 설
마 아니란 말인가?¹

마오쩌둥은 이 글을 쓴 뒤 다음과 같은 제목을 달았다. '비천한 자
가 가장 총명하고, 고귀한 자가 가장 우둔하다.'
격언 형식의 이 제목은 힘있고 자극적이며 선동성을 지니고 있어
문장의 내용에 더욱 힘을 실어준다. 이는 마오쩌둥이 진지하게 깊이
생각하여 느낀 바를 내놓은 것이다.
"비천한 자가 가장 총명하고, 고귀한 자가 가장 우둔하다"는 격언
이나 마찬가지며 지향성이 분명하다. 앞 구절은 신분이 낮은 사람을
위로 높이고 작은 인물(小人物)을 크게 격려하고 지지해준다. 뒤 구절
은 구름을 뜯어내고 비단을 찢듯이 큰 인물(大人物)을 불편하게 자극
하고 비난하는데, 스스로 자신의 잘못을 깨닫지 못한 채 상황을 긍정

● 《한비자(韓非子)·화씨(和氏)》에 나오는 고사로, 초나라 사람 변화가 여왕(厲王)과 그 뒤를 이은
무왕(武王)에게 옥을 바쳤으나 감정사들이 모두 돌로 감정하는 바람에 발꿈치를 베는 형벌인 월
형을 당했다. 문왕(文王) 대에 이르러 변화의 옥을 받아 다듬어 가공했더니 과연 보옥이었다고
한다. 그래서 이를 화씨지벽(和氏之璧)이라고 불렀다.
●● 이 시는 명대 고계(高啓, 1336-1374)의 시 〈왕 참정을 따라 섬서로 가는 심 좌사를 전송하며
(送沈左司從汪參政分省陝西)〉에 나오는 구절이다.
●●● 《사기·맹상군열전(孟嘗君列傳)》에 나오는 고사다. 제나라의 맹상군이 진나라에 사신으로
나갔다가 억류되었을 때 한밤중에 개처럼 물건을 훔쳐 나오거나, 관문이 닫힌 함곡관에서 닭
울음소리를 잘 흉내 낸 식객 덕분에 위기에서 탈출할 수 있었다. 여기에서 '계명구도'란 고사성
어가 나왔는데 닭 울음소리나 내고 개처럼 변장하여 도둑질을 하는 보잘것없는 재주를 가진 사
람이라는 의미다.

적으로만 바라보는 '고귀한 자'를 무너뜨리는 내용이다. 이 두 구절은 재빨리 전국으로 퍼졌다.

비천한 자는 프롤레타리아, 보잘것없는 사람(小人物)을 가리키고 고귀한 자는 돈 있고 힘 있고 권력을 가진 큰 인물(大人物)을 말한다. 마오쩌둥의 말은 《좌전(左傳)·장공(莊公) 10년》에서 말한 "고기 먹는 사람은 비루하여 멀리 도모할 수 없다(肉食者鄙, 未能遠謀)", 서한(西漢) 엄군평(嚴君平)의 "높은 사람은 비루하고 비천한 사람은 고귀하다(高者卑, 賤者貴)"라는 말과 서로 호응한다.

마오쩌둥은 《홍루몽》 제2회에 나오는 냉자흥(冷子興)의 말을 "부귀영화를 누리는 사람은 많지만, 원대한 계획을 도모하는 사람은 하나도 없다(安富尊榮者盡多, 遠籌謀畵者無一)"로 요약했다. 이는 모두 큰 인물들에 대한 업신여김이자 멸시다. 마오쩌둥의 말은 공자가 언급한 "지혜로운 자와 어리석은 자는 바꿀 수 없다"* 및 "마음을 쓰는 자는 남을 다스리고, 힘을 쓰는 자는 남에게 다스림을 받는다"**와 상호 대립한다.

마오쩌둥은 한평생 권위를 멸시하고 권세 있고 지위가 높은 사람을 하찮게 보았으며, 과감하게 거물들에 맞서 도전했고 과감하게 강자와 싸웠다.

농민의 아들이었던 마오쩌둥은 일반 민중에 대해 소박한 정을 가졌다. 그는 시종 보잘것없는 사람들 편에 서서 그들의 장점을 발견하여 선양하고, 가장 가난하고 최하층에 있는 사람들의 자존심을 세워주었다. 또한 그들의 마음속에 자부심을 심어주어 발전하게 하고 자신의 운명을 주도적으로 이끌어나가게 했다. '비천한 자가 가장 총명

● 《논어》〈양화〉에 나오는 구절이다. "唯上智下愚不移."
●● 《맹자(孟子)》〈등문공상(滕文公上)〉에 나오는 구절이다. "勞心者治人, 勞力者治於人."

하고, 고귀한 자가 가장 우둔하다'가 바로 하나의 예다. 그는 전도된 역사를 다시 전도시켰다. '고귀한 자'가 하층민을 쓰레기로 보고 '비천한 자'에게 멸시하는 눈빛을 던질 때 마오쩌둥은 도리어 '큰 소리'로 '고귀한 자'에게 멸시의 눈빛을 던져서 '비천한 자'를 치켜세웠다. 그는 보잘것없는 사람들의 자신감과 존엄성을 바로 세워서 그들을 주인으로 만들었다.

루쉰은 《문학과 땀흘림(文學與出汗)》에서 다음과 같이 말했다. "'바람이 불면 쓰러질 듯 약한' 아가씨가 흘리는 땀은 향기로운 땀이요, '소처럼 미련한' 노동자가 흘리는 땀은 역겨운 땀이다. 만약 세상에 길이 남을 글을 지어 세상에 길이 남을 문학가가 되려면 향기로운 땀을 묘사해야 좋을까, 아니면 역겨운 땀을 묘사해야 좋을까?"

정치가인 마오쩌둥은 자신의 어휘로 '역겨운 땀'을 선양하고 '비천한 자'를 찬미했다. 동시에 마오쩌둥은 자신의 말이 옷차림이 단정하고 깔끔한 '고귀한 자'의 반성을 자극하여 그들이 자세를 낮춰 고개를 숙이고 중생을 바라보며 노동자, 농민, 병사와 함께 길을 걸어가길 바랐다.

물론 '비천한 자가 가장 총명하고, 고귀한 자가 가장 우둔하다'에서 '가장(最)'은 절대화한 감이 있다. '비천한 자'와 '고귀한 자'의 신분적 경계가 모호하기 때문이다. '비천한 자'든 '고귀한 자'든 모두 과장된 것만은 분명하다. 이 격언은 한편으로는 어느 정도 진리를 제시했지만, 다른 한편으로는 그다지 이치를 얘기하지 않았으며 최소한 신중하지 못했다. 신중하지 않음이 드러나는 증거 중 하나가 두 구의 단어를 치환할 수 있다는 점이다. 만일 그 문장 중에 단어 위치를 바꾸면 "고귀한 자가 가장 총명하고, 비천한 자가 가장 우둔하다(高貴者最聰明, 卑賤者最愚蠢)"가 되는데, 이 말도 격언이 될 수 있을까? 물론 격언이 아니라고 말한다면 격언이 될 수는 없다. 상황을 극대화시켜 말하지 않으면 누구라도 기억할 수 없다. 상황을 극대화시킨 문장은 한 번만 보고도 잊히지 않는 문구가 되었는데, 루쉰이 말한 '향기로운 땀'이나 '역겨운 땀'처럼 쉽게 기억된다.

마오쩌둥은 평생 동안 가혹한 말을 많이 했고 지나친 표현을 많이 사용했다. 그렇게 함으로써 관리 사회에 고인 썩은 물을 휘저었고 동지들을 자극하여 일깨웠다. 이것이 그의 연설과 작문의 특징이자, 그가 일을 추진하는 중요한 방법이기도 하다.

그는 이에 대해 다음과 같이 풀이했다. "내가 이러한 것을 쓸 때 말이 지나쳤다. 하지만 나는 반드시 말해야 한다고 여겼다. 나는 당시 일부 동지들에게 죄짓는 것을 두려워하지 않았다. 그렇지 않으면 일을 처리하기가 어려워진다."[2] "나는 왜 이처럼 심하게 말을 할까? 조롱하듯 말하여 일부 동지들에게 아픔을 주어 그들이 잘 생각하게 만들기 위해서다. 가장 좋은 방법은 이틀 동안 잠을 이루지 못하게 하는 것이다. 그들이 잠을 잘 수 있다면 나는 기쁘지 않다. 그들이 아픔을 느끼지 못한다고 생각하기 때문이다."[3] "당시 화가 나서 말이 너무 심하게 나왔고 태도나 행동이 온화하지 못했다. 이렇게 하지 않으면 그들을 놀라게 할 수 없고, 그들이 3일 동안 잠을 못 자게 할 수도 없기 때문이다."[4]

'비천한 자가 가장 총명하고, 고귀한 자가 가장 우둔하다'는 말에 관련된 에피소드가 있다. 포상을 받은 단둥 518 트랙터 공장은 문화대혁명 때 특별한 휘장을 제작했다. 위쪽엔 마오쩌둥의 얼굴 사진을, 아래엔 마오쩌둥이 쓴 '고귀한 자가 가장 총명하고, 비천한 자가 가장 우둔하다'는 문구를 넣은 휘장이었다. 이것은 초상 휘장과 어록 휘장을 한데 합친 마오쩌둥의 상장이 되었다.

49

대자보

大字報

붓으로 쓴 비평, 비판, 폭로성의 문자를 공공장소에 붙여서 군중에게 보게 하는 것을 대자보라 한다. 대자보는 쓰기와 선포를 통해 개인의 목소리를 증폭시킨다. 대자보의 출현은 붓이라는 부드러운 옛 서사 도구를 써서 가장 새롭고 가장 거대하며 가장 첨예하고 가장 강경한 목소리를 내었다.

대자보는 1957년 정풍운동과 '반우파' 투쟁 과정에서 처음 나왔다. 마오쩌둥은 대자보를 크게 칭찬하고 제창했다.

대자보는 유용한 신식 무기로 도시, 농촌, 공장, 합작사(合作社)●, 상점, 기관, 학교, 부대, 길거리 등 군중이 있는 곳이면 모두 사용할 수 있다. 이미 보편적으로 사용되었으며 영원히 사용해야 한다. 청대 공자진(龔自珍)은 이런 시를 썼다.

● 1953년 12월부터 실시된 중국의 초보적인 집단농업 협동조합을 말한다.

온 세상에 생기가 넘치는 것은 바람과 우레 덕분인데 九州生氣恃風雷,

만 마리의 말이 일제히 소리 죽이니 정녕 슬프다. 萬馬齊暗究可哀.

내가 권하노니 하늘의 신은 다시 분발하시어 我勸天公重抖擻,

한 가지 틀에 얽매이지 말고 인재를 내려주시길. 不拘一格降人材.●

대자보는 '만 마리의 말이 침묵하는(萬馬齊暗)' 침울한 공기를 격파시켰다.¹

대자보는 마오쩌둥이 제창하면서 크게 유행했고 마오쩌둥이 주장한 '대민주(大民主)'의 중요한 구성 요소가 되었다.

대자보는 동시에 참신한 매체가 되었다. 어떤 사람은 심지어 그것을 인쇄술 발명 이후 중국 언론 발표방식의 첫 번째 혁명이라 부른다.

대자보가 가장 유행했을 때는 문화대혁명 시기였다.

1966년 6월 20일 《인민일보》는 〈혁명적 대자보는 모든 우귀사신을 폭로하는 조요경(革命的大字報是暴露一切牛·鬼蛇身的照妖鏡)〉이라는 제목의 사설을 발표했다. "혁명적 대자보에 대해 어떠한 태도를 취할 것인가? 이것이 문화대혁명에서 프롤레타리아 혁명파와 부르주아 보황파(保皇派)를 구분하는 중요한 표지다. 당신은 혁명파인가? 당신은 반드시 대자보를 환영하고 대자보를 옹호하며 군중으로 하여금 대자보를 써서 문제를 폭로하게 해야 한다. 당신은 보황파인가? 당신은 반드시 대자보를 두려워할 것이다. 대자보를 보면 얼굴이 노래지고 온몸에 식은땀이 나며 온갖 방법을 동원하여 군중의 대자보를 억압할 것이다."

"3000명의 가무단도 부족하다 여기고는, 스스로 비파를 안고 말

● 이 시는 근대사상가 공자진(1792-1841)의 《기해잡시(己亥雜詩)》(220)에 나온다.

위에서 연주한다"*라는 말처럼 마오쩌둥은 친히 칼자루를 쥐고 1966년 8월 5일에 〈사령부를 포격하라(炮打司令部)-나의 첫 대자보(我的第一張大字報)〉를 썼다. 그 글에서 마오쩌둥은 다음과 같이 역설했다. "전국의 마르크스레닌주의 대자보와 《인민일보》 평론원의 평론은 정말 훌륭하다. 동지들이여, 이 대자보와 평론원의 평론을 다시 한 번 읽어라. 하지만 50여 일간 중앙과 지방의 지도자 동지들은 도리어 반동의 부르주아 입장에 서서 부르주아 독재를 행하여 프롤레타리아의 기세 드높은 문화대혁명 운동을 공격하여 시비를 뒤집고 흑백을 뒤섞어 혁명파를 포위공격하고, 다른 의견을 압제하여 백색 테러를 행하며 이로써 득의양양하면서 부르주아의 위풍을 세우고 프롤레타리아의 기개를 없앴으니 얼마나 악독한가? 1962년의 우경과 1964년의 모양만 '좌'경이고 사실은 우경인 잘못된 경향과 연계되어 있으니, 어찌 사람을 깊이 깨닫게 하지 않겠는가?"²

이 대자보는 200여 자인데 행간에 육조(六朝) 변려문**과 같은 풍운(風韻)이 있으며, 문장 사이사이에서 뿜어져나오는 힘이 대단했다. 대자보에 대한 지도자의 허가와 그들이 앞장서서 제창하고 창작하는 분위기, 여론을 유도하는 정부의 강력한 지지, 게다가 관료 특권계층에 대한 군중의 불만 폭발로 인해, 대자보는 번창하고 번영하게 되었다. 그야말로 "신통력이 무궁무진한 역사적 화로가 전부 들끓게 된"*** 것이다. 이후 중국 사회에서 대자보 광풍이 일게 되었다. 즉, '비판의 무기'가 울려지고 '종이 위의 전쟁'이 시작되었다.

● 청대 심웅(沈雄)의 《고금사화(古今詞話)》에 나오는 구절이다. "三千歌舞猶不足, 自抱琵琶馬上彈."
●● 문장이 4자와 6자를 기본으로 한 대구로 이루어져 수사적으로 미감을 주는 문체로, 육조 시대와 당나라 때 성행했다.
●●● 마르크스의 말이다.

대자보가 톈안먼(天安門) 광장, 중난하이(中南海), 왕푸징다제(王府井大街) 등의 거리에 나붙기 시작했다. 벽, 나무, 길, 차, 돌사자 심지어 '흑방(반동 조직)'의 몸에도 붙었다. 물론 당의 신문과 간행물, 군중 조직의 간행물에도 실렸다.

　　먹을 갈아 출전하고, 붓을 휘둘러 적을 치고, 필봉이 향하는 곳마다 귀신이 형체를 드러낸다. 대자보는 현실을 비판하고 권세 있고 신분이 높은 사람을 비판하며 적을 비판하는 중요한 도구가 되었다. 한 사람이 쓰면 사람들이 읽어보았다. 여러 사람이 써도 모두 보았다. 영수 마오쩌둥에서 일반 인민에 이르기까지 거의 모든 사람이 붓을 가져와 한두 장, 심지어 몇 십 장을 써서 붙였다. 하급이 상급에게 붙이고 상급이 하급에게 붙이고 같은 계급끼리 서로 붙이고 부부끼리 붙이고 가정에 붙이고 아무런 상관이 없는 사람에게 붙여 온 거리가 모두 그렇게 붙였다.

　　대자보라는 '대중매체'는 정보, 언어, 서예, 회화와 신상(神像)을 한데 모으고 거기다 듣는 사람을 놀라게 하는 표제까지 붙여 즉각 대중화된 '혁명 행동'과 '혁명 오락'이 되었고, 중국 미디어사에서 기형적인 스펙터클을 형성했다.

　　나는 대자보를 읽을 때마다 항상 긴장감, 격렬한 느낌을 받았다. 친구가 아니면 적이고 사회주의가 아니면 자본주의였으며 좌파가 아니면 우파였고 좋은 사람이 아니면 나쁜 사람인 양극의 사유방식이었다. 계급투쟁, 조반유리의 강대한 관념이었다. 일촉즉발의 형세였고 격분하여 이를 갈았으며 너 죽고 나 살자는 격렬한 분위기였다. 혁명의 깃발로 사람을 위협하고 기만하며 호가호위(狐假虎威)하고 "이치는 부족하나 어록을 형성한(理不夠, 語錄湊)" 격렬한 문풍(文風)이었다. 왜곡되고 과장되었으며 입에서 나오는 대로 함부로 지껄이고 단장취

의(斷章取義)●했으며 무한상강(無限上綱)●●하는 비논리적인 역량이었
다. 비밀을 폭로하고 결점을 드러내며 역사의 옛 장부를 청산하는 비
판방식과 비판내용, 상대를 매도하고 희화화하며 마귀화한 언어, 게
다가 폭력적 언어와 빈번히 사용된 감탄부호(10여 구절에 연속적으로 사
용하기도 했다. 심지어 한 구절 뒤에 서너 개의 감탄부호가 있었다)들을 몽둥이
나 칼처럼 휘둘러 포효하여 온통 종이에 봉화가 일고 거센 비바람이
세차게 부는 느낌이었다.

대명(大鳴), 대방(大放), 대자보, 대변론(大辯論)을 일컬어 '4대(大)'
라고 부른다. 이는 민주 권리로 여겨져 1975년과 1978년의 〈헌법〉에
들어갔다가 이후 1982년의 〈헌법〉에서는 삭제되었다. 지금 대자보는
거의 사라졌다. 어떤 사람은 지금은 대자보가 화려하게 몸을 바꿔 인
터넷에 기생하여 활보하고 있다고 생각한다.

● 남의 글이나 말의 일부를 끊어 제멋대로 사용하다.
●● 한없이 높은 정치 원칙이나 교조적인 입장에서 바라보다.

50

참새

麻雀

참새는 소박하고 평범한 새다. 수천 년 동안 참새는 짹짹거리며 울었고 그 존재가 알려지지 않아 명성이 높지 않았으므로 좋으니 나쁘니 말할 것도 없다. 예를 들면 꼬마 아가씨들 여럿이 함께 말하며 웃고 있노라면 그들이 참새와 같다고 말하는데 이것이 좋은가, 나쁜가? 잘 모르겠다. 《장자(莊子)》에서 참새가 "쑥대밭 사이에서 날아다닌다(翱翔于蓬蒿之間)"고 말했다. 참새가 풀뿌리 계층에 속한다는 말은 과장이 아니다. 한마디로 말하면 참새는 일반 민중에 속하며, 숫자도 방대하고 몸이 튼튼하며 운명도 그다지 귀한 것이 아니라서 항상 존중받지 못했다.

참새는 작고 마오쩌둥은 크다. 하지만 어떤 일이든지 마오쩌둥과 연결되기만 하면 달리 말해야 한다.

마오쩌둥은 "중국이 참새"[1]라고 말했다. 마오쩌둥은 우주의 높은 꼭대기에 살면서 중국을 '참새'로 본 것이다.

마오쩌둥은 "참새를 해부하자"는 말로 일종의 작업 방식을 제창했다. 각각의 참새 한 마리가 모든 참새다. 참새 한 마리를 해부하면 천하의 모든 참새를 알 수 있다. 그는 1956년 9월의 〈우리 당의 역사 경험(我們黨的一些歷史經驗)〉이란 글에서 "참새는 비록 많지만 모든 참새를 분석할 필요는 없고 한두 마리만 해부하면 충분하다"[2]고 말했다.

1941년에 마오쩌둥은 "눈을 감고 참새를 잡는" 작풍을 비판했다. 《삼국지(三國志)·위지(魏志)·진림전(陳琳傳)》에서 '엄목포작(掩目捕雀)' 이라는 속담을 언급했는데, 마오쩌둥은 그것을 "눈을 감고 참새를 잡다"로 풀이했다. 참새는 활발하게 움직이고 날갯짓하여 날 수 있기 때문에 사람들이 눈을 크게 뜨고도 쉽게 잡을 수 없다. 그런데 눈을 감고 잡으라니 이렇게는 분명 잡을 수 없을 것이다.

1945년 4월 마오쩌둥은 7대(大) '구두보고'에서 중국 공산당원이 참새의 작풍을 학습할 때 "참새를 잡는 작전에 의거하여 유격전을 해야 한다. 참새는 온 하늘을 날아다니며 먹을 곳이 있으면 그곳으로 날아간다"[3]고 말했다.

마오쩌둥이 위에서 말한 '참새'의 속성은 각지의 구체적인 실정에 맞게 적절한 대책을 세우고, 상황에 따라 교묘한 수단을 쓴다는 견해다. 당시 '참새'는 아직 유행하던 단어가 아니었다. 그것이 유행한 시기는 1956년에서 1958년 사이다.

1957년 마오쩌둥이 주관하여 제정한 〈전국농업발전요강〉 제27조 규정에 "네 가지 해로움(害)을 제거해야 한다. 1956년부터 5년, 7년 혹은 12년 안에 모든 곳에서 쥐, 참새, 파리, 모기를 기본적으로 소멸시켜야 한다"고 말했다. 마오쩌둥은 또 "중국은 네 가지가 없는 나라로 바뀌어야 한다. 첫째는 쥐가 없고, 둘째는 참새가 없고, 셋째는 파리가 없고, 넷째는 모기가 없어야 한다"[4]고 말했다. 참새를 해충으로 여긴 것은 당시 사람들의 인식 수준을 반영한다. 그러나 마오쩌둥이 뜻밖에 애매한 말을 남겨놓았다 해도, 그는 큰일을 가볍게 처리하듯 이렇게 말했다. "만일 최후까지도 참새를 소멸시키지 말아야 한다고 여긴다면, 그것은 그다지 중요한 문제가 아니다. 외국에서 참새를 수입하면 된다."[5]

춘추전국시대의 저명한 명저《관자(管子)》에서는 수재, 가뭄, 풍무박상(風霧雹霜)•, 전염병, 충재(蟲災)를 '5해(害)'라 불렀다. 마오쩌둥은 여기에서 '네 가지 해로움을 제거하자(除四害)'라는 아이디어를 얻었을 것이다.

마오쩌둥이 불러냄으로써 참새는 독특한 모습으로 중국인의 생활과 문화 속으로 들어왔다.

'네 가지 해로움을 제거하자'는 운동이 본격적으로 시작되었다. 한 국가가 손에 아무런 무기도 들고 있지 않은 참새 무리에게 선전포고를 했다. 이후 강력한 국가기관이 움직여 참새의 포위와 도살 작전을 진행했다.

1958년 4월 19일 베이징 전체 인민이 출동했다. 도수 높은 안경을 낀 지식인조차도 대나무 몽둥이를 들고 지붕에 올라가 참새를 쫓았다. 저명한 교육가 예성타오(葉聖陶)는 그의 일기에서 다음과 같이 적었다.

새벽 4시가 지나자 참새를 포위 공격하는 작업이 시작되었다. 문 맞은편 공군기관 건물 꼭대기의 확성기에서 사람들의 호령 소리가 들렸다. 각 가정에서는 폭죽을 쏘고 큰 소리를 내서 참새는 쉬지도 못하고 날다가

• 기상에 의한 재해. 바람, 안개, 우박, 서리를 말한다.

지쳐 땅으로 떨어졌다. 지붕 위에선 사람들이 긴 장대를 들고 있었는데, 장대 끝에는 붉은색 천이나 다른 색 천을 매달아 때때로 휘날렸다. 나의 방 뒤에 높은 나무(느릅나무) 위에는 톈(田) 씨가 올라가 양철통을 매달아 놓고 때때로 두들겼다. 싼우(三午), 다쿠이(大奎), 샤오모(小沫)는 모두 학교의 조직에 참가하여 교내에서 작전을 수행하거나 성 밖으로 나가기도 했다.《베이징만보(北京晩報)》에 따르면 오늘 오전에 참새를 박멸한 숫자가 모든 시에서 약 1만 5000마리라고 한다. 오전에 나는 사(社)로 갔다. 기관의 작전이 다시 바뀌었고 온종일 반을 나눠 숙직했으며 숙직 당번은 방어 구역 안에 있다가 참새를 보기만 하면 소리 질러 쫓아내 머물지 못하게 했다.[6]

베이징의 참새 박멸작전은 그야말로 처참했다. 사방에서 도망 다니던 참새는 의지할 곳이 없어 극도로 지친 상태로 한 마리씩 땅에 떨어져 기절하여 죽었다. 외신에서는 "베이징 전체 도시는 전신에 깃털을 가진 반혁명분자와 작전하고 있다"고 평론했다.《인민일보》4월 20일자 보도에서는 19일 새벽부터 저녁 10시까지 지쳐서 죽고 독을 먹어 죽고 맞아죽은 참새가 8만 3249마리라고 말했다.

중국 역사상 참새가 이처럼 집중적으로 사람들의 시야로 날아 들어오고 사람들의 생활 속으로 들어오고, 특히 정치생활로 들어온 적이 없었다. 참새를 박멸하는 '거사'는 시로 쓰이고 노래로 불렸다. 시인 궈모뤄는 〈주작시(咒雀詩)〉를 써서 1958년 4월 21일자《베이징만보》에 발표했다. 물론 이 시는 만년의 대다수 그의 시와 마찬가지로 볼 만한 게 못 된다.

한 동요에 이런 구절이 있다.

작은 참새 小麻雀,

일어나지도 않았는데 沒起床,

갑자기 징과 북이 하늘을 울리는 소리 듣는다. 忽聽鑼鼓震天響.

작은 참새 小麻雀,

밖으로 날아가니 往外飛,

수많은 사람이 참새 쫓는다. 千人萬人把它追.

작은 참새 小麻雀,

나무로 올라가고 싶지만 想上樹,

나무 앞엔 작은 쇠사슬 기둥이 서 있다. 樹上站着小鎖柱.

작은 참새 小麻雀,

둥지로 올라가고 싶지만 想上房,

둥지엔 리 씨 아줌마가 웅크리고 있다. 房上蹲着李大娘.

작은 참새 小麻雀,

하늘로 날고 싶지만 飛上天,

공중에선 폭죽을 쏘고 채찍을 휘두른다. 小麻雀,

작은 참새 空中放炮又放鞭.

사방을 바라보니 四下看,

남녀노소가 포위공격을 한다. 男女老少圍剿戰.

작은 참새 小麻雀,

숨을 곳 없어 沒處藏,

입으로 짹짹거리며 어미새 찾는다. 口口聲聲直叫娘.

작은 참새 小麻雀,

날지도 못하고 飛不動,

평야에서 목숨을 잃었다. 栽到平川喪了命.[7]

1958년 8월 마오쩌둥은 재차 독려하고 격려했다. 그는 다음과 같이 말했다. "쥐, 참새, 파리, 모기를 박멸하는 일을 근래 너무 강조하지 않는다. 동지들이여, 돌아가 박멸하자. 나는 네 가지가 감소하면 할수록 좋다고 생각한다. 이들은 노동인민의 건강을 직접적으로 해치기 때문이다."[8]

'참새'는 1958년에 중국의 키워드가 된 담론 가운데 하나였다. 수억 마리나 되는 참새가 중국의 하늘과 국민의 눈 속에 출현하였으니 그것은 당시의 '블록버스터'였다. 그 해의 다른 블록버스터로는 중국에 봉화로 가득했던 대연강운동(大煉鋼運動)●과 중국의 열화가 하늘로 치솟았던 인민공사●● 운동 등이 있었다.

참새는 사람들에 의해 철저히 박멸되었다. 참새의 부리는 작아서 발언권도, 여론 진지(무대와 메가폰)도, 대변인도, 참새의 해명을 들어주는 사람도 없었다. 단지 사람들의 수습에 맡길 뿐이었다.《문회보(文滙報)》1956년 12월 3일자에 다음과 같은 기사가 실렸다. "화둥사범대학(華東師範大學) 교수가〈참새 문제를 논함〉을 발표하여 참새 박멸 작업에 대한 이견을 공개적으로 제시했다." 전하는 말에 의하면 마오쩌둥이《문회보》에 발표한 참새의 이익과 해악에 관해 논쟁한 문장을 보고 이러한 학술 논쟁 방법을 긍정했다고 한다.

실천은 참새의 좋고 나쁨을 점검하는 가장 좋은 기준이다. 이후의 현지 조사가 증명하듯이 참새는 양식을 먹는 동시에 해충도 먹는다. 따라서 참새가 없는 곳엔 해충이 성행했다.

● 1958년 중국 공산당 중앙위원회에서 제시한 1070만 톤의 철강과 1840만 톤의 철을 생산하라는 지표를 완성하기 위해 전국적으로 일으킨 제강·제철 운동.
●● 중국에서는 1958년 여름부터 전국 농촌의 공사화(公社化)가 급속히 시행되었다. 인민공사는 공업, 농업, 상업, 문화교육, 민병을 결합한 기초단위이자 사회주의 조직의 기초단위였다. 인민공사는 당의 정풍운동과 사회주의 건설 총노선, 대약진운동의 산물이기도 하다.

1959년 11월 중국과학원 당조(黨組) 서기 장진푸(張勁夫)가 〈참새 문제에 관해 주석에게 드리는 보고〉를 올렸다. 제목이 무척 장중하다. '보고'는 참새가 유익한 새인가, 해로운 새인가를 구체적으로 분석한 것이다. 이 '보고'는 참새에 대한 마오쩌둥의 견해에 영향을 주었다. 마오쩌둥은 그 조언를 받아들였다. 1960년 3월 18일 마오쩌둥은 〈애국 위생운동을 다시 발동하자〉에서 "참새는 잡지 말고 바퀴벌레로 대신해야 한다. 구호는 '쥐, 바퀴벌레, 파리, 모기를 잡자'다"[9]라고 말했다.

마오쩌둥은 일찍이 조조를 복권시킨 적이 있다. 참새 복권은 조조의 복권만큼이나 그 의미가 컸다.

마오쩌둥은 참새를 놓아주었다. 이로써 참새의 재난은 종말을 고했다. 이후의 '참새 역사'에서 '마오쩌둥과 참새'는 중요한 장(章)이 되었다. 지금 마오쩌둥은 없다. 하지만 참새는 아직 남아서 쑥대밭에 앉아 있거나 날아다니는 모습을 항상 볼 수 있다. 물론 참새는 언제나 잊히고 또 잊힐 것이다. 하지만 마오쩌둥은 우리가 우회해서 돌아갈 수 없는 존재다.

51

황제를 말에서 끌어내리다

舍得一身剮, 敢把黃帝拉下馬

'죽을 각오를 하고 황제를 말에서 끌어내린다'는 말은 반란을 일으키는 표현이어서 감히 입 밖으로 낼 수 없는 말이다. 잘못하면 목이 잘리기 때문이다. 목숨이 걸린 중대한 일이니 어찌 경솔하게 이야기할 수 있겠는가?《홍루몽》제68회에서 등장인물 왕희봉(王熙鳳)도 위와 같이 말한 적이 있다. 물론 어디까지나 소설가의 말이다.

신중국에서 마오쩌둥은 최고의 지도자였다. 따라서 "죽을 각오를 하고 황제를 말에서 끌어내리자"라는 표현은 마오쩌둥만 할 수 있는 말이었다. 다른 사람은 감히 입 밖에 꺼낼 수조차 없었다.

1957년 3월 10일 마오쩌둥은 신문출판계 대표자들과 담화하는 자리에서 이렇게 말했다. "어떤 사람이 물었다. 루쉰이 지금 살아 있다면 어떻게 했을 것 같은가? 내가 보기에 루쉰이 살아 있다면 그는 감히 쓰려고 해도 쓰지 못했을 것이다. 비정상적인 분위기에서 어찌 쓸 수 있었겠는가? 하지만 쓸 수 있는 가능성이 더 많았을지도 모른다. '죽을 각오를 하고 황제를 말에서 끌어내리자'라는 속담이 이를 잘 말해준다. 루쉰은 진정한 마르크스주의자이자 철저한 유물론자였다. 진정한 마르크스주의자, 철저한 유물론자는 두려움이 없기 때문에 그는 쓸 수 있었을 것이다."[1]

1957년 3월 12일 마오쩌둥은 중국 공산당 전국선전공작회의의 연설에서 다음과 같이 말했다. "철저한 유물론자는 두려움을 갖지 않는다. 우리는 우리와 함께 분투하는 사람들이 용감하게 책임을 지고 어려움을 극복하며 좌절을 두려워하지 않고 남의 조롱을 두려워하지 않으며, 우리 공산당원에게 비판하거나 건의하는 것을 두려워하지 않길 바란다. '죽을 각오를 하고 황제를 말에서 끌어내리자.' 우리가 사회주의, 공산주의를 위해 투쟁할 때 이처럼 두려움이 없는 정신을 가져야 한다."[2]

제8기 2중전회에서 마오쩌둥은 "죽을 각오를 하고 황제를 말에서 끌어내리자. 이는 옛사람의 말이다. 그녀는 왕희봉이라는 인물로, 유명한 봉저아(鳳姐兒, 매춘부)이기도 하다. 바로 그녀가 한 말이다"라고 말했다.

마오쩌둥은 이 말을 반복 인용하여 이 정신, 즉 "두려움이 없는 정신"을 제창했다. 마오가 이 말을 쓰면서 "죽을 각오를 하고 황제를 말에서 끌어내리자"라는 말은 새로운 생명력을 가졌고 혁명 어휘, 홍색 어휘가 되었다.

당시 신화사에서 근무하던 리선즈(李愼之)는 "마오 주석이 인용한 왕희봉의 말, '죽을 각오를 하고 황제를 말에서 끌어내리자'라는 말을 통해 그 어르신의 넓은 도량과 거대한 기백에 놀라게 된다"고 말했다.[3]

마오쩌둥은 "옛사람의 언어 가운데 생명력 있는 말들을 우리는 충분하고도 합리적으로 이용하지 못했다"고 말했다. 그는 확실히 옛

사람의 언어를 잘 이용한 본보기다.

문화대혁명 때 "죽을 각오를 하고 황제를 말에서 끌어내리자"라는 말은 범람할 정도로 사용되었다. 조반파가 이 말을 인용한 이유는 마오쩌둥이 먼저 인용해 정치적 입장이 정확하기 때문이다. 동시에 그것은 마오쩌둥 등 '프롤레타리아 사령부'의 사람을 제외하고 나머지 사람들은 모두 끌어내려 땅에 쓰러트리고 두 발로 짓밟아 영원히 일어서지 못하게 한다는 의미이기도 하다. 문화대혁명 초기의 베이징 중학 조반파 대표 천융캉(陳永康)은 "죽을 각오를 하고 황제를 말에서 끌어내리자"라는 말이 그들이 희생을 두려워하지 않고 온갖 어려움을 극복하여 승리를 쟁취하겠다는 결단을 내리게 된 좌우명이었다고 말했다.

조반파는 이 말을 개조하여 사용하였다. 예를 들어 "죽을 각오를 하고 천이(陳毅)*를 말에서 끌어내리자(舍得一身剮, 敢把陳毅拉下馬)"라고 표현한 것이다. 이 문장을 천이는 이렇게 바꿔 말했다. "어린 학생들이 죽을 각오를 하고 나 천이를 말에서 끌어내렸다. 나 천이도 죽을 각오를 하고 어린 학생들을 말에서 끌어내렸다."[4]

그때 조반파는 "죽을 각오를 하고 황제를 말에서 끌어내리다"라는 이름의 선전화(포스터), 연환화(連環畵)**, 팸플릿 등을 많이 인쇄했다.

필자의 수중에는 비판 자료집 《죽을 각오를 하고 황제를 말에서 끌어내리다》[5]라는 책자가 있는데 2004년에 100위안을 주고 사온 것이다. 이 책의 표지에는 체구가 우람한 홍위병의 모습이 있고 서툰 솜씨의 화가가 표범 모양의 대장부로 그려놓아 품위가 없고 면모가 흉

---

* 1901-1972. 중국의 정치가로 외교부장, 국무원부총리 등을 역임했다. 문화대혁명 때 모든 직위를 박탈당했다.
** 위에 그림이 있고 그 밑에 간략한 설명을 다는 중국 전통만화를 말한다.

악하다. 책자는 문장 30여 편을 수록했는데 류사오치, 덩샤오핑, 타오주(陶鑄), 펑전, 루딩이, 뤄루이칭(羅瑞卿), 양상쿤, 허룽, 보이보, 천윈(陣雲), 주더, 류즈쩬(劉志堅), 왕런중(王任重), 왕광메이 등 혁명가의 이름을 들어 비판했다.

위에서 언급한 류사오치, 덩샤오핑 등 혁명가들이 조반파에게 비판받으며 '끌려 내려왔다.' 하지만 이는 잠시였다. 나중에 '끌려 내려진' 사람은 모두 복권되었고 다시 '말'을 타게 되었다. 반면, 무지하고 두려움 없이 교만하게 "죽을 각오를 하고 황제를 말에서 끌어내리자"라고 외쳤던 조반파는 '능지처참'을 당했다.

52

큰 인물, 작은 인물

大人物, 小人物

1954년 10월 마오쩌둥은 〈홍루몽 연구 문제에 관한 편지(關于紅樓夢硏 究問題的信)〉에서 '큰 인물, 작은 인물'이란 명제를 제기했다. 그는 "사건은 두 명의 '작은 인물'에 의해 일어나며, '큰 인물'은 종종 주의를 기울이지 않거나 그 일을 저지하기도 한다"[1]고 말했다. 마오쩌둥은 이 편지를 통해 리시판(李希凡), 란링(藍翎)이 연구한 《홍루몽》의 '작은 인물'을 전국적으로 소개했다.

마오쩌둥이 일생 동안 '대인물, 소인물'에 관한 견해를 여러 번 사용하면서 두 개념이 전국적으로 유행하게 되었다.

1963년 11월 그는 한 편의 문장을 수정할 때 이렇게 말했다. "미래를 대표하는 사람은 보기에 무섭고 거대한 인물이 아니라 자신과 같은 작은 인물이다. 모든 큰 인물은 작은 인물이 변해서 된 것이다."[2]

1967년 2월 3일 마오쩌둥이 알바니아의 히스니 카포(Hysni Kapo, 당시 공산당 서기장)와 베키르 발루쿠(Beqir Balluku, 당시 국방장관)를 접견할 때 다음과 같이 말했다. "지금 중국에서 대자보를 붙이는 홍위병은 작년 여름에 타격을 받아 반혁명으로 몰린 사람들로 진승오광(陳勝吳廣)*입니다. 우리는 모두 스파르타쿠스(Spartacus)로, 사회적으로는 지위가 낮고 무시당하는 보잘것없는 인물이며 억압받는 사람들입니다."

마오쩌둥의 일생을 살펴보면 이러한 노선이 관통하고 있음을 알수 있다. 그는 큰 인물을 멸시하고 경계한 반면, 작은 인물을 칭찬하고 지지했다. 작은 인물에 대한 그의 칭찬은 "인민 대중이 역사의 창조자"이며 사상의 반영이고 "인민을 주인으로 여기는" 집권철학을 실천한 것이며, 그의 일관된 평민 본위 사상과 비엘리트 본위의 입장을 실현한 것이다.

어떤 논자는 이렇게 말했다. "마오쩌둥의 경력 및 그 성격은 자각적으로든 비자각적으로든 자신을 '소인물' '하등인' '궁인(窮人)'과 '피압박자'의 지위에 놓고 아울러 '대인물' '상등인' '부자'와 '압박자'에 대한 극단적 멸시와 반감을 형성했다."[3] 이러한 견해는 일리가 있다.

프랑스 사상가 장 자크 루소(Jean-Jacques Rousseau)는 상류사회가 가장 부패하고 하류사회는 가장 깨끗하며 고귀한 자는 하층사회에서 배워야 하는데, 가장 좋은 방법은 사람마다 하나의 전문적인 손기술(手藝)을 익히는 것이라고 말했다. 영국의 역사학자 존 액턴(John Acton) 경은 1887년에 쓴 편지에서 "권력은 부패를 부르고 절대 권력은 절대 부패를 부른다. 큰 인물은 일반적으로 나쁜 사람이다"라고 말했다.

마오쩌둥의 관점도 이와 비슷하다. 그는 작은 인물이 큰 인물보다

● 진나라 말기에 맨 처음 반란을 일으킨 진승과 오광을 가리키는 말로, 어떤 일에 선수를 치는 일 또는 그러한 사람을 비유하는 고사성어. 진승과 오광의 난을 계기로 진나라가 망했다.

강하고 하층은 상층보다 도덕적 우위를 가지고 있다고 여겼다. 이러한 논리에서 시작하면 그는 항상 작은 인물의 입장에 섰으며 그들의 심리와 시각으로 큰 인물을 보고 비판했다. 그는 혁명 실천 과정에서 가장 세력이 약하고 가장 절망적이며 가장 낮고 가장 원망을 품은 작은 인물을 이끌고 반역을 일으켰고, 작은 인물을 해방시키고 지지했다. 그리고 세도가 등 큰 인물을 타격하고 비판했고 나아가 큰 인물을 끌어내리고 그들에게 치명적인 타격을 가했다. 마오쩌둥은 여태까지 존엄성을 지니지 못했던 비천한 작은 인물을 위해 사람 노릇하는 존엄성을 지켜주었다.

이에 대해 허신은 "마오쩌둥은 평민의 영웅, 인민의 영웅. 농민의 영웅, 가난뱅이의 영웅, 피압박자의 영웅이다"[4]라고 말했고, 왕명은 "공산당은 강경하고 부유하고 높은 사람을 철저히 부쉈고 잔당을 없애 부족함을 채웠으며 세력이 약한 빈민을 위해 분노를 표출했다"[5]고 평가했다. 이런 분위기에 힘입어 문화대혁명 기간 중에 '큰 인물과 작은 인물'이라는 화제가 전에 없이 유행하기 시작했다.

> 죽음을 맹세하고 마오 주석의 혁명노선을 옹호한 소인물은 우리 최고 통수 마오 주석의 전투 호령을 따르기로 결심하고 당, 정, 군과 각종 문화계로 침투한 부르주아 대인물에게 총공격을 발동하여 대인물에 의해 전도된 역사를 다시금 전도하려고 한다.[6]

> 우리 혈기왕성한 소인물이 뛰쳐나와 전혀 두려움 없이, 거리낌 없이 부르주아의 대인물을 타도했다.[7]

> 옛날 위세를 부리던 대인물이 오늘은 죄수가 되었다. (…) 정말 속을 시원

하게 한다.[8]

지금 우주를 뒤흔드는 혁명 대비판이 시작되었다. 일찍이 당신들에게 짓밟혔던 '소귀(小鬼)'가 반란을 일으켰다. 이름이 나지 않은 소인물이 세상을 뒤집었다. 아울러 대인(大印)을 가지고 대권을 장악하여 당신들의 머리 꼭대기에 서서 조국을 꾸짖고 문자를 휘날려 정말 풍운을 질타하고 안하무인격이며 위풍당당하다. 정말 대단하다. 정말 통쾌하다.[9]

청화대학 징강산병단이 주관한 《징강산(井岡山)》 잡지가 1967년 제6기 출간본에 〈교육혁명에 관한 마오 주석 어록〉을 실었는데, 그중에 〈소인물이 대인물과 싸워 이기다〉라는 칼럼이 있다. 후베이 우한 조반파는 《소인물 논단》 잡지를 창간했다. 1967년 5월 27일 《해방일보》는 〈'소인물'은 과감하게 '대인물'에게 조반해야 한다〉라는 문장을 발표했다. 1967년 6월에 산둥사범대학(山東師範大學) 홍위병이 출판한 《황허평론(黃河評論)》 창간호는 〈혁명적 소인물찬(小人物贊)〉이라는 글을 게재했다.

문화대혁명은 소인물에게 커다란 무대를 제공했다. 여태까지 자신의 운명을 좌우할 수 없었던 소인물이 일어나 반역했다. 이 시기 소인물은 관리와 지식인 등 대인물보다 더욱 홀가분하고 더욱 자유자재로 지냈다. 이것도 문화대혁명 후 일반 민중들이 문화대혁명을 그리워하고 마오쩌둥을 그리워하는 중요한 원인이다.

마오쩌둥은 때때로 소인물을 높이 평가하고 의식적으로 과장했다고 인정하지 않을 수 없었다. 민간 속담에 "사람이 일단 부자가 되면 얼굴이 바뀐다(人一闊, 臉就變)"*란 말이 있다. 루쉰은 "노동자가 십장이 되면 노동자보다 더 악독하다"**라고 말했다. 작은 인물은 '소인'

이 되기 쉬운데 큰 인물이 반드시 '대인'이 아닌 것과 마찬가지다.

작은 인물이 혁명을 일으켜 착수하기 시작하자, 더 거칠고 악독하며 더 고민하지도 부끄러워하지도 않았다. 그래서 문화대혁명 중에 '소인물'은 '대인물'에게 반역하여 많은 경우 감정적이고 과도한 행위를 드러냈고 심지어 공포 분위기를 조장하여 수많은 대인물을 심연과 지옥으로 빠뜨렸다.

문화대혁명의 포구는 대인물을 겨냥했다. 포탄이 대인물의 머리 위에 떨어졌으며 소인물의 몸에도 떨어졌다. 소인물의 몸에 떨어질 기회가 많았을 것이다. 소인물의 숫자가 많고 대인물처럼 숨거나 비호받지 못하고 나아감과 물러섬이 자유롭지 못했기 때문이다. 결국 소인물은 대인물과 마찬가지로 희생양이었고 모두가 고난을 받아들여야 하는 처지였다.

● 루쉰(魯迅)이 일본인 우치야마 칸조(內山完造, 1885-1959)에게 준 시 〈우치야마에게(贈鄔其山)〉에도 "일활검취변(一闊臉就變)"이란 구절이 나온다.
●● 원문은 "工人當了工頭, 比原來的工頭還毒."이다. 이 구절은 화가 황융위(黃永玉)의 《나보다 늙은 영감(比我老的老頭)》(작가출판사, 2008)에서 인용한 말인데, 루쉰 전집에서 찾지 못했다. 아마 잘못 인용된 듯하다.

53

화강암 대가리

花崗巖腦袋

민간에는 "느릅나무 부스럼 같은 대가리(楡木疙瘩腦袋)"*라는 말이 있다. 루쉰은 "두뇌의 절반은 매목(埋木)으로 만든 것"**이라고 말했으며 문화대혁명 시기에는 꽉 막힌 생각을 가진 사람을 비유하는 말로 '화강암 대가리(花崗巖腦袋)'라는 말이 유행했다.

'화강암'과 '대가리(腦袋)'처럼 서로 관계가 없는 두 단어를 한데 연결하여 실감나는 신조어를 만들기란 그리 간단치가 않다. 이처럼 훌륭한 작품, 기이한 단어를 보면 그것이 마오쩌둥의 입에서 나왔거나 그가 창조한 것이라 추측할 수 있다. 책을 펼쳐보니 과연 그러했다.

1958년 4월 15일 마오쩌둥은 〈한 합작사를 소개한다(介紹一個合作社)〉라는 글에서 다음과 같이 말했다. "과거의 착취계급은 완전히 노동 군중의 큰 바다 속에 빠져버려 변하려고 생각하지도 않았다. 죽어

● 완고하고 보수적인 고집불통의 사람을 비유한다.
●● 루쉰의 잡문《거짓자유서(僞自由書)·진상을 알려주다(透底)》에 나오는 구절이다.

도 변하려고 하지 않고 화강암 대가리로 상제를 보러가는 사람도 분명 있을 터인데 그것은 대세와는 무관하다.”[1]

'화강암 대가리'라는 단어는 사람들에게 깊은 인상을 남겨주었다. 문화부 부장을 역임한 왕명은 “'화강암 대가리'라는 단어는 사람들에게 깊은 인상을 준다. (…) 우리가 아무리 일깨워도 꽉 막힌 생각을 바꾸려고 하지 않았다”[2]고 말했다.

이 단어는 문화대혁명 기간에 정치 술어가 되어 널리 사용되었다. 아래에 '화강암 대가리'와 관련해 필자가 읽었던 문장 몇 가지를 옮겨보겠다.

- 1966년 6월 20일에 《인민일보》는 사설 〈혁명적 대자보는 모든 우귀사신을 폭로하는 조요경〉에서 “소수의 자본주의 길을 걷는 당권파가 있는데 그들의 대가리는 화강암으로 만들어졌다”고 썼다.
- 문화대혁명 초기에 〈출신론(出身論)〉이란 글로 전국에 이름을 떨쳤던 위뤄커(遇羅克)가 붙잡혀 감옥에 들어갔다. 위뤄커를 심문하던 사람이 말했다. “위뤄커는 화강암 대가리를 가진 교활한 사람이다.”
- 1967년에 우한에서 '7·20 사건'●이 일어나자 우한군구(武漢軍區) 사령원 천짜이다오(陳再道)가 조반파에 의해 이 사건의 주모자로 몰렸다. 8월 4일 오후에 조반파가 베이징에서 천짜이다오를 비판하면서 “네 이놈, 줄곧 화강암 대가리를 버리지 않다니 관에 넣어버리겠다”고 말하자, 천짜이다오는 “관에 넣어라” 하고 대답했다.

● 우한사건(武漢事件)이라고도 부른다. 1967년 7월 20일 우한에서 한동안 유혈투쟁을 벌였던 군중조직인 공인총부(工人總部)와 백만웅사(百萬雄獅) 두 파의 연합을 조정하던 문화대혁명 중앙 대표단 왕리(王力)가 '백만웅사'와 호북군구(湖北軍區) 독립사단 일파에 의해 구타당하고 구금되고, 무장시위를 벌이면서 중공 중앙 문화대혁명 노선과 정책을 비판한 사건을 말한다.

- 상하이인민출판사에서 1974년 3월에 출판한 공자의 전기《공 씨네 둘째 아들(孔老二)》[3]의 마지막 구절은 "공 씨네 둘째 아들은 '교란-실패-재교란-재실패-멸망'의 말로를 걸었으며, 그는 화강암 대가리를 가지고 주공(周公)을 뵈러 갔다"다.

- 작가 바진(巴金)은 '샤오간(蕭甘)'이라는 필명으로 쓴《공 씨네 둘째 아들 최악의 일생(孔老二罪惡的一生)》에서 "기원전 479년 봄 공 씨네 가게의 어두운 구석에서 73세의 공 씨네 둘째 아들이 병들었다. 이날 새벽 그는 몸부림치며 일어나 지팡이에 의지하여 문 입구에 기대섰다. 대지에 햇빛이 비쳤으나 그는 온통 어두움을 느꼈다." "7일 후 공 씨네 둘째 아들은 끝내 최후의 숨을 쉬고는 그의 화강암 대가리를 가지고 관에 들어가게 되었다"고 말했다.

- 관화(官話) 중에 대부분은 아름다운 빈말, 틀에 박힌 신중한 말, 분명 쓸데없는 말, 본심에 어긋난 거짓말이라서 이미 문자의 혐오감을 노출하여 사람들의 혐오를 샀다. '화강암 대가리' 같은 말은 필경 생명력이 있어 재빨리 민간으로 전해져 민중들이 즐겨 듣고 즐겨 보게 되었다.

필자가 초등학교 다닐 때의 일이다. 선생님은 항상 손가락으로 성적이 나쁜 학생들의 머리를 때리면서 이렇게 말했다. "그것도 모르다니, 네 대가리는 화강암이냐?"

54

공사

公社

마오쩌둥은 인민을 인솔하여 공산주의의 길을 걸으며 '공사(公社)'라고 불리는 곳을 지나갔다.

'공사(公社)'라는 말은《예기(禮記)·월령(月令)》에 처음 나온다.

프랑스 노동자 계급이 1871년 3월에 세운 '파리 공사(Commune de Paris)'는 2개월 동안 존재했다. 그것은 '노동자 계급의 정부'•였는데 중국 공산당원이 늘 선전했기 때문에 중국 인민들도 잘 알고 있다.

'공사'가 중국 땅에 떨어져 결실을 보고 전국에 꽃을 피우게 된 것은 마오쩌둥에게서 기원한다. 마오쩌둥의 머리는 모든 사람의 위에 있었다. 그는 동시대 수많은 사람이 가져보지 못한 사상을 가졌고, 동시대 수많은 사람이 보지 못한 문제를 보았으며, 앞사람들이 해보지 못한 일들을 실천했다. 마오쩌둥은 언제나 인민으로 하여금 그가 생

• 마르크스의 말이다.

각했던 일을 하게 했다. '공사'가 바로 그런 예다.

1958년 7월 초 허난성 쑤이핑현(遂平縣)에서 '차야산위성인민공사(嵖岈山衛星人民公社)'가 세워졌다. 이것이 전국 최초의 인민공사다. 8월 6일 마오쩌둥이 허난 치리잉인민공사(七里營人民公社)를 시찰할 때 그곳에 걸린 '신샹현(新鄉縣) 치리잉인민공사' 팻말을 보고 말했다. "인민공사란 이름이 좋군! (…) 노동자, 농민, 군인, 학생, 상인을 포함하여 생산을 관리하고 생활을 관리하며 정권을 관리한다." "공사의 특징은 첫째 크고(大) 둘째 공적(公)이다."[1]

8월 17일 《인민일보》는 마오쩌둥이 '인민공사' 설립을 찬성하는 소식을 보도했다. 8월 29일 마오쩌둥이 주관하여 중앙정치국 확대회의를 열어 토론을 거친 다음 〈농촌에 인민공사를 설립하는 문제에 관한 중공 중앙의 결의〉를 정식으로 통과시켰다. 거기에 "우리는 응당 인민공사의 형식을 적극 운용하여 공산주의 과도기의 구체적 길을 모색해야 한다"라는 구절이 있다. 그 뒤 '인민공사'는 진지하게 점검하지도 않은 상황에서 전면적으로 넓게 펼쳐놓고 온 땅에 꽃을 피우게 되었다.

1958년 하반기 짧은 몇 달 만에 전국 농촌엔 보편적으로 '인민공사'가 설립 되었고 전통적인 '향(鄉)'을 대신하여 중국 농촌의 기본 단위가 되었다. 공사는 농업, 공업, 문화, 상업과 군사를 관할하여 '4화(四化)'의 특징, 즉 군사조직화, 행동기율화, 집단생활화, 관리민주화를 가지고 있었다. 공사 안에는 단체식당, 유아원, 탁아소, 재봉점, 이발소, 목욕탕, 경로당, 농업중학과 홍전학교(紅專學校)가 있었다. 한마디로 모든 농촌 사람은 '조직'으로 편입되었다. 모든 생산, 생활에 관한 일은 예외 없이 '집단' 속으로 편입되었다. "천가가 이로부터 일가가 되었다." 이는 중국 농촌사회 수천 년 역사에서 없었던 일이다.

당시 다음과 같은 내용의 순커우류(順口溜)가 전해졌다.

공산주의는 천당 共産主義是天堂,
인민공사는 교량 人民公社是橋梁.
햇볕을 따라 대로를 걸어 順着陽光大道走,
한 걸음 한 걸음 천당으로 들어간다. 一步一步進天堂.

1958년은 천지가 뒤집힌 1년이었다. '공사'의 출현은 5000년 역사와 수억 농민을 가진 동방 대국에서 역사와 국가의 면모를 바꾼 대사건이었다. 근 몇 개월 만에 마오쩌둥이 추진한 '공사'는 저지할 수 없을 만큼 기세가 맹렬하여 농촌사회의 구조와 생활습관을 철저하게 바꾸었다.

'공사'는 마오쩌둥 마음속의 '도화원'이었고 이미 중국 대지를 뒤덮은 새로운 세계였다.

마오쩌둥은 이렇게 말했다. "인민공사란 명칭은 우리가 정한 것도, 어느 성 위원회에서 정한 것도 아니고 군중이 정했다. 먼저 허난 사람이 시행했다가 그들이 정관을 세워 올해 4월부터 시작하여 몇 곳에서 인민공사라는 팻말을 걸었다. 올해 8월에 나는 허난, 허베이, 산둥을 순시하며 정확히 합작사로 부를지, 인민공사로 부를지를 결정하기 위해 의견을 들었다. 대중들이 인민공사로 부르겠다고 해서 나도 그게 좋다고 말했다. 후에 베이다이허(北戴河) 중앙회의에서 허난 인민의 방법을 받아들여 인민공사를 만드는 것에 대해 결의했다."[2]

마오쩌둥이 제창하자 '공사'는 시대의 우렁찬 소리가 되어 중국에서 '공사풍(公社風)'이 유행했다. '인민공사 좋아라(人民公社好)' '인민공사 만년 동안 장구하라(人民公社萬年長)' '나는 인민공사 사원(我是人民公

社社員)' 등 시, 노래, 춤, 그림이 유행했다. 중국인민우정(中國人民郵政)은 '인민공사'를 그린 우표를 발행했다. 톈안먼 앞의 시위 대오 중에는 '인민공사'의 방진(方陣)●을 나타내는 농촌의 모습을 전시했다.

'공사'는 새로운 세상을 창조하려는 마오쩌둥의 원대한 포부와 시도를 창세(創世)적인 웅지, 창세적인 기도(企圖)로 보여주었다.

'공사'는 참신한 형식의 사회였다. 허공을 가르고 세상에 선보인 공사는 전 세계의 이목을 끌고 논의를 일으켰다. 그중에는 칭송하는 사람, 구경하는 사람, 비판하는 사람도 있었다. 태평양 건너의 미국인은 중국 인민공사에 대해 중국 인민공사가 떠들썩한 것이 모두의 분노를 사 중국인들이 반란을 일으키려 한다고 말했다.[3]

친구의 의문에 대해 마오쩌둥은 다음과 같이 설명했다. "우리가 왜 인민공사를 시행하려 하는가? 농민들이 너무나 고달프기 때문이다. (…) 인민공사를 시행하면 생산력을 해결할 수 있다."[4]

인민공사를 비판하는 사람에게 마오쩌둥은 이렇게 반격했다. "현재 세상에는 우둔한 사람이 있어 전력을 다해 우리 인민공사를 공격한다. (…) 전하는 말에 의하면 우리는 수천 년 동안 전해 내려온 훌륭한 가정제도를 파괴했다고 한다. (…) 우리는 금년에 인민공사를 시행하려고 하지 않았고 농촌에 식당을 만들려고 하지 않았다. 제국주의가 도리어 유언비어를 날조하여 이러한 것들이 모두 내가 낸 아이디어라고 말했다. 어떤 일이 일어나는 것은 예측할 수 있으나 어떤 일들은 예측하기가 어렵다. 인민공사는 예측하지 못한 것으로 금년 7월까지도 생각하지 못한 일이었다."[5]

마오쩌둥은 인민공사에 심취하여 이를 '위대한 사업'으로 보고 그

● 중무장한 보병이 어깨와 어깨를 맞대고 보통 8열 종대로 늘어서는 전술 대형을 말한다.

것을 공산주의로 매진하는 좋은 방법이라고 여겼다. 그는 호탕하게 말했다. "앞으로 나는 인민공사의 우월성을 글로 써서 전 세계를 상대로 싸우려고 한다."[6]

당시 마오쩌둥은 원고를 모집하여 공사를 내용으로 하는 책을 엮으려고 준비하였는데 1955년에 펴낸《중국 농촌의 사회주의 고조(中國農村的社會主義高潮)》처럼 편마다 비평을 달아—당시 그는 대번에 100여 개의 평어를 달았다—인민공사의 우월성을 선전하고 각 방면의 비난을 반박하려고 했다. 그는 "나는 책 한 권을 펴내 (…) 1만여 자에 이르는 서문을 써서 세계의 반동파를 반박하고 전 세계에 선전(宣戰)하고 자신의 기개를 길러 타인의 위풍을 없애려고 한다"[7]고 말했다.

애석하게도 마오쩌둥의 문장은 나오지 못했다. 그가 기획한 책은 소원대로 펴내지 못했다. 그는 단지 일필휘지하여 '인민공사호(人民公社好)'라는 다섯 글자만 썼을 뿐이다.

마오쩌둥은 이렇게 말했다. "나는 인민공사 발명에 대한 권한이 없고 널리 보급시킬 권한만 가지고 있다. 베이다이허 결의도 내가 건의해서 쓴 것이다. 내가 허난으로 시찰 나갔을 때 차야산의 모델을 발견하고 위성공사의 방법을 얻으니 보물을 얻은 것 같았다. (…) 산둥에서 한 기자가 내게 물었다. '인민공사가 좋습니까?' 내가 '좋다'고 말하자 그 기자가 신문에 실었다."[8]

'공사'라는 단어와 이 기구는 나중에 도시에서도 한바탕 유행했다. 1960년 각지에서 일부 '성시인민공사(城市人民公社)'를 건립했는데 류사오치 주석은 중공 중앙을 대신하여 성시인민공사 문제에 관한 지시를 기초했다. 여러 가지 원인으로 '공사'는 최종적으로 도시에서는 널리 보급되지 않았다. 하지만 문화대혁명 중에 각지에서는 또 '공사'로 이름을 지은 여러 군중 조직이 출현했다.

1966년 8월 중공 중앙 제8기 11중전회에서는 '16조' 규정을 통과시켰다. "문화혁명소조, 문화혁명위원회와 문화혁명대표대회의 대표를 뽑을 때는 파리 공사(코뮌)처럼 전면적인 선거제를 실행해야 한다. 후보 명단은 혁명군중이 충분히 제기하여 군중의 반복적인 토론을 거친 뒤 선거를 진행한다. 당선된 문화혁명소조, 문화혁명위원회와 문화혁명대표대회의 대표는 군중들이 수시로 비평을 제기할 수 있다. 만일 직무에 적합하지 않으면 군중의 토론을 거쳐서 다시 뽑고 교체할 수 있다."

이후 '공사'의 명칭이 도시에서도 유행하기 시작했다. 일부 군중조직은 '공사'란 이름을 달았고 그들이 창간한 신문도 '공사'라 불렀다. 예를 들면《인민일보》의 군중조직은 잡지《베이징공사(北京公社)》(1967년 6월 창간)를 창간했고, 베이징정법학원(北京政法學院) 정법공사(政法公社)는 신문《정법공사》를 창간했으며, 허난이칠공사(河南二七公社)는《이칠공사보(二七公社報)》를 창간했다.

1967년 1월 상하이의 조반파는 상하이 시위원회의 권력을 빼앗았다. 그들은 색다른 구상을 하여 상하이시 최고 영도기관을 '상하이 인민공사'라고 불렀다. 후에 마오쩌둥이 제지하면서 취소되어 '혁명위원회'로 고쳤다. '공사'의 시비 평가는 본문의 요지가 아니기에 넘어가도록 한다.

필자는 일찍이 '공사'의 아이였다. 공사가 소재한 진(鎭)은 시골 아이들이 동경하는 곳이었으며, 신생활을 구체적으로 접촉할 수 있는 곳이었다. 그때 공사에 가거나 공사의 식당에 가서 밥을 먹고 공사의 강당에서 영화를 보고 공사의 공소사(供銷社)에 가서 진열대의 상품을 보았다. 심지어 공사의 위생원에 가서 진찰하는 것은 모든 시골 아이들의 '호화'로운 바람이었다.

1980년대에 각지의 농촌은 '인민공사' 제도를 취소하고 이전의 '향(鄕)'이라는 이름을 회복했다. '공사'라는 단어는 점차 사람들의 시야에서 잊혀져갔다.

하지만 공사에서 자란 우리 아이들은 누군가 어디 출신이냐고 물으면 입에서 '어느 공사'라는 말이 곧바로 튀어나온다. 며칠 전에 필자는 헌책방에서 헌책 두 권을 보았는데 한 권은 중국인민대학 마르크스엥겔스주의 기초계(基礎系)에서 펴낸 《공산주의 공사론(論共産主義公社)》(중국인민대학출판사, 1958년 9월)이고, 다른 한 권은 허난인민출판사에서 출판한 《인민공사의 홍기를 높이 들고 전진하는 허난 농촌(高擧人民公社紅旗前進的河南農村)》(1958년 9월)인데 모두가 당시 '공사'의 원시 문헌이다. 필자는 몇 페이지 넘겨보다가 한순간 천지가 뒤집히고 오늘밤이 어떤 밤인지도 모르겠다는 느낌이 들었다.

55

시간을 아끼다

只爭朝夕

마오쩌둥이 1963년 1월 창작한 〈만강홍(滿江紅)·궈모뤄 선생에게 화답하며(和郭沫若先生)〉(小小寰球, 有幾個蒼蠅碰壁)에 '지쟁조석(只爭朝夕)'●이라는 시구[1]가 있다.

미국 리처드 닉슨(Richard Nixon) 대통령은 이 시를 여러 번 인용한 바 있다.

1972년 2월 21일 마오쩌둥이 서재에서 닉슨을 회견했을 때 닉슨이 말했다. "주석 선생, 회견 마칠 때 당신과 총리가 우리를 초청하여 이곳에 오면서 위험을 무릅썼던 일을 설명하고 싶소. 이는 우리의 입장에서 하기 어려운 결정이오. 하지만 나는 당신의 논설을 읽어보고 당신이 시기를 잘 장악하고 '지쟁조석'을 이해하고 있다는 것을 알았소." 마오쩌둥은 닉슨이 자기 시를 인용했단 말을 듣고 웃음을 지어

● '촌각을 다투다. 촌음(寸陰)을 아끼다'라는 뜻.

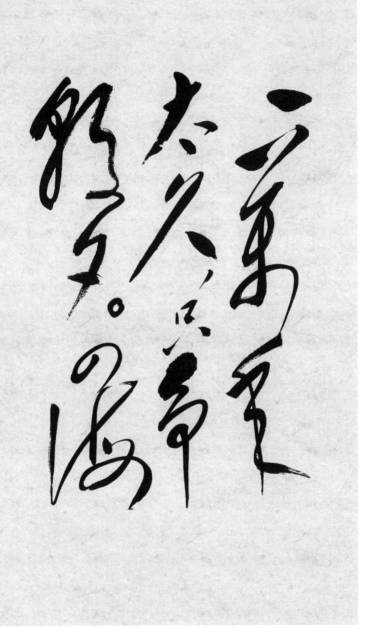

보였다.

그날 저녁에 인민대회당에서 거행한 국빈 연회에서 닉슨은 답사의 말미에서 다시 한 번 마오쩌둥의 시구를 인용했다. 그는 다음과 같이 말했다. "마오 주석은 '수많은 일들, 항상 급했었지; 천지는 돌고 돌아 세월 빠르다. 일만 년은 너무 오랜 시간이니 시간을 아껴야 하리(多少事, 從來急; 天地轉, 光陰迫, 一萬年太久, 只爭朝夕)'라는 사를 썼습니다. 지금 '시간을 아껴' 우리 양국 인민은 더욱 새롭고 아름다운 세계를 만들 수 있는 위대한 경지의 높은 봉우리로 올라갈 때입니다."

1976년 9월 마오쩌둥이 서거했다. 대통령 자리에서 물러난 닉슨은 다음과 같이 성명을 발표했다. "마오쩌둥은 위대한 혁명 지도자 가운데 특별히 뛰어난 사람이다. (…) 몇 년 전에 그는 '수많은 일들, 항상 급했었지, 천지는 돌고 돌아 세월 빠르다. 일만 년은 너무 오랜 시간이니 시간을 아껴야 하리'라는 문장을 썼다. 역사학자는 그의 업적, 그리고 중국 인민과 세계에 끼친 영향을 평가할 것이다. 확실히 그는 아침저녁으로 다투어 그가 본 전망과 강렬히 믿는 원칙을 위해 노력했다."[2]

닉슨이 짧은 기간 안에 마오쩌둥의 말 중 똑같은 내용을 연속해서 인용한 이유는 마오쩌둥에 대한 존경심에서 비롯했을 것이다. 그가 파악하고 있던 마오쩌둥의 어휘가 그다지 풍부하지 않았기 때문일지도 모른다. 더 중요한 것은 그가 확실히 '시간을 아끼다'라는 어휘를 칭찬하였고 마오쩌둥의 '시간을 아끼는' 정신에 감동했다는 점이다. 마오쩌둥의 마지막 구가 "사람을 해치는 벌레를 쓸어버리자, 대적할 자 없으리라(要掃除一切害人蟲, 全無敵)"인 줄 닉슨은 알고나 있었는지 모르겠다. 마오쩌둥이 '아침저녁으로 다투며' 제거하려고 했던 '해인충(害人蟲)', 즉 다른 사람에게 손해를 끼치는 사람에는 닉슨이 통치했던 미 제국주의가 포함되어 있었는데 말이다.

닉슨이 두 번째 중국을 방문했을 때에도 마오쩌둥 시사의 다른 명구 "세상에 못 해낼 일 없노라, 마음먹고 오르려고만 한다면(世上無難事, 只要肯登樊)"●을 인용했다.

시간은 아침과 저녁이 순환하면서 흘러간다. '지쟁조석'의 의미는 즉각 행동하여 짧은 시간에 어떤 일이나 사업을 완성하는 것을 말한다. "사람을 해치는 벌레를 쓸어버리자"가 그 예다. 모든 일이 하루아침이나 하루저녁에 이루어지진 않지만 '지쟁조석' 정신은 필요하다. '지쟁조석'은 강한 시간관념과 책임감을 표현한 어휘다.

마오쩌둥은 나중에 "천지는 돌고 돌아 세월 빠르다. 일만 년은 너무 오랜 시간이니 시간을 아껴야 하리"라는 문장을 다음과 풀이했다. "당신이 천천히 하면 나는 빨리 하여 그 반대로 하면 된다. 여러분은 일만 년을 살고 싶은가? 누구도 그렇게 오래 살 수는 없다. 나는 곧바로 높낮이를 따져보고 분명히 가려내야 하지 대충 넘어가는 것을 허용하지 않는다. 하지만 사실 시간은 우리 쪽에 있다. '지쟁조석'한다면 우리는 그다지 급할 게 없다."³

이전에 나는 '지쟁조석'이 옛말이라고 여겼으나 찾아보니 옛말이 아니었다. 초보적으로 고증해보니 이는 마오쩌둥의 시구인데 전파되는 과정에서 널리 인정되어 성어가 되면서 사람들이 알게 되었다.

중국 어휘사에서 성어는 시가에서 특히 많이 나왔다. 예를 들어 '청매죽마(青梅竹馬)', 양소무시(兩小無猜)'●●는 이백(李白)의 시에서 나

● 마오쩌둥이 1965년 5월 25일에 쓴 〈수조가두(水調歌頭)·다시 징강산에 올라(重上井岡山)〉의 구절이다.
●● 이백의 시 〈장간의 노래(長干行)〉에 나오는 구절로, "남녀 어린아이는 (천진난만하여) 허물이 없다"는 뜻이다.

왔고 '거수마룡(車水馬龍)'*, '일강춘수(一江春水)'**, '낙수낙화(流水落花)'***, '불감회수(不堪回首)'****는 이후주(李後主)의 사에서 나왔다. 문학작품 속의 좋은 구는 성어가 될 수 있다. 성어는 시구에 대한 찬사다.

'지쟁조석'이라는 어휘는 사용 빈도가 높았는데 내 기억에는 종전에 《지쟁조석》이란 이름의 간행물을 본 듯하다. '지쟁조석'은 우리의 중요한 정신적 재산으로서 실제 행동으로 옮겨져야 한다. 애석하게도 천지는 돌고 세월은 빨리 흐르며, 우리는 수많은 일들을 잊어버렸다. 오로지 공명과 부귀만 잊지 못하고 있다. 사람들은 명예와 이익만을 추구하면서 식음을 전폐하고 아침저녁으로 다투기만 한다.

● 많은 수레와 말들이 끊임없이 오가면서 떠들썩하다는 뜻으로 어떤 사람의 행차가 대단한 장관을 이루는 것을 비유한다.
●● 이후주의 사 〈우미인(虞美人)〉에 나오는 구절로, "창강(長江)의 봄물"이란 뜻이다.
●●● 이후주의 사 〈낭도사령(浪淘沙令)〉에 나오는 구절로, "흘러가는 물에 꽃 떨어지다"의 뜻이다.
●●●● 이후주의 사 〈우미인〉에 나오는 구절로, "차마 고개를 돌리지 못하다"의 뜻이다.

56

고난과 죽음을 두려워하지 않는다

一不怕苦, 二不怕死

'일불파고, 이불파사(一不怕苦, 二不怕死)'라는 슬로건은 해방군 제18군
모 부대 2중대의 병사들이 처음 외쳤던 고함이다. 1950년대 초에 이
부대는 촨짱공로(川藏公路)*를 닦을 때 확고한 맹세를 했다. "우리의
전사는 신선이 아니라 평범한 사람이다. 하지만 우리는 첫째 고난을
두려워하지 않고, 둘째 죽음을 두려워하지 않는 혁명정신을 가지고
있다."

1962년 10월 인도에 대한 자위반격전에서 이 중대의 병사가 "첫
째 고난을 두려워하지 않는다. 둘째 죽음을 두려워하지 않는다"라는
구호를 외쳐 적진에 뛰어들어 승리를 거두었다.

1963년 2월 19일 시짱군구(西藏軍區) 사령원 장궈화(張國華)가 베
이징에 올라가 마오 주석에게 보고했다. 총참모장 뤄루이칭이 그에게

● 동쪽 쓰촨성 청두시(成都市)에서 서쪽 시짱자치구(西藏自治區) 라싸시(拉薩市)에 이르는 도로를
말한다. 318, 317, 214, 109번 국도의 일부 구간으로 이루어진, 중국에서 가장 험준한 도로다.

부탁했다. "절대로 '첫째 고난을 두려워하지 않는다. 둘째 죽음을 두려워하지 않는다'는 구호를 발설하지 마라. 이는 당신들이 발명한 것이자 우리 전군 부대의 정치적 우세다." 장귀화가 보고하면서 마오쩌둥에게 말했다. 적과 싸워 이기는데 "우리의 전사들이 기댄 것은 첫째 고난을 두려워하지 않는다. 둘째 죽음을 두려워하지 않는다는 정신입니다."

마오쩌둥은 긍정적으로 말했다. "나는 '첫째 고난을 두려워하지 않는다. 둘째 죽음을 두려워하지 않는다'는 구호에 찬성한다." 말을 마치고 마오쩌둥은 손가락으로 장귀화를 가리키며 말했다. "이것은 자네 발명권이네." 그러자 장귀화는 급히 손을 저으며 말했다. "제가 아니라 발명권은 우리의 위대한 중국 인민해방군입니다." 마오쩌둥은 고개를 끄덕이며 말했다. "과거에 악비(岳飛)가 말했지. 문관이 돈을 사랑하지 않고 무관이 죽음을 두려워하지 않으면 천하가 태평하다. 또 이렇게 말했지. 굶어 죽어도 양식을 훔치지 않고, 얼어 죽어도 집을 철거하지 않는다. 당시 김올출(金兀朮)은 산을 흔들긴 쉬우나 악비 군을 흔들긴 어렵다고 말했네. 지금 나는 산을 흔들긴 쉬우나 해방군을 흔들긴 어렵다고 말하고 싶네."

1965년 11월 6일 총정치부는 공문을 보내 전 부대로 하여금 왕지에(王杰)*에게 배우고 전 군에게 '첫째 고난을 두려워하지 않는다. 둘째 죽음을 두려워하지 않는다'는 혁명정신을 드높이는 요구를 제기하라고 호소했다. 《왕지에일기》에도 "우리는 첫째 고난을 두려워하지 않는다. 둘째 죽음을 두려워하지 않으며 두려움이 없는 사람이 되려고 한다"라는 말이 있다. 이는 일부 사람들로 하여금 왕지에가 그 말

---

* 산둥성 진샹(金郷)현의 중농 출신으로 제남부 대공병대의 반장이던 1965년 7월, 사고로 폭발하는 지뢰 위로 몸을 날려 12명의 목숨을 구하고 23세의 나이로 죽었다.

의 발명자로 오인하게 만든 중요한 원인이다.

"첫째 고난을 두려워하지 않는다. 둘째 죽음을 두려워하지 않는다"라는 구호는 기층에서 발명되었고 최고지도자의 긍정을 얻어 군대에 의해 혁명정신으로 제창되었다. 이 구호가 전국에서 대규모로 전파된 것은 중공 9대(大) 이후의 일이다.

1969년 4월 마오쩌둥은 제9기 1중전회 연설에서 이렇게 말했다. "나는 '첫째 고난을 두려워하지 않는다. 둘째 죽음을 두려워하지 않는다'라는 구호를 찬성한다. 하지만 '공로는 없고 고로(苦勞: 노고)만 있고, 고로는 없고 피로(疲勞)만 있다'는 구호는 찬성하지 않는다. 이 구호는 '첫째 고난을 두려워하지 않는다. 둘째 죽음을 두려워하지 않는다'는 구호와 대립한다."[1]

1969년 8월 1일 '양보일간(兩報一刊)'●은 사설 〈인민군대가 가는 곳엔 대적할 자 없다(人民軍隊所向無敵)〉라는 글을 발표하면서 처음으로 간행물에 마오쩌둥 어록을 발표했다. "나는 '첫째 고난을 두려워하지 않는다. 둘째 죽음을 두려워하지 않는다'는 구호를 찬성한다." 이로부터 '첫째 고난을 두려워하지 않는다. 둘째 죽음을 두려워하지 않는다'는 구호는 전국으로 유포되었고 군대에서 가장 유행하는 전투구호가 되었으며 당대 중국에서 가장 유명한 구호의 하나가 되었다.

1971년 3월 마오쩌둥은 저우언라이가 제31회 세계탁구대회에 참가하는 중국 탁구대표단에 대해 보고하자 "첫째, 고난을 두려워하지 마라. 둘째, 죽음을 두려워하지 마라"[2]고 지시를 내렸다.

"첫째 고난을 두려워하지 않는다. 둘째 죽음을 두려워하지 않는다." 중국 인민과 인민해방군은 이렇게 구호를 외치면서 이 정신을

● 《인민일보》 《해방군보》 《홍기》를 지칭한다.

드높였고 맞서기 어려운 가지각색의 적들과 싸워 승리를 거두었다.

살길을 찾는 것은 인류의 기본 법칙이고 고난을 두려워하는 것은 인간의 본능이다. 고난과 죽음을 두려워하지 않는다면 더 이상 두려울 것이 없다.

"두려워하지 않는다"라는 말은 마오쩌둥 사전에서 중요한 어휘이며, 그 일생의 설교와 실천에 관통하고 있다.

청년 시절에 그는 호기롭게 선포한 적이 있다. "하늘을 두려워하지 않고 귀신을 두려워하지 않으며, 죽은 사람을 두려워하지 않고 관료를 두려워하지 않으며, 군벌을 두려워하지 않고 자본가를 두려워하지 않는다."[3]

혁명과 건설을 영도하는 중에 마오쩌둥은 고난을 두려워하지 않고 죽음을 두려워하지 않았으며, 어려움을 두려워하지 않고 비평과 자아비평을 두려워하지 않았다. 또한 다른 사람의 반역을 두려워하지 말고 세계대전을 두려워하지 말며 원자탄을 두려워하지 말라고 호소했다. 1961년에는 중국과학원 문학연구소로 하여금 《귀신을 두려워하지 않는 이야기(不怕鬼的故事)》라는 책을 펴내게 하고 사람들에게 '귀신'을 두려워하지 말라고 호소했다.

1957년 6월 마오쩌둥은 신화사 사장 우렁시(吳冷西)에게 '첫째 해직을 두려워하지 않는다. 둘째 당적 제적을 두려워하지 않는다. 셋째 부인과의 이혼을 두려워하지 않는다. 넷째 감옥 가는 것을 두려워하지 않는다. 다섯째 살인을 두려워하지 않는다'는 '오불파(五不怕)' 정신[4]을 드높이라고 말했다.

1963년 8월 1일 그는 잡언시 〈팔중대의 노래(八連頌)〉에서 다음과 같이 썼다. "압박을 두려워 말고, 핍박을 두려워 마라. 칼을 두려워 말고 창을 두려워 마라. 귀신을 두려워 말고 도깨비를 두려워 마라. 황제를 두려워 말고 도적을 두려워 마라."[5]

마오쩌둥은 근사한 말을 한 적이 있다. "중국 사람은 죽음도 두려워하지 않는데 곤란을 두려워하겠는가?"[6] 후에 수많은 사람들이 이 말을 모방하고 복제하였다. "중국인은 죽음도 두려워하지 않는데 비평을 두려워하겠느냐?" "중국인은 죽음도 두려워하지 않는데 삶을 두려워하겠느냐?" "중국인은 죽음도 두려워하지 않는데 재산 공개를 두려워하겠느냐?" "중국인은 죽음도 두려워하지 않는데 민감한 말을 두려워하겠느냐?"

물론 마오쩌둥도 '두려워'하는 것이 있었다. 그는 "공산당은 두 가지를 두려워한다. 첫째는 인민이고, 둘째는 민주 인사다"[7]라고 말했다.

시진핑은 '첫째 고난을 두려워하지 않는다. 둘째 죽음을 두려워하지 않는다'는 정신을 드높일 것을 여러 번 강조했다. 2014년 열린 '신구톈회의'에서 그는 다시 한 번 군인들에게 혈기를 가져야 한다고 요청했다. 그는 "내가 말하는 혈기는 전투정신이며 핵심은 첫째 고난을 두려워하지 않고 둘째 죽음을 두려워하지 않는 정신"[8]이라고 말했다. 이 구호가 거듭 인민군대 안에서 울려퍼졌다.

57

옛것은 오늘을 위해 활용한다

古爲今用, 洋爲中用

1964년 9월 27일 마오쩌둥은 중앙음악학원 학생 천롄(陳蓮)이 보낸 편지를 보고 당시 중공 중앙 선전부 부장을 맡았던 루딩이에게 중요한 지시를 내렸다. 그중 하나가 "옛것은 오늘을 위해 사용하고, 서구의 것은 중국을 위해 활용한다(古爲今用, 洋爲中用)"[1]는 내용이다.

마오쩌둥은 격언의 형식으로 '고위금용, 양위중용(古爲今用, 洋爲中用)'이란 두 구절을 발명하여 문화계승 차원에서 고대와 현대의 관계를 처리하고, 문화교류 차원에서 외국과 중국의 관계를 처리하는 데 사용했다. 이 두 관계는 중요하다. 마오쩌둥은 중대한 학술 문제의 핵심을 잡아 '고위금용, 양위중용'으로 개괄했다. 이로부터 '고위금용, 양위중용'은 중국 공산당의 문학예술 공작에 관한 중요한 지도방침이 되었다. 마오쩌둥은 "옛사람에게 배우는 것은 현재 살아있는 사람을 위해서고, 외국인에게 배우는 것은 지금의 중국 사람을 위해서다"[2]라고 말했다.

'고위금용, 양위중용'은 고금에 통하고 중외에 연결되며 좌우를 뛰어넘고 지행(知行)과 부합한다. 그것의 입각점은 '지금'에 있고 착안점은 '중국'에 있다. '지금'과 '옛날'이 서로 소멸되지 않으며, '중국'과 '서양'이 서로 대항하지 않는다. 그것은 옛것을 지키고 새것을 창조하는 것이며, 존중하고 계승하는 것이다.

'고위금용, 양위중용'은 고금중외(古今中外)●를 수용하고 고금중외가 서로 소통해 식견이 있고 기백이 있으며 포부가 있고 심도가 깊다.

어떤 학자는 다음과 같이 평가했다. "고/금, 양/중이라는 두 대립 관계를 통해 마오쩌둥은 자신이 한평생 완성하고자 했던 두 목표를 집약했다. 즉 혁명으로 중국을 환골탈태시켜 어떤 의미에서 현대 강국을 만들었고, 문화와 가치 방면에서 중국이 서구화하는 데 완강히 저항했으며, 중국이 충분히 현대화를 실현할 수 있는 동시에 민족의 본토를 유지할 수 있는 특색에 희망을 걸었다. 그는 이처럼 문학예술을 다루었을 뿐 아니라 심지어 마르크스주의 자체를 다루었다. 그는 비록 마르크스주의가 외래문화임을 강조하지는 않았지만, 확실히 처음부터 끝까지 그것의 중국화 문제를 강조했다.³

소위 '고위금용'은 고대의 유용한 것을 가져와 지금 사용하는 것을 말한다. 마오쩌둥은 이렇게 말했다. "중국의 문예유산을 충분히 이용하고 비판적으로 이용해야 한다. 수천 년의 중국문화는 주로 봉건시대의 문화다. 하지만 그렇다고 전부 봉건주의 문화는 아니며, 인민의 문화도 있고 반봉건의 문화도 있다. (…) 봉건주의에서 온 것들이 전부 나쁜 것은 아니다."⁴ 지금을 살펴보기 위해서는 옛것을 헤아려야 하고 옛것이 없으면 지금의 상황을 이룰 수 없었다.

● 옛날과 현재, 중국과 외국. 동서고금과 같은 뜻.

마오쩌둥 이전의 중국에 '고위금용, 양위중용'이라는 말은 없었지만, 중국사에서는 대대로 이러한 전통이 있었다. 공자가 《춘추(春秋)》를 짓자 난신적자들이 두려워했다. 사마천(司馬遷)의 《사기(史記)》는 역사를 후세의 귀감으로 삼았다. 사마광(司馬光)이 《자치통감(資治通鑑)》을 지은 목적은 더욱 명확해서 역사로 하여금 오늘의 현실을 위해 봉사하기 위함이었다. 청말 양무파(洋務派)의 수령 중 한 명인 장지동(張之洞)은 1898년에 지은 《권학편(勸學篇)》에서 "옛 학문을 본체로 하고 새로운 학문을 응용한다(舊學爲體, 新學爲用)"라 언급했는데 이 견해는 상당히 큰 영향을 주었다. 한편 마오쩌둥의 '옛것을 오늘을 위해 사용한다'라는 말은 장지동이 말한 내용을 부정하는 것이다.

소위 '서구의 것은 중국을 위해 활용한다'는 말은 외래의 좋은 것을 흡수하고 결합하여 '중(中)'의 체계 속에 넣는 것이다. 역사적으로 중국에 뿌리를 내린 불교가 여기에 속한다. 마르크스주의가 중국에 온 것도 그렇다. 1840년 이래로 '구풍(歐風, 유럽의 바람)' '미우(美雨, 미국의 비)' '소설(蘇雪, 소련의 눈)'이 순서대로 중국 속으로 스며들었고 중국문화는 이를 거부하지 못하고 받아들였다. 그리고 새롭게 탄생했다.

마오쩌둥은 이렇게 말했다. "세계문명은 동과 서 두 흐름으로 나뉜다. 동양문명은 세계문명 안에서 절반의 지위를 차지한다. 하지만 동양문명은 중국문명이라고 말할 수 있다."[5] 그는 또 다음과 같이 말했다. "우리가 외국의 장점을 받아들여 우리의 것을 약진시켜야 한다. 중국과 외국의 것을 유기적으로 결합시켜야지 외국 것만 써선 안 된다." "외국의 것을 배워 중국의 것을 창작해야 한다." "외국의 장점을 배워 중국의 것을 정리하고 중국만의 독특한 민족 풍격을 새롭게 만들어나가야 한다."[6]

'양위중용'은 때로 '외위중용(外爲中用)'이라 쓰기도 한다.

마오쩌둥은 저명한 〈10대관계론(十大關係論)〉에서 '중국과 외국의 관계'를 전문적으로 얘기했는데, 담론한 것은 '양위중용'의 이치다. 더 나아가 말하자면 마오쩌둥의 '옌안문예좌담회 강연'은 고위금용, 외위중용(古爲今用, 外爲中用)의 관계 문제를 초보적으로 탐색했다.

문화대혁명 전야에 마오쩌둥은 다시 강조했다. "옛사람, 외국인의 것도 연구해야 한다. 연구를 거부하는 것은 잘못이다. 하지만 반드시 비평적 안목으로 연구하여 고위금용, 외위중용해야 한다."[7]

'고위금용, 양위중용'에는 '중(中: 過猶不及, 不偏不倚)', '화(和: 和爲貴, 和而不同, 多樣統一)' '통(通: 變通, 會通, 交通)' '일신(日新: 苟日新, 日日新, 又日新, 創新)' 등 중국문화 중에서 가장 핵심적인 내용, 가장 기본적인 경험, 가장 깊은 정신 및 국가의 부강과 통일이라는 가장 절박한 추구가 포함되어 있다. 그래서 필자는 '고위금용, 양위중용'이 중국문명 5000년의 역사 속에서 여태까지 끊어지지 않고 이어져온 정련되고 개괄적인 총결이며, 동시에 중국문명의 영속적인 발전에 하나의 길을 밝혀주고 사고와 실천의 방식을 제공해주었다고 생각한다.

언젠가 필자는 마오쩌둥 초상을 소장하고 있는 친구 집에서 문화대혁명 때 제작한 '고위금용, 양위중용'이라는 휘장을 보았다. 홍기를 배경으로 마오쩌둥의 초상이, 오른쪽 아래에는 피아노가, 아래에는 마오쩌둥의 친필 글씨인 '고위금용, 양위중용'이 적혀 있었다. 전하는 말에 의하면 이 휘장은 골동품 시장에서 100여 위안(약 1만8000원)에 팔린다고 한다.

58

소 귀신, 뱀 귀신

牛鬼蛇身

'우귀사신(牛鬼蛇身)'이라는 단어는 본래 '소머리의 귀신, 뱀 몸의 신'이라는 뜻으로 고대 신화전설에 나오는 허구이다. 후에 어떤 사람이 그것을 소, 귀신, 뱀, 신 등 네 가지를 합쳐서 풀이했다. 소와 뱀은 실재의 동물이고, 귀신과 신은 언어적 사실일 뿐이다.

'우귀사신'이란 말 속에는 원래 비방하는 의미가 들어 있지 않았다. 두목(杜牧)의 《이하집서(李賀集序)》에서 당나라 시인 귀재(鬼才) 이하(李賀)를 말하면서 "입을 벌린 고래나 몸을 던지는 거북, 우귀사신도 그 허황되고 환상적인 분위기를 나타내기에 부족하다(鯨吸鰲擲, 牛鬼蛇身, 不足爲其虛荒誕幻也)"고 말했다. 이는 이하의 시를 찬양하는 말이다.

마오쩌둥은 이장길(李長吉)의 시를 좋아했기 때문에 그는 고인의 평가를 당연히 알고 있었다. 1956년부터 마오쩌둥은 '우귀사신'이란 단어를 사용하여 반동인물, 주로 지식인을 비유하는 데 사용하기 시작했다.

문화유산을 계승하는 문제에 관해 나는 결코 우귀사신을 찬성하지 않으니, 그것을 연출하게 하고 한번 비평해야 한다.[1]

무릇 잘못된 사상, 모든 독초, 모든 우귀사신을 비판하여 그들이 자유롭게 범람하지 않도록 해야 한다.[2]

우귀사신은 그들의 둥지를 나와야만 섬멸하기 좋고, 독초는 땅에서 나와야만 베기가 편리하다.[3]

마오쩌둥이 '우귀사신'이란 단어를 사용한 뒤 중공 지도자 류사오치, 저우언라이, 덩샤오핑 등도 공개적인 연설에서 '우귀사신'이란 단어를 빈번히 사용했다.

'우귀사신'으로 나쁜 사람, 나쁜 연극, 나쁜 작품을 묘사하였는데 이는 희곡 무대에서 악인 배역을 맡은 사람에게 그려주는 험악한 리안푸(臉譜)*와 마찬가지로 형상적이고 직관적이다. 마오쩌둥은 '우귀사신'이라는 글자를 통해 독특한 표현 효과를 만들어 '악인'에 대한 혁명 군중의 원한을 충분히 자극시켰다.

혁명 지도자가 말하는 '우귀사신'은 구체적으로 무엇을 가리키는가? 사람 다음인가? 하등한 사람인가? 사람 노릇하기 부족하다는 말인가? 사람이 아닌가? 이를 해석하거나 설명해주는 사람도 없고 문건도 없다.

---

* 중국 전통극 배우들이 얼굴에 그림을 그려서 했던 분장을 말한다.

가장 불명확한 함의를 가진 단어가 때로 영향이 가장 클 수도 있다. 그 뒤 수많은 사람, 엘리트, '진귀하고 기이한 새와 짐승(珍禽異獸)'이 '우귀사신'으로 열거되어 그들의 운명은 극도로 비참해졌다.

1966년 6월 1일 《인민일보》는 사설 〈모든 우귀사신을 쓸어버리자(橫掃一切牛鬼蛇身)〉를 발표했다. 사설이 나오자마자 각 단위에서는 '우귀사신'에 대한 비판 투쟁 붐이 더욱 거세게 일었다. '우귀사신' 가운데 어떤 사람은 비판당하고 맞고 욕을 먹었으며, 어떤 사람은 시골로 쫓겨났고, 어떤 사람은 감옥에 투옥되었고, 어떤 사람은 박해를 받아 죽었으며, 어떤 사람은 원한을 품은 채 자살했다.

마오쩌둥의 어휘, 사상체계에는 비유와 형용사 계통이 많다. 마오쩌둥은 늘 생동하고 활발하지만 정치적 함의가 모호한 어휘를 사용했다. 그는 문학적 방식으로 자신의 정치사상을 표현했다. 문학 언어는 그의 정치 언어의 당의(糖衣)였으나 형상적이고 생동감이 있어 대중들이 받아들이기 편했다. 하지만 현실 정치생활 속에서 마오쩌둥의 문학성 언어가 전달되면서 어떤 것은 비유를 잘못하여 의미가 잘못 전달되었고, 어떤 것은 정치적 판결이 되어버렸다. 이것이 바로 이론과 실제의 거리, 주관적 바람과 실제 효과의 거리다.

1968년 12월 26일 중국 공산당 중앙위원회, 중앙 문화대혁명 소조(小組)는 〈대적 투쟁에서 정책 장악에 주의해야 할 것에 관한 통지(關于對敵鬪爭中應注意掌握政策的通知)〉를 발표하여 규정했다. 이 규정에 따르면 적의 명칭을 언급할 때 "애매모호하고 혼동하기 쉬운 모순적인 표현이나 공격적인 면을 확대하는 어휘를 쓰지 말고" "'아직은 해임이 결정되지 않아 한쪽으로 비켜서 있는(靠邊站)' 간부를 '흑방(黑幇)' '우귀사신'으로 불러서는 안 된다".

성인(聖人)의 말 한 마디가 천지를 움직이는 법이다. '우귀사신'이

입에서 나오자마자 도로 거둬들일 수 없을 만큼 문화대혁명 기간에 가장 유행하는 단어가 되었다. 그밖에 '소우귀사신(小牛鬼蛇身)' '여우귀사신(女牛鬼蛇身)' '우귀사신자녀(牛鬼蛇身子女)'는 바로 '우귀사신'이라는 말의 구체적이고도 형상적인 확장이다.

59

독초

毒草

중국인은 땅과 식물에 친근하다. 그래서 일찍부터 토지에서 생장하는 향화(香花)와 독초를 식별할 줄 알았다. 《본초강목(本草綱目)》〈독초권(毒草卷)〉에는 독초 47종이 수록되어 있다. 소식(蘇軾)은 〈정보와 향적사에서 노닐며(與正輔遊香積寺)〉에서 "신령한 싹과 독초는 솜털 차이인 것 같다(靈苗與毒草, 疑似在毫髮)"라고 말했는데, 이제 그 독초가 어떻게 사용되었는지 살펴보자.

'독초'라는 농촌 어휘를 정치 영역으로 끌어들여 발명하고 전파하게 된 것은 마오쩌둥 덕분이다. 1957년부터 마오쩌둥은 '독초'란 단어를 사용하기 시작했다.

우귀사신은 그들의 둥지를 나와야만 섬멸하기 좋고 독초는 땅에서 나와야만 베기가 편리하다. 독초는 향화와 함께 자란다. 우귀사신은 기린, 봉황, 거북, 용과 함께 자란다. 이것은 우리가 예상한 것이고 우리가 바라는

것이기도 하다.[1]

독초에도 공로가 있다. 독초의 공로는 독이 있다는 것이며, 아울러 독을 뿜어 인민을 해친다는 점이다.[2]

독초는 객관적 존재다. 독초의 생장은 노동자계급 독초제거 대오의 출동을 의미한다. 객관적으로 존재하는 독초를 흙속에 매몰시켜 머리를 내밀지 못하게 하고, 혹은 고개를 내밀면 간단한 방법을 써서 압사시킨다. 이것은 계급투쟁 책략을 알지 못하는 우둔한 방법이다. 아울러 반드시 화근을 남겨두게 되어 장차 더 많은 노동력을 기울여야만 그것을 뽑아버릴 수 있을 것이다.[3]

우리는 반사회주의적 독초를 자라게 놔두고 인민 앞에 적을 세워 인민이 이를 비교하여 똑똑히 보고 대중을 격분시켜 한꺼번에 일어나 뽑아내게 할 것이다. 이를 통해 군중의 투쟁본령을 단련시키고, 사회주의의 백화제방의 광활한 천지를 개벽하기 편하게 할 것이다.[4]

무릇 잘못된 사상, 모든 독초, 모든 우귀사신을 비판하여 그들이 자유롭게 범람하지 않도록 해야 한다.[5]

마오쩌둥의 사전에서 '독초'가 지니는 함의는 무엇일까? 1957년 5월 마오쩌둥이 〈인민 내부모순을 정확히 처리하는 문제에 관하여〉를 수정할 때 향화와 독초를 식별하는 여섯 가지 기준을 썼다.

향화와 독초를 식별하는 여섯 가지 기준

1) 인민을 분열시키지 않고, 전국 각 민족의 단결에 유리한 경우.

2) 사회주의적 개조와 사회주의 건설에 불리하지 않고, 그것에 유리한 경우.

3) 인민민주주의 독재를 파괴하거나 약화시키지 않고, 이 독재의 공고화에 유리한 경우.

4) 민주주의 중앙집권제를 파괴하거나 약화시키지 않고, 이 제도의 공고화에 유리한 경우.

5) 공산당의 영도를 벗어나거나 약화시키지 않고, 이 영도의 공고화에 유리한 경우.

6) 사회주의의 국제적 단결과 전 세계 평화애호 인민의 국제적 단결에 손해를 주지 않고, 이 단결에 유리한 경우.

이상의 '여섯 가지'에서 알 수 있듯이 정치 술어인 '독초'는 개괄하여 말하면 주류 이데올로기에 부합하지 않는 정치언론과 문학작품 및 일부 '악인'을 가리킨다. '독초'로 판정받은 사람은 비판당하고 타도되었으며 뿌리 뽑혔다.

1958년 '반우파 운동' 때 중국의 대지에는 〈독초 제거의 노래(鋤草歌)〉[6]가 유행했다.

우파 제거하여 형체 드러나 一鋤右派現原形,

알고 보니 야심가였도다. 原來是個野心人.

우파를 제거하는 손에 박차 가하니 二鋤右派手加勁,

인민의 손은 사정을 봐주지 않는다. 人民手下不留情.

우파를 깊숙이 제거하면서 三鋤右派鋤得深,

독초가 다시 뿌리박지 못하게 한다. 不讓毒草再生根.

우파를 철저하게 제거하여 四鋤右派鋤干淨,

향초가 만년토록 봄을 유지하게 만든다. 留得香花萬年春.

분명 위 노래에 나오는 '우파'는 '독초'를 가리킨다. 문화대혁명 초기에 당시 상하이시 당위원회 서기였던 야오원위안(姚文元)은 우한(吳晗)●의 역사극 《해서파관(海瑞罷官)》을 '독초'라고 불렀다. 그 뒤 우수한 소설, 영화, 그림, 시가, 희극, 가곡 등이 '독초'로 몰렸다. 마오쩌둥은 이렇게 말했다. "착오가 있으면 비판받아야 하고, 독초가 있으면 투쟁을 진행해야 한다." "독초는 뽑아야 한다. 이것이 이데올로기의 독초 뽑기다."[7]

몇 년 동안 필자가 수집한 '독초' 목록 및 '독초' 자료로는 다음과 같은 것들이 있다.

- 《독초 및 엄중한 착오가 있는 영화 400편》(베이징전영학원[北京電影學院] 징강산문예병단[井岡山文藝兵團] 엮음, 1967년 9월)

- 《독초가곡 비판》(서명 '베이징공사 은서락전투대[銀鋤落戰鬪隊]'). 수도음악학원(首都音樂學院) 베이징공사가 펴낸 《동방홍》 잡지 제3기(1967년 9월)에 수록하였다. 이 글은 '독초 가곡' 60수에 대해 하나하나 이름을 들어 비판했다.

- 《독초 및 엄중한 착오가 있는 도서비판 제요》(베이징도서관 프롤레타리아 혁명파 엮음, 1968년 1월). 이 책은 350종의 도서를 '독초'로 열거했다.

● 1934-1969. 정치가이자 역사학자로 베이징 부시장, 전인대 대표 등을 역임했으나, 문화대혁명 때 실각되었다. 그가 쓴 《해서파관》은 마오쩌둥의 대약진운동을 비판하다가 실각한 국방부장 펑더화이를 옹호한 내용이다.

- 《독초를 뿌리 뽑고 흑서를 비판하다(鋤毒草批黑書)》3집(저장성혁명위원회 [浙江省革命委員會] 문예혁명판공실[文藝革命辦公室] 문물도서청리조[文物圖書淸理組], 신화서점[新華書店] 항저우시혁명위원회, 항저우대학 중문계[中文系] 혁명위원회 대비판조[大批判組] 엮음, 1969)
- 《흑서·흑희 비판자료 휘편(批判黑書黑戲資料彙編)》(저장성 혁명조반연합 총지휘부[浙江省革命造反聯合總指揮部] 대비판조, 저장신화서점 혁명위원회 대비판조 엮음, 1969년 3월). 이 책에는 '비판독초소설 110부' '비판독초희극 140부' 등 풍부한 내용이 들어 있다.
- 1971년에 상하이인민출판사에서는 《비판독초전영집(批判毒草電影集)》 《비판독초소설집(批判毒草小說集)》을 출판하였다.

문화대혁명 때에는 안타깝게도 수많은 '화초'가 독초로 몰려 뿌리 뽑혔다. 마오쩌둥은 한쪽으로는 '백화제방'을 제창했을 뿐 아니라, 다른 한쪽으로는 '독초 제거'를 제기했다. 그렇다면 이 양자 간에 서로 저촉되는 것이 없었을까? 결과적으로 '독초' 또한 백화백초(百花百草) 의 대가족 중 일부였으니 말이다.

시인 녜간누(聶紺弩)가 지은 〈칠률(七律)·독초 제거(鋤草)〉라는 시를 살펴보자.

어느 곳에 싹만 있고 풀이 없는가? 何處有苗無有草,
풀을 제거할 때마다 싹을 다친다. 每回鋤草總傷苗.
김을 매면서 뒤섞인 풀을 한탄하고 培苗常恨草相混,
독초 뽑아내며 너무 어린 싹을 가련히 여긴다. 鋤草又憐苗太嬌.
새싹이 아직 한 자도 되지 않았는데 未見新苗高一尺,
잡초를 벌써 세 번이나 뽑아냈다. 來鋤雜草已三遭.

뽑길 멈추고 자신도 모르게 손에 땀을 뿌리고 停鋤不覺手揮汗,

사물의 이치 통하기 어려우니 마음만 절로 초조하다. 物理難通心自焦.

자욱한 안개와 연기(一派迷惘). 이것은 시인의 당혹함이며 모든 당국자의 당혹함일 것이다.

저명한 작가 바진은 이렇게 말했다. "설마 이곳에 정말 그렇게 많은 '독초'가 있단 말인가? 우리 집 앞에 초지가 있고 집 뒤엔 꽃나무를 심었다. 20여 년 동안 나는 매일 산책하면서 뜰에서, 초지에서 '독초'를 찾아보았지만 수많은 '중초약(中草藥)'●만 찾았을 뿐, 독초는 한 포기도 없었다."[8]

당시엔 그렇게 많은 '독초'를 거론하며 비판했는데 진짜 그것들이 모두 '독초'였을까? 필자는 이 문제를 가지고 '독초' 비판에 참여했던 집필자와 인터뷰를 한 적이 있다.

"선생님이 비판한 그 '독초'를 진짜 '독초'라고 믿습니까?"

"그렇진 않아요."

"독자들은 선생님이 비판한 '독초'가 모두 '독초'라고 믿나요?"

"그렇지는 않습니다."

"작자도 믿지 않고 독자도 믿지 않는데, 왜 그렇게 그 일에 신중했나요?"

"그것은 공작이었습니다."

"저는 이해할 수 없어요."

"연극과 같아요. 배우는 이것이 연극인 줄 알았고 관객도 연극인 줄 알지요. 하지만 사람들은 모두 몰입했죠. 인생은 연극과 같아요."

● 중의학에서 사용하는 각종 약재. 한약재를 말한다.

나는 아무 말도 하지 못했다. 지금은 연극이 막을 내렸고 사람들은 생활 현장으로 돌아갔으며 상식을 회복했다. '독초'에는 독이 없다.

60

자기 발등을 찍다

搬起石頭打自己的脚

마오쩌둥은 혁명과 건설 시기에 "돌을 들어 자기 발등을 찍다"란 속담을 여러 번 사용했다.

1944년 10월 그는 장제스에게 "돌을 들어 자기 발등을 찍었다"고 경고했다.[1] 1949년 2월 마오쩌둥은 어느 글에서 "국민당 반동파는 금년 1월 1일부터 '평화 공세'라는 돌을 들어 중국 인민을 타격하려고 했는데, 지금은 그들 자신의 발을 찍고 있다"[2]고 말했다. 가장 유명한 것은 1957년의 일이다. 그해 11월 6일 소련 모스크바에서 마오쩌둥은 소련 최고 소비에트의 위대한 10월혁명 40주년을 경축하는 회의의 연설에서 다음과 같이 말했다. "'돌을 들어 자기 발등을 찍다'는 중국 인민이 우둔한 사람의 행위를 표현하는 속담이다. 각국 반동파 중에도 이처럼 우둔한 사람이 있다. 그들이 혁명인민에게 가하는 여러 박해는 결국 가장 광범하고 가장 극렬한 인민의 혁명을 촉진시킬 수 있을 뿐이다."[3]

'돌을 들어 자기 발등을 찍다'에서 표현하는 언어, 깊이 있는 이치는 마오쩌둥의 목소리를 통해 전 세계로 전파되었다. 문화대혁명 때 '홍위병' '조반파'는 마오쩌둥의 어록으로 적을 비판하길 좋아하여 '돌을 들어 자기 발등을 찍다'라는 말이 널리 인용되었다.

적은 언제나 우둔한 일을 하며, 언제나 돌을 들어 자기 발등을 찍는다. 그들의 염원은 언제나 인민의 염원과 서로 어그러지기 때문이다. 이러한 우귀사신이 날뛰면 날뛸수록 더욱더 참패를 당한다.[4]

돌을 들어 자기 발등을 찍는 것은 중국 인민이 어리석은 사람의 행위를 표현하는 속담이다. 사리사욕에 눈이 멀어 혁명좌파에게 미친 듯이 반박하는 자들도 우둔한 사람들이다. 그들이 혁명인민에게 가하는 여러 박해는 결국 가장 광범하고 가장 극렬한 인민의 혁명을 촉진시킬 수 있을 뿐이다.[5]

이 표현이 널리 퍼지기 시작하면서, 1967년 7월 26일에 《인민일보》는 〈돌을 들어 자기 발등을 찍다〉라는 제목의 사설을 발표했다. 이 밖에도 인용된 예들은 상당히 많다. 하지만 이런 말들은 모두 마오쩌둥을 넘어서지 못하고 '마오 씨 언어'의 주변에 있을 뿐이다.

2013년 중국과 일본 사이에 댜오위다오(釣魚島) 분쟁이 일어나자, 미국은 일본 편을 들어 중국 사람들이 불쾌하게 여겼다. 4월 30일 주미 중국대사가 이렇게 말했다. "우리는 다른 방면에서 일본의 돌을 들지 말고 더 나아가 그 돌로 자기 발등을 찍지 말며, 절대로 작은 것을 탐내다가 큰 것을 잃지 않길 바란다. 눈앞의 일시적인 필요 때문에 장기간 재난을 불러오기 때문이다."[6] 대사의 말에는 새로운 뜻이 담겨 있다.

많은 사람은 다른 사람이 '돌을 들어 자기 발등을 찍은 것'을 비판할 때, 종종 '자기' 자신은 그 사건에서 제외시킨다. '나'는 항상 자신도 사람임을 잊고 자기도 '돌을 들어 자기 발등을 찍는'다는 사실을 잊어버린다. 게다가 현실 속의 '나' 자신도 '돌을 들어 자기 발등을 찍는' 법이다.

'돌을 들어 자기 발등을 찍다'라는 말을 읽을 때마다 나는 눈앞에 '한 사람이 자기 손으로 돌을 들어서 자기의 발에 떨어트려 찍는' 장면이 떠오른다. 현실에서 그런 사람이 있을까? 아마도 당신도 그런 사람이고, 나도 그런 사람일 것이다. 이렇게 생각하자 갑자기 통증과 함께 팔에 소름이 돋는 느낌이 들었다.

61

마르크스와 진시황을 합치자

秦始皇加馬克思

서방의 마르크스가 중국에 건너와서 마오쩌둥의 조종을 거쳐 진(秦)나라의 진시황을 만나게 되었다.

마오쩌둥은 공산주의 이론가와 봉건 제왕을 하나로 통합 조정하여 일치시켰다. 마오쩌둥은 "마르크스와 진시황을 합치자"고 말했다.

마오쩌둥이 제기한 이 말은 전파 과정에서 진시황에 마르크스를 합친 '사람'으로 바뀌었다. 사실 마오쩌둥은 후자와 같은 말을 한 적이 없었다. 그러나 수많은 문장에서 '마르크스와 진시황을 합치자'는 마오쩌둥의 명언이 되었다. 마오쩌둥을 부정하는 사람도 마오쩌둥이 스스로 '마르크스에 진시황을 더한' 사람이 되려고 했다고 말했다. 이것 역시 일부 사람들이 마오쩌둥의 독재를 비난할 때 으레 등장하는 필수적인 자료다.

'마르크스와 진시황을 합치자'에서 '마르크스와 진시황을 합친 사람'으로 이어진 언어의 변화 과정이 상당히 재미있다. 1958년 8월 19

일 마오쩌둥은 베이다이허 회의 연설에서 다음과 같이 이야기했다.

> 중점은 어디에 놓고 건설하며, 어디에 이러한 조건이 있는지 보는 것이다. 흩어지기만 하고 집중하지 못하면 안 된다. ……규제해야 하며 민주만을 얘기할 수 없다.[1] "마르크스를 진시황과 결합시켜야 한다."[2]

이는 처음으로 마오쩌둥이 '마르크스와 진시황을 합치자'고 한 말이다. 이 말의 최초 출처다. 이러한 언어 환경에서 마오쩌둥은 '분산과 독재', '민주와 규제'를 얘기하면서 마르크스와 진시황이라는 두 구체적 인물로 그의 관점을 구체적으로 설명했다.

"'마르크스와 진시황을 결합시키자'이든, '마르크스+진시황'이든 사람들은 마르크스에 대해선 그다지 이견이 없다. 논쟁이 되는 사람은 진시황이다. 사람들은 마오쩌둥의 말에서 마르크스에 대해서는 기본적으로 이해할 수 있다. 진시황은 중국인의 인상 속에 독재자였고 분서갱유(焚書坑儒)*를 일으켰기 때문에 오랫동안 그의 이미지는 비교적 부정적이었다.

따라서 우리는 먼저 마오쩌둥 담론 속에서 진시황의 의미가 무엇인지를 똑똑히 밝혀야 한다.

1959년 3월 말에서 4월 초에 상하이에서 열린 중국정치국 확대회의에서 마오쩌둥은 이렇게 말했다. "진시황이 주공(主攻) 방면에 역량을 잘 집중한 것을 배우고 거울로 삼아야 하며 동시에 군중노선을 배워야 한다. 군중에 불리한 일은 국가에 불리하며 군중에 유리한데 국가에 불리한 일은 없다. 진시황은 결코 잘못이 없다는 말이 아니라,

---

* 진시황이 기원전 213년 학자들의 정치적 비판을 막기 위해 의약, 점복, 농업 관련 서적을 제외한 민간의 모든 서적을 불태우고, 이듬해 유생 460여 명을 생매장한 사건을 말한다.

진시황을 복권시키고 그에게 중대한 착오가 있음을 검토해봐야 한다는 의미다. 역사적으로 진시황은 독재를 했기 때문에 군중노선과는 근본적으로 대립한다. 지금 우리에게 필요한 것은 군중노선을 걷는 '진시황'이다. 한편으로 지도자에게는 모자를 함부로 씌워서는 안 되며, 다른 의견도 허용해야 한다. 말하는 자는 죄가 없고 듣는 자는 경계로 삼기 족하기 때문이다. 다른 한편으로 지도자는 솔선수범하여 자아비평을 제창해야 한다. 이처럼 두 분야를 결합시켜서 서로 다른 의견의 논쟁을 거치고 이러한 토대에 집중하는 것이 혁명적 '진시황'을 찾는 과정이다. 집중과 통일 속에 군중의 토대가 생긴다."[3] 여기에서 마오쩌둥이 강조한 것은 "진시황이 주공 방면에 역량을 잘 집중한 것을 배우고 거울로 삼는" 것이다.

1964년 6월 24일 마오쩌둥은 외빈을 접견할 때 말했다. "진시황은 공자보다 훨씬 위대하다. 공자는 빈말을 얘기했지만, 진시황은 중국을 처음으로 통일한 인물이다. 그는 정치적으로 중국을 통일했을 뿐만 아니라, 중국의 문자, 중국의 각종 제도를 통일했다. 도량형과 같은 제도는 후에도 줄곧 사용되었다. 중국의 과거 봉건 군주는 그 어느 누구도 뛰어넘을 수 없었다. 하지만 그는 수천 년 동안 욕을 먹었다. 그를 욕한 이유는 두 가지였다. 첫째 그는 460명이나 되는 많은 지식인을 죽였고, 둘째 일부 책을 불태웠다."[4] 여기에서 마오쩌둥이 강조한 것은 학습에서 빈말을 얘기하지 않은, 실용적인 일을 했던 진시황이다.

1965년 6월 23일 마오쩌둥은 호치민을 접견할 때 이렇게 말했다. "중국 역사에서 진정으로 일을 한 사람은 진시황이고, 공자는 빈말만 했을 뿐이다. 어떤 일은 진시황의 방법이 틀렸다. 그는 비록 13년 동안 통치했지만 수천 년 동안 영향을 끼쳤다."[5] 여기에서 마오쩌둥이 찬양한 것은 '일을 한 진시황'이었다.

1971년 린뱌오의 아들 린리궈(林立果)가 기초한 〈'571공정' 기요('571工程'紀要)〉에서 마오쩌둥을 비난했다. "그는 진정한 마르크스레닌주의자가 아니라 공맹(孔孟)의 도를 시행하고 마르크스레닌주의의 가죽을 빌려 진시황의 법을 집행한 중국 역사상 최대의 봉건 폭군이다."[6]

이와 유사하게 노골적이고 악독한 말이 상당히 많다. 마오쩌둥은 〈'571공정' 기요〉에 실린 이처럼 악랄한 욕설을 오히려 전국에 배포하여 마오쩌둥 자신이 계승한 이론, 그가 처음 만든 길, 그가 창립한 제도에 대해 자신 있게 설명했으며, 그의 도량과 기개, 강대한 마음을 보여주었다. 동시에 그는 진시황을 긍정했다.

한마디로 마오쩌둥은 근본적으로 그를 공격하는 〈'571공정' 기요〉의 언론상의 지위가 확고하지 않다고 생각했고, 그의 이론과 실천을 위협할 수 있다고 여기지도 않았으며, 진시황을 부정적 형상이라고 보지도 않았다. 그래서 그는 〈'571공정' 기요〉를 등한시하고 다른 사람들에게 '악랄한 공격'으로 비춰진 내용을 전달했다.

1973년 9월 23일 마오쩌둥은 이집트 부통령 후세인 알 사페이(Hussein Al-Shafei)와 회견할 때 이렇게 말했다. "진시황은 중국에서 유명한 최초의 황제다. 중국은 대대로 두 파로 나뉜다. 진시황이 좋다고 여기는 사람들과 진시황을 나쁘다고 말하는 사람들이다. 나는 진시황에 찬성하며 공자에 찬성하지 않는다. 진시황은 처음으로 중국을 통일했고 문자를 통일했으며 도로를 넓혔기 때문이다. 또한 나라 안에서 나라를 세우려는 지방 분권제를 혁파하고 중앙 집권제를 실시했다. 중앙정부에서 관리를 각 지방으로 파견하여 몇 년마다 한 번씩 관리를 교체함으로써 세습을 허용하지 않았다."[7]

1975년 5월 마오쩌둥은 이렇게 말했다. "진시황을 역사적 인물로 평가하려면 두 부분으로 나눠서 봐야 한다. 그가 역사의 발전 과정에서 진보적 역할을 한 점은 긍정적으로 평가받아야 한다. 하지만 그는 6국을 통일한 뒤 진취적인 측면을 상실하고 만사가 뜻대로 이뤄진 것에 득의양양해서 향락에 탐닉하고 신선을 추구했으며, 궁궐을 수축하고 인민을 잔혹하게 압박했다. 또한 도처에 유람 다니며 세월을 소모하고 상당히 무의미한 나날을 보냈다."[8]

이를 보면 마오쩌둥이 바란 것은 혁명적인 진시황, 실용적인 일을 하는 진시황, 민중의 행복을 만들어주는 진시황, 군중노선을 걷는 진시황이었음을 알 수 있다. 동시에 마오쩌둥은 '인민을 압박하는 진시황'을 비판하기도 했다.

마오쩌둥은 진시황을 위해 변호하고 비판적인 비판을 통해 간접적으로 자신을 변호했으며, 진시황을 복권시키고 자신의 억울함을 풀었다.

언어는 전파 과정에서 쉽게 변형되고 쉽게 와전되는 법이다.

예를 들면 어떤 책에서는 프랑스 루이 14세가 "짐이 곧 국가다"라고 말했다고 하고, 루이 15세가 "내 뒤에 어찌 홍수가 하늘까지 닿는 것을 두려워하겠는가?"라고 말했다고 소개한다. 프랑스 사학자들은 이미 이러한 말을 부인했으나, 수많은 사람들은 아직도 인용하고 있다.

변형된 언어 가운데 어떤 것은 사람들이 고의로 왜곡한 것도 있고, 어떤 것은 무의식적으로 만든 것도 있다. '마르크스와 진시황을 합치자'는 것은 어느 경우에 속할까?

62

반쪽 하늘

牛邊天

사람은 하늘 아래에 있어 날마다 머리를 들어 하늘을 바라본다. 전체 하늘을 보기도 하고, 어떤 때는 반쪽 하늘을 보기도 한다. 그래서 '반쪽 하늘'이라는 담론은 중국 민간에서 일찍부터 출현했다. 그러나 여성을 '반쪽 하늘'에 비유한 말은 소박하면서도 대범하고 형상적이면서도 직관적인데, 마오쩌둥이 처음으로 창조한 말이다.

마오쩌둥이 언제부터 여성을 '반쪽 하늘'에 비유하였는지는 고증이 필요하다.

1949년 5월 마오쩌둥이 여성 사진사 허우보(侯波)를 처음 봤을 때 '반쪽 하늘' 같은 말을 한 적이 있다. 그날 허우보와 그의 남편 쉬샤오빙(徐肖冰)이 함께 마오 주석을 만났다. 마오 주석은 그들 부부와 함께 기념사진을 찍었다. 허우보 부부는 마오쩌둥의 좌우에 서서 셔터를 누르려고 할 때 마오쩌둥이 말했다. "아니야, 이렇게 서면 안 되지. 여성 동지는 반쪽 하늘이니 중간에 서야지." 허우보 부부는 불안해하면서 주석을 중간에 서게 했다. 마오쩌둥은 다짜고짜로 허우보의 왼편에 섰다. 이때 사진사가 셔터를 누르면서 '반쪽 하늘'을 증명하는 진귀한 사진이 탄생했다.[1]

'반쪽 하늘'이란 말을 마오쩌둥은 여러 번 거론했다. 1953년에 산시성 핑순현(平順縣) 시거우촌(西溝村)의 선지란(申紀蘭)은 남녀 동일 노동과 동일 임금을 쟁취한 인물로 유명하다. 마오쩌둥이 선지란을 접견할 때 그녀와 악수하며 말했다. "좋아요. 당신은 농촌의 여성 리더입니다. 여성은 반쪽 하늘이지요. 당신의 리더십은 훌륭해요." 한마디 덧붙이면 마오쩌둥은 선지란을 접견했고 저우언라이는 그녀를 집으로 초대했으며 덩샤오핑은 그녀와 사진을 찍었고 장쩌민은 그녀를 '봉모인각(鳳毛麟角)'●이라 불렀다. 선지란은 전국에서 유일하게 제1기부터 제12기까지 62년간 연임한 전국인민대표대회의 대표를 지낸 인물이다.

마오쩌둥은 줄곧 여성의 활동을 중시했다. 이에 연이어 여성에 관해 언급했다. 먼저 1927년 3월에 발표한 〈후난 농민운동 시찰 보고〉에서 마오쩌둥은 중국의 여성은 정권, 족권, 신권, 부권의 지배를 받는다고 언급했다. 1939년 6월 1일 옌안에서 출판한 《중국부녀》 창간호에는 마오쩌둥의 기념 글씨 '남녀병가, 여일방동(男女并駕, 如日方東)'●●이 실렸다. 1945년 4월에 발표한 저명한 글 〈연합정부를 논함〉에서 마오쩌둥은 "혼인 자유와 남녀평등을 실현하자"고 제시했다. 또한 1949년 7월에는 《신중국부녀(新中國婦女)》라는 잡지에 "단결하여 생산과 정치활동에 참여하고, 여성의 경제적 지위와 정치적 지위를 개선하자"라는 글을 써주었다.

● 봉황의 깃털과 기린의 뿔이란 뜻으로 희귀한 인물을 말한다.
●● '남녀가 어깨를 나란히 하여 걸어가니, 마치 동방에서 떠오르는 태양 같다'는 뜻이다.

이후 1955년에 마오쩌둥은 '남녀동공동수(男女同工同酬)'●를 여러 번 강조했다. 후에 남녀동공동수는 헌법 조항에 들어갔다. 1964년 6월 15일에도 "지금의 시대는 달라졌다. 남동지가 할 수 있는 일은 여동지도 마찬가지로 처리할 수 있다"[2]고 말했다.

1968년에 마오쩌둥은 또 한 차례 "여성은 반쪽 하늘을 지탱할 수 있다"고 분명히 언급했다.

여성의 지위 향상과 활동 확대의 중요성은 '반쪽 하늘'이라는 표현을 통해 드러났다. 장구한 역사 동안 지위가 낮았던 여성들은 마오쩌둥의 '반쪽 하늘'을 통해 두각을 나타내어 중국의 반쪽 하늘을 당당히 지탱하게 되었다. 확실히 마오쩌둥 시대는 중국 여성의 지위가 가장 빨리 상승한 시기였다.

'반쪽 하늘'이란 말은 마오쩌둥 저작의 각종 판본에서는 찾아볼 수 없다. 심지어 마오쩌둥 격언을 많이 수록한《마오쩌둥 어록》에도 없다. 1964년 5월 총정치부에서 펴낸《마오 주석 어록》초판본에는 '부녀' 활동에 관한 마오쩌둥의 문장이 없었다. 필자는 인터뷰하는 과정에서 저우언라이의 부인 덩잉차오(鄧穎超)가 건의하여《마오 주석 어록》에 부녀 공작에 관한 내용을 넣은 사실을 알았다. 이 의견이 받아들여져 신판에는 '부녀'라는 절과 관련된 어록을 보충했다. 하지만 "여성은 반쪽 하늘을 지탱할 수 있다"는 말은 없다.

한편 마오쩌둥의 '반쪽 하늘'이라는 단어는 중국에서 널리 인정되었다. 창춘전영제편창(長春電影制片廠)은 영화《반쪽 하늘(半邊天)》을 찍었으며, 중앙텔레비전방송국은《반쪽 하늘》이란 프로그램을 방송했다. 사람들은 마음속으로 깨닫고 이해하여 이것이 여성의 별칭임을

● 남녀의 동일한 노동과 동일한 보수를 말한다.

알고 있다. 지금까지 중국어 속에 마오쩌둥이 말한 '반쪽 하늘'처럼 여성의 지위와 역할을 정확하게 표현하는 단어는 없었다.

마오쩌둥은 또 '한 손(一隻手)'이라는 말로 여성의 지위와 역량을 묘사했다. 그는 "여성의 역량을 충분히 발휘하게 하려면, 한 손만 가지고는 안 된다. 한 사람이 두 손을 가진 것처럼, 여성의 역량이 빠지면 안 되고 두 손을 모두 운용해야 한다"[3]고 말했다. 하지만 '한 손'의 이미지는 '반쪽 하늘'처럼 구체적이지 못하여 쉽게 다른 뜻을 낳아 유행하지는 못했다.

63

여덟아홉 시의 태양

八, 九點鍾的太陽

마오쩌둥의 어휘는 사상체계에서 비유와 형용사 계통이 많다. 그는 문학방식으로 그의 정치사상을 표현하길 좋아했다. 청년을 '여덟아홉 시의 태양'으로 비유한 것이 한 예다. 1957년 11월 17일 마오쩌둥은 모스크바를 방문했을 때 중국 유학생과 실습생을 만난 자리에서 이렇게 말했다.

세계는 여러분의 것이자 우리의 것이기도 합니다. 하지만 결국은 여러분 것입니다. 여러 청년들은 아침 기운처럼 활기차고 마침 왕성한 시기이므로 아침 여덟아홉 시의 태양과 같습니다.[1]

마오쩌둥이 말을 마치자, 우레 같은 박수소리가 터져나왔다.

'여덟아홉 시의 태양'은 나날이 향상되어가는 어떤 대상을 가리킨다. 그래서 대개 청년을 형용하는 표현으로 사용되었는데, 필자의 생각에 이보다 더 적합한 표현은 없다. 태양으로 나이를 비유하는 표현은 중국에서 오랜 역사를 가지고 있다. 서진(西晉) 초에 이밀(李密)이 조정의 부름을 거절하기 위해 〈진정표(陳情表)〉를 올렸는데, 이 글의 문장이 참으로 완곡하고 간절하다. 특히 조모 유씨(劉氏)가 "해가 서산에 지고 숨이 끊어지려 하며, 목숨이 위급하니 아침에 저녁 일을 알 수가 없다(日薄西山, 氣息奄奄, 人命危淺, 朝不慮夕)"[2]고 표현한 부분은 감동적이기까지 하다. 그래서인지 마오쩌둥도 〈진정표〉를 좋아했다. 1940년 1월에 한 정치연설에서 그는 이 시구 중 한 구절을 인용하기도 했다.

봉건주의의 사상체계와 사회제도는 역사박물관에 들어가야 할 것이다. 자본주의의 사상체계와 사회제도 가운데 일부는 이미 역사박물관에 들어갔다. (소련에서) 나머지 부분은 "해가 서산에 지고 숨이 끊어지려 하며, 목숨이 위급하니 아침에 저녁 일을 알 수가 없어" 곧 박물관에 들어갈 것이다. 오로지 공산주의의 사상체계와 사회제도는 바로 산을 밀어버리고 바다를 뒤집어엎는 기세와 뇌성벽력이 내려치듯 엄청난 힘으로 전 세계에 널리 퍼져 미묘한 청춘을 누리고 있다.[3]

당대의 저명한 시인 이상은(李商隱)의 시 〈낙유원(樂遊原)〉에 나오는 "저녁노을은 한없이 좋은데, 황혼에 가까이 왔도다(夕陽無限好, 只是近黃昏)"[4]도 '석양'으로 노인을 비유했다. 아마 마오쩌둥도 〈진정표〉와 〈낙유원〉에서 계시를 받아 거꾸로 '여덟아홉 시의 태양'으로 청년을 비유했을 것이다. 신중국에서 마오쩌둥의 담론은 주요 담론, 강세 담론이다. 게다가 '여덟아홉 시의 태양'이라는 표현은 생동감에 햇볕까지 더해져 이 말이 나오자마자 전국에 전파되어 지금까지 전하고 있다.

한마디 덧붙이자면 '조기봉발(朝氣蓬勃)'이라는 표현도 아침 공기가 왕성하고 활력이 충만함을 가리킨다. 그것이 '여덟아홉 시의 태양'과 조화를 이뤄 함께 사용되니 더욱더 적절하다고 하겠다. 이런 이유로 신중국에서는 '조기봉발'도 청년을 표현하는 상용 어휘로 자리 잡았다.

옛 사전에는 '조기봉발'이라는 표제어가 없었다. 그래서 필자는 '조기봉발'이란 어휘도 마오쩌둥이 창조했을 것이라고 생각한다. 그 이전에 '조기봉발'이라는 어휘를 사용한 사람이 있었다는 글을 읽어본 적이 없다. 물론 이는 필자가 본 책이 충분치 않기 때문일지도 모른다. 《손자병법·군사편(軍事篇)》에 "아침 기운은 날카롭고, 낮 기운은 게으르며, 저녁 기운은 돌아갈 생각만 한다(朝氣銳, 晝氣惰, 暮氣歸)"[5]라는 구절이 있다.

근원을 찾아 올라가보니, 마오쩌둥의 '조기봉발'이라는 어휘는 다음과 같이 형성되어 전파되었다. 1938년 4월 2일 마오쩌둥은 항일군정대학 학생을 대상으로 한 연설에서 "아침 기운을 가져야 한다. 다시 말하면 왕성하고 향상하고 발전하는 기운을 가져야 한다"[6]고 말했다. 이것이 마오쩌둥이 창조한 '조기봉발' 어휘의 최초 형태다.

1939년 12월 마오쩌둥은 옌안의 한 집회에서 "이 자리를 가득 채운 청년들은 아침 기운처럼 활기차다(滿堂靑年, 朝氣蓬勃)[7]고 말했다. 여기에서 '조기봉발'이라는 어휘가 탄생했다.

1957년 11월 17일 마오쩌둥은 이렇게 말했다. "여러분 청년들은 아침 기운처럼 활기차고 지금은 왕성한 시기이니 아침 여덟아홉 시의 태양과 같습니다. 희망은 여러분의 몸에 달려 있습니다." 이로부터 '조기봉발'이란 어휘가 유행했다.

64

소장

小將

1965년 1월 12일 마오쩌둥은 탁구 선수 쉬인성(徐寅生)이 어떻게 탁구를 치는가에 관한 연설을 보고서 다음과 같은 글로 지시했다. "동지 여러분, 이것은 소장(小將)들이 우리 노장(老將)들에게 도전하는 것입니다. 우리가 그들에게 무엇인가 배워야 하지 않겠습니까?"[1]

시인 궈샤오촨(郭小川)은 비공개 소식을 통해 마오쩌둥의 지시를 이해하고 고도로 민감한 정치적인 사항으로 여기며 즉시 〈소장들이 도전하고 있다(小將們在挑戰)−중국 탁구팀을 기념하여(記中國乒乓球隊)〉라는 시를 써서 《인민일보》와 《체육보(體育報)》에 발표했다.

'소장'은 청소년을 지칭할 때 마오쩌둥이 자주 쓴 애칭이다. 이미 말했듯이 그는 또 청소년을 '여덟아홉 시의 태양'이라 불렀다.

'소장'은 분명 온갖 전투를 몸소 겪은 '노장'의 상대적인 말이다. '소장'이라는 호칭은 분명히 정치적 색채를 띠고 있고 전투성, 혁명성, 도전성을 가지고 있으며, 매우 친근하고 간절한 기대를 포함하고 있다. 마오쩌둥이 청소년을 '소장'이라 부른 것은 아마도 현실에 안주하며 스스로 공로가 있다고 믿고 교만한 '노장'에 대한 불만에서 나왔을 것이다. 여기에서 마오쩌둥이 문화대혁명을 일으킨 단서를 엿볼 수 있다.

1966년 3월 30일 마오쩌둥은 "소장을 견지하여 손오공을 보호하자"[2]고 말했다.

1966년 6월 베이징 고등학생들이 자발적으로 홍위병 조직을 만들자 마오쩌둥은 분명하게 이들을 지지했다. 8월 18일 마오쩌둥이 처음으로 홍위병을 사열할 때 톈안먼 성루(城樓)에서 홍위병 펑샤오멍(彭小蒙)과 얘기를 나눴다. 이때 마오쩌둥이 말했다. "우리는 안 된다. 이 어린아이들, 그리고 소장만이 할 수 있다." 마오쩌둥은 홍위병을 소장이라 불렀다. 그 뒤 '홍위병 소장' '혁명 소장'이라는 호칭이 중국에서 유행하게 되었다.

마오쩌둥은 '홍위병 소장'을 지지하면서 "정확하게 혁명 소장을 대하라"고 요구했다. 《인민일보》는 사설에서 분명히 이렇게 언급했다. "혁명 소장을 공격하고 해치는 사람, 혁명 소장을 적으로 몰아가는 사람들은 혁명의 신생역량을 눌러 죽이고 역사라는 수레바퀴의 전진을 막으려고 기도하는데 결코 결말은 좋지 않을 것이다."《인민일보》는 또 다른 사설 〈혁명 소장에 대한 단정한 태도(端正對革命小將的態度)〉를 발표했는데 그중에 "혁명 소장을 부정하는 것은 문화대혁명을 부정하는 것이다. 혁명 소장을 공격하는 것은 문화대혁명을 공격하는 것이다"라는 구절이 있다.

시가 〈대비판(大批判)〉에서는 이렇게 묘사했다.

소장들이 말 타고 나오니 용감함은 막기 어렵고 小將出馬勇難當,

팔을 휘둘러 적을 꾸짖으며 충성심을 드러낸다. 揮臂斥敵顯膽忠.

영민한 자태와 힘찬 모습 위엄 있고 웅장하며 英姿颯爽聲威壯,

질타하고 격양된 기세 굉장하다. 指點激揚氣勢宏.

도깨비를 베고 요사스런 기운을 말끔히 치우고 奮斬魍魅淸妖氛,

그물을 찢어 대공을 심는다. 衝決羅網樹大公.

하늘을 놀라게 하는 빼어난 업적 누가 잇는가? 驚天烈業誰人繼,

풍류스런 세대 홍위병이라네. 一代風流紅衛兵.

'홍위병 소장'은 마오쩌둥의 소망을 저버리지 않았다. 그들은 '조반유리'라는 깃발을 높이 들고 대명, 대방, 대자보, 대변론을 통해 크게 기량을 떨치고 대판 싸움을 벌여 '홍색 공포'를 일으켰다. '반동조직'은 이를 듣고 전전긍긍하게 되었다.

1967년 여름 이후 혁명 조반파는 다른 파벌 간에 무장투쟁을 하느라 통제할 수 없는 위험한 상황에 빠졌다. 이에 대해 인민은 불쾌하게 생각했고 마오쩌둥도 '소장'에 대해 실망했다. 이때 마오쩌둥은 소장에게 경고의 메시지를 보냈다.

홍위병에 대해 교육을 진행하고 학습을 강화시켜야 한다. 혁명 조반파의 우두머리와 홍위병 소장에게 알리노니 지금은 여러분이 착오를 범할 수 있는 때다.[3]

애석하게도 소장들은 마오쩌둥의 훈화를 알아듣지 못한 채 서로를 계속 찔러 죽였다. 게다가 그들은 고집불통이라 누구의 말도 듣지 않게 되었다. 1968년 7월 28일 새벽 마오쩌둥은 홍위병 영수를 불러 혹독하게 질책했다. 이 일을 계기로 홍위병 운동은 끝을 맺었고 소장들이 총애를 받는 시대 또한 종말을 고했다. 이에 따라 '홍위병 소장' '혁명 소장'이 유행하던 시대도 사라졌다.

65

반조류

反潮流

반조류(反潮流)는 어떤 일을 만나면 흐름과 바람을 따르지 않고 모든 금기를 과감히 깨고 자신의 소신과 신념에 맞춰 행동하는 것(獨立特行)을 말한다.

1959년 4월 5일 마오쩌둥은 중앙회의에서 "레닌이 반조류를 언급했는데, 대부분의 경우는 '반조류해야 한다'[1]며 권하는 내용이었다"라고 말했다. 또한 1960년 9월에는 "역사적 경험이 증명하듯이 사회가 어느 정도 발전했을 때 반드시 반조류가 일어나게 된다"[2]고 말하기도 했다.

1970년 10월 마오쩌둥은 "과감하게 반조류해야 한다. 반조류는 마르크스레닌주의의 원칙이다. 루산(廬山)에서 내가 보였던 태도도 한 차례의 반조류였다"[3]고 말했다.

중공 10대(大) 〈당장(黨章)〉에도 당원은 "반조류에 대해서 과감한 실천 정신을 갖춰야 한다"고 명확히 요구했다.

반조류는 마오쩌둥이 제창한 '조반유리'의 사상과 일치한다. 조반유리는 현재에 반대하고, 시대조류를 따르는 것에 반대하며, 부화뇌동을 반대한다. 또한 일치 유지를 반대하고 남달리 특별한 주장을 내세우며, 누가 뭐라고 해도 평소 자기 식으로 하는 방식을 일컫는다. 마오쩌둥은 이것을 제창했다. 마오쩌둥의 호소에 힘입어 1973년과 1974년에 전국적으로 몇몇 '반조류'의 전형을 만들었다.

랴오닝 청년 장톄성(張鐵生)은 대학 입학시험에서 백지를 제출했다. 하지만 완전한 백지는 아니었다. 그는 자신의 답안지에 편지 한 통을 써서 '책벌레'들에 대한 불만과 "몇 시간의 필기시험으로 나의 입학자격을 취소할 수 있는" 시험제도에 대한 불만을 표출했다.

지식청년 차이춘쩌(柴春澤)는 수십 년 동안 혁명공작에 참여한 부친에게 편지를 써서 '전점(轉點)'하라고 부탁했다. 아버지보다 더 많은 일을 할 수 있는 똑똑한 지식청년에게 자리를 양보하라고 엄숙히 제안한 것이다. 또한 그는 편지에서 "혁명 1세대들은 항일전쟁 때 총을 들었고 해방전쟁 때 부상을 당했으며, 어떤 사람은 항미원조(抗美援朝)● 때 압록강을 건넜다. 하지만 이것은 과거를 설명할 수 있을 뿐이다. 지금은 다시 프롤레타리아 독재에 항거하며 혁명을 견지해야 할 때"라고 말했다.

난징대학(南京大學) 학생 중즈민(鍾志民)의 부친은 '뒷문으로 거래하여' 난징대학 정치계(政治系)에 중즈민을 입학시켰다. 중즈민은 입학한 뒤 자퇴서를 써서 3대 혁명운동●●으로 돌아가 자신을 단련했다.

베이징 중관춘(中關村) 제일소학(第一小學) 5학년 학생 황솨이(黃帥)

● "미국에 대항하고 북한을 지원한다"는 뜻으로 중국에서 한국전쟁을 가리키는 용어다.
●● 계급투쟁, 생산투쟁, 과학실험을 말한다.

는 일기를 통해 선생님에게 의견을 제시했다. 스승과 제자의 관계가 지나치게 억압적이었기 때문이다. 그녀는 《인민일보》에 편지를 써서 질문했다. "설마 우리 마오쩌둥 시대의 청소년들이 다시 옛 교육제도 의 '스승은 존엄하다(師道尊嚴)'라는 말 때문에 공부에 노역하는 노예 가 되어야 합니까?"

이러한 일련의 사건은 개인적 사건이었다. 하지만 중공 고위 간부 에게 알려지면서 이를 계기로 반조류의 물결이 거세게 일기 시작했 다. 이데올로기를 강화하고 상강상선(上綱上線)●의 선전을 진행했으 며, 이를 빌려 소위 '수정주의 교육노선의 회귀'를 비판했다. 이에 장 톄성 등은 반조류의 대표적 인물이 되었다.

두 해 동안 '반조류'와 관련된 글과 도서가 매우 유행했다. 예를 들면 1973년 1월 리칭린(李慶霖)은 《홍기》 잡지에 〈반조류를 논함〉을 발표했다. 인민출판사는 1974년 2월에 《과감하게 조류를 반대하자(要 敢于反潮流)》를 출판했으며 상무인서관(商務印書館)은 1975년에 《마르 크스·엥겔스·레닌·스탈린 반조류의 빛나는 사례(馬克思恩格斯列寧斯大 林反潮流的光輝事例)》(베이징사범대학 역사계 세계사조 편찬) 등을 출판했다. 그렇게 '반조류'는 유행어가 되었다.

반조류는 본래 좋은 의미의 단어였으나, 계급투쟁의 흙탕물에 빠 져 이데올로기적인 뜻이 더해지는 바람에 본래의 뜻을 잃어버리게 되었다. 문화대혁명 후 반조류의 대표 인물은 모두 정리되었고 '반조 류'도 청산되었다. 따라서 이제 우리는 '반조류'라는 단어에 묻은 이 데올로기의 흔적을 씻어내고 반조류 자체가 가진 빛을 드러낼 수 있 게 해야 한다.

● "정치적 강령과 노선에 따라 기계적으로 비판하다"라는 뜻이다.

66

방귀 뀌지 마라

不須放屁

'방귀'는 생리 현상이자 '말로 남을 헐뜯는(出口)' 행동을 할 때 사용하는 표현이기도 하다. 만일 어떤 사람이 '말을 받아들일(進口)' 때 신중하지 못해 상대를 불쾌하게 만드는 말인 "방귀(放屁, 허튼소리)"라고 대답한다면 그것은 그 사람을 욕하는 것이다.

방귀라는 단어는 보통 고상한 자리에 오르지 못한다. 민간에 "새색시가 방귀를 뀌면 조금씩 밖으로 배출시킨다(新媳婦放屁, 一點點往外擠)"라는 말이 있다. 그것은 주로 그 소리와 냄새가 좋지 않기 때문에 고의로 소리를 억제하여 그 냄새의 발생지와 장본인을 가리는 것이다. 방귀 뀐 것이 남에게 알려지면 그의 입장이 어떻게 되겠는가? 하지만 사람이 많은 곳에서 크게 방귀를 뀌는 사람도 있다. 일반적으로 사람이 많은 곳에서 감히 크게 방귀를 뀌는 사람은 리더나 가장이다.

시나 문장을 쓰는 것도 마찬가지다. 초보 문인은 보통 규범을 감히 뛰어넘을 수 없으나 대(大)시인은 시문에서 '방비', 즉 방귀를 뀔

念奴娇

鸟儿问答

一九六五年五月起

鲲鹏展翅，九万里，翻动扶摇羊角。
背负青天朝下看，都是人民城郭。
炮火连天，弹痕遍地，吓倒蓬间雀。
怎么得了，哎呀我要飞跃。

借问君去何方，雀儿答道，有仙山琼阁。
不见前年秋月朗，订了三家条约。还有
吃的，土豆烧熟了，再加牛肉。不须放屁，
请尝尝我荒腹。

수 있다.

1975년 10월 부시(이후 미국 대통령 역임)는 키신저를 동반하고 마오쩌둥을 회견했다. 그는 마오쩌둥이 "정상적인 외교담화에서도 중국의 농촌 사투리를 말했다. 예를 들어 담화하는 중에 그는 중·미 관계에서 그다지 중요하지 않은 구체적 문제를 얘기할 때 그 중요성을 '개소리를 지껄이는(放狗屁)' 것이라고 말하는"[1] 것을 발견했다. 부시는 당시 마오쩌둥이 그의 시사(詩詞)에서도 우아하지 못한 농촌 비속어를 사용하는 줄 몰랐다.

마오쩌둥이 생전에 발표한 마지막 사는 〈염노교(念奴嬌)·새의 문답(鳥兒問答)〉인데 1965년에 써서 1976년 1월 1일에 발표했다. 사의 마지막 구절이 자못 기이한데 "허튼소리 하지 마라! 보라, 천지가 뒤집히지 않느냐(不須放屁, 試看天地飜覆)"[2]다. 마오쩌둥은 결국 '방비'라는 단어를 시사에 넣어 감각기관을 희생하는 것을 꺼리지 않고 내면세계를 기꺼이 표현했는데 신기하고 괴이하며 아연케 하는 효과를 낳았다.

새해 첫날에 중앙인민방송국 아나운서가 이 사를 부드러운 어조와 명확한 발음으로 낭송했다. 그런데 "불수방비, 시간천지번복(不須放屁, 試看天地飜覆)" 구를 낭송할 때는 기괴한 성조로 읽었다.

전하는 말에 의하면 병상에 누워 있던 저우언라이가 방송에서 그 구절을 듣고는 웃었다고 한다.

당시 전국 인민이 이 말을 들었다면 모두가 웃었을 것이다. 당시 마오쩌둥의 이 구절은 대대에 높이 걸린 확성기를 통해 우리 마을까지 전해져 모두가 알게 되었고 심지어 구두어, 모든 것에 적용할 수 있는 말(萬應詞)이 되었다. 장기간 사람들은 "허튼소리 하지 마라(不須放屁)"라는 말로 좋아하지 않는다는 표현을 대신했다.

몇 년 동안 독서하면서 마오쩌둥의 '허튼소리 하지 마라'에 대한 평설을 자주 접했다. 일부 작가들은 '방비'를 시에 넣는 것을 촌스럽고 졸필(敗筆)이라 여긴다. 반면에 칭찬하는 사람도 있다. 시인 위안수이파이(袁水拍)는 "중국 역사에서 감히 '방비'를 시에 넣은 사람은 아무도 없다. 마오쩌둥만이 이러한 기개를 가지고 있다"고 말했다. 류야저우는 '구평(九評)'● 같이 방대한 문장은 수만 자나 되지만, 마오의 '불수방비'라는 한 구절만도 못하다고 말했다. 학자 스캉창(施康强)은 마오쩌둥이 '불수방비'를 시에 넣은 것을 대대적으로 칭찬했다.

시(詩)는 매우 고상하고(大雅) 허튼소리(屁)는 매우 저속하다(大俗)라는 제목은 전혀 관계가 없는 것 같다. 그렇다고는 하나 무릇 대아가 속(俗)이 되고 대속이 아(雅)로 바뀔 수 있으니, 고상함과 저속함은 본래 서로 통한다. (…) 수천 년의 중국문학사를 살펴보면 이 글자를 시사에 넣고도 저열하고 옹졸하며 교활함으로 흐르지 않은 사람은 마오쩌둥 한 사람밖에 없다. (…) 영웅은 저열하고 옹졸하며 교활하고, 대시인은 하나의 격식에 구애받지 말아야 사람을 놀라게 하는 필치를 갖는다.[3]

'사람을 놀라게 한다(驚人)'고 얘기했는데 다 그렇지는 않은 것 같다. 중국에는 일찍이 "시는 근거 없는 얘기에서 나오고 글은 허튼소리에서 시작된다(詩由放屁起, 文從胡說來)"라는 말이 있다. '비(屁)'를 언급한 시도 있다. 전하는 말에 의하면, 지명(志明) 스님의 〈우산사십비(牛山四十屁)〉가 있다. 건륭(乾隆) 연간에 양저우(揚州) 사람 석성금(石成金)이 《신각지명야호방비시 30수(新刻志明野狐放屁詩三十首)》를 펴냈다.

● 옛 소련 공산당 중앙위원회에 보낸 중국 공산당 중앙위원회의 9차례에 걸친 반박문을 말한다.

또한 청대 사람 이여진의 《경화연》에는 산부자(酸夫子)가 꽃을 읊은 것을 풍자한 시가 나온다.

> 도처에 새빨간 꽃이 요염하고 아름다운데 到處嫣紅嬌又麗,
> 저 가지는 피고 이 가지는 지는구나. 那枝開了這枝閉.
> 이 시는 꽃을 읊었다고 할 수 있을까? 此詩豈可算題花,
> 하찮게도 허튼소리를 늘어놓았을 뿐. 只當區區放個屁.

청대 사람 진삼(陳森)의 《품화보감(品花寶鑑)》에도 품격이 낮은 배우(伶人)를 풍자하는 시가 들어 있다.

> 지지카카 방자강* 소리 咭咭咯咯梆子腔,
> 이이야야 이황** 울리는 소리. 咿咿啞啞唱二簧.
> 바지는 하얗게 바래 엷은 가을 구름 같고 褲花白似秋雲薄,
> 무산에 올라서니 방귀 냄새도 향기롭다. 上得巫山屁亦香.

청대 사람 이백천(李百川)이 지은 《녹야선종(綠野仙踪)》에도 〈취비행(臭屁行)〉, 〈취비부(臭屁賦)〉 등이 들어 있다. 청대 사람 화광생(華廣生)이 지은 《백운유음(白雲遺音)》에도 수많은 '방비' 시가 들어 있다.

하지만 마오쩌둥의 구절은 시원시원하게 말하여 체통이 없는 '불수방비'와 다르다는 것을 인정하지 않을 수 없다. 그는 과감하게 썼다. 간결하고 통쾌하고 결단성 있고 단호하며, 세속적인 글자를 피하

---

* 산시·간쑤·칭하이·닝샤·신장 등지에서 유행하는 중국 전통 연극으로, 대추나무 목재로 만든 방자(梆子)로 연주하기 때문에 '방자강(梆子腔)'이라고 부른다.
** 중국 전통극의 곡조.

지 않아 속(俗, 저속함)으로 아(雅, 고상함)를 이긴 미묘함을 가지고 있다. 마오쩌둥은 저속하기 짝이 없는 단어를 민간에서 가져와 다시금 '방비'라는 단어에 존엄을 부여했다고 말할 수 있다.

소동파(蘇東坡)는 "길거리나 저자의 말도 모두 시에 넣을 수 있다. 하지만 녹여서 넣어야 한다(街談市語, 皆可入詩, 但要入溶化耳)"고 말했으며, 양성재(楊誠齋)는 "시는 본디 속된 것으로 우아한 것을 만들어낸다. 하지만 반드시 선배들의 것들을 녹여야만 비로소 계승할 수 있다(詩固有以俗爲雅, 然亦須經前輩溶化, 乃可因承)"고 말했다. 마오쩌둥이 속을 아로 삼고 '방비'를 시에 넣음으로써 이후의 시인들은 이 두 글자를 대담하게 사용할 수 있게 되었다.

67

열 손가락

十個指頭

어렸을 때 나는 이웃들이 손가락을 꼽아 셈하는 모습을 자주 보았는데, 그 모습이 지금까지도 눈에 선하다.

마오쩌둥은 손가락을 꼽아 이치를 따지는 것을 좋아했다. 이 모습은 농민과 같다. 이에 마오쩌둥의 사전에 손가락을 언급한 어휘가 존재하게 되었다.

정상적인 상황이라면 사람마다 손가락 열 개를 가지고 있다. 마오쩌둥은 일찍이 "열 개의 손가락으로 피아노를 연주하는" 문제를 거론한 적이 있는데 사고방식과 작업방식을 얘기한 것이다(이 책 '32 피아노를 연주하다' 참조).

마오쩌둥 담론 속의 '아홉 손가락(九個指頭)'과 '한 손가락(一個指頭)'은 그가 작업의 성과와 부족을 평가하는 일종의 이미지 표현법이다.

1951년 1월 중공 중앙은 베이징에서 제2차 전국통전공작회의(全國統戰工作會議)를 열었을 때 마오쩌둥은 토지개혁 작업, 반혁명 진압

등 실제 작업에서 열 손가락에서 아홉은 좋았고 한 개 정도는 좋지 않았다고 지적했다.

1958년 1월 중공 중앙 정치국은 난닝에서 회의를 열었다. 마오쩌둥은 회의에서 다음과 같이 강조했다. 우리 작업에서 성과와 잘못은 아홉 손가락과 한 손가락의 구별, 대국(大局)과 소국(小局)의 구별, 일반과 특수의 구별이다.

1958년 1월 마오쩌둥은 〈공작방법 60조〉 중 제34조에 '열 손가락의 문제'를 넣었다. "사람마다 열 손가락을 가지고 있다. 간부들은 아홉 손가락과 한 손가락, 혹은 다수의 손가락과 소수의 손가락을 잘 구별해야 한다. 아홉 손가락과 한 손가락은 차이가 있다. 이 일은 간단해 보이지만 많은 사람들은 이해하지 못한다. 이러한 관점을 선전해야 한다. 이것은 큰 국면과 작은 국면, 일반과 특수, 주류와 지류의 구별이다. 우리는 주류를 잡는 데 주의하고 잘못 잡았으면 반드시 좌절을 경험해야 한다. 이것은 인식의 문제이자 논리의 문제다. 한 손가락과 아홉 손가락의 견해는 생동감이 있고 우리 작업의 상황과 비교적 부합한다. 우리 작업은 근본 노선상 실책을 발생시키지 말아야 한다. 성과는 언제나 중요하다."[1]

1959년 1월 22일 그는 이렇게 말했다. "1956년의 반모진(反冒進)● 시기를 거울삼아서 작업의 결점을 많이 알리고 군중의 열정에 크게 타격을 주어 기복을 겪었다. 소위 결점은 사후에 검사하여 열 손가락의 한 손가락이거나 한 손가락이 되지 않을 때도 있다. 그때 일부 사람들은 몹시 놀라 이상하게 여기고 갈팡질팡했다."

1959년 2월 2일 그는 각 성(省) 자치구 당위원회 제1서기 회의에

● 류사오치, 저우언라이 등이 제기한 것으로 돌격주의에 대한 반대, 즉 반(反) 경제촉진 정책을 말한다.

서 이렇게 연설했다. "우리의 사업은 결국 한 손가락과 아홉 손가락의 관계다."[2]

1959년 2월 13일 마오쩌둥은 "총괄하면 1958년의 성과는 위대했다. 결점과 실책은 부차적인 것으로 열 손가락 중의 한 손가락이었다"[3]고 말했다.

1959년 2월 27일부터 3월 5일까지 정저우(鄭州)에서 거행된 중공 중앙 정치국 확대회의에서 마오쩌둥은 1958년에 중국 각 노선에서 위대한 성과를 거두었다고 여겼다. "우리의 성과와 결점의 관계는 우리가 늘 말하는, 열 손가락 중의 아홉 손가락과 한 손가락의 관계와 같다. 일부 사람들은 1958년의 대약진을 의심하거나 부정하며 인민공사의 우수성을 의심하거나 부인한다. 이러한 관점은 분명히 잘못된 것이다."

수많은 예문을 더 많이 들 수 있다. 위의 인용문에서 알 수 있듯이 마오쩌둥이 말한 '아홉 손가락'은 성과가 아홉을 차지하니 주류라는 의미다. '한 손가락'은 실책이 하나, 즉 실책과 결점이 하나로 지류이며 국부라는 뜻이다. 그는 그의 부하로 하여금 이렇게 문제를 인식하고 형세를 살펴서 성과와 실책을 보게 했다. 이는 그가 사용하길 좋아하는 비례 숫자 '90퍼센트' '10퍼센트'와 일치한다.

하지만 '아홉 손가락'은 진실로 형세가 크게 좋은 것이라 해도 수억의 인구를 가지고 있고 면적이 넓은 나라에서 '한 손가락'은 몇천만 명의 업무와 생활 심지어 생명에까지 영향을 미칠 수 있다.

1960년대 초에 큰 재앙이 닥쳤다. 류사오치는 1962년의 '칠천인대회(七千人大會)'*의 서면보고에서 이렇게 되돌아보았다. "과거에 우리는 항상 실책과 성과를 한 손가락과 아홉 손가락의 관계로 비유했다. 지금은 아마도 이러한 수법을 쓸 수 없을 것 같다. (…) 전국적으로 따져보면, 실책과 성과의 관계는 한 손가락과 아홉 손가락의 관계로 말할 수는 없고 아마 세 손가락과 일곱 손가락의 관계로 말할 수 있을 것 같다. 어떤 지구에서 결점과 실책은 세 손가락에 그치지 않았다."⁴ 이 말은 솔직하지만 귀에 거슬린다.

마오쩌둥의 '열 손가락' '아홉 손가락' '한 손가락' 계산법의 정확성 여부는 본문에서 다룰 문제가 아니다. 하지만 '열 손가락' '아홉 손가락' '한 손가락'의 견해는 농민의 언어이고 통속적이라 알기 쉽고 매우 간명하다. 연설하고 도리를 설명할 때 이러한 형상화된 어휘는 알맹이 없는 사회·정치·경제 용어, 번잡한 숫자 통계, 서면어, 학생 말투보다 그 표현력이 뛰어나다. 지금 시대의 관화(官話)와 어휘는 모든 사람들로부터 점점 더 멀어지고 있다.

손과 손가락의 담론에 대해 마오쩌둥은 어린 시절에도 적지 않은 견해를 발표했다. 예를 들면 마오쩌둥은 민간에서 사용하는 "열 손가락을 상하게 하느니 한 손가락을 자르는 게 낫다(傷其十指, 不如斷其一指)"라는 말을 인용하여 그의 전술 사상을 표현했다. 또 청년 시절 마오쩌둥은 《강당록(講堂錄)》에서 "독사가 손을 물면 장사의 팔을 자를 수 있다. 팔을 아끼지 않는 것이 아니라, 팔을 제거하지 않으면 몸을 온전히 유지할 수 없기 때문이다(毒蛇螫手, 壯士斷腕, 非不愛腕, 非去腕不足以全身也)"는 옛말을 정중하게 기록하고 이어서 다음과 같이 말했다. "어진 사람은 천하만세를 몸으로 삼았고, 일신일가(一身一家)를 팔로 삼았다. 천하만세의 정성을 사랑하는 것은 감히 일신일가를 사랑할 수 없기 때문이다. 일신일가가 비록 죽더라도 천하만세는 더욱 단

● 칠천인대회는 1962년 1월 11일부터 2월 7일까지 중공 중앙이 베이징에 소집한 회의로, 여기에 중앙, 중앙국, 성, 현 등 5급 간부 7,118명이 참가했다고 해서 '칠천인대회'라고 부른다. 이 회의에서 대약진 시기의 착오를 비판하고 바로잡았다.

단해지고 어진 사람의 마음은 편안해진다."[5] 이와 비슷한 말을 함께 놓고 보면 언어의 기묘함과 재미가 더욱 풍부해진다.

68

3·7제

三七開

3·7제(三七開)는 마오쩌둥이 한 사람의 좋고 나쁨을 평가하고 일의 득실을 평가할 때 가장 흔히 썼던 기준이자 비례다.

1957년 12월 그는 "우파를 분화하기 위해 삼칠제를 희망한다. 열 사람 중에 일곱 사람은 쟁취할 수 있다"[1]고 말했다. 1959년 7월 그는 루산회의에서 펑더화이를 평가하며 "나와 펑더화이의 관계는 협력과 비협력의 삼칠제였다. 30퍼센트는 화합했고 70퍼센트는 그러질 못했다"[2]고 말했다.

1961년 8월 마오쩌둥은 자신을 이렇게 평가했다. "나란 사람은 장점이 70퍼센트를 차지하고 단점이 30퍼센트를 차지하니 이에 만족한다. 나는 자신의 관점을 속이지 않는다. 나는 그런 사람이다. 나는 성인(聖人)이 아니다."[3]

1961년 11월 마오쩌둥은 스탈린을 이렇게 평가했다. "우리가 말한 적이 있듯이 스탈린의 일생은 삼칠제로 평가할 수 있다. 과오가 30

퍼센트이고 공적은 70퍼센트다."**4**

　1973년 12월 마오쩌둥은 덩샤오핑을 이렇게 평가했다. "그의 일생은 삼칠제로 평가할 수 있다."**5**

　1975년 11월 3일 마오쩌둥은 덩샤오핑, 천시롄(陳錫聯), 왕둥싱(汪東興)과 함께한 자리에서 문화대혁명을 이렇게 평가했다. "문화대혁명은 무엇을 하였는가? 계급투쟁이다. 문화대혁명에 대한 총체적인 견해는 이렇다. 기본적으로 정확했고 부족한 점도 있었다. 지금 연구해야 할 것은 부족한 분야다. 삼칠제로 평가하면 공은 70퍼센트이고 잘못은 30퍼센트다."**6**

　이러한 인용문에서 '삼칠제'는 마오쩌둥의 중요한 사상 방법이자 마오쩌둥이 비교적 상용한 평가 척도임을 알 수 있다. '삼칠제'는 '황금 분할선'의 견해와 유사한 점이 있다.(황금분할점은 대략 0.618/1이다.)

　마오쩌둥의 '삼칠제'는 다음 두 가지로 나뉜다.

　첫째, 정(正) 삼칠제: 좋은 방면이 70퍼센트를 차지하고 나쁜 방면이 30퍼센트를 차지한다. 마오쩌둥은 이러한 사람을 용인했고, 이러한 일을 찬양했다.

　둘째, 역(逆) 삼칠제: 나쁜 방면이 70퍼센트를 차지하고 좋은 방면이 30퍼센트를 차지한다. 마오쩌둥은 이러한 사람을 타도했고 이러한 일에 대해 비평했다.

　'삼칠제'란 견해는 민간에서 일찍부터 존재했을 것이다. 마오쩌둥은 그것을 가져와 정치언어로 만들어 인물을 평가했으니 이것은 창조다. '삼칠제' 같은 담론은 '아홉 손가락, 한 손가락'과 마찬가지로 인민들이 충분히 이해할 수 있고 기억할 수 있으며 유행하기도 쉬워 마오쩌둥 시대에 널리 퍼지게 되었다.

69

수영

遊泳

마오쩌둥은 수영을 좋아했고 '중류격수(中流擊水)'[•]를 좋아했다. 필자가 문화대혁명 때의 팸플릿을 살펴보니 마오쩌둥은 1960년 초에 다음과 같이 회상했다. "수영은 1954년에야 배웠다. 이전에는 배우지 못했다. 1954년 칭화대학에 실내수영장이 있는데 매일 밤마다 마스크를 끼고 변장해서 3개월 동안이나 지속하여 물의 성질을 연구했다. 물은 사람을 빠트려 죽이지 않는다. 물이 사람을 무서워하지, 사람이 물을 무서워하지 않는다. (…) 모든 물에서 수영할 수 있다. 이것은 대전제다. (…) 약간의 상황은 예외다. 예를 들면 한 치의 얕은 물에서는 수영할 수 없다. 얼음이 얼어도 수영할 수 없다. 소용돌이가 있는 곳, 창강삼협(長江三峽) 같은 곳에서도 수영할 수 없다. 약간의 상황을 제외하면 모든 물에서 수영할 수 있다. 이것은 대전제다. 실천 과정에서

[•] 물 한가운데 뛰어들어 헤엄치다.

얻은 대전제다. 예를 들면 우한 창강도 물이므로 결론적으로 우한 창강에서도 수영할 수 있다. 미뤄강(汨羅江), 주강(珠江)도 물이므로 수영할 수 있다. 베이다이허에서도 수영할 수 있으니 어찌 물이 아니겠는가? 모든 물에서 수영할 수 있다."

마오쩌둥은 철학의 대가답게 대부분의 표현이 해학적이고 변증적이다. 이 말에 대해서는 출처를 알아보지 못했다. 하지만 언어 풍격에서 보면 그의 입에서 나왔을 가능성이 높다.

마오쩌둥이 수영한 적이 있는 강은 샹강(湘江), 창강, 쳰탕강(錢塘江), 융강(邕江), 주강, 스싼링수이쿠(十三陵水庫)와 우한 둥호(東湖) 등인데 그중 창강에서 10여 차례 수영했다.

1956년 1월 그는 류보청(劉伯承) 원수에게 말했다. "나의 명령을 전달하라. 대장을 제외하고 상장(上將)에서 소령에 이르기까지 모두 수영을 배워야 한다. 내년 나와 함께 창강을 횡단할 것이다."[1]

마오쩌둥은 수영을 하는 틈틈이 '수영'이라는 표현을 빌려 수많은 일을 이야기하고, '수영'과 수영에서 파생된 수많은 말을 했다. 이것도 '마오 주석 어록'에 포함된다. 다음은 '수영'을 언급한 마오쩌둥의 메시지를 모아본 것이다.

- 1955년 6월 20일 그는 창사(長沙)에서 이렇게 말했다. "물이 깊으면 깊을수록 부력이 커져서 수영하기가 그만큼 편리해진다." "물이 맑고 탁한 것은 수영의 적합성 여부를 결정짓는 주요 조건이 아니다."[2]
- 1957년 6월 4일 마오쩌둥은 세 번째로 창강을 횡단할 때 말했다. "창강은 가장 좋은 천연의 수영장이다. 큰 강에서 헤엄쳐서 물에 몸을 맡겨 떠내려간다."[3]
- 1957년 7월 16일 그가 네 번째로 창강을 횡단할 때 담화에서 이렇게

말했다. "창강을 두고 다른 사람은 모두 크다고 말한다. 사실 크다고 해서 결코 두려워할 필요 없다. 미 제국주의는 크지 않은가? 우리가 미국을 한 번 머리로 받아도 아무런 일이 벌어지지 않는다. 그래서 세계에서 일부 큰 것이 있지만 사실은 두려워하지 않는다."[4]

■ 1958년 1월 마오쩌둥은 융강(融江)에서 수영할 때 이렇게 말했다. "결심하면 차갑지 않고, 결심하지 않으면 20도여도 차갑게 느껴진다."[5]

■ 1958년 9월 16일 마오쩌둥은 안후이성 창강 안칭(安慶) 구간에서 수영할 때 이렇게 말했다. "전국에 큰 강이 이렇게 많으니 이런 곳에서 수영할 수 있지 않을까? 전국 인구가 6억이니 3억 인구는 모두 이곳에서 수영할 수 있지 않을까?"[6]

■ 1958년 9월 마오쩌둥이 이렇게 말했다. "강에서 수영하다 보면 역류가 있기 마련인데, 의지와 용기를 단련시킬 수 있다."[7]

■ 1959년 3월 마오쩌둥은 미국 기자 안나 루이스 스트롱을 접견할 때 이렇게 말했다. "당신의 나라 미국에 미시시피 강이 있는데, 내가 가서 수영할 수 있겠소?"[8]

■ 1961년 루산회의 이후 마오쩌둥은 창강 주강(九江) 구간에서 수영할 때 수행원에게 이렇게 말했다. "보시게. 내가 물에 앉을 땐 물을 소파로 여기고, 내가 누울 땐 물을 침대로 삼아 잠자고, 내가 물을 밟을 땐 물을 길로 여겨 걷지." "두려워하지 말고 긴장하지 말고 물의 성질을 파악하고 물의 성질을 알고 난 뒤에는 물을 지휘할 수 있다. 물이 너를 지휘하게 만들지 마라."[9]

■ 1964년 6월 16일 마오쩌둥은 베이징 스싼링수이쿠에서 수영할 때 이렇게 말했다. "수영은 대자연과 투쟁하는 일종의 운동이다. 여러분은 큰 강이나 바다에 가서 단련해야 한다."[10]

■ 1964년 7월 2일 그는 "부대는 수영을 배워야 한다. 모든 부대가 배워

야 한다"[11]고 말했다.

- 1966년 7월 16일 73세의 고령에 접어든 마오쩌둥이 한 시간 넘게 30 여 화리(華里)●를 수영했다. "창강은 넓고 깊어서 수영하기 좋은 곳이 다." "창강 물이 깊고 흐름이 세차서 신체를 단련할 수 있고 의지를 단 련할 수 있다."[12] 이때 마오쩌둥은 이처럼 독특한 형식으로 전국 인민 앞에 두 가지를 분명히 선보였다. 하나는 쇠퇴하지 않은 자신의 신체 이고, 다른 하나는 혁명적 내용을 부여한 수영이란 체육운동이다. 그 럼으로써 전국 인민에게 문화대혁명의 '거대한 풍랑' 속에서 '수영'하 길 요구했다.

자오푸추(趙樸初)는 마오쩌둥이 창강에서 수영했다는 소식을 듣고 〈수조가두(水調歌頭)·마오 주석이 창강에서 수영했다는 소식을 듣고 (喜聞毛主席暢遊長江)〉라는 제목의 시를 지었다.

하늘 가득 희소식이 퍼지고 彌天傳喜訊,
온 세상은 호걸을 추앙한다. 擧世仰人豪.
73세의 고령에도 정정하여 七十三齡矍鑠,
담소하면서 놀란 파도를 헤친다. 談笑踏驚濤.
바람이 뭇 산에 불어 참새 날고 風起群山雀躍,
거센 물결 너머로 해가 뜨고 波湧一輪日出,
물을 휘저어 회오리바람 인다. 揮水動扶搖.
콸콸 세차게 흐르는 창강의 물 滾滾長江水,
수영하다가 움푹 파인 곳에서 기다린다. 遊泳等塘坳.

● 1화리는 500미터에 해당한다.

하늘과 싸우고 與天鬪,

사람과 싸우며 與人鬪,

기쁨 넘쳐흐른다. 樂陶陶.

억만 영웅의 자녀 億萬英雄兒女,

파도 가르고 눈앞의 고지에 이른다. 破浪赴前標.

곰과 호랑이 없애리라 다짐하고 誓滅熊羆虎豹,

우귀사신 일소하리라 맹세한다. 橫掃蛇神牛鬼.

드높이 홍기를 꽂은 곳엔 高揷紅旗處,

만세토록 구름 낀 하늘에 우렁차다. 萬世響雲霄.[13]

이 시는 마오쩌둥과 연관되는 일부 유행 어휘, 즉 '하늘과 싸우다' '사람과 싸우다', 우귀사신, 회오리바람(扶搖) 등을 인용했다.

마오쩌둥이 한 저명한 말이 있다. "수영하는 과정에서 수영을 배운다."[14] 이 말에는 졸기(拙氣)와 영기(靈氣)가 있다. '졸기'라 한 이유는 수영하는 과정에서 수영을 배우지 않으면 어디에서도 수영을 배울 수 없기 때문이고 '영기'라 한 이유는 사람들이 모두 알고는 있으나 설명할 수 있는 방법이 없기 때문이다. 그래서 필자는 "수영하는 과정에서 수영을 배운다"는 명언이 졸(拙)의 미와 교(巧)의 미가 있다고 여긴다.

마오쩌둥이 몸소 힘쓰고 실천하여 "수영"과 "수영하는 과정에서 수영을 배우다"는 말은 혁명 담론으로서 유행하는 화제가 되었다. 왕명은 이렇게 말했다. "그의 어떤 방법은 전무후무한 것이었다. 예를 들면 그는 자신이 가장 좋아하는 수영을 강조하여 전국적으로 붐을 일으켰다. 수영은 본래 국가 체육위원회의 임무다. 룽가오탕(榮高棠)*이 맡는 것으로도 충분하지만, 마오쩌둥이 친히 이 임무를 맡았다."[15]

수영도 거국적인 운동이 되어 각지에서 해마다 성대한 수영경기를 개최하여 사람마다 대회에 참여했으니 당시 중국을 수영 대국이라 불러도 과장이 아니었다. 물론 거국적인 운동 프로젝트에 참여하고 그것을 '조직'하는 것도 정치운동의 일환이었다.

1974년 12월 5일 마오쩌둥은 창사의 실내수영장에서 수영을 했다. 이것은 그의 일생에서 마지막 수영이었다. 물에서 나온 뒤 그는 수행원에게 슬프게 말했다. "온몸에 힘이 없고 손과 다리도 힘이 빠져서 보아하니 수영도 힘들 것 같네."[16] 이는 마오쩌둥의 일생에서 수영에 관해 꺼낸 말 가운데 가장 호정장지(豪情壯志)••가 없는 말이었다.

● 1983년에 중국에서 처음으로 올림픽 훈장을 받은 사람으로, 중국골프협회의 창시자다.
●● 호방한 감정과 원대한 포부.

70

싹을 뽑아 성장을 돕다

拔苗助長

발묘조장(拔苗助長)은 원래 '알묘조장(揠苗助長)'으로 그 말은 《맹자(孟子)·공손추상(公孫丑上)》에 나온다. "송나라에 한 농부가 그의 밭에 싹이 너무 느리게 자라는 것을 보고 밭에 가서 모든 싹을 약간 뽑아놓고는 이렇게 하면 싹을 빨리 자라게 할 수 있을 것으로 여겼다. 그는 집에 돌아온 뒤 가족들에게 기쁘게 말했다. "오늘 힘들어 죽겠네. 내가 우리 밭의 싹을 길게 자라도록 도와주었지." 그의 아들이 아버지 말을 듣고 얼른 그의 밭에 가보았더니 그곳의 농작물이 전부 시들어 있었다."

전하는 말에 의하면 상성(相聲)● 배우 허우바오린(侯寶林)은 마오쩌둥이 '알묘조장'을 '발묘조장'으로 바꿨다고 말했다.

마오쩌둥은 상성을 좋아했다. 우리는 그의 지도하에 힘써 상성을 공연했

● 재담이나 만담 같은 설창문예의 일종으로 베이징에서 기원했으며 중국 전역에서 유행하고 있다. 풍자·유머로 웃음을 자아내는 것이 특징이다.

다. 우리는 마오쩌둥의 저작을 통해 그 어르신이 집에서 쓰는 언어방식을 배웠다. 마오쩌둥은 언어예술을 무척 중시했다. 그의 언어 사용에서 고귀한 점은 바로 변화에 있다. 헐후어(歇後語)●를 예로 들면 과거에는 이렇게 말했다. "할머니의 긴 발싸개 천-고린내 나고 길다(老太太的裹脚條子-又臭又長)." 이 말의 폭력성이 너무 커서 모든 할머니(老太太)를 죄인으로 만들었다. 마오 주석은 이 말을 "게으른 여성의 긴 발싸개 천―고린내 나고 길다(懶婆娘的裹脚條子-又臭又長)"로 고쳤다. 앞에 '게으를 라(懶)' 자를 붙이고 '우취우장(又臭又長)'에 성질을 규정했다. '알묘조장(揠苗助長)'이라는 성어도 있다. 이 '뽑을 알(揠)' 자를 많은 사람들이 모르고 있어 '안묘조장(晏苗助長)'이라 읽었다. 마오쩌둥은 그것을 '발묘조장(拔苗助長)'으로 바꿔 우리가 한 번 들으면 이해하게 된다. 우리는 마오쩌둥의 언어사용법을 배워 상성에서 이를 따라 개사했다. 또 마오쩌둥 저작에는 수많은 풍자언어가 있다. "담장 위의 갈대, 머리는 무겁고 다리는 가벼우며 뿌리는 얕다; 산중의 죽순, 입은 뾰족하고 가죽은 두꺼우며 배는 텅 비었다(墙上蘆葦, 頭重脚輕根底淺; 山間竹筍, 嘴尖皮厚腹中空)"라는 헐후어는 이름만 있을 뿐 실제로 학식은 없는 사람을 통쾌하게 묘사했다. 우리의 상성 예술도 마오쩌둥의 풍자언어를 배워 사회의 불량한 현상을 정확히 풍자했다. 상성은 풍자에서 벗어날 수 없다.[1]

허우바오린 선생의 이 말은 생동감 있고 구체적이다. 옥에 티는 허우 선생이 마오쩌둥이 언제 어디에서 '알묘조장'을 '발묘조장'으로 바꾸어놓았는지 설명하지 않은 점이다.

'발묘조장'이 '알묘조장'보다 통속적이고 이해하기 쉬움을 인정

● 앞부분은 수수께끼와 같은 비유를 들고, 그 뒷부분은 앞부분의 답안으로 해학적이고 형상적인 표현으로 구성된 숙어의 일종이다.

하지 않을 수 없다. '알묘조장'은 문인의 서재 언어이고, '발묘조장'은 민간 언어다. 농사짓는 농촌 사람들에게 '알묘조장'하지 말라고 하면 무슨 뜻인지 모를 것이다. 그런데 '발묘조장'이라 말하면 그들은 이를 깨닫고 웃을 것이다. 분명 통속적인 언어는 대중들이 받아들이기에 편하며 통속적인 언어로 연설하는 정치적 이치는 대중 속에 전파되기 쉽다. 마오쩌둥은 이 방법에 뛰어났다.

政治家言格

제4부

수성기(1966–1976)

"

: 포용과 공격의 언어

71

5·7 지시

五七指示

'5·7'은 민간에서 중요한 단어이며 제사와 관련이 있다. 중국을 대표하는 사전인 《현대한어사전(現代漢語詞典)》에는 수록되지 않았지만, 거의 모든 인민이 알고 있다. '5·7'은 마오쩌둥의 '사전'에서 중요한 단어이며 마오쩌둥 만년의 중요한 사상을 담고 있다. 이 단어는 문화대혁명을 겪은 사람이라면 모두 알고 있다.

1966년 초 해방군 총후근부장(總後勤部長) 추후이쭤(邱會作)의 주관으로 〈부대의 농업 및 부업 생산을 증진하는 것에 관한 보고〉를 기초하여 부대의 '3년 재난 시기'● 이래 농업 및 부업 생산을 전개한 상황을 총결산하였다. 5월 7일 마오쩌둥은 이 〈보고〉를 보고 붓을 들어 린뱌오에서 편지 한 통을 썼다.

● 중국에서 1959-1961년까지 3년 동안 이어진 대약진운동과, 농업을 희생시켜 공업을 발전시키겠다는 정책 때문에 전국적으로 식량결핍과 기근이 발생했다. 이 기간을 '3년 재난 시기(三年困難時期)'라고 부른다.

세계대전이 아직 발생하지 않은 조건에서 군대는 대학교가 되어야 한다. 설령 제3차 세계대전의 조건에서라도 이러한 대학교가 될 가능성이 있다. 전투 외에도 각종 작업을 할 수 있다. 제2차 세계대전 중의 8년 항전 기간에 각 항일 근거지에서 우리가 이렇게 하지 않았는가? 이 대학교에서는 정치, 군사, 문화를 배운다. 또한 농업 및 부업 생산에 종사할 수 있고 중소 공장을 경영할 수 있으며, 스스로 필요한 약간의 상품과 국가와 같은 가격으로 교환할 수 있는 상품을 생산할 수도 있다. 또한 군중 작업에 종사할 수 있으며, 공장 농촌의 사회주의 교육 4청(四淸)운동*에 참가할 수 있다. 4청이 완료되면 수시로 군중 작업을 할 수 있고, 군민을 영원히 하나로 만들 수 있다. 또한 수시로 부르주아를 비판하는 문화혁명투쟁에 참여해야 한다. 이렇게 군대는 학습, 농사, 공업, 집단작업을 동시에 겸할 수 있다. 하지만 적당히 안배해야 하며 주로 농민, 노동자, 인민 세 가지를 따르되 한 부대에서는 하나나 두 가지를 겸업할 수 있지만 동시에 겸업할 수는 없다. 이렇게 하면 몇 백만 군대에서 일으킨 영향은 매우 클 것이다.

마찬가지로 노동자도 이렇게 한다. 공장을 위주로 하고 군사, 정치, 문화를 배워야 한다. 또한 4청운동을 하고 부르주아 비판에도 참여해야 한다. 조건을 갖춘 곳이라면 다칭유전(大慶油田)**처럼 농업 부업 생산에도 종사해야 한다.

---

* 1963-1966년까지 중국의 일부 농촌과 도시에서 전개된 사회주의 교육운동이다. 처음에는 임금, 장부, 재물, 재고 문제를 정리하자는 취지에서 시작되었으나, 나중에 이것이 정치, 경제, 조직, 사상 문제로 범위가 확대되었다.
** 중국에서 가장 중요한 석유공급지 가운데 하나다. 치치하얼(齊齊哈爾)과 하얼빈 사이에 있는 쑹화랴오허(松花遼河) 분지 북쪽에 있다. 이 유전은 1950년대 말에 발견되어 1958년에 시추하기 시작했지만, 추운 겨울날씨와 땅속 깊숙이까지 얼어 있는 영구동토층 때문에 어려움을 겪었다. 대규모 개발은 1960년대 초에 시작되었으며 이후 여기에 큰 정유공장이 세워졌다.

농민은 농업을 위주로 하고(임업, 목축, 부업, 어업 포함) 군사, 정치, 문화를 학습하여야 한다. 조건을 갖춘 곳에서는 집단적으로 소규모 공장을 경영해야 하며 부르주아를 비판해야 한다.

학생들도 마찬가지로 학업을 위주로 하되 다른 일들, 공장노동, 영농, 군사를 배워야 하고 부르주아를 비판해야 한다. 학제는 단축되어야 하고 교육은 혁명해야 하며, 부르주아 지식인이 우리 학교를 통치하는 현상이 다시금 지속되어서는 안 된다.

조건이 허락된다면 상업, 서비스 산업, 당과 정부기구 종사자들도 이렇게 해야 한다.[1]

이 편지는 5월 7일에 쓰여졌다고 해서 '5·7 지시'라 불린다. 일부 학자들은 마오쩌둥의 5·7 지시가 어떠한 사회주의를 건설할 것인가의 문제에 답한 것이며 마오쩌둥이 내세운 문화대혁명 자물쇠의 두 가지 열쇠 중 하나라고 여겼다.[2]

5·7 지시는 마오쩌둥이 이상주의에서 출발하여 대체적인 윤곽을 묘사한, '구세계를 짓이기고' 난 뒤의 신세계 청사진이다. 첫째 각 직업 분야에서 정치를 부각시킬 것을 강조했다. 둘째 분업을 존중하는 동시에 '다른 것을 함께 배울(兼學別樣)' 것을 요구하여 사람마다 군사, 농업, 공업, 학업을 배워 노동자, 농민, 병사, 상인, 학생이 일체가 되어 "망치를 가지고 노동자가 될 수 있고, 호미, 쟁기를 가지고 농사를 지을 수 있으며, 총을 가지고 적을 무찌를 수 있고, 붓을 가지고 문장을 쓸 수 있도록"[3] 했다. 마오쩌둥은 각자의 노동, 자유, 평등, 문화를 통해 사람의 전면적인 발전을 실현할 수 있길 바랐다. 셋째 상품교환을 부정하지 않고 자급자족을 제창했다. 넷째 노력(勞力, 육체노동)과 노심(勞心, 정신노동)이 평형을 이루는 평등사회를 건설하고 혁명 신인

을 배양했다. 마오쩌둥의 이러한 지시는 부르주아 조건에서 전업화로 조성된 단일화, 평면화, 심지어는 기형화에 대한 혹독한 비판이기도 하다.

5·7 지시는 유토피아 세계에 거대하고도 풍부한 상상의 공간을 만들어주었다.

왕멍은 다음과 같이 말했다. "주석의 이상주의적 욕구는 너무나 커서 그는 세계, 외국, 과거의 모든 세계와는 전혀 다른 세계를 창조하려고 했다. 그는 자신의 이상국과 비교하면서 미국을 무시했고 소련은 더욱 무시했다. 그는 장제스를 경멸했고 역대 중국 황제를 경멸했다. 심지어 그는 이미 건립된 지 10여 년이 되는 중화인민공화국의 모든 활동 체제 및 방식과 이미 건립된 지 50년도 넘는 중국 공산당의 질서와 활동방식을 멸시했다. 그의 사상은 앞서가고 낭만적이었다. 그의 사회 이상은 무한대로 뻗어나가 확장하고 눈보라처럼 자욱해져서 그 경계와 척도를 잃어버리게 되었다. 그는 처음부터 전국을 대학교, 프롤레타리아가 독재하는 도구와 진지로 건립하여 사람마다 공학, 농학, 군사학을 배우게 하고 부르주아를 비판하게 했다. 그것은 정말 무차별, 평등의 극락세계였다. (…) 하지만 이것은 바람, 시정(詩情), 철학, 생각이었을 뿐 청사진이나 절차, 활용성이 없었고 윤곽조차도 극히 모호했다."[4]

5·7 지시라는 단어는 마오쩌둥이 창조한 것이 아니라, 마오쩌둥의 지시에 따라 탄생했다.

5·7 지시 이후에 중국 대지에 오칠간부학교, 5·7 도로, 5·7 전사, 5·7 농장, 5·7 공사 등 유행 어휘가 출현했다. 이러한 어휘는 중국인이 5·7 지시에 따른 이상국에 매진하는 쟁쟁한 걸음, 혹은 비틀거리는 걸음을 기록하고 있다.

1968년 5월 6일 헤이룽장성(黑龍江省) 혁명위원회는 '헤이룽장성 혁명위원회 류허 오칠간부학교 혁명위원회를 성립하는 건에 관한 지시'를 반포하고 칭안현(慶安縣) 류허농장(柳河農場)에 '오칠간부학교'를 건립하여 하방된 간부를 노동 단련시키고, 동시에 '주자파'를 보내 노동 개조하기로 결정했다. 그 해 5월 7일이 바로 마오쩌둥의 '5·7 지시' 발표 2주년 기념일이어서 헤이룽장성 혁명위원회는 만인대회(萬人大會)를 열어 '오칠간부학교'로 가는 하방 간부를 환송했다.

헤이룽장성에서 처음으로 창설한 '오칠간부학교'는 5개월의 학교 운영 실천을 거쳐 창설 경험을 총결했다. 1968년 9월 29일 《인민일보》 총편실(總編室)에서 펴내는 《문화대혁명정황휘편(文化大革命情況彙編)》 제628기에는 〈류허 오칠간부학교가 기관 혁명을 위해 새 길을 걷다〉라는 문장을 실었다.

마오쩌둥은 이 문장을 보았다. 오칠간부학교는 5·7 지시를 이 땅에 뿌리박았다. 이는 5·7 지시 이론의 구체적 실천이니 의심할 나위 없이 마오쩌둥의 사상에 부합한다. 9월 30일 마오쩌둥은 야오원위안에게 편지 한 통을 썼다. "이 편지는 《인민일보》에 발표해도 좋다. 광범한 간부가 하방하여 노동하는데 이는 간부에게는 새롭게 학습할 매우 좋은 기회다. 노약자와 장애인을 제외하고는 모두 이렇게 해야 한다. 재직 간부도 하방하여 노동해야 한다."[5]

마오쩌둥의 지시가 하달된 뒤 오칠간부학교 설립 열풍이 중국 대지를 석권하여 전국의 수백만 명이 오칠간부학교에 들어갔다. 중앙과 국무원 일급 기관만 하더라도 허난, 후베이, 장시, 닝샤 등 간고한 변방 지대에서 106개의 오칠간부학교를 세워 10만 간부와 고용원, 5000명의 지식청년, 3만여 명의 가족을 배치했다. 혁명 담론 중에 '5·7 전사', "호방한 마음을 가득 품고, 빛나는 5·7 도로를 걷다"[6]라는 말이 있다. 실제로 수많은 간부와 지식인은 압박을 받아 전업을 버리고 집을 떠났다. 그들은 장서를 팔아버리고 가족과 작별하여 '오칠 대군(五七大軍)'을 조성했다. 그리고 '오칠간부학교'에 들어와 더위, 추위와 싸우고, 대변을 푸고 농활을 하면서 노동 단련을 진행했다. 어떤 사람은 이를 "지구를 수리하다(修地球)"라고 표현하기도 했다. 당시 민간 속담에 "오칠간부학교(五七幹校), 일을 하는 학교(幹活的學校)"라는 말이 있었다.

마오쩌둥이 창도한 오칠간부학교는 그의 저명한 5·7 지시와 서로 호응했다. 그 목적은 각급 지도자와 지식인이 군중을 이탈하고 노동을 이탈하는 현상을 바꾸고, 그들의 노동에 대한 경시, 소외와 배척의 태도를 바꾸고, 그들이 노동자·농민의 언어를 이해하지 못하고 하층 인민을 위해 말하지 않는 태도를 바꾸어 그들을 민간과 접촉시켜 자신의 출신과 경력 때문에 부끄러워하고, 나아가 그들의 노동자·농민 정서를 배양하여 사회주의 사회의 문화를 갖춘 보통 노동자로 만드는 데 있었다.

오칠간부학교는 사상을 개조하는 '시험 장소'였다. 이는 활용 과정에서 군사조직화(부대 체제를 운용하여 대대, 중대, 소대, 분대를 단위로 편제했다), 생활 집단화(공동숙사에 살고 함께 밥 먹고 함께 노동하고 함께 여덟 시간 이상의 생활을 하고 거의 개인생활 공간을 남겨두지 않았다), 행동전투화(민병 조직을 건립하고 군사훈련을 진행하며 생산을 전투로 여겼다)를 실행하며 '5·7 전사'에게 온갖 경력과 체험을 제공했다.

마오쩌둥의 딸 리나(李訥)도 중앙판공청의 오칠간부학교, 즉 장시 진셴(進賢) 오칠간부학교로 보내졌다. 이곳은 전국에서 가장 큰 오칠간부학교였다. 1969년 리나는 이곳에서 노동 단련을 했으며, 이곳에서 노동자·농민 출신의 청년과 결혼했다.

농촌의 시골사람들은 오칠간부학교의 사람들이 자신들과 같이 밭에서 노동하고 수확이 많지 않은데도 월급을 받는 것을 보고 부러워하면서도, 집이 있어도 돌아가지 못하는 처지를 동정하여 노래를 지었다.

오칠의 보배 五七寶,

오칠의 보배 五七寶,

옷은 해지고 穿的破,

음식은 좋으며 吃的好,

손에는 커다란 시계를 찬다. 手上戴着大手表!

오칠의 보배 五七寶,

오칠의 보배 五七寶,

많이 심고 種的多,

적게 거둔다. 收的少,

베이징에 돌아가고 싶어도 돌아갈 수 없다. 想回北京回不了.

베이징 사나이 北京佬,

베이징 사나이 北京佬,

헌 옷을 입고 穿的破,

좋은 음식 먹으며 吃的好

몸엔 솜저고리 걸치고 身穿破棉袄

손엔 금시계 찼다. 手上戴金表,

날마다 편지 오길 기다리며 天天盼來信,

베이징으로 돌아가고 싶어도 돌아갈 수 없다. 想回北京回不了.

1971년 '9·13 사건'● 발생 후 오칠간부학교는 연이어 문을 닫았다. 1979년 2월 17일 국무원은 〈오칠간부학교 중지와 관련된 문제에 관한 통지(關于停辦'五七'幹校有關問題的通知)〉를 발표하여 오칠간부학교는 자신의 임무를 마치게 되었다.

필자의 수중에 《오칠한영사어휘편(五七漢英詞語彙編)》이 있는데 화중사범학원(華中師範學院) 혁명위원회 외어계(外語系) 혁명위원회가 1968년에 펴낸 것으로, 16절판이고 붉은색 비닐 포장이며 607쪽에 달한다. 편자는 이렇게 말했다.

외국어는 계급투쟁을 진행하는 도구의 하나다. 프롤레타리아는 이것을 이용하지 않고 부르주아는 그것을 이용한다. (…) 우리는 5·7 지시 정신을 지도방침으로 삼아 마오 주석을 위해 외국어교학 대권을 빼앗아보고 외국어 교육혁명에서 신천지를 만들어내어 부르주아 수정주의의 독근(毒根)을 철저하게 뿌리 뽑기 위해 새로운 교재, 새로운 사전을 편찬하고자 한다.

이 책의 주요 부분은 '상용사어휘편(常用詞語彙編)'이며, 수집 단어의 표제어는 6700여 조목이고 모두 혁명 어휘. '상용사어휘편' 앞에는 마오 주석 시사(毛主席詩詞) 37수, 마오 주석의 중요한 문건 8편, 최고 지시 230여 항목(모두 문화대혁명 중에 발표한 최신의 것이다), 마오 주석 저작 중 성어와 전고 200여 항목, 린뱌오 부주석 어록 60여 항

● 1971년 9월 13일 중국 공산당 중앙위원회 부주석, 중앙군사위원회 부주석, 국방부장관 린뱌오 및 아내 예췬(葉群), 아들 린리궈 등은 당과 국가를 배신하고 인민해방군 공군기 '트라이던트(三叉戟)' 256기를 타고 산하이관 비행장에서 이륙하여 도주했다. 새벽 2시 25분경 이들 일행을 태운 비행기가 당시 몽골인민공화국 헝티 주 은드르항에서 약 60킬로미터 떨어진 지점에서 추락해 탑승했던 아홉 명 전원이 사망했다. 이를 '9·13 사건'이라 부른다.

목을 수록했는데 모두 영중 대조판이다. 그 밖에 부록으로 상용혁명
구호 50여 항목, 당정(黨政) 기구와 혁명 조직의 명칭, 군사용어, 체육
용어, 혁명가곡 등이 실려 있는데 역시 영중 대조판이다. 총괄하면 이
책은 '마오쩌둥 사상을 핵심으로 삼고 프롤레타리아 문화대혁명을
위주로 한 정치 어휘' 등 거의 1만 조목을 수집했는데, 이는 문화대혁
명 언어의 집대성이자 대전람이다.

72

홍위병

紅衛兵

보통 '홍위병'을 입 밖으로 꺼낼 때마다 마오쩌둥을 떠올린다. 홍위병은 마오쩌둥 시대의 산물이다. 홍위병이란 이름은 마오쩌둥의 이름과 긴밀하게 연결되어 있다.

문화대혁명의 최초 구상 단계에서 그것의 설계자이자 발동자(發動者)이며 지도자인 마오쩌둥도 홍위병이란 군중 조직이 출현할 줄 몰랐고 홍위병이 문화대혁명의 선봉 역할을 맡을 줄은 생각지도 못했다.

홍위병이란 단어는 칭화대학 부속중학 학생 장청즈(張承志, 후에 작가가 됨)가 발명했다. 장청즈는 자신의 일문판 저서《홍위병의 시대(紅衛兵の時代)》(1992)에서 이렇게 말했다. "우리가 쓴 소자보에 서명한 나의 이름은 홍위병이었다. (…) 우리는 붉은 연필로 자신이 발명한 이 이름을 소자보 말미에 쓰고, 아울러 말을 탄 전사의 그림을 그려놓았다."

홍위병의 창건자 중 한 사람으로 칭화대학 부속고등학생이었던 부다화(卜大華)는 다음과 같이 회상했다. "(1966년 5월) 어느 날 한 학우가 내게 오늘부터 우리와 의견이 같은 소자보에 모두 홍위병을 쓰자고 말했다. 이 의견은 다른 사람들의 찬동을 얻어 이로부터 우리는 통일된 명칭을 갖게 되었다. 물론 나는 이 세 글자가 후에 전국을 풍미하고 세계를 놀라게 하고 복잡다단한 연극을 연출하게 될 줄은 전혀 생각지도 못했다."[1]

1966년 5월 29일 칭화대학 부속중학의 부다화, 뤄샤오하이(駱小海), 쾅타오성(鄺桃生), 왕밍(王銘), 장샤오빈(張曉賓), 장청즈, 타오정(陶正), 가오훙쉬(高洪旭) 등 10여 명의 학생이 베이징 위안밍위안(圓明園)에서 회의를 열고 홍위병 조직을 만들기로 결정했다.

중국 공산당의 성립이 천지를 개벽한 대사라면, 홍위병 조직의 성립은 경천동지하는 대사였다. 그 이전에 신중국의 어떠한 군중조직이 출현해도 모두 '반동조직'으로 비쳐져 취소되었고, 그 어떤 대학, 중고등학교의 학생들도 자신의 정치선언을 발표할 수 없었다. 홍위병의 성립은 신중국에서 자발적인 결사의 비준을 거치지 않는 선구자였다.

국내의 수많은 사람들은 홍위병을 불법 조직이라고 여긴다. 외국의 일부 인사들은 홍위병이 해방군이나 정부의 지지를 받고 건립된 것이라고 여긴다. 아니다. 그것은 확실히 자발적으로 성립된 홍오류(紅五類)* 자녀들이 조직한 군중 조직이다. 당시 정부는 홍위병을 그다지 민감하게 여기지 않았으며 승인하지도 않았다. 홍위병이 출현한 지 두 달 동안 정부 매체는 한 마디도 언급하지 않았다. 당시 베이징에서 홍위병은 가장 시선을 끌었던 무리이자 조직을 가리키는 명사였다.

---

* 노동자, 빈농·하층·중농, 혁명 군인, 혁명 간부, 혁명 열사를 가리키는 말로, 홍위병이 될 수 있는 계급적 기반이었다. 이에 대한 반대 개념은 '흑오류'라고 한다.

1966년 7월 말에 외지에서 순시하고 베이징으로 돌아온 마오쩌둥은 장칭이 전해준 칭화대학 부중 홍위병의 편지와 그들의 '둘째 조반유리를 논하다(二論造反有理)'라는 대자보를 보았다. 정치가의 눈과 시인의 눈을 동시에 가졌던 마오쩌둥은 대번에 홍위병에 숨어 있는 극대한 정치적 에너지와 낭만적 시의(詩意)를 간파했다. 마오쩌둥은 혁명을 건설하는 와중에도 늘 정치적 낭만주의에 대한 생각을 가졌다. 1966년 8월 1일 그는 뜻밖에도 칭화부중 홍위병에게 답장을 보내며 그들을 다정하게 "홍위병 동지들"이라 부르며 "열렬히 지지한다"라는 말을 세 번이나 연거푸 썼다.

　　1966년 8월 18일 마오쩌둥은 톈안먼 성루에서 홍위병을 접견했으며 아울러 홍위병을 뜻하는 붉은 완장을 찼다. 이날부터 정부의 신문 잡지에는 홍위병이란 참신한 단어가 출현하였다. 그 후 마오쩌둥은 3개월 동안 8차에 걸쳐 홍위병 1100만 명을 사열했다.

　　문화대혁명 무대에서 청춘의 기운이 충만한 신예 홍위병이 출현했다.

　　홍위병은 자신을 위한 혁명 성과의 수혜자, 전통 혁명의 숭배자에서 '프롤레타리아 문화대혁명', 즉 새로운 대혁명의 직접 참여자, 유력한 추진자, 적진을 함락시키는 선봉대가 되어 막대한 자부심과 자긍심을 느끼게 되었다. "마오 주석이 나에게 손을 흔들며 전진한다." 그들은 이상을 위해 분투했고 신세계를 위해 헌신했다. 그들은 '5·4' 청년과 혁명 선배처럼 전장으로 나아갔고 적을 죽였으며 시위행진을 하며 전단을 살포하고 단식투쟁을 했다. 그들은 중세기 종교재판소의 신학 변론처럼 경전을 인용하며 이데올로기 변론을 진행했고, 밤새도록 잠을 자지 않고 목소리를 높여 소리 질렀다. 그들은 가슴을 확성기로 삼았고 성대를 가죽허리띠로 여겼으며, 혁명언어를 가지고 날기 시작했다.

홍위병의 이론 기초는 마오쩌둥의 계급투쟁 학설이다.

홍위병의 구호와 좌우명은 마오쩌둥이 제기한 '조반유리'다.

홍위병의 현저한 특징은 모든 것을 비판하고 모든 것을 의심하며, 마오쩌둥을 제외하고 모든 권위를 전복하는 것이다.

홍위병의 행위는 폭력화의 경향을 가지고 있었다. 그들은 "구세계를 짓이기고, 그것을 산산조각으로 박살낼" 것을 주장했다.

홍위병의 전형적인 옷차림은 군모를 쓰고 군장을 입으며 허리에 무장 허리띠를 두르고 팔에 붉은 완장을 차며 어록을 휴대했다.

홍위병은 혁명 조반에서 언론, 출판, 집회, 결사의 자유를 가지고 있었다. 두세 사람이면 조직을 만들 수 있었다. 그들은 자유롭게 신문을 출판할 수 있으며 기분이 나쁘면 거리에 나가 시위를 할 수도 있었다. 또한 그들은 공짜로 차를 타고 밥을 먹고 잘 수 있는 특혜를 누렸다.

홍위병 운동은 그 위세가 대단하여 천지를 뒤엎고 문화대혁명 내지 중국 역사의 여정에 크나큰 영향을 끼쳤다. 장춘차오(張春橋)는 1967년 11월 19일 상하이대전원교(上海大專院校)* 홍위병대표대회(紅代會) 폐막식의 연설에서 "홍위병이 없었더라면 문화대혁명의 생동감 있고 활발하며 적진을 뚫고 함락시키는 역량은 다소 약했을 것이다" 라고 말했다.

홍위병에 대해 당시 미국에 있었던 위광중(余光中)은 "대륙의 젊은 학생들이 홍위병이란 이름을 지었는데 시적인 정취가 풍기고 남다른 역량이 있다"[2]고 말했다.

---

* 대전원교는 대학과 전문대학을 말한다.

중국의 홍위병 운동은 수많은 국가로 파급되었다. 1968년 프랑스의 '5월 혁명'*, 미국의 '히피족'**, 일본의 '전공투(全共鬪)'*** 등은 모두 홍위병 운동 및 문화대혁명의 직접 혹은 간접적인 영향을 받아 발생한 운동이다. 중국의 홍위병 운동을 필두로 이후 학생운동은 세계적인 현상이 되었다.

마오쩌둥은 홍위병을 널리 알리고 선양했다. 홍위병은 "마오 주석을 홍위병의 총사령"이라 불렀으며 홍위병은 "마오 주석의 홍위병"이라 자칭했다.

홍위병이란 단어는 1966-1968년 동안 가장 유행한 단어였다. 《홍위병문선(紅衛兵文選)》, 《홍위병대자보선(紅衛兵大字報選)》, 《홍위병대사기(紅衛兵大事記)》, 《홍위병사조집(紅衛兵思潮集)》, 《홍위병가곡(紅衛兵歌曲)》, 《홍위병시가(紅衛兵詩歌)》, 《홍위병미술(紅衛兵美術)》 등의 도서와 소책자가 간행되었다. 《홍위병》이란 이름의 간행물도 수백 종이나 되었다. 당시 홍위병이란 이름으로 정부의 조직 '공청단(共靑團, 공산주의청년단)'도 성행했다.

홍위병은 처음엔 중고등학교의 홍위병을 가리켰다. 그들은 근홍묘정(根紅苗正)****하다 하여 속칭 '노홍위병(老紅衛兵)'이라 불리기도 했다. 마오쩌둥이 8월 18일에 홍위병을 사열한 뒤부터 '홍위병'이란 호칭은 더욱더 영광스러운 것이 되었다. 그 후 전국 각지에서 각종 명목의 홍위병, 사단(社團), 준사단(準社團)에 해당하는 조반파 조직이 성립되었는데, 조직의 수와 수량 참여자는 헤아릴 수 없이 많았다. 이는

● 샤를 드 골 정부의 실정과 사회의 모순으로 인해 일어난 저항운동.
●● 1960년대 일본 대학생을 주축으로 벌어진 학생운동으로 전국학생공동투쟁회의의 줄임말.
●●● 미국에서 젊은이들을 주축으로 일어난 사회반항운동으로 폭력을 거부하며 평화, 사랑, 자유, 화합을 강조했다.
●●●● "뿌리가 붉으면 싹이 바르다"는 뜻이다.

중국 역사에서 전무후무한 일이었다. 홍위병의 함의는 매우 포괄적이어서 '노홍위병' '대전원교홍위병(大專院校紅衛兵)', 혹은 자칭 홍위병이라 부르는 수많은 조반파가 포함되어 있으며 노동자, 농민도 홍위병 대오를 일으킬 수 있었다. 홍위병은 이미 같은 부류의 사람이 아니었다.

사람들은 모두 자신을 '마오 주석의 홍위병'이라 불렀지만, 대부분은 마오 주석의 말을 듣지 못했다. 그들은 두 파로 나뉘어 무장투쟁을 하여 마오 주석을 불쾌하게 만들었다.

1968년 7월 28일 마오쩌둥은 베이징의 다섯 개 대학의 학생 리더와 만나 담화하면서 조반 학생을 꾸짖었으며 '노동자 계급 마오쩌둥 사상 선전대'를 보내 대전원교에 입주시키고 관리했다. 한동안 떠들썩했던 홍위병 운동은 1966년 6월에 시작되어 1968년 7월에 끝을 맺었다.

1970년대 들어와 홍위병은 긍정적인 이미지로 정부 매체에 출현하긴 했지만 이미 한물간 듯한 느낌을 풍겼다. 하지만 분명한 것은 문화대혁명 이후에도 홍위병은 오랫동안 거론된 화젯거리 중 하나였다는 사실이다.

73

손오공

孫悟空

《서유기》의 주인공 손오공은 손후자(孫猴子)라 불리기도 한다. 손오공은 원숭이이면서 사람으로, 위엄이 있으면서도 익살스럽고, 신통력이 무궁무진하며, 기량이 뛰어났다. 과감히 반란을 일으키고 요괴를 잘 분별했으며 72변(變)에 정통하고 근두(筋頭)를 뒤집으면 10만8000리를 갈 수 있으며, 하늘을 오르거나 땅에 내려오길 밥 먹듯 한다. 깊은 물속이나 뜨거운 불속에서도 생존할 수 있다. 손에 항상 들고 다니는 무기는 여의봉인데 크게 늘릴 수도 있고 줄일 수도 있으며, 모든 것을 휩쓸 수도 있다. 중국에서 이 '호손(猢猻)'의 얘기는 누구나 다 알고 있다.

마오쩌둥은 손오공을 무척 좋아했다. 그는 일종의 '손오공 콤플렉스'를 가지고 있었다.

전하는 말에 의하면 마오쩌둥은 중난하이에 있는 서재에 적어도 다섯 종의 《서유기》 판본을 소장하고 있었다고 한다.

必成災。金猴奮起千鈞棒，玉宇澄清萬里埃。今日歡呼孫大聖，只緣妖霧又重來。

毛澤東

마오쩌둥은 손오공의 반항적 성격과 투쟁정신을 무척 좋아했다. 그는 연설이나 저작에서 손오공을 여러 번 찬양했다.

"금 원숭이가 떨치고 일어나 수천 근의 여의봉 흔드니, 우주가 맑아져 온 세상 먼지 개었다(金猴奮起千鈞棒, 玉宇澄淸萬里埃)"[1]는 그의 유명한 시구다.

1966년 3월 30일 마오쩌둥은 이렇게 말했다. "나는 대대로 모든 중앙 기관이 나쁜 일을 했다고 주장했다. 나는 지금 지방에서 조반하여 중앙으로 진격해야 한다고 호소한다. 각지에서 '손오공'이 많이 나와서 천궁을 크게 어지럽혀야 한다."[2] "손오공이 천궁을 어지럽히는데 당신은 손오공 편에 설 것인가, 아니면 천병천장(天兵天將), 옥황대제 편에 설 것인가? (…) 소장(小將)을 지지하고 손오공을 보호해야 한다."[3]

마오쩌둥이 말한 '손오공'이라는 단어는 《서유기》의 '손오공'만을 가리키지 않는다. 그는 '손오공'에 대한 거명과 제창을 통해 혁명적 손오공, 조반하는 손오공을 불러들였다.

마오쩌둥이 말하는 손오공의 반역적 성격과 모든 것을 쓸어버리는 천균봉(千鈞棒)은 청년 학생들의 가슴속에 공명을 일으켰다.

1966년 6월 24일 칭화대학 부중 '홍위병'은 하늘을 뚫고 세상에 나와 큰 소리로 주장했다. "혁명가는 손오공이다. 여의봉은 대단하고 신통하며 굉장하고 법력은 무한정이다. 이것은 다름 아닌 싸울 때마다 이기는 위대한 마오쩌둥 사상이다. 우리는 바로 큰 몽둥이를 휘둘러 신통력을 드러내고 법력을 베풀어 구세계를 때려 천지를 뒤엎고 아수라장을 만들어 산산이 부서지도록 흠씬 두들기고자 한다. 철저히 때릴수록 좋다. 오늘 수정주의에 대해 칭화부중은 이렇게 반란을 일으켜 끝까지 반대한다. 프롤레타리아가 천궁을 소란시켜 프롤레타리

아의 신세계를 펼치고자 한다."⁴

　마오쩌둥의 호소에 부응하여 프롤레타리아 계급의 혁명적 반란을 일으키는 '손후자'가 탄생했고, 칭화대학 홍위병은 '천균봉전투소조(千鈞棒戰鬪小組)'를 창립했다. 푸단대학(復旦大學) 최초로 조반한 학생 조직 중에 '손오공'이라 이름 지은 것도 있었다. 랴오닝대학에는 '대뇨천궁전투대(大鬧天宮戰鬪隊)'가 있었다. 후난의 조반 조직 중에는 '마오쩌둥주의홍위병손대성정진군(毛澤東主義紅衛兵孫大聖挺進軍)'이 있었다. 상하이교통대학의 '반도저병단(反到底兵團)'은 '손오공전투대'와 '금고봉전투대'와 '반도저전투대'가 연합하여 구성된 것이다. 1967년 1월 《해방군보(解放軍報)》는 '금후전투대(金猴戰鬪隊)'를 세웠다. 1967년 4월 톈진대학 '팔일삼(八一三)' 홍위병은 간행물 《천균봉》을 창간했다. 해군학원에는 '금후조반단(金猴造反團)'이 있었다. 각지의 유사한 홍위병 조직 및 《손오공》과 같은 간행물이 허다했다. 어떤 여성 '홍위병'은 심지어 자신의 이름을 '금후(金猴)'로 개명하기도 했다.

　홍위병은 손후자처럼 구천에 올라 달을 잡을 수 있었고, 오양(五洋)에 들어가 자라를 잡을 수 있었으며, 조반의 여의봉을 들고 '모든 우귀사신을 휩쓸었고' 모든 것을 산산조각이 나도록 짓이겼다. 홍위병은 구사회를 향해 선전(宣戰)하고 4구(四舊)●를 타파했다. 옛 지명을 바꾸고 무덤을 파며 비석을 깨트리고 역사인물을 비판했다. 역사를 비판했을 뿐 아니라 현실을 더 비판했다. 범계(凡界)를 시끄럽게 했을 뿐 아니라 천궁을 휘저어놓았다. 곧장 천하의 대란을 불러왔으며 꽁꽁 얼려놓았다.

　홍위병은 손후자처럼 권위를 반대하고 체제를 반대했다. 그들

● 문화대혁명 초기에 혁명의 주요 슬로건으로 내건 네 가지의 낡은 악, 즉 구사상, 구문화, 구풍속, 구습관을 가리킨다.

은 "구세계를 때려 천지를 뒤엎고 아수라장이 되고 산산조각이 나도록 흠씬 두들겼다." 하지만 끝내 "프롤레타리아의 신세계를 만들어내진" 못했다. 조반의 폐허에서 사회는 더욱 혼란해지고 재난이 겹쳐 일어났다. 분명 홍위병 및 홍위병 운동은 국가 정치생활 속에 출현하는 문제를 해결할 수 없었다.

마오쩌둥의 손오공은 마오쩌둥이라는 큰 나무가 쓰러지면서 사라졌다. 하지만 마오쩌둥이 제창한 손오공과 그가 이 단어에 부여한 새로운 의의는 오래도록 생각에 잠기게 한다.

74

프롤레타리아 문화대혁명

無産階級文化大革命

이는 걱정스러운 연극의 한 토막이다. 주인공은 강대하고 조연도 뛰어나며 적수도 강대하다. 그 가운데 적색 공포감(紅色恐怖), 블랙 유머, 온갖 황당함이 난무했다. 8억 인민 누구나 모두 참여했다. 동화 같은 스토리도 끊이지 않고 나타났다. 위험한 현상이 줄줄이 터지고 갈수록 험난해졌으며 눈이 어지러울 정도였다. 모든 일이 일상과 달랐고 상상력을 뛰어넘었다. 모든 사건을 극단적으로 몰아갔다. 극단적이라야 희극 효과가 있는 법이다. 모든 일이 발생했다. 체력과 정신력의 소모가 엄청났고 이물감(異物感), 신비감, 황당함, 부적응, 초조감, 공포심이 뒤따랐다. 의식은 장엄했으나 사실은 황당했다. 최종 결과는 최후의 순간에 갑자기 불가사의한 방식과 뜻밖의 결말로 나타났다. 모든 것이 붕괴되었다. 모든 게 환멸이었다.

우리의 문화대혁명, 우리의 유희, 우리의 무지, 우리의 후안무치, 우리의 고난, 우리의 광란, 우리의 죄, 우리의 눈부심……

이상은 내가 지금 집필 중인 다른 책의 머리말에 담길 내용이다. 어느 시기마다 하나의 명사로 이름을 정하곤 한다. 명사가 시대를 증명하고 시대를 정의한다. '프롤레타리아 문화대혁명'은 줄여서 '문혁'이라 하며 1966-1976년 동안 중국에서 불린 것으로 마오쩌둥이 일으킨 혁명 과정에서 이름 붙여진 것이다.

'프롤레타리아 문화대혁명'이란 명사가 탄생하기까지 중요한 과정이 있었다.

문화대혁명의 서막을 여는 데 직접적인 도화선이 된 것은 야오원위안의 〈신편 역사극 '해서파관'을 평하며〉였다. 하지만 이 글 속에 아직 문화대혁명이란 말은 없었다.

1966년 4월 10일 중공 중앙은 〈린뱌오 동지가 장칭 동지에게 부탁하여 개최한 부대 문예공작 좌담회 기요〉를 발표했다. 이는 야오원위안의 〈신편 역사극 '해서파관'을 평하며〉가 발표된 뒤 나온 문화대혁명에 불을 붙인 중요한 글 중 하나다. 이 글에서 "우리는 반드시 당중앙의 지시에 의거하여 문화전선의 사회주의 대혁명을 굳건히 진행해야 하며 문화혁명 해방군이 중요한 역할을 해야 한다"고 말했다. 이 문장에서 '문화전선의 사회주의 대혁명'과 '문화혁명'이라는 표현이 바로 '프롤레타리아 문화대혁명'이 나오기 전의 최초 언급이다.

1966년 5월 마오쩌둥은 항저우(杭州) 회의에서 신변에 있던 동지들과 현재 진행되고 있는 혁명의 명칭을 두고 의논했다. 추후이쭤(邱會作)*가 그 시절을 회상하며 말한 적이 있다. 양청우(楊成武)가 항저우 회의의 상세한 내용을 얘기했다. 예를 들어 문화혁명의 명칭을 두고 오랫동안 의논하는 도중에 천보다가 '프롤레타리아 문화대혁명'

● 1965-1971년 총후근부(總後勤部) 부장 역임.

을 제안했다. 이에 마오쩌둥은 "천보다가 잘 내놓았어. '프롤레타리아 문화대혁명'으로 하자"[1]고 말했다고 한다.

이를 보면 '프롤레타리아 문화대혁명'의 발명가는 당시의 정치국 위원이자 문화대혁명 소조(小組) 조장으로 중공 중앙의 '붓대'인 천보다임을 알 수 있다.

'프롤레타리아 문화대혁명'이란 단어는 단순히 천보다의 발명만으로는 세상에 퍼질 수 없었다. 그 혼자 힘으로는 이 단어를 중국과 세계에 퍼트릴 수 없었다. 마오쩌둥이 이를 인가하고 수긍하고 선전하면서 한 시대의 명사로 자리매김할 수 있었다.

6월 1일 《인민일보》에서는 사설 〈모든 소 귀신, 뱀 귀신을 쓸어버리자(橫掃一切牛鬼蛇身)〉를 발표했다. 이 사설의 첫 번째 구절이 "프롤레타리아 문화대혁명의 붐이 세계 인구의 4분의 1을 차지한 중국에서 일어나고 있다"였다. 《인민일보》에서 '프롤레타리아 문화대혁명'이란 단어가 처음 출현했다. 이로부터 마오쩌둥의 인가를 받은 '프롤레타리아 문화대혁명'이란 새로운 어휘가 크나큰 역사의식, 첨예한 아픔을 가지고 강행되어 장장 10년 동안 모든 중국 인민의 생활 속으로 깊이 들어왔다.

'프롤레타리아 문화대혁명'은 마오쩌둥이 천지를 뒤흔든 대작이었다. 기상천외한 혁명 동화였다. 측면에서 공격하고 모험적이었던 유희였다. 인류 역사에서 유일무이한 정치 연극이었다. 비장하고도 성대한 봉황열반(鳳凰涅槃)*이었다.

"높고 크도다, 혁명이여! 훌륭하고 성대하도다, 혁명이여!"** 20세기는 혁명의 세기로 당시에는 혁명 유희가 사람을 죽일지라도 아

---

* 봉황이 불속의 고통을 견디고 더 강하고 아름다운 존재로 거듭난다는 의미.

** 쩌우룽(鄒容), 《혁명군(革命軍)》. "巍巍哉! 革命也, 皇皇哉! 革命也."

랑곳하지 않고 곳곳에서 발흥하기 시작했다. '프롤레타리아 문화대혁명'은 무법천지의 호탕한 혁명 리더가 무법천지의 호탕한 정신으로 충만한 혁명 군중을 이끌고 자신의 정권을 향해 반란을 일으킨 전무후무한 자아 혁명이자 연속 혁명이었다. 시비를 전혀 가리지 않고 모든 영역과 모든 관념을 소탕시킨 전면 혁명이자 전 인민 혁명이며, 20세기에 숭상했던 급진주의 혁명의 최고 단계이자 최후 단계였다. 문화대혁명은 또한 혁명의 조타수 마오쩌둥이 키를 잡은 혁명이라는 항해가 '역사 삼협'을 건너는 고난이자 몸부림이며, 피비린내 나는 무도하고도 황당한 탐색이었다.

새빨간 문화대혁명의 무대에서 공산당원이 선전한 민주, 자유, 평등사상은 실제로 훈련되었고 동양사회의 모든 병폐가 모두 드러났으며, 인성의 선함과 추함도 드러났다. '일월혁명(一月革命)', '이월역류(二月逆流)', 삼론(三論) '조반유리', '사대자유(四大自由)', '5·16 병단', '61인 반역자 집단', '7월폭풍', '8개의 모범극(양판희)', '91인의 대자보', '16조', '백만웅사(百萬雄師)', '절대로 계급투쟁을 잊지 말자(千萬不要忘記階級鬪爭)', '만세 만세 만만세' 등. 반란하는 가운데 숭배하고 숭배하는 가운데 무너지고 무너지는 가운데 열애하고 열애하는 가운데 의구심을 품었다. 자신이 한 말을 자신이 뒤집고, 건설하면서도 철거하고, 크게 부수고는 대대적으로 세우고, 당을 훼손하면서도 당을 건설했다.

대란과 대치(大治)가 병존했고 문화투쟁과 무장투쟁이 공생했으며 독재와 민주가 공존하고 사상 억제와 사상 해방이 서로 비쳤으며 …… 와자지껄하며 온갖 현상이 드러났다. 모든 천사가 이곳에 모였고 모든 악마가 이곳에 집결했다. "이는 가장 좋은 시대이기도 하고, 가장 나쁜 시대이기도 했다. 가장 지혜로운 시대이기도, 가장 우둔한 시대이기도 했다. 신앙의 시기이기도 했으며 회의의 시기이기도 했다. 광명의 계절이기도 하고, 어두움의 계절이기도 했다. 희망의 봄이기도 했으며 실망의 겨울이기도 했다. 사람들 앞에는 없는 게 없었는가 하면 아무 것도 없었다. 사람들이 천당으로 올라가는가 하면 곧장 지옥으로 떨어지기도 했다."●

〈건국 이래 당의 몇 가지 역사 문제에 관한 결의〉에서는 "문화대혁명을 지도자가 잘못 일으켜 반혁명집단에 의해 이용됨으로써 당, 국가와 인민에게 엄중한 재난을 가져온 내란"이라고 정의했다.

의심할 나위 없이 문화대혁명은 중국 민족의 역사와 기억 속에 깊이 새겨져 있다. 저명한 역사학자이자 미국 하버드대학 종신교수 존 킹 페어뱅크(John King Fairbank)는 "중국 문화대혁명의 놀라움과 규모, 영향력과 복잡성은 (…) 어느 방면에서 보든 우리가 세세토록 장기간 연구할 만한 가치가 있는 역사 과제"[2]라고 말했다.

문장가 시옹지엔(熊鑒)은 이런 시를 지었다.

돌 구르고 모래 휘날리며 밤새 바람 불어 走石飛沙一夜風,
온 정원은 어지러운데 온 강은 붉도다. 滿園零亂滿江紅.
어리석은 사람은 복사꽃이 떨어졌노라 말하지만 癡人笑說桃花落,
사람 눈에 보이는 기쁨과 즐거움 각기 다르도다. 人眼悲歡各不同.

만년에 마오쩌둥이 일으킨 문화대혁명은 그의 일생에서 가장 많은 논쟁을 낳은 화젯거리가 되었다. 문화대혁명을 보는 눈에 따라 어떤 사람은 암흑으로 보기도 하고, 어떤 사람은 광명으로 보기도 한다.

● 찰스 디킨스(Charles Dickens),《두 도시 이야기(A Tale of Two Cities)》.

어떤 사람은 독재로, 어떤 사람은 민주 자유로 보기도 한다. 어떤 사람은 배반으로, 어떤 사람은 충성으로 보기도 한다. 어떤 사람의 눈에는 압박으로 보이며, 어떤 사람의 눈에는 반특권으로 보인다. 또 어떤 사람은 사상 억압으로 보고, 어떤 사람은 사상의 해방으로 보기도 한다. 어떤 사람은 '10년 재난'으로 보고, 어떤 사람은 거대한 성취로 본다. 어느 것이 옳고 어느 것이 그른가? 복인가, 화인가? 희극인가, 비극인가? '문혁학(文革學)'이 지금 흥기하고 있다. 각종 동기와 생각을 가지고 있는 사람들은 각기 문화대혁명 속에서 자신이 필요한 것을 찾으려고 시도하고 있다.

나는 역사에 대해서는 온정과 경의를 품고 있다. 모든 존재마다 각기 의의가 있기 때문이다. 하지만 나 자신에 대해서는 늘 경계하고 추궁한다. 만약 지금이 문화대혁명의 시기라면, 나는 어떻게 처신할까?

주자파

走資派

'주자파'는 문화대혁명이 진행되었던 10년 동안 가장 유행한 단어 중하나다. 당시 주자파에 대한 비판은 문화대혁명에 동조하는 사람들이 행하는 가장 일상적인 활동이었다. 주자파 타도는 문화대혁명의 중요한 목적이었다.

문화대혁명 중에 주자파로 불린 사람들은 오늘날의 관점으로 보면 상품가치의 법칙을 존중하고 생산 발전에 대한 관심이 혁명을 전개하는 관심을 뛰어넘고, 구체적 사업에 힘쓰고 혁명 낭만주의가 없다. 그리고 지시에 잘 따르지 않고 다른 의견을 얘기한다. 한마디로 동일한 믿음을 가지고 있으나 다른 의견을 가진 당내 인사에 불과할 따름이다. 마오쩌둥은 이렇게 말했다. "우리 당은 최소한 두 파가 있다. 하나는 사회주의파이고, 하나는 자본주의파다."[1] 소위 '자본주의파'가 바로 주자파다.

주자파라는 단어는 누가 창조했으며 언제 창조했는가?

1964년 말 마오쩌둥이 주관하여 제정한 〈농촌 사회주의교육 운동에서 현재 제기된 문제〉(다른 이름은 〈23조〉)에서 "이번 운동의 중점은 당내 자본주의의 길을 걷는 당권파다. (…) 자본주의의 길을 걷는 당권파는 막 앞에도 있고 막 뒤에도 있다"[2]고 언급했다.

'자본주의의 길을 걷는 당권파'라는 논점은 공산당 사전에 처음으로 출현했고 마르크스레닌주의 저작에는 없다.

'자본주의의 길을 걷는 당권파'도 '주자파'의 발원지다.

나중에 이 말을 줄여서 '주자파'라 불렀는데 천보다의 연설에서 나왔다.

1967년 7월 15일 천보다는 수도홍위병대표대회(首都紅代會), 언론계, 문예계 대표를 접견했을 때 말했다. "'당내 자본주의의 길을 걷는 당권파'라는 말이 너무 길어서 군중이 발명하여 '주자파'라고 줄여 불렀다. 나는 군중 속에서 배웠다. 지금 중점적인 비판의 대상은 당내 한 줌밖에 안 되는 주자파다."[3]

확실히 1967년 초에 민간에 주자파라는 말이 있었다. 예를 들면 시인 사오옌샹은 1967년 4월에 〈주자파 나리의 심사(走資派老爺的心事)〉라는 시를 써서 주자파 말투를 흉내 내어 그들의 심리를 표출했다.

흥, 줄곧 우파가 하늘을 뒤집었다, 우파가 하늘을 뒤집었다/ 악당들이 나를 말에서 끌어내렸다!/ 나의 권력을 빼앗고 나의 관직을 해임하고/ 온종일 나를 붙잡았다/ 훌륭한 류사오치, 덩샤오핑 왕국이 너희들의 천하로 바뀌었다./ 나는 단지 대계를 세울 뿐, 대계를 세우리라/ 어째서 나는 어금니가 부서지도록 다물지 못하나, 어금니를 다물지 못하나!
사대가 뭐야/ 아차, 아차, 아차!/ 프롤레타리아 문화대혁명이 뭐야?/ 좋지 않다, 좋지 않아, 좋지 않아/ 프롤레타리아 독재가 뭐야?? 필요 없어,

필요 없어, 필요 없어/ 프롤레타리아 혁명대연합이 뭐야?/ 나는 그것을 엉망진창으로 만들어놓으려고 한다, 엉망진창으로/
우리의 '좌파' 전사들이여/ 오라, 오라, 오라!/ 좋은 기회를 놓치지 마라! 그들이 내전하는 틈을 타서/ 훈하의 물을 휘저어 물고기를 잡아오라!/ 총부파가 뭐고 정풍파가 뭐야?/ 그들은 무대에서 내려오라, 무대에서 내려오라!/ 전투단이 내려오면 우리가 다시 올라가리라!/ 오라, 오라, 오라!⁴

민간에서는 자본주의의 길을 걷는 당권파를 줄여서 주자파로 불렀다. 민간은 분명 정부 측보다 총명하고 수고를 덜 줄 알았다. 천보다의 공로는 민간의 말을 정부로 가져온 것이다. 이로부터 정부 문건, 당의 간행물에서 주자파라는 단어를 사용하기 시작했다.

주자파라는 단어는 마오쩌둥과 민간이 서로 호응하고 천보다가 조력하여 탄생했다.

마오쩌둥은 주자파란 약어를 인가했다. 1975년 10월 그는 마오위안신(毛遠新)과의 담화에서 이렇게 말했다. "사회주의 혁명을 하면서 부르주아가 어디에 있는지 모르고 있는데, 공산당 내에 있으며 당내 자본주의의 길을 걷는 당권파에 있다. 주자파가 아직 걸어가고 있다."⁵

주자파라는 단어는 중국에서 10여 년 동안 유행했다.

76

중국의 흐루쇼프

中國的赫魯曉夫

문화대혁명 초기에 마오쩌둥이 정치적 수수께끼를 내놓았다. 바로 흐루쇼프라는 인물에 관한 것이다.

흐루쇼프는 소련의 최고 지도자였고 스탈린의 후임이었다. 그는 소련 최고 권력자가 되자마자 뒤 스탈린을 부정하고 '수정주의'를 추진했다. 이 일은 마오쩌둥을 극도로 자극했으며 그가 반수방수(反修防修)● 정책을 추진하고 후계자 문제를 고려하는 계기가 되었다. 즉, '죽은 뒤의 일(身後事)'을 심각하게 고민하게 된 것이다.

마오쩌둥은 사상문제를 언어로 표현하는 천부적 재능을 가지고 있었다. 그는 후계자와 집정 지위에 대한 우려를 간단한 단어로 표현했다. 그것이 바로 '중국의 흐루쇼프'다.

1960년 8월 마오쩌둥은 베트남 주석 호치민과 회담할 때 이렇게

● 수정주의에 반대하고 수정주의를 방지한다는 것.

말했다. "우리는 해마다 정풍(整風)하여 중국의 흐루쇼프를 가려내지는 않는다. 만일 이후에 중국에 흐루쇼프가 나온다면, 수정주의가 대세를 이루어 당신들이 우리를 정풍하길 바랄 것이다."¹ 이것은 그가 처음으로 '중국의 흐루쇼프' 문제를 언급한 말이다.

1965년 10월 10일 마오쩌둥은 이렇게 말했다. "만일 중앙에서 수정주의가 나오면 반드시 조반해야 한다. (…) 흐루쇼프가 나오면, 소삼선(小三線)˙만 가지고도 조반하기 쉽다."²

마오쩌둥은 〈5·16 통지〉를 수정할 때 "흐루쇼프 같은 인물을 청산하자"고 썼다. 또한 다음과 같이 말했다. "흐루쇼프와 같은 인물은 우리 신변에서 잠자고 있다. 각 당위원회는 이 점을 충분히 주의해야 한다."³

옛사람은 "어찌 다른 사람이 침상 옆에서 달콤하게 잠자도록 내버려둘 수 있겠는가?(臥榻之旁, 豈容他人酣睡?)"라고 말했다. 마오쩌둥의 뜻은 매우 분명하여 '우리 신변에 잠자고 있는 흐루쇼프와 같은 인물'을 청산하자는 것이다.

문제는 '우리 주변에 잠자고 있는 흐루쇼프와 같은 인물'이라는 표현이 은유이자 환유라는 점이다. '흐루쇼프와 같은 인물'은 어떤 사람을 가리킬까? 그것을 아는 사람은 아무도 없다. 정치 수수께끼 역시 추

˙ 삼선건설(三線建設)은 1964년부터 중국 정부가 중서부 지구의 13개성과 자치구에서 전쟁 준비를 목적으로 대규모의 국방, 과학기술, 공업과 교통의 기본 시설을 건설한 공정을 말한다. 당시 중국과 소련의 관계 악화 및 미국의 동남연해 공세에 대비하여 중국은 대규모의 공업을 중서부 내륙으로 이주시켰다. '삼선'에서 일선(一線) 지구는 연해에 위치한 전선 지구를 말한다. 이선(二線) 지구는 일선 지구와 징광철로(京廣鐵路) 사이에 있는 안후이, 장시, 허베이, 허난, 후베이, 후난 등 네 성의 동쪽을 말한다. 삼선(三線) 지구는 장성(長城) 남쪽, 광둥 사오관(韶關) 북쪽, 징광철로 서쪽, 간쑤 우차오링(烏鞘嶺) 동쪽의 광대한 지구를 가리킨다. 그중에 서남쪽의 쓰촨, 구이저우, 윈난과 서북쪽의 산시, 간쑤, 닝샤, 칭하이 지구를 '대삼선(大三線)'이라 부르고, 일선 지구와 이선 지구의 내지를 '소삼선'이라 부른다.

측해야 하는 문제다. 실제로 이 수수께끼는 수많은 사람을 괴롭혔다.

1966년 5월 중공 중앙 정치국 확대회의에서 〈5·16 통지〉에 대해 토론했다. 그 사이에 국가주석 류사오치, 총리 저우언라이는 인민대회당에서 타도된 베이징시 시장 펑전을 불러 의견을 물었다. 펑전은 문건 중에 "'흐루쇼프와 같은 인물이 우리 신변에서 잠자고 있다'는 부분을 삭제하자"고 제안했다.⁴ 아마도 펑전은 이 구절이 자신을 가리키며, 이 규정이 스스로에게 너무나 가혹하다고 여겼을 것이다.

마오쩌둥의 의중을 잘 파악하고 있는 장춘차오조차도 수수께끼를 풀지 못하고 이렇게 말했다. "운동이 시작될 때 (…) '예를 들어 흐루쇼프와 같은 인물'이란 단락에 대해 나는 당시에 이해하지 못했다. 그래서 펑전만 생각했을 뿐 류사오치는 전혀 예상하지 못했다."●

류사오치의 부인 왕광메이는 다음과 같이 회상했다. "1966년 8월에 이르러 마오쩌둥이 〈사령부를 포격하라〉를 발표하기 전에 류사오치는 줄곧 '중국의 흐루쇼프'라는 모자가 자신의 머리에 씌워질 거라고는 전혀 예상하지 못했다."⁵

마오쩌둥이 1966년 8월 5일에 〈사령부를 포격하라〉를 쓴 뒤에도 류사오치는 여전히 중앙정치국 상임위원이었고, 회의 후에도 여전히 중앙 지도자 신분으로 여덟 번이나 홍위병 사열에 참가했다. 또한 11월 12일 류사오치는 쑨중산 탄신 백주년 기념대회에도 참석했다. 따라서 당시에는 마오쩌둥이 말한 '중국의 흐루쇼프'가 누구인지 확정할 수는 없었을 것이다.

1966년 말 캉성(康生)은 마오쩌둥이 꺼낸 정치 수수께끼의 답을 밝혔다. 12월 26일 그는 인민대회당에서 '전국홍색조반노동자조반총

● 1967년 5월 19일 장춘차오가 상하이시 혁명위원회 상임위원회 확대회의에서 한 연설.

단(全國紅色勞動者造反總團)' 대표를 만난 자리에서 류사오치를 '흐루쇼프와 같은 인물'로 불렀다. 이후 1967년 1월 1일 중난하이조반파(中南海造反派)는 류사오치의 숙소 담장에 "중국의 흐루쇼프 류사오치를 타도하자"라는 표어를 붙였다. 그 뒤 '홍위병'과 '조반파' 및 여러 언론사가 대대적으로 일어나 류사오치를 '중국의 흐루쇼프'라고 부르며 비판하기 시작했다. 하지만 당 기관지는 여전히 별다른 언급을 하지 않았다.

1967년 4월 1일《인민일보》와《홍기》잡지 5기(3월 30일 출판)는 문혁 소조(文革小組)의 일원인 치번위(戚本禹)의 글 '애국주의인가, 매국주의인가?-반동영화〈청궁비사(淸宮祕史)〉를 평함'을 발표했다. 마오쩌둥의 검토를 거친 이 글에서는 실명을 거론하지 않고 류사오치를 비판했다. 글 마지막에는 이런 문장이 쓰여 있었다. "당신은 근본적으로 무슨 '노혁명가(老革命)'가 아니다. 당신은 가짜 혁명가이며 반동혁명가다. 당신은 우리 곁에서 잠자고 있는 흐루쇼프다." 치번위의 문장은 '중국의 흐루쇼프'라는 수수께끼의 답을 직접적이며 공개적으로 밝혔다.

1967년 5월 18일〈5·16 통지〉1주년을 기념할 때《인민일보》는 사설〈위대한 역사 문건〉을 통해 다음과 같이 밝혔다. "마오 주석이 이 문건에서 말한, 우리 신변에 잠자고 있는 '흐루쇼프와 같은 인물'이 대중에 의해 밝혀졌다. 그 중국의 흐루쇼프는 당대의 최대 자본주의의 길을 걷는 당권파이며 프롤레타리아 독재 내부의 부르주아 총대표다."

수수께끼가 풀렸다. 중국의 흐루쇼프, 흐루쇼프와 같은 인물은 바로 류사오치를 가리켰다.

류사오치에 대한 비판 투쟁 과정에서 류사오치를 비판하고 욕하는 가곡이 사회에서 널리 불렸는데 예를 들면 〈류사오치를 타도하자〉, 〈류사오치를 끝까지 추궁하여 맹렬히 타도하자〉, 〈중국의 흐루쇼프에게 발포한다〉, 〈검은 수양을 짓이기자〉(이상의 가곡 창작자는 중국 가극원 홍기조반공사[紅旗造反公社]), 〈중국의 흐루쇼프를 끌어내자!〉(중국매광문공단[中國煤礦文工團] 동방홍[東方紅] 작사/작곡) 등 수십 곡이 나와 거의 노래책으로 편집할 수 있을 정도였다.

1969년 11월 12일 새벽 류사오치는 사람 꼴이 아닌 채로 고통스럽게 시달리다가 중국의 흐루쇼프란 모자를 쓰고 허난 카이펑(開封)에서 병사했다. 참으로 억울한 죽음이었다.

중국의 흐루쇼프라는 화제는 문화대혁명 10년 동안 지속되었다. 이후 덩샤오핑은 이를 바로잡아 문화대혁명을 철저하게 부정했다. 서양의 어떤 사람은 덩샤오핑이 바로 중국의 흐루쇼프라고 말하기도 했다. 1980년 8월 이탈리아 기자 오리아나 팔라치(Oriana Fallaci)는 덩샤오핑과 인터뷰하면서 '돌직구'를 던졌다. "질문이 있는데요, 듣고 화내지 마시기 바랍니다. 서구의 어떤 사람이 당신이 중국의 흐루쇼프라고 말했는데, 이에 대해 어떻게 생각하세요?" 이것은 역사의 깊은 곳을 찌르는 도발적인 질문이었다. 덩샤오핑은 듣고서 크게 웃으며 말했다. "서양에서 나를 뭐라 불러도 괜찮아요. 하지만 저는 흐루쇼프를 이해하고 개인적으로 그와 10년 동안 알고 지내기도 했습니다. 저는 그 사람을 이해하지만, 저를 흐루쇼프로 비유하는 것은 어리석은 일입니다."[6]

77

염왕전

閻王殿

'염왕(閻王)'과 '염왕전(閻王殿)'은 중국 민간에서 누구나 다 알고 있으며 두려워하는 단어다. "염왕전에 가서 신고하다" "염왕 나리가 너를 가만두지 않을 것이다"는 인민들이 늘 하는 말이다. 하지만 정치 담론에서는 대대로 '염왕' '염왕전'이란 단어를 별로 쓰지 않았다.

1966년 3월 30일 마오쩌둥은 중선부(중공 중앙선전부)를 혹독하게 비평했다. "중선부는 염왕전이라 작은 귀신들이 문안으로 들어가지 않는다. 염왕을 타도하고 작은 귀신들을 해방시키자."[1] 이 말이 '마오주석 어록'이 되어 1966년 8월 13일자《인민일보》에 발표되었다.

마오쩌둥은 민간 용어를 가져와 사용함으로써 '염왕' '염왕전' 같이 오래된 단어도 정치 신조어로 뒤바뀌어 기이한 신분으로 출현했다.

'염왕'은 원래 고인도 신화 중에서 저승을 관리하는 천왕이다. 불교에서는 염왕을 지옥을 관리하는 마왕이라 부른다. 중국 고대에는 본래 '염왕'에 대한 관념이 없었다. 불교가 고인도에서 중국으로 들어온 뒤부터 염왕이 지옥의 주신(主神)이라는 신앙이 비로소 중국에서 유행하기 시작했다. 중국어 '염왕'은 산스크리트어에서 음역한 어휘로 본뜻은 '묶다'다. 구체적으로는 죄지은 사람을 묶는다는 뜻이다. 당(唐)대에 천제가 염라왕을 책봉하면서 그에게 오옥(五獄)의 위병(衛兵) 통솔 업무를 맡겼고 동시에 지옥을 십전(十殿)으로 나눴다. 십전마다 모두 주인이 있는데 이를 지부시왕(地府十王)이라 불렀다. 시왕(十王)마다 각기 이름이 있으며 이를 합쳐 십전염왕(十殿閻王)이라 불렀다. 명·청 이래 십전염왕의 설이 성행하여 도교에 원래 있었던 동악대제(東嶽大帝)가 이를 대신하여 생사를 주재하게 되었다. 민간 각지에서는 보통 현지 성황묘 안에 염왕전을 설치해놓고 십전염왕을 받들어 제사를 지낸다.

마오쩌둥은 중선부를 '염왕전'이라 불렀으니 그가 중선부를 좋아하지 않았음을 알 수 있다. 동시에 '작은 귀신들(민중)'의 '염왕전'에 대한 조반을 환기하여 중선부에 대한 민중들의 증오심을 불러일으키기에 충분했다.

교육가 궁위즈(龔育之)는 저서 《궁위즈의 '염왕전' 회상(龔育之回憶 '閻王殿')》의 서문에서 이렇게 말했다. "'염왕전'은 특정 시기의 특정 용어로 폄하하는 호칭이자 나쁜 호칭이다. 이는 루딩이를 가리키며 저우양(周揚)이 주관하고 있는 중선부를 가리키는데, 구중선부(舊中宣部)라고도 부른다. '중선부가 염왕전이니 염왕을 타도하고 작은 귀신을 해방시켜야 한다'라는 최고 지시가 공표되자 구중선부는 해체되었다. 구중선부의 부장과 부부장, 대부분의 처장과 부처장, 각 장, 아무 일도 못하는 간사들은 타도되어 외양간에 갇혔다."[2]

'염왕전'은 '대염왕(大閻王)' '판관' '옥졸' 등으로 불리기도 했다. 이러한 점을 마오쩌둥은 언급하지 않았다. 하지만 마오쩌둥의 '염왕전'에 관한 말이 포괄하는 범위가 넓어 사람들의 상상력을 자극했다. 과연 조반한 '작은 귀신'들은 마오쩌둥의 말에 근거하여 중선부 부장 루딩이를 '대염왕', 부부장 저우양을 '이염왕(二閻王)', 중선부 직원을 '염왕전의 판관'으로 불렀다. 아울러 무슨 '우두마면(牛頭馬面)'● '활염왕(活閻王)' '죽어도 굳지 않는 염왕(死而不僵的閻王)' 등의 어휘도 생겨났다.

루딩이 후임으로 중선부 부장을 맡은 타오주(陶鑄)는 이렇게 말했다. "무슨 염왕, 판관, 우두마면은 모두가 종이호랑이, 진흙, 볏짚, 목조(木彫), 이조(泥雕)로 치자마자 부서졌다." 오래지 않아 타오주도 타도되었으며 그는 '신염왕(新閻王)'으로 불렸다.

중앙희극학원(中央戱劇學院) 마오쩌둥사상전투단(毛澤東思想戰鬪團)은 나고사(鑼鼓詞) 〈아무개 염왕전을 타도하자(打倒×, ×閻王殿)〉를 연출했다.

문화부를 철저하게 짓이기고 徹底砸爛文化部,

염왕전을 단호히 부수고 堅決搗毀閻王殿,

염왕 루딩이를 타도하고 打倒閻王陸定一,

염왕 저우양, 린모한●●을 타도하고 打倒閻王周揚林黙涵,

악취 나는 치옌밍●●●을 타도하고 鬪倒鬪臭齊燕銘,

● 지옥의 두 옥졸인 우두귀신(소의 머리에 사람 몸을 한 귀신)과 마두귀신(말의 머리에 사람 몸을 한 귀신). '우두마두'라고도 한다.
●● 문예이론가 린모한(1913-2008)은 중선부와 문화부 부부장을 역임했으며, 문화대혁명 때 체포되어 10년 넘게 옥중에 구금되었다.
●●● 치옌밍(1907-1978)은 몽골족 출신의 학자, 서예가다. 지난시(濟南市) 부시장을 역임했으며 문화대혁명 때 박해를 받았다.

톈한*과 샤옌**을 짓부수자. 砸爛田漢與夏衍.

샤오왕둥***은 악질 肖望東, 大壞蛋,

겉과 속이 다르고 양다리를 걸치며 더욱 음험하다. 兩面三刀更陰險.

(…)

누가 막을 수 있나? 誰敢擋,

누가 막을 것인가? 誰敢攔,

그의 가죽을 벗기고 扒他的皮,

그의 힘줄을 빼내어 抽他的筋,

그 자녀로 하여금 놀게 하리라. 讓他小子也玩完.

"염왕과 상하를 다투려 하나 마귀를 향해서는 조금도 양보하지 않는다." 대대로 '염왕전'을 두려워하고 경외하며 '염왕'을 보길 두려워했던 민중들인 '작은 귀신'들은 이때 일종의 비판적 태도, 유희적 자태로 '염왕'을 성토하고 희롱했다. 현실 정치와 민간의 은혜와 원한이 한데 엮여 어느 것이 현실이고 전설인지, 어느 것이 혁명 조반이고 유희 오락인지 분간하지 못하게 되었다.

---

* 톈한(1898-1968)은 유명한 현대 극작가로 문화대혁명 때 체포되어 박해를 받다가 옥중에서 사망했다.
** 샤옌(1900-1995)은 현대 극작가로 문화대혁명 때 체포되어 문화부 기관 대묘(大廟)에 수감되었으며 1966년 12월 4일 홍위병에 의해 끌려가 7일에 해방군에게 인계되었다.
*** 샤오왕둥(1910-1989)은 군인으로 문화부 부부장을 역임했으며 문화대혁명 때 박해를 받아 9년 동안 수감생활을 했다.

78

호랑이 기질, 원숭이 기질

虎氣, 猴氣

중국어 사전에 '명사+기(氣)'로 구성된 단어가 있다. 예를 들면 인기 (人氣), 신기(神氣), 호기(虎氣), 요기(妖氣), 서생기(書生氣), 도사기(道士 氣), 장기(匠氣) 등은 모두 재미있는 표현이다. '기'는 중국문화에서 일 종의 신기한 기질, 성격의 뜻을 가지고 있으며 눈, 귀, 코, 혀, 몸 등으 로는 전혀 감지할 수 없는 신기한 언외의 뜻을 포함하고 있다. 마오쩌 둥은 '후기(猴氣, 원숭이 기질)'라는 단어를 창조했다. 마오쩌둥이 1966 년 7월 8일 장칭에게 보낸 편지에는 다음과 같은 내용이 담겨 있다.

나는 대부분 자신감에 차 있지만, 조금 자신이 없는 부분도 있소. 내가 어 렸을 때 이렇게 말한 적이 있다오. 200년 인생 자신을 믿고, 3000리 헤엄 쳐나갈 수 있다(自信人生二百年, 會當水擊三千里)고 말이오. 이 말을 보면 자 신감이 넘친다고 할 수 있소. 하지만 자신감이 없기도 하오. 산속에 호랑 이가 없다는 생각이 들 때마다 원숭이가 대왕을 사칭하는데, 내가 바로 그러한 대왕이 되었다오. 하지만 절충주의는 아니오. 내 신상의 호기(虎氣)는 주인이고, 후기(猴氣)는 부차적인 것이라오.[1]

이 말은 마오쩌둥의 자화상이다. 마오쩌둥은 "산속에 호랑이가 없으니, 원숭이가 대왕을 사칭한다(山中無老虎, 猴子稱大王)"라는 민간 속담을 교묘하게 차용하여 상황에 따라 '호기' '후기'로 자신을 평가했다. 이 말은 함부로 내뱉은 말이 아니라 심사숙고를 거친 말이다.

마오쩌둥은 호랑이와 원숭이라는 두 동물의 이중성격을 가지고 있었다. 호기와 후기는 마키아벨리(Machiavelli)가 《군주론》에서 제기한 '이리와 사자' 이론과 유사하다. 군주는 동시에 이리와 사자를 본받아야 한다. 그는 반드시 이리처럼 함정을 인식해야 하고, 호랑이처럼 승냥이를 두렵게 만들어야 한다.

왕이 될 사람은 호랑이 상이다. 마오쩌둥은 먼저 한 마리의 '호랑이'였다. 호랑이는 맹수라서 사람들은 호랑이를 두려워하고 경외하게 된다. 경외하기 때문에 그 이름을 직접 부르길 꺼려 대신 '산대왕(山大王)' '신중지왕(山中之王)' 등으로 부른다. 일찍이 마오쩌둥이 징강산에 올라 산을 점령하고 왕이 되어 자칭 '산대왕'이라 불렀다. 그는 징강산 혁명 근거지를 개척하여 일생 사업의 기초를 다졌다. 장기적인 군사와 정치투쟁 속에서 마오쩌둥은 위력을 내세워 적을 제압하고 가는 곳마다 승리하는 호랑이였다. 그는 진리를 틀어쥐고 기세 드높게 산림에서 휘파람을 불며 노닐었다. 1949년 10월에 이르러 마오쩌둥은 중국 공산당을 이끌고 중국 대지의 모든 '산채(山寨)'●를 수습하고 거둬 신중국을 성립했다. 마오쩌둥은 중국 정치라는 가장 높은 산 위

● 파벌이나 종파를 의미하는 말.

에 웅거하여 권력의 꼭대기에 우뚝 섰다.

호랑이는 체력과 양강(陽剛)의 기로 가득 차 있다. 호랑이의 철학은 투쟁철학이다. 마오쩌둥은 강렬한 투쟁 사상을 가지고 있어 평생 투쟁철학을 견지했다. 그는 투쟁을 즐거움으로 삼은 호랑이였다.

마오쩌둥은 진정한 호랑이였다. 호랑이와 호랑이가 만나면 싸우게 된다. 마오쩌둥은 자신 외의 다른 호랑이를 전략적으로 중시하고 전술적으로 멸시하여, 그것을 '가짜 호랑이' '종이호랑이'라고 불렀다. 호랑이여야 비로소 호랑이를 깊이 이해할 수 있다. '종이호랑이' 담론은 마오쩌둥이라는 진정한 '호랑이'여야만 말할 수 있고 다른 사람은 말할 수 없다. 호랑이와 호랑이의 전투가 진정한 전투다. 최종적으로 마오쩌둥은 승리자의 자태로 가지각색의 '종이호랑이' 앞에 섰다.

호랑이가 변하면 예측하기 어렵다. 린뱌오는 마오쩌둥 성격의 호기(虎氣)를 비교적 일찍 알아챘다. 부주석이었던 린뱌오는 마오쩌둥 '한 사람 아래'에, 그리고 '만인의 위'에 처해 있었다. 군중 앞에서는 비록 마오쩌둥을 바짝 좇으며 "어록이 손에서 떨어지지 않고 만세가 입에서 떨어지지 않았지만" 침실에서 그는 〈힘써 호랑이 굴에서 잠시 머물다(勉從虎穴暫棲身)〉*라는 시를 써서 자신을 격려했다. 이는 '유비(劉備)가 조조의 진영에 머물' 때 느꼈던 심경과 같았을 것이다.

마오쩌둥은 또 원숭이의 기질, 즉 '후기'를 가지고 있었다. 원숭이는 평민에 속하며 기존의 틀에 얽매이지 않고 조반을 좋아하고 장난치고 소란을 피우는 캐릭터다. 중국에서 가장 유명한 원숭이는《서유기》의 손후자다. 마오쩌둥은 손오공을 매우 좋아했다. 사람이 어느 동물을 좋아할 때는 반드시 그와 그 동물 간에 모종의 공명이나 공통점

---

* 유비가 마지못해 조조의 진영에 들어갔다가 조조와 당시의 영웅을 논하던 중 자신의 심사를 들킬까봐 조마조마하며 쓴 시다.《삼국연의》21회에 나온다.

이 있기 마련이다. 1961년 11월 마오쩌둥은 자신이 창작한 〈칠률(七律)·궈모뤄 선생에게 화답하며(和郭沫若同志)〉에서 손후자를 직접 찬양했다. 마오쩌둥 자신도 조반과 요괴를 잘 진압하는 원숭이였다. 마오쩌둥이 문화대혁명을 일으켜 밑바닥에 처한 수많은 원숭이를 이끌고 반란을 일으킨 것은 원숭이 가슴에 맺힌 한을 반영한 것이기도 하다.

'호기'와 '후기'로 마오쩌둥의 성격을 이해할 수 있고 마오쩌둥의 시문을 이해할 수 있다.

호랑이와 원숭이에 관한 담론으로 소개할 만한 한 가지 일화가 있다. 필자는 1980년대에 위술구(衛戍區)*의 한 간부에게서 흥미로운 일화를 들었다. 린뱌오 사건 후 부대는 마오쩌둥이 장칭에게 준 '일고여덟 통의 편지(七八來信)'를 전달하여 학습하도록 했다. 마오쩌둥의 '산중에 호랑이가 없으면 원숭이가 대왕을 사칭한다'에 관한 의론을 듣고 베이징 위술구 모 부대의 간부가 이의를 제기했다. "산중에 호랑이가 없어도 사자는 있다. 또 사자가 없어도 이리는 있다. 그런데 어떻게 원숭이를 패왕(霸王)이라 부를 수 있는가? 노인네가 정말 흐리멍덩해졌다." 이는 린뱌오 사건 후 마오쩌둥에 대한 사람들의 열광적인 숭배가 이미 흔들리기 시작했음을 설명한다.

79

군사훈련

軍訓

마오쩌둥은 1966년의 '5·7 지시'에서 다음과 같은 의견을 제시했다. "학생도 마찬가지로 학업을 위주로 하고 다른 것, 즉 문화, 공업, 영농, 군사를 배워야 한다."[1]

문화대혁명이 시작된 후 일부 지방에서는 해방군을 파견하여 재학생들에게 군사훈련을 실시했다. 마오쩌둥은 이를 알고 다음과 같이 칭찬했다. "군대 간부를 파견하여 혁명 사생(師生)을 훈련시키는 방법은 매우 좋다. 훈련하는 것과 훈련하지 않는 것은 크게 다르다. 이렇게 하면 해방군에게서 정치, 군사, 사개제일(四個第一), 3·8 작풍, 3대 기율(三大紀律)과 8가지 주의사항(八項注意)을 배워 조직의 기율성을 강화시킬 수 있다."[2]

마오쩌둥의 지시를 수행하기 위해 1966년 12월 31일 중공 중앙 국무원은 〈대중전원교 혁명 사생이 단기 군정(軍政)훈련을 진행하는 일에 관한 통지〉를 하달했다.

이 통지에 거론된 '군정훈련'을 줄여서 '군훈'이라 부른다.

1967년 1월 9일 중앙 문혁 소조(小組)는 우선 청화대학, 베이징대학, 베이징항공학원(北京航空學院), 베이징지질학원(北京地質學院) 및 베이징2중(北京二中), 25중(二十五中)과 베이징화교보교(北京華僑補校)를 군사훈련 시험장소로 결정했다. 10일부터 해방군이 계속 학교에 들어와 고등학교와 대학교 학생들에게 군사훈련을 시켰다.

1967년 2월 19일 베이징 위술부구(衛戌部區)는 〈5개 대학 단기 군사훈련에 관한 총괄 보고〉, 〈두 고등학교 군사훈련 시범 공작에 관한 총괄 보고〉를 제출했다. 마오쩌둥은 이 두 가지 보고에 대해 다음과 같이 지시했다. "첫째, 이 두 문건은 즉각 전국으로 전파하라. 둘째, 대학과 중고등학교, 초등학교 고학년은 매년 한 번씩 군사훈련을 하되 매번 20일씩 실시한다."[3]

그 뒤 각 대학과 중고등학교 학생들은 보편적으로 군사훈련을 받았다. '차려' '쉬어' '좌향좌' '앞으로 가' 등 군사술어가 처음으로 캠퍼스에서 울려퍼지고 유행하기 시작했다.

마오쩌둥은 군사훈련을 제창했다. 이는 그가 '혁명 신인'을 기르는 실제 조치이자, 실천 탐색이었다.

마오쩌둥은 군사훈련 효과에 큰 관심을 가졌다. 1967년 5월 그는 캉성과 천보다를 베이징 일부 학교에 보내 좌담회를 열어 군사훈련 상황을 이해시켰다. 좌담회에서 어떤 학생은 훈련받으나 훈련받지 않으나 비슷하다고 여겼으며, 어떤 학생은 군사훈련이 매우 좋다고 여겼다. 이 군사훈련은 마오쩌둥이 제창한 것인 만큼, 캉성과 천보다는 한 번 조사한 다음 자연스럽게 "군사훈련이 (학생들에게) 좋다"는 결론을 내렸다.

1967년 5월 16일 《인민일보》는 사설 〈군사훈련이 좋다〉를 발표하여 해방군이 마오 주석의 호소에 호응하여 고등학교와 대학교에서 군사훈련을 시행하는 경험을 소개했다.

군사훈련 방법은 1967년부터 전국적으로 퍼졌고 줄곧 지속되었다. 문화대혁명을 겪은 중국인, 특히 도시 출신의 학생들은 대부분 '군훈'이라는 명사를 잘 알고 대부분 '군훈'의 경력을 가지고 있을 것이다.

지금 고등학교와 대학교에서 매년 진행하는 군훈은 바로 이러한 내력을 가지고 있다.

80

대호, 소호

大好, 小好

마오쩌둥의 문장과 연설에는 생동감이 있다. 나는 그 원인이 그가 정치언어에서 늘 '의미 있는' 말을 하는 동시에 '무의미한' 말도 했기 때문이라고 생각한다. 다시 말해 그는 '쓸데없는 말(廢話)'이나 '한가로운 말(閑辭)'을 잘했을 뿐 아니라, 그런 말들을 교묘하게 운용하여 쓸데없는 말에 '격'을 부여했다.

전국의 프롤레타리아 문화대혁명의 형세가 크게 좋으나(大好) 약간 좋은 것(小好)은 아니다. 전체 형세는 이전의 어느 때보다도 훨씬 좋다.[1]

사실 "형세가 크게 좋다"는 말은 의미가 분명하다. 하지만 뒤의 "약간 좋은 것은 아니다"라는 말은 쓸데없는 말이다. 뒤의 문장 "전체 형세는 이전의 어느 때보다도 훨씬 좋다"라는 말 역시 쓸데없는 말로서 중언부언하는 격이라서 "침상 위에 침상을 포개고 집 위에 집을 짓는다(疊床架屋)"는 말처럼 어폐가 있는 것 같다. 그러나 바로 이러한 쓸데없는 말, 한가로운 말이 있기에 담론이 생동하기 시작한다. 그래서 마오쩌둥의 쓸데없는 말은 유용한 한가로운 말이다. 그가 억지로 만들어낸 '소호(小好)'라는 단어는 현대적이며 전위적이라서 사람들에게 깊은 인상을 준다.

마오쩌둥의 이 말은 완전히 맹물 같다. 만일 뒤의 '의미 없는' 두 구절의 말이 없으면 평상시에 사람들이 하는 말이어서 사람들이 기억하지 못할 수도 있다. 하지만 뒤의 '의미 없는' 두 구절의 말이 있어 사람들은 대번에 이 말을 기억할 것이다.

구어나 구어 중의 쓸데없는 말은 신체가 가장 가깝게 반응하는 것임을 인정하지 않을 수 없다. 그래서 귀에 쏙쏙 들어오고 머릿속에 쉽게 기억된다. 필경 서면문자는 몇천 년의 역사를 가지고 있으나, 구어는 인류가 탄생하면서부터 생겼으니 인류의 귀에 들어오고 뇌로 이해하기 가장 적합하다. 마오쩌둥은 이렇게 말했다. "구어를 쓰면 사람들이 보고 대번에 알아듣는다. 현재 상당히 유행하는 반고반금(半古半今), 반문반백(半文半白)●이나 사람들이 이해할 수도 없고 혹은 억지로 이해했으나 금방 깨끗이 잊어버리는 문체보다는 훨씬 좋다."² 이는 마오쩌둥이 언어 문자를 철저히 깨달았음을 뜻한다.

나는 분명히 기억하고 있다. 당시 생산대의 확성기에서 마오 주석의 '대호(大好), 소호(小好)'의 지시가 전달된 뒤 '대호, 소호'라는 두 어휘는 농촌에서 유행하여 공사 사원의 입버릇이 되었다. 우리 대대의 당 지부 서기는 마오 주석의 말투와 풍격을 잘 모방하여 말했다. "우리 대대의 형세는 크게 좋으며 약간 좋은 것도 아니고, 중간쯤 좋은

● 문어체와 구어체가 뒤섞여 있다는 뜻이다.

것이 아니라 크게 좋다. 무엇이 크게 좋은 것인가? 최대로 좋은 것이다. 이전의 어느 때보다도 좋다."

마오쩌둥은 사유방식에서 언어풍격에 이르기까지 수많은 방면에서 새로운 것들을 창조해냈다. 그리고 이러한 것들을 쉽게 모방하도록 대중을 이끌었다. 마오쩌둥 시대에 각급 간부는 기본적으로 마오쩌둥 스타일의 복장을 입고 마오쩌둥의 손짓을 따라했으며, 마오쩌둥의 말투로 얘기하고 마오의 풍격을 빌려 어휘를 배치하고, 마오의 논리에 따라 이치를 얘기했다. 사람들은 시사 다큐멘터리에서 마오쩌둥의 응접실에 놓인 하얀색 타구(唾具)를 보았다. 그래서 전국 상하, 각급 간부의 방에는 모두 하얀색 타구가 놓여 있었다. 당시 하얀색 타구가 상당히 많이 팔렸다.

크게 좋다(大好), 중간쯤 좋다(中好), 약간 좋다(小好). 마오쩌둥은 정말 이렇게 말했고 설사 전달되지는 않았지만, 대대 지부 서기의 입을 통해 널리 전파되었다.

1973년 7월 마오쩌둥은 장춘차오, 왕훙원(王洪文)과 담화할 때 외교부를 비평했다. "중앙은 언제나 국내외 형세가 크게 좋다고 얘기한다. 크게 좋다는 말은 중간쯤 좋은 것도 아니고, 약간 좋은 것도 아니다. 하지만 외교부는 큰일이 좋지 않다고 말하니 사기성이 농후하다."[3]

마오쩌둥 어휘의 삼림 속에서 어떤 단어는 우뚝한 소나무이고, 어떤 단어는 날쌘 버드나무 같으며, 어떤 단어는 가시를 띠고 있고, 어떤 단어는 향기를 발산한다. 하지만 '쓸데없는 말'과 '한가로운 말'은 나무 사이의 작은 화초이자, 나무 위의 구성진 작은 새소리다.

81

수정주의를 비판하다

闘私批修

다음에 등장하는 〈개인주의와 투쟁하고 수정주의를 비판하며(闘私批修)〉란 제목의 시를 읽어보자.

바이트 소리 찰칵거리고 모터 소리 분노하고 車刀嚓嚓馬達吼,

차가운 날씨에도 땀이 여전히 흘러내리고 數九天汗水照樣流,

완성된 나사못을 웃으며 바라보니 笑看成品的螺絲釘,

어느 것이나 가지런하고 매끈하도다! 哪一個不是整整齊齊光溜溜!

마오쩌둥의 사상은 바로 영혼의 바이트 毛澤東思想正是靈魂的車刀,

두뇌 속의 개인주의와 수정주의를 모두 깎아내어 削盡頭腦中的私和修,

억 만에 달하는 붉은 나사못으로 하여금 使得億萬顆紅色的螺絲釘,

영원히 번쩍거리며 녹슬지 않게 하리라. 永遠閃光不生銹.

'개인주의와 투쟁하고 수정주의를 비판하다'는 '프롤레타리아 문화대혁명' 사상 영역의 근본 강령이다.

마오쩌둥은 1967년 7-9월 동안 하베이(華北), 중난(中南), 화둥(華東) 지구를 시찰할 때 '투사비수'란 개념을 처음 언급했다.[1]

마오쩌둥은 한평생 물질을 경시하고 정신을 중시했다. '개인주의와 투쟁하고 수정주의를 비판하다'는 마오쩌둥이 제창한 마음의 혁명이며 사람의 탐욕과 이기에 대한 질타다. 셰푸즈(謝富治)는 다음과 같이 말했다. "마오 주석의 위대한 지시는 문화대혁명이 1년 4개월로 진입했을 때의 새로운 최고 동원령이었다."

장춘차오는 한 차례의 담화에서 마오쩌둥이 '개인주의와 투쟁하고 수정주의를 비판하다'를 제기한 내력을 소개했다. "우리가 탄 기차에 세 파가 있었는데 한 파는 한 명뿐이었다. 주석은 두 시간에 걸친 그들의 변론을 다 듣고 그들 간에는 근본적인 이해 충돌이 없으니 연합하라고 말했다. 주석은 사람들은 자신의 결점을 스스로 얘기해야 하고 여러분도 스스로 무엇이든 얘기해야 한다고 말했다. 후에 그들은 또 나와 양청우가 있는 기차 객실에 와서 사람들이 완고한 보수파라고 욕을 했다. 나와 양청우는 함께 일하는데 베이징에서 세 시간 거리였다. (…) 그들은 열차에서 협의를 거쳐 연합하여 주석에게 보고했다. 주석은 그들에게 '투사비수'라는 네 글자를 보내주었다."[2]

마오쩌둥은 인류사회의 고질, 인성의 기본 약점 '사'(私)●를 국제공산주의운동의 '수'(修)●●, '삼화'(三和)●●●와 조합하여 투쟁을 진행하면서 '투사비수' 관념을 제기했다. 이는 중국 고대의 '수신(修身)-제

● 주로 사유제, 사유관념, 사심으로 표현된다.
●● 주로 '삼무(三無)', 즉 무전쟁, 무무기, 무군대로 표현된다.
●●● 화평공처(和平共處), 화평과도(和平過渡), 화평경새(和平競賽).

가(齊家)-치국(治國)-평천하(平天下)'라는 사고의 방향과 다소 유사하다. 마오쩌둥은 '개인주의와 투쟁하고 수정주의를 비판하다'라는 어휘를 사용하여 이 세계와 세계인을 공격했다.

마오쩌둥은 이처럼 한결같았다. 다른 형세에 근거하여 간명하고 분명한 언어를 통해 자신의 주장을 제기하여 이론의 감제고지(瞰制高地)*를 차지하고, 하늘을 대신하여 정의를 행하고 민중들에게 손을 흔들며 호응하고 집행하라고 호소했다.

'개인주의와 투쟁하고 수정주의를 비판하다'라는 어휘는 높고 크다. 사람들은 누각에 오르는 기분이 어떤 것인지 모를 것이다.** '개인주의와 투쟁하고 수정주의를 비판하다'는 중대한 이론과 실천 문제이며 간단한 대강의 말로 개괄한 것이다. 단어는 사상의 무게를 감당할 수 없어 이에 사상이 단어를 압도하게 된다. 최소한의 서술과 논증이 부족하기 때문에 이와 유사한 단어가 개념을 무기로 삼아서 수행하기 쉽지 않고 물거품이 되기 쉬우며 더욱 쉽게 저속화된다. 예를 들면 어떤 지방에서는 계란찜(鷄蛋糕)을 '투사고(鬪私糕)'라고 고쳤으며, 찹쌀(江米條)을 '비수조(批修條)'로 바꾸었다. 이러한 상표를 붙여 정치를 크고 좋게, 많이 이야기하였으니 문장을 만드는 인민들의 능력을 무시할 수 없다. 왕명은 회상록에서 이렇게 말했다. "이론이 군중을 장악하면 처음에 품었던 뜻을 바꿔버려 군중의 평균치와 평균수준에 의해 이론의 보좌(寶座)가 아래로 끌어내려지고, 인민의 보편적인 생활에 의해 수정되며 심지어는 모습이 전혀 달라진다." 하하!

● 주위가 두루 내려다보여 적의 활동을 감시하기에 적합한 고지.
●● 송대 신기질(辛棄疾)의 사 〈수룡음(水龍吟)〉에 나오는 구절이다. "無人會, 登臨意"

82

맨발 의사

赤脚醫生

'맨발 의사(赤脚醫生)'는 농업노동에 참여하면서 의료와 위생 업무까지 겸업하는 사람을 가리킨다.

'맨발'은 농촌을 가리키는 상징적인 표현이다. 반농반의(半農半醫)의 위생 종사자는 밭에서 활약하고 농민들 사이에서 진찰하기에 형상적으로 '맨발의 의사'라고 불렀다.

1968년 제3기 《홍기》(9월 10일 출판)는 《문회보》의 〈맨발 의사의 성장에서 의학교육 혁명의 방향을 바라보다―상하이시의 조사 보고〉를 게재했는데, 글 첫머리에서 이에 대해 분명하게 밝혔다. "'맨발 의사'는 상하이교구(上海郊區) 빈농·하층민·중농의 반농반의 위생원에 대한 친근한 호칭이다." 다음 글은 '맨발 의사'의 전후맥락을 소개했다.

1958년 마오 주석의 프롤레타리아 혁명노선의 인도로 상하이 교구의 광범한 빈농·하층민·중농은 마오쩌둥 사상의 위대한 홍기를 높이 들고 용감하게 전진했다. 마오 주석이 〈역귀를 보내며(送瘟神)〉라는 제목의 시 두 수를 발표하자, 그들의 질병을 예방하고 없애는 혁명적 열정을 크게 격려했다. 상하이 의료계는 마오 주석의 위대한 호소에 호응하여 만인대군(萬人大軍)을 조직하여 농촌으로 내려보냈으며, 각 인민공사의 보건소와 협력하여 직장을 떠나지 않은 수많은 위생원을 단기간 양성하고 가르쳤다. 1960년 6월 통계에 의하면 전 시 10개 현 2550여 개의 생산대대에 위생원 3900여 명을 보유했다. 그들은 의료, 예방, 선전 공작을 힘써 전개했으며 농촌의 의료위생 상황을 개선하기 위해 노력을 기울였고, 눈에 띄는 성과를 거두었다. (…) 1965년 6월 26일 마오 주석이 "의료·위생 공작의 중점을 농촌에 옮겨놓자"는 지시를 내리자, 교구 각 현은 순회의료대의 협조를 받아 반농반의의 '맨발 의사'를 전면적으로 정비하고 양성했다. 총 숫자는 4500여 명으로 늘었고 평균 한 대대에 1-8명을 보유했다. 아울러 '맨발 의사'는 2만9000여 명의 생산대 위생원을 거느리고 훈련시켰다. 이에 이르러 교현(郊縣) 보건망이 발전하기 시작했다. 프롤레타리아 문화대혁명 중에 '맨발 의사'가 대거 출현하게 되었다.

위의 글은 '반의반농'의 위생원을 '맨발 의사'라고 처음 부른 문장이다.

전하는 말에 의하면 마오쩌둥은 "맨발 의사가 좋다"고 말했다. 마오쩌둥은 농민 출신으로 농촌의료 조건의 낙후성과 인민의 '진료난(看病難)'에 대해 아쉬움을 가지고 있었다. 농민의 아들로서 그는 중국 인민의 문제와 바람을 본능적으로 체득하고, 동시에 이러한 바람을 군중의 행동으로 옮기는 데 출중한 기량과 천부적 재능을 지니고 있었다.

'맨발 의사'란 어휘는 마오쩌둥이 널리 알려 전파되었다.

마오쩌둥은 위생부의 업무에 대해 불만을 가졌다. 1965년 6월 26일 마오쩌둥은 예리하게 지적했다. "위생부는 단지 전국 인구의 15퍼센트에게만 복무한다. 이 15퍼센트는 대부분 높은 지위를 가진 사람(老爺)이다. 80퍼센트의 인구는 농촌에 있어 광범한 농민들은 의료 혜택을 받지 못한다. 첫째 의사가 없고, 둘째 약이 없다. 위생부는 인민의 위생부가 아니라, 도시 위생부나 나리 위생부 혹은 도시 나리 위생부로 바뀌었다고 해도 좋다."[1] 이러한 비평은 농민 입장에 서서 유한한 의료자원이 도시와 농촌, 세도가와 인민 사이에 매우 불균등하게 분배된다는 점을 첨예하게 지적한 것이다. 신랄한 말투와 욕이 전혀 이치에 닿지 않는다고는 말할 수 없다. 소수의 사람이 대부분의 의료자원을 차지하고 있으니, 소수가 대다수의 이익을 차지하고 박탈한 것이나 다름없었다. 이날 마오쩌둥은 분명하게 지적했다. "의료·위생 업무의 중점을 농촌으로 옮겨놓자."

마오쩌둥은 군중운동의 방식으로 중국 농촌에서 '맨발 의사' 제도를 대규모로 추진했다. 이는 단지 '도시 나리'만을 위해 이루어지는 위생 업무 제도에 대한 강력한 시정이었다. '맨발 의사' 제도는 의료에 대한 의사의 농단, 의료자원에 대한 도시의 농단을 타파하고 농촌 합작의료 제도를 실행하여 도시와 농촌의 공공위생 조치를 결합하고 중의(中醫)와 양의(洋醫)를 단결시켜 사람의 교육과 질병의 치료를 결합했다. 중의도 아니고 양의도 아니며, 중의이면서도 양의이고, 교육이면서도 의료인데, 노동자와 치료자를 하나로 합쳐 농민에게 위생의료의 혜택을 누리게 했다.

1969년 10월 1일 공화국 건국 20주년 기념일 활동에서 거의 1천 명에 달하는 사람이 어깨에 약상자를 지고 등에 삿갓을 메고 바짓가랑이를 걷은 채 톈안먼을 지나갔다. 맨발의 젊은 농촌 아가씨로 구성된 이 행렬이 마오쩌둥의 시선을 끌었다. 마오쩌둥은 그들에게 손을 흔들며 인사했다. 이 행렬이 바로 '맨발 의사' 부대다.

1970년대 초에 이르러 전국은 기본적으로 농촌에 맨발 의사를, 대대에 위생소를, 공사에 보건소를 보유한 농촌 의료망을 실현했다. 각 성에서는《×××중초약수책(×××中草藥手册)》,《적각의생수책(赤脚醫生手册)》등 통속적인 책자를 펴내어 공짜로 나누어주었다. 필자가 어렸을 때 병이 나면 농촌의 맨발 의사에게 가서 약을 타오고 침을 맞은 것으로 기억한다. 맨발 의사는 모두 이웃이라서 본래 안면이 있었으며, 규모가 작은 재난이나 자잘한 병이 나면 아침이나 저녁을 막론하고 부르면 달려와서 서비스 자세가 매우 좋았다.

이 시기에 현대 의학지식이 드넓은 농촌에 대대적으로 들어왔다. 그때는 농민들이 진료받기 편리한 시대였으며 농민들에게 따스한 기억으로 남아 있다. 당시 맨발 의사를 노래한 가곡들은 인민의 가슴속에 품은 말을 표현했다.

맨발 의사 사람마다 칭찬하고 赤脚醫生人人誇,

빈농·하층민·중농이 그를 반긴다. 貧下中農歡迎他.

혁명의 붉은 약상자를 등에 지고 肩背革命的紅藥箱,

마오 주석의 어록을 손에 들고 毛主席寶書手中拿,

산 넘고 고개 넘어 급히 병을 치료하면서 飜山越嶺忙治病,

아무리 큰 고난도 두려워하지 않는다. 天大困難也不怕.

(…)

리 씨네 집을 나와 장 씨네 집으로 들어가 出了李家進張家,

최고 지시를 먼저 선전하고 最高指示先宣傳,

사원을 도와 병을 진찰하고 帮助社員把病查,

안부를 물으며 말을 이어가니 問寒問暖把話拉,

빈농·하층민·중농이 하하 웃는다. 貧下中農笑哈哈.**2**

1972년 미국 스탠퍼드대학의 몇몇 학자가 중국에서 다큐멘터리
〈중국 농촌의 맨발 의사(The Barefoot Doctors of Rural China)〉를 촬영
했다. 이들은 중국의 '맨발 의사'가 현지에서 재료를 구해 재래식 설
비와 진료 방식을 통해 병증을 진단하고, 한약을 정제하며 침을 놓는
과정을 자세히 설명했다. 또한 농촌의 일반적인 약물과 작은 침으로
큰 병을 치료하는 상황을 진실하게 기록했다. 이 영화는 국제적으로
큰 반향을 일으켰고, '맨발 의사'라는 어휘와 제도를 세계에 널리 알
리는 계기가 되었다. 유네스코는 중국의《맨발 의사 안내서(赤脚醫生手
冊)》를 50여 종의 언어로 번역하여 각 나라에서 발행했는데, 이를 계
기로 전 세계에서 '중국의 맨발 의사 붐'이 일어나기도 했다.

1973년 4월 멕시코 대통령 루이스 에체베리아(Luis Echeverria)가
중국을 방문했을 때 마오쩌둥에게 말했다. "대략 6개월 이전에 한 멕
시코 명의가 내게 중국 맨발 의사의 경험을 소개해주어 우리는 몇 개
월 동안 준비한 다음 멕시코에도 널리 보급했습니다." 그러자 마오쩌
둥이 말했다. "그것은 사실 궁색한 방법입니다. 별다른 방법이 없어
몇 개월 배운 다음 의사가 되는 것인데, 치료 과정에서 배웁니다. 보
통의 병은 진찰할 수 있지만 심각한 병은 도시로 가야 합니다. 중국에
는 아직도 맨발 의사가 널리 보급되지 않았어요. 만일 절반 정도의 농
촌 지역만이라도 맨발 의사가 있다면 대단한 일이 될 것입니다."**3**

맨발 의사의 복무는 분명 양호한 정도가 아니라 대단히 온정적이
었고 시기적절한 일이었다. 그들은 가난한 사람을 위해 봉사하고 적
은 비용으로 일했으며, 24시간 쉬지 않고 끊임없이 진료했다. 이들은

수억의 농민에게 유효한 의료서비스를 제공했으며, 당연히 농민의 환영을 받았다. '맨발 의사'가 인민의 마음속에서 차지하는 지위는 심지어 대대, 소대의 간부를 뛰어넘었다.

중국 땅에서 크게 성행한 '맨발 의사' 제도는 세계 의료위생사에서 언급할 만한 가치 있는 역사로 기록되었다.

하지만 중국은 1985년에 '맨발 의사' 제도를 폐지했다. 맨발 의사라는 단어도 이를 따라 정부 담론에서 소실되었다. 어떤 사람은 맨발 의사 운동을 성공하지 못한 운동이라고 평가한다. 하지만 국제적인 관점에서 맨발 의사(barefoot doctors)는 지금까지도 여전히 긍정적인 명사다.

83

우정이 첫 번째

友誼第一, 比賽第二

마오쩌둥이 공개적으로 처음 발표한 문장은 〈체육 연구(體育之研究)〉에 실린 글이다. 체육에 관해 그가 말한 두 마디가 가장 유명하다. 한 마디는 1952년 6월 10일 중화전국체육총회(中華全國體育總會) 성립대회에서 쓴 글로 "체육 운동을 발전시키고 인민 체질을 증강시키자"[1]이다. 다른 한 마디는 "우정이 첫 번째이며 경기는 그 다음이다"이다. 이 말은 문화대혁명 기간에 국내의 모든 체육 시합에 거의 등장했다.

나는 원래 "우정이 첫 번째이며 경기는 그 다음이다"라는 말이 마오쩌둥이 어느 운동회에서 기념으로 쓴 글인 줄 알았다. 최근 부대의 군사관(軍史館)을 견학하고 나서야 이 말이 후베이 우한에서 탄생했으며 마오쩌둥이 현지 주재 경위(警衛) 전사들의 농구경기를 관람하고 한 말임을 알았다.

1969년 5월 말에 마오쩌둥은 우한에 와서 조사연구하며 둥후빈관(東湖賓館)에 묵었다. 하루는 마오쩌둥을 따라 우한에 와서 경호 업무를 맡은 중앙경위단 일중대 중 한 분대가 외출하여 부근의 낙하산부대 병사들과 농구시합을 했는데 마오쩌둥도 나와서 구경했다. 시합이 시작되자 사람들은 모두 마오쩌둥을 바라보기만 하고 시합을 보는 사람은 거의 없었다. 이에 마오쩌둥이 말했다. "농구시합에서는 농구를 봐야지 관중을 보아서는 안 된다." 이 말에 사람들은 전부 웃었다. 농구시합의 결과 일중대가 이겼다. 마오 주석은 두 팀에게 박수를 보내고 아울러 일중대 전사에게 말했다. "너희들이 남을 이긴 것은 좋은 일이지만, 단지 남을 이기려고만 하는 것은 좋지 않다. 쌍방의 시합은 친선 경기이니 문화체육 생활을 활발히 해야 한다. 강한 팀은 두려워하지 말고 약한 팀은 격려해야 한다. 상대 팀을 존중해야 하고 남을 도와서 너희들을 이기면 된다. 우정이 첫 번째이며 경기는 그 다음이다."

여기에서 마오쩌둥은 "우정이 첫 번째이며 경기는 그 다음이다"라는 말을 처음 언급했다. 하지만 사람들은 당시에는 그다지 개의치 않았다.

10월 마오쩌둥은 다시 우한에 왔다. 일중대와 현지 주재 경호 업무를 맡은 공안부대(지금은 무경[武警] 부대로 바뀌었다)가 농구시합을 하여 일중대가 이겼다. 사실 공안부대가 고의로 중앙경위단에게 양보한 것이었다. 일중대의 전사들은 이러한 점을 알고 현지 주재 경위부대와 상의하여 서로 양보하지 않고 진정한 게임을 하기로 했다. 마오쩌둥은 이 말을 듣고 경기를 보러 왔다. 그는 경기장에서 시합이 매우 격렬하고 심지어 화약 냄새가 나는 것 같은 느낌이 들어 다소 불쾌해졌다. 마침내 또 일중대가 이겼으나 마오쩌둥은 박수를 치지 않았다. 숙소로 돌아온 뒤 마오쩌둥은 경위단 단장 장야오츠(張耀祠)에게 말했다. "베이징에서 온 동지들은 겸손해야 한다. 여러분이 어디에 가든 사람들이 여러분을 존중해주고 사람들이 여러분을 손님으로 존중해 준다고 해서 교만을 떨지 말아야 한다. 시합을 할 때는 남을 이기려고만 해서는 안 된다. 우정이 첫 번째이며 경기는 그 다음이다. 우정을 중시하고 단결을 중시해야 한다. 풍격이 있어야 하고 겸양해야 한다." 장야오츠는 일중대에게 마오쩌둥의 말을 전달하고 마오쩌둥이 제창한 '우정이 첫 번째, 시합은 두 번째'라는 말을 강조했다. 이렇게 하여 '우정이 첫 번째, 시합이 두 번째'라는 구호가 전파되어 나갔다.

1971년 제31회 세계탁구대회가 일본 나고야에서 열렸다. 경기 전에 저우언라이는 인민대회당에서 탁구 선수들을 접견하고 '우정이 첫 번째, 시합은 두 번째'라는 지도 방침을 정식으로 제기했다.[2] 저우언라이는 마오쩌둥의 '우정이 첫 번째, 시합은 두 번째'라는 요구를 체육의 모든 영역으로 끌고 들어와 이 말의 의미를 크게 확장시켰다.

이 대회에서 중국 선수들은 '우정이 첫 번째, 시합은 두 번째'라는 요구를 비교적 잘 관철시켰다. 중국 선수 왕원룽(王文榮)은 일본 선수 코노 미츠루(河野滿)와의 경기에서 마지막 공을 왕원룽이 반칙하여 실점해야 했다. 하지만 관중들은 보지 못했고 심판도 보지 못하여 심판은 중국 팀의 우승으로 판정했다. 이때 중국 팀이 자발적으로 반칙을 인정하여 새로 시합하게 되었다. 그 결과 마지막 공을 실수하여 중국 팀이 그 시합에서 졌다. 이러한 행동으로 일본 관중의 열렬한 박수를 받게 되었다. 일본 친구는 "심판도 보지 못한 잘못을 자발적으로 인정한 중국 선수들에 대해 우리는 무한히 감복했다"고 말했다. 일본의 언론에서는 "이것은 명실상부한 '우정 제일'이다"라고 평론했다. 일본 선수 오기무라(荻村)는 "'우정이 첫 번째, 시합은 두 번째'는 우리 일본 선수와 세계 선수들이 다년간 추구했던 바람이었다"[3]고 말했다.

이후 몇 해 동안 중국 선수들은 항상 시합을 치를 때 우정을 금메

달보다 더 중요하게 여겼다. 이는 당시의 외교환경을 개선하는 데 유리하게 작용했다. 물론 '우정이 첫 번째'가 되도록 하기 위해 때로는 시합에서 고의로 져주고 고의로 양보하는데, 이러한 방법도 사람들에게 비난을 받았다.

'우정이 첫 번째, 시합이 두 번째' 혹은 '시합이 첫 번째, 우정이 두 번째'는 논쟁을 일으켰고 깊이 토론할 만한 주제가 되었다. 내 생각에 '우정이 첫 번째, 시합이 두 번째'라는 논리에는 정치적 냉혹함이나 무정함이 없으며 상업적인 후안무치와 탐욕이 없고 세속적인 승부로 인한 신체적 상해가 없다. 오히려 따스한 감정과 즐거움이 느껴지는 운동이 있을 뿐이다. 이는 '더 빠르고 더 높고 더 강한' 것보다 체육 및 운동의 본질과 정신에 더욱 근접한다. 이런 의미에서 마오쩌둥의 '우정이 첫 번째, 시합이 두 번째'는 조지 오웰(George Orwell)이 언급한 체육의 병폐에 대한 시정이기도 하다.

'우정이 첫 번째, 시합이 두 번째'는 마오쩌둥의 명언으로 전국 각지 도처에서 사용되고 있다. 하지만 마오쩌둥의 저작, 예를 들면 규모가 방대한 《건국 이래 마오쩌둥 문고》(13권), 《마오쩌둥 수서 선집(毛澤東手書選集)》(10권), 《마오쩌둥 문집》(8권), 《마오쩌둥 선집》(4권) 그리고 명성이 높은 《마오 주석 어록》에서는 이 말을 찾아볼 수가 없다. 한 사람의 명언이나 경구를 그의 저작에서 찾아볼 수 없는 것은 특별한 현상이 아니다. 공자의 수많은 명언을 《논어》에서 찾아볼 수 없는 것과 마찬가지다.

84

스님이 우산을 쓰다

和尚打傘, 無法無天

"스님이 우산을 쓰다, 법도 하늘도 업신여기다(和尚打傘, 無法無天)"는 옛말이자 헐후어다.

헐후어는 인민이 창조한 특수한 언어 형식으로 두 부분으로 조성된다. 앞 구는 형상에 대한 비유이고, 뒤 구는 앞 구의 해석이자 설명이다. 앞 구는 수수께끼 문제 같고, 뒤 구는 수수께끼의 답을 내놓는 식이다. '화상타산(和尚打傘)'은 형상이고 '무법무천(無法無天)'은 앞 구를 풀이한 것이다. 스님은 머리를 기르지 않는다. 머리를 민 스님이 우산을 쓰면 법(머리)도 없고 하늘도 보이지 않는다(無[髮]法無天).

'화상타산, 무법무천'은 중국 민간에서 이미 오랫동안 전파되었다. 마오쩌둥이 한 번 말함으로써 그것은 주류로 들어와 정치 담론이 되어 거의 전 세계에 불길처럼 번졌다.

1970년 12월 18일 마오쩌둥은 중난하이 근처 거처에서 스노와 진행한 인터뷰 중에 다음과 같이 말했다. "나는 잘못 말하는 것을 두려워하지 않아요. 나는 법도 하늘도 업신여깁니다. '화상타산, 무법무천'이라는 말이 있는데 머리카락도 없고 하늘도 없다는 뜻입니다."[1]

무법무천은 원래 부정하거나 혐오의 의미가 담긴 말인데 마오쩌둥은 이 말을 칭찬의 뜻으로 바꾸었다.

마오쩌둥은 은유에 뛰어난 이야기꾼이다. 그가 말한 '화상타산, 무법무천'의 의미는 안하무인에 조금도 거리끼지 않으며, 모든 것을 멸시하고 어떤 형식의 구애도 받지 않고 과거의 구속도 받지 않는 것, 하고 싶은 말을 무엇이든 하고, 하고 싶은 일은 무엇이든 하여 쥐락펴락하는 것이다.

1958년 5월 중공 8대(大) 2차 회의에서 그는 "미신을 타파하고 법도 하늘도 업신여긴다(破除迷信, 無法無天)"라고 말했다. 그가 한결같이 좋아했던 손오공이 바로 무법무천의 전형이다.

1945년 4월 마오쩌둥은 〈몇 가지 역사 문제에 대한 결의〉의 초안을 설명할 때 이렇게 말했다. "공자는 나이 70이 넘어서도 마음대로 하고 싶은 대로 해도 규정을 어기지 않았다고 하는데, 나는 설령 70이 넘는다 해도 반드시 규정을 어길 것이라 믿는다."[2]

만년에 마오쩌둥은 이미 하고 싶은 대로 하고 자기 고집대로 하는 경계에 접어들어 정신적 자유를 최대한 누렸다. 그는 근본적으로 고심하면서 언어로 자신을 장식할 필요가 없었다. 그는 만년에 과감하게 진실을 말했으며 표준을 넘어서는 것을 두려워하지 않았다. 그는 잘못 말할까 두려워하지 않았다. 그가 잘못 말해도 맞는 것이었다. 어느 누가 그에게 "틀렸다"고 말할 수 있겠는가? 그는 다음과 같이 말한 적이 있다. "무릇 역사에서 발생한 일은 모두 역사에서 사라진다. 따라서 공산당은 언젠가 소멸될 것이며 민주당파도 언젠가는 소멸될 것이다. (…) 공산당, 프롤레타리아 독재가 언젠가 필요하지 않을 수

도 있다. 내가 보기엔 정말로 그렇다. 우리의 임무는 그것을 빨리 소멸시키는 것이다."³

이런 말을 누가 감히 할 수 있겠는가? 마오쩌둥만이 할 수 있었다.

마오쩌둥의 어휘는 정치성이 강한 어휘가 많다. '화상타산, 무법무천'은 진리를 깨친 말이며 신선의 기운이 있어 인간을 벗어난 것 같다. 초탈, 초연, 중생 초월 외에도 신비, 자조(自嘲), 퇴폐, 비극, 부득이함, 자아우언(自我寓言), 자아비평도 들어 있어 층층으로 가려진 진상, 즉 자아의 실상, 내면의 진실, 마음의 외로움, 거대한 후광의 비밀을 드러냄으로써 참다운 성정을 설파했다. 마오쩌둥은 만년에 구름과 연기처럼 금방 사라져버리는 사물을 바라보듯 태고를 깔보았으며, 진정으로 거침이 없었고 적수가 없었다. 그는 정말 고독하고 외로웠다.

마오쩌둥의 말에 '스님'이 등장하지만, 사실 마오쩌둥이 의미한 것은 '스님'이 아니며 더욱이 마오쩌둥은 '스님'이 아니다. 에드거 스노는 외국인이다. 그는 분명 중국의 헐후어라는 언어양식을 이해하지 못했다. 그래서 그는 마오쩌둥이 말한 '화상타산, 무법무천'을 "손으로 우산을 쓰고 사방을 구름처럼 유랑하는 외로운 스님"으로 번역했다. 우연히 들어맞았고 졸렬한 것을 가져다 교묘하게 만들었지만, 도리어 특행독립(特行獨立)한 마오쩌둥의 품행을 보여주어 시(詩)적 영역을 확대시켰다. 이는 정말 아름다운 오독(誤讀)이다.

'손으로 우산을 쓰고 사방을 구름처럼 유랑하는 외로운 스님'이라는 말은 스노를 통해 전 세계로 전파되었다.

당시 소련에서 요양중이던 공산당의 전 지도자 왕밍은 스노가 번역한 마오쩌둥이 '손으로 우산을 쓰고 사방을 구름처럼 유랑하는 외로운 스님'이란 말을 보고 《중공 50년》이란 책에 〈외로운 스님의 운명과 마오의 10대('孤僧'的命運和毛的十大)〉라는 절을 두어 '외로운 스님(孤僧)'이라는 제목으로 마오쩌둥에게 욕설을 퍼부었다. "1970년 여름에서 1971년 봄에 이르기까지 마오쩌둥과 스노는 (…) 장기간 비밀 회담을 진행했다. (…) 스노는 《타임》지의 상술한 보도에서 '그가 우리를 문 입구까지 친절하게 전송해주며 말했다. 그는 우산을 쓰고 세간을 구름처럼 유랑하는 외로운 스님에 불과하다.' (…) 공산당원과 노동인민에게 멸시당한 마오 본인은 자칭 '외로운 스님'으로 부르지 않을 수 없었다. (…) 마오쩌둥이 '외로운 스님'이 된 사실도 그가 음모 수단을 펼쳐 동지를 잔혹하게 박해하고, 그와 가장 친밀했고 그에게 가장 충성을 다한 사람을 희생제물로 만든 방법의 필연적인 결과다."[4]

왕밍은 칠언절구의 시 〈찢어진 우산을 쓴 외로운 스님(破傘孤僧)(毛澤東自道之)〉을 써서 마오쩌둥을 공격했다.

몸소 대중을 떠나버린 늙고 외로운 스님 親離衆叛老孤僧,
찢어진 우산으로 얼굴을 가린 낭인이로다. 破傘遮顔一浪人.
항상 별을 따고자 누각 위로 오르는 꿈을 꾸지만 常夢摘星樓上去,
꼬리 아홉 개를 가진 요괴와 여우가 모두 슬피 운다. 妖狐九尾共哀鳴.[5]

대략 1990년쯤에 TV 드라마 〈세기를 가다(世紀行)〉가 중국에서 방송되었는데, 그 드라마에 다음과 같은 해설이 붙어 있었다. "마오쩌둥이 갑자기 스노에게 말했다. '나는 손으로 우산을 쓰고 사방을 구름처럼 유랑하는 외로운 스님과 같다.' 분명 수억의 사람이 그를 옹호하였으나 그는 도리어 고독을 느꼈다. 분명 천지가 울리도록 환호했지만 그는 이를 듣고 슬퍼졌다. 당시 그 앞으로 많은 사람이 지나다녔지만, 어느 누구도 이 위인의 심경을 헤아리지 못했다."

이 드라마에서 시작하여 "손으로 우산을 쓰고 사방을 구름처럼 유랑하는 외로운 스님"은 마오쩌둥의 격언이 되어 중국에 전파되었다.

어쨌든 '외로운 스님'이란 말은 만년에 마오쩌둥의 심경 같다. 그래서 스노의 오역은 언어적으로 극복할 수 없는 '간격'이 존재하되, 그가 만년의 마오쩌둥이 지닌 심리 상태를 정확히 파악한 말이기도 하다. 잘못해도 좋다. 잘못해도 근사하다. 그의 잘못으로 인해서 사람들을 놀라게 하는 언어 효과를 낳았기 때문이다.

'손으로 우산을 쓰고 사방을 구름처럼 유랑하는 외로운 스님'이 마오쩌둥의 말이란 것은 분명 잘못되었다. 후에 슝샹후이(熊向暉)●의 〈스노의 마지막 중국 방문의 몇 가지 사건에 관하여〉, 궁위즈의 〈손으로 우산을 쓰고 사방을 구름처럼 유랑하는 외로운 스님에 관하여〉 등의 문장에서 이 와전에 대해 분명히 바로잡았다. 그럼에도 불구하고 지금까지도 마오쩌둥이 스스로 "손으로 우산을 쓰고 사방을 구름처럼 유랑하는 외로운 스님"이라 말했다고 주장하는 문장이 있다.

마오쩌둥은 '화상타산, 무발(법)무천'을 사용하여 결과적으로 마오쩌둥의 '명언', 즉 '손으로 우산을 쓰고 사방을 구름처럼 유랑하는 외로운 스님'을 이끌어냈다. 언어 전파 과정 중에 나타난 이러한 변이 현상은 매우 재미있다.

사실 이러한 언어현상은 역사에서 자주 볼 수 있다. 예를 들면 사람들은 모두 외교관이자 사상가인 후스(胡適)의 명언 "역사는 분장을 맡긴 여자아이다"라는 말을 알고 있다. 하지만 사실 후스는 이런 말을 한 적이 없다. 후스의 원래 말은 《실험주의(實驗主義)》(1919년)에 보

● 중공의 비밀정보요원. 중국 공산당 총참모부장을 지냈다. 1937년부터 13년 동안 국민당 최정예 부대를 지휘한 후쭝난(胡宗南)의 정보참모로 일하며 중공의 저우언라이에게 국민당의 정보를 알렸다.

인다. "실제로는 고분고분한 여자아이였다. 그녀는 고분고분 순종하여 우리가 화장해주고 분장해주었다. 대리석이 우리 손에 들어오면, 우리가 그것으로 무슨 조각상을 만드는 것과 같았다." 철학자 펑유란(馮友蘭)은 1955년에 〈후스의 철학사 작업과 그의 반동적 정치노선의 관계를 논함〉을 발표했다. "실용주의자 후스는 본래 역사는 멋대로 조종할 수 있다고 여겼다. 역사는 '고분고분 순종하는 여자아이'와 같아서 멋대로 꾸미고 단장할 수 있다." 이로부터 "역사는 분장을 맡긴 여자아이다"라는 말이 후스의 말로 바뀌어 전파되었고, 심지어 엄숙한 학술저작에서도 인용되었다.

85

하늘에서 비가 내리려 한다

天要下雨, 娘要嫁人

"하늘에서 비가 내리려 하고, 아가씨는 시집가려 한다(天要下雨, 娘要嫁人)"는 말은 민간 속담이다. 민간 속담은 세월의 낡은 단지 속에서 소금에 절여져 나온 것이다. 흥미진진하기 때문에 사람들도 재미가 나서 쉬지 않고 이야기한다. 청대 왕유광(王有光)은 《오하언련(吳下諺聯)》에서 이렇게 말했다. "하늘에서 비가 내리려고 하고, 아가씨는 시집가려 한다. 하늘은 순전히 양만 있고 음은 없다. 비가 떨어질 때는 양이 음을 구한다. 아가씨는 외로운 음만 있고 양이 없다. 남에게 시집가려면 음이 양을 구한다. 화살이 과녁에 적중한 것 같고 미음이 썩는 것과 같은 이치이며 기세가 그렇다."•

"천요하우, 나요가인(天要下雨, 娘要嫁人)"은 "천요낙우, 나요가인(天要落雨, 娘要嫁人)" "천음요하우, 다사낭가인(天陰要下雨, 爹死娘嫁人)"이

• "天要下雨, 娘要嫁人: 天, 純陽無陰, 要落雨則陽求陰也; 娘, 孤陰無陽, 要嫁人則陰求陽也. 如矢赴的, 如漿點腐, 其理如是, 其勢如是."

라 표기하기도 한다.

1971년 9월 13일 중공 당장(黨章, 당헌)에 규정한 후계자이자 마오쩌둥의 '친밀한 전우' 린뱌오가 공군기를 타고 모반하여 도주했다. 이는 엄청난 돌발 사건이었다.

린뱌오가 탄 비행기가 곧 국경선을 넘으려고 할 때 누군가 마오쩌둥에게 어떻게 처리할지를 물었다. 이때 마오쩌둥은 이렇게 말했다. "린뱌오는 그래도 우리 당 중앙의 부주석이다. '하늘에서 비가 내리려고 하고, 아가씨는 시집가려 한다.' 막지 말고 날아가게 내버려두라."[1]

이처럼 '줄이 끊어지고 거문고가 부서지는(弦斷琴崩)' 역사적으로 결정적인 시기에, 마오쩌둥은 앞으로 자신의 손아귀에서 벗어나 심각한 위협을 가할지도 모를 인물에 대해 민간 속담을 차용해 지시를 전달했고, 책략을 배치했다. 이렇게 부하를 안정시켰으니 그 그릇이 대단히 크고 침착하다고 말하지 않을 수 없다.

이렇게 난데없이 정치에 삽입된 민간 속담은 너무나 토속적이라서 한 번 들으면 잊을 수가 없다.

이 말은 복잡하고 무거운 사안을 단순 명료하게 처리하여 의미심장하다. 이 사안은 본래 '체면이 깎이는(臉上無光)' 일이었다. 마오쩌둥은 "중앙의 체면이 깎이면, 모든 당의 체면도 깎인다(中央臉上無光, 也是整個黨無光)"[2]고 했다. 하지만 그 상황에서 마오쩌둥이 한 말은 '체면이 깎이는' 말 같지는 않다.

분명 저속한 이 민간 속담은 이 순간, 이 사람, 이 일(斯人斯事)을 표현하는 데 있어 허풍, 관화(官話), 상투어, 아름다운 말, 이치가 정당하고 엄숙한 말, 큰 이치를 얘기하는 말, 자아를 감추고 꾸미는 말보다 더욱 사람다운 말이었다. 당연히 힘 있고 자신감 있으며, 더욱 정의롭고 진실하여 사람으로 하여금 씹는 맛이 있음을 느끼게 한다.

마오쩌둥은 이렇게 말했다. "나는 린뱌오가 음모를 꾸미는 줄 알고 있었지만, 그가 외국으로 나갈 줄은 몰랐다. 더욱이 그가 탄 트라이던트(三叉戟, 삼지창) 공군기가 몽골에 떨어져 부러진 창이 모래에 묻힐 줄도 몰랐다."[3]

린뱌오의 모반과 도주 같은, 저우언라이의 표현을 빌리면 "누구도 예상하지 못했고 누구도 감독할 수 없었던" 긴박한 시기에 민간 속담을 손가는 대로 가져와 입에서 나오는 대로 말했으니, 이는 일반 사람이 할 수 있는 일이 아니다. 이는 사태에 대한 깊은 통찰과 사건을 처리하는 각별한 자신감이 있어야 하고 특별히 속담에 대해 충분히 알고 있어야 한다. '램(메모리)'은 크고 많아야 하며, 반응도 빠르고 정확해야 한다. 마오쩌둥은 이러한 능력과 인내심을 가졌다.

재미있는 일은 마찬가지로 중앙문헌출판사에서 출판한 《마오쩌둥 연보(1949-1976)》의 기록이 《마오쩌둥전(1949-1976)》과 약간 차이가 있다는 점이다.

《마오쩌둥 연보》에서는 이렇게 기록했다. "마오쩌둥이 말했다. 린뱌오는 그래도 부주석이다. 하늘에서 비가 내리려고 하고, 아가씨는 시집가려 하니 그가 가도록 내버려두라."[4]

같은 날, 같은 일, 같은 사람, 같은 말인데도 두 책의 기록이 완전히 일치하지 않는다. 하지만 "하늘에서 비가 내리려고 하고, 아가씨는 시집가려 한다"란 말은 두 책의 기록이 완전히 일치한다. 이것은 나아가서 민간 속담의 우수성, 특히 기억하기 쉬운 장점을 가지고 있음을 말해준다.

나는 책을 읽다가 마오쩌둥의 부인 장칭도 이 말을 사용했음을 발견했다. 1967년 후반 베이징의 홍위병이 말을 듣지 않으면서 마오쩌둥의 요구에 따라 연합하지 않았다. 대신 두 파로 나뉘어 문화투쟁과 무장투쟁을 하고 내전을 벌였다. 장칭은 9월 17일 일부 대전원교, 중고등학생 대표를 접견할 때 홍위병 조반파를 비판했다. "작년의 혁명가들이 올해에는 반대편으로 걸어갈 수 있다. 감정적으로 우리는 이를 원하지 않는다. 하지만 우리는 지금 여러분을 구해야 한다. 일부는 유독 반대편으로 가려고 하는데 가도 별다른 방법이 없다. 그것은 '하늘에서 비가 내리려고 하고, 아가씨는 시집가려 해야' 마땅하다. 열손가락 깨물어 안 아픈 손가락 없다. 한 손가락이 실제로 문드러졌으면 우리는 그것을 도려내야 한다."

마오쩌둥 부부는 문화대혁명 때 "하늘에서 비가 내리려고 하고, 아가씨는 시집가려 한다"라는 속담을 사용한 적이 있다. 마오쩌둥이 언어를 통해 장칭에게 영향을 주었는지, 아니면 장칭의 언어가 마오쩌둥의 마음속에 흔적을 남겼는지는 알 수 없다. 물론 두 담론의 전후 시간만으로 판정해서는 안 된다. 아마도 마오쩌둥이 일찍이 좁은 범위로 이 말을 사용했고 장칭이 그것을 기억해두었다가 자신의 연설에서 써먹었을 것이다. 장칭의 연설 속에는 언제나 마오쩌둥이 공개적으로 발표하지 않은 말이 포함되어 있다. 하물며 당시 마오쩌둥이 권력자의 자리에 있었기에 감히 '엄숙하고 진지'하지 않게 말할 수 있었던 것이지, 다른 사람이라면 감히 말을 꺼낼 수도 없었을 것이다. 마오쩌둥은 정말 감히 말을 꺼냈고 말할 수 있었을 뿐 아니라, 말마다 '어록'이 되어 기본적으로 "말 한 마디가 만 마디보다 낫다(一句頂一萬句)"는 말을 증명했다.

최근에《마오쩌둥 문집》(어떤 문장은《마오쩌둥 선집》에 들어 있지 않다)을 뒤적이다가 마오쩌둥이 1948년 9월에 "하늘에서 비가 내리려고 하고, 아가씨는 시집가려 한다"는 속담을 사용한 것을 보았다. 그는 "하늘에서 비가 내리려고 하고 아가씨는 시집가려 하는데, 무슨 방법

이 있는가?"⁵라고 말했다. 새로 출판된 《마오쩌둥 연보》에서는 1963
년 2월 25일 마오쩌둥이 논설한 중·소 관계를 기록해두었다. "하늘에
서 비가 내리려고 하고 아가씨는 시집가려 하는데, 무슨 방법이 있는
가?"⁶ 이는 필자의 판단, 즉 마오쩌둥이 장칭에게 영향을 주었다는 사
실을 증명한다.

86

상제

上帝

기독교 교리 가운데 '하느님(上帝)'은 유일하고도 최고로 신성한 신이고 천지만물의 주재자이며, 사람들은 죽은 뒤에 모두 '하느님'을 만나려 한다. 찬송가 〈천고보장가(千古保障歌)〉*에 이런 구절이 있다. "하느님은 천고의 보장이고 장래의 희망이며 거처이고 비바람을 막아주고 영구한 고향이다(上帝是人千古保障, 是人將來希望, 是人居所, 抵御風雨, 是人永久家鄉)."

마오쩌둥의 사전에도 '상제(上帝)'가 있다. 그는 항상 '상제'라는 개념을 사용했다.

1945년 6월 마오쩌둥은 〈우공, 산을 옮기다〉에서 말했다. "우공은 (…) 전혀 동요하지 않고 날마다 산을 팠다. 이에 감동한 상제가 신선 두 명을 인간 세상에 내려보내 두 산을 등에 지고 옮기게 했다. 지금

---

* 개신교 찬송가 〈예부터 도움 되시고〉를 가리킨다.

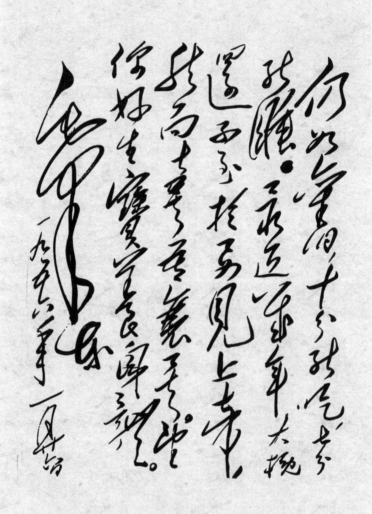

중국 인민의 머리 위에도 제국주의와 봉건주의라는 두 개의 큰 산이 올라앉아 누르고 있다. 중국 공산당은 오래전부터 이 두 산을 파 없애려고 했다. 우리는 반드시 이 일을 끝까지 해내야 한다. 그리고 끊임없이 계속 일해야 한다. 그러면 우리도 상제를 감동시킬 것이다. 이 상제는 다름 아닌 전 중국의 국민이다."

이 말에서 앞의 '상제'는 중국 신화에 나오는 옥황상제일 것이다. 마오쩌둥은 "중국엔 상제가 없고 옥황대제가 있다"[1]고 말했다. 뒤의 '상제'는 마오쩌둥이 분명히 말했듯이 국민 대중이다.

1956년 1월 26일 마오쩌둥은 쑹칭링(宋慶齡)에게 편지 한 통을 보냈다. "저는 어느 때와 다름없으며 식사도 잘하고 잠도 괜찮게 잡니다. 앞으로 몇 해 동안은 상제를 만나러 갈 것 같지 않으나 몹시 노쇠해졌습니다."[2]

1965년 7월 23일 마오쩌둥은 외빈을 접견할 때 "저는 72세이며 곧 상제를 만나려고 합니다. 저는 이미 계획을 초과했어요"[3]라고 말했다.

1975년 4월 18일 마오쩌둥은 북한의 김일성(金日成)을 접견할 때 "둥비우(董必武) 동지도 떠나고 총리는 병이 났으며 캉성 동지도 병을 앓고 있고 류보청 동지도 병을 앓고 있어요. (…) 저는 올해 82세라 안 될 거 같으니 여러분께 맡깁니다. (…) 상제가 저를 소주 마시자고 초대했어요"[4]라고 말했다.

'9·13 사건' 후 마오쩌둥은 큰 병이 났다. 마오쩌둥은 1971년 10월 8일 "몇 주 전에 내가 심장병으로 죽어서 하늘에 올라가 상제를 한 번 뵙고 지금 돌아왔다"[5]고 말했다. 여기에서 말하는 '상제'는 기본적으로 '죽음'을 가리킨다고 할 수 있다.

1972년 마오쩌둥은 중국을 방문한 미국 국무총리 키신저에게 말했다. "저는 상제가 여러분을 더욱 사랑한다는 것을 알고 있어요."
1974년 5월 25일 마오쩌둥은 영국 전 수상 에드워드 히스(Edward
Heath)와의 회담에서 "저는 벌써 상제의 초대장을 받아서 상제를 방
문하려고 합니다"라고 말했다. 이에 히스는 유머러스하게 "저는 장기
간 그러한 초대를 받지 않길 바랍니다"라고 말했다. 마오쩌둥은 "아
직 답장을 받지 못했어요"라고 대답했다. 1975년 10월 21일 마오쩌
둥이 키신저를 접견할 때 "저는 곧 상제를 만나러 갑니다. 저는 이미
상제의 초대를 받았어요"라고 말하자, 키신저가 웃으면서 "급히 받아
드릴 필요 없어요"[6]라고 대답했다. 여기에서 말하는 '상제'는 회담 대
상으로 보면 기독교의 하느님일 것이다.

　1961년 9월 24일 마오쩌둥은 "나는 지금 5년 계획을 가지고 있다.
74세에 상제를 만나러 갈 것이다. 나의 상제는 마르크스다"[7]라고 말
했다. 여기에서 말한 '상제'는 마르크스다.

　1960년 5월 마오쩌둥은 "무엇이 상제인가? 인민이 바로 상제"[8]라
고 말했다. 이러한 말, 즉 "상제가 바로 인민이다. 인민이 바로 상제
다"라는 말은 여러 번 한 적이 있다."[9]

　1973년 12월 마오쩌둥은 외빈을 접견할 때 "2년 전에 나는 거의
상제를 보았다. 상제가 소주를 마시자고 나를 초대했는데, 그곳에 마
오타이주(茅台酒)가 있었다"[10]고 말했다. 여기에서 말한 '상제'는 죽음
을 가리키며, 기독교의 하느님이나 마르크스를 가리킬지도 모른다.
한마디 더 하자면 마오쩌둥은 평생 술을 많이 마시지 않았고, 주량도
세지 않았다. 하지만 만년에 그는 "상제가 소주 마시자고 나를 초대
했다", "염왕이 소주 마시자고 나를 초대했다"는 말을 여러 번 했다.[11]
술을 마시지 않는 사람이 늘 술로 일을 얘기하고 있으니, 이것도 언어
에서 연구할 가치가 있는 현상이다.

위에서 한 말을 종합하면 마오쩌둥의 사전에서 '상제'는 최소한 다섯 가지 의미를 가지고 있다. 첫째 인민, 둘째 마르크스, 셋째 옥황대제, 넷째 기독교의 하느님, 다섯째 죽음.

상술한 다섯 가지 의미 중에서 '죽음'이 자연의 규율임은 의심할 나위가 없다. 마오쩌둥은 태연자약하게 죽음을 바라보았다. 문제는 마오쩌둥이 옥황대제와 기독교의 하느님을 믿었을까 하는 점이다. 실제로는 믿지 않았다고 할 수 있다. 그는 유물주의자에 무신론자다. 그는 이렇게 말한 적이 있다. "그들은 하느님이 인간을 만들었다고 하지만, 우리는 원숭이에서 인간으로 진화되었다고 말한다."[12] "당신들은 유신론자이나 우리는 무신론자여서 아무 것도 두려워하지 않는다."[13]

마르크스와 인민에 대해 마오쩌둥은 굳게 믿고 있었다. 마오쩌둥을 연구하는 학자 천진(陳晋)은 마르크스와 인민이 마오쩌둥 마음속의 '상제'라고 여겼다. 천진은 다음과 같이 근사하게 말했다.

마오쩌둥은 평생 동안 '상제'를 믿었고 '상제'에게 충성을 다했으며 '상제'를 위해 분투했고 힘써 두 '상제'를 결합시켰다. 그중 하나는 진리와 신앙을 대표하고, 다른 하나는 진리를 장악하는 주체 및 그 진리와 신앙의 실천을 대표한다. 하나는 정신 역량이고, 하나는 물질 역량이다. 두 '상제', 두 종류의 역량이 함께 보태졌으니 어찌 세계를 개조할 수 없었겠는가? 어째서 전도된 세계를 다시금 되돌릴 수 없었겠는가? 어째서 마오쩌둥의 주관적 세계에서 비교할 수 없는 의지와 역량을 분발시킬 수 없었겠는가? 이에 그는 20세기 중국 역사상 두 '상제'의 '전도사'가 되어 두 '상제'의 의지를 실천했던 위대한 영웅이며, 적은 수의 하늘을 떠받치고 땅 위에 우뚝 선 두 '상제' 사이에 서 있는 거인이었다.

마르크스와 인민군중이라는 '상제'는 줄곧 마오쩌둥이 중대한 정책을 만들어낸 근거였고, 그가 이로써 혁명사업의 각종 잘못된 사조(思潮)를 비판하고 영향을 끼친 근본 무기였다.[14]

세 개의 세계

三個世界

이 세계는 본래 하나의 세계다. 마오쩌둥은 '한 세계'의 비밀을 발견했다. '한 세계'는 원래 '세 개의 세계'로 나뉠 수 있다. 이에 그는 '세 개의 세계'를 구분하는 전략적 사고방식을 제기했다. 무심코 세계로 하여금 주목하게 한 신조어, 즉 제1세계, 제2세계, 제3세계를 창조했다. '세 개의 세계'라는 말은 뜻밖에도 일군의 단어를 파생시켰다. 단어가 '무리를 이룬' 방식으로 출현하였으니 이것 역시 중요한 언어현상이다.

1963년 10월 2일 마오쩌둥은 알바니아 손님을 접견했을 때 처음으로 '제3세계'라는 개념을 사용했다. "서구 신문에서는 제3세계에 대해 두 가지 견해를 갖는다. 하나는 아시아, 아프리카와 라틴아메리카를 제3세계로 보는 견해이고, 다른 하나는 서구까지 제3세계라고 부르는 견해다. 이것은 바로 공동시장을 가리킨다."[1] 여기에서 말하는 '제3세계'는 '세 개의 세계'를 구분하는 이론의 '제3세계'가 아니다.

1971년 10월 25일 유엔은 중화인민공화국의 모든 합법 권리를 회복시켰다. 마오쩌둥은 이 소식을 들은 뒤 "주로 제3세계 형제들이 우리를 업고 들어갔다"²고 말했다. 1973년 3월 26일 마오쩌둥은 아프리카 손님을 접견할 때 "아시아, 아프리카, 라틴아메리카는 모두 제3세계로 부르지만 일본은 제외한다"³고 말했다. 1973년 6월 22일 마오쩌둥은 말리 국가 원수 겸 정부총리 디온쿤다 트라오레(Dioncounda Traoré) 대령을 접견할 때 "우리는 모두 제3세계라고 부르며 개발도상국이다"⁴라고 말했다. 이를 보면 마오쩌둥의 '세 개의 세계' 이론의 최초 형식이 이미 형성되기 시작했음을 알 수 있다.

1974년 2월 22일 잠비아 대통령 케네스 카운다(Kenneth Kaunda)와 회담할 때 마오쩌둥은 '세 개의 세계' 이론을 비교적 전면적으로 제기했다.

> 제3세계가 단결하길 바란다. 나는 미국과 소련을 제1세계로 본다. 중간파, 즉 일본, 유럽, 호주, 캐나다가 제2세계다. 우리는 제3세계다. 미국과 소련은 원자탄이 많고 비교적 부유하다. 제2세계인 유럽, 일본, 호주, 캐나다는 원자탄이 그렇게 많지 않으며 그렇게 부유하지도 않다. 하지만 제3세계보다 부유하다. 제3세계는 인구가 많다. 아시아는 일본을 제외하고 모두가 제3세계다. 모든 아프리카가 제3세계이고 라틴아메리카도 제3세계다.⁵

마오쩌둥이 '세 개의 세계'를 구분한 이론은 사회주의와 자본주의라는 양대 진영을 가르는 전통 구분법을 버리고 냉전적 사고를 포기한 참신한 세계관이다.

'세 세계'의 비밀을 간파하려면 넓은 시야와 깊은 통찰이 필요하다. 그는 번잡한 것을 간략하게 만들어냈고, 모든 세계를 '작디작은 지구'로 여겨 손바닥에 놓았다. 이렇게 작은 힘을 들여 세 개의 세계 이론을 뽑아낼 수 있었다.

필자는 처음에 마오쩌둥의 이 말을 읽고 실망스러웠다. 거대한 명제를 어떻게 두세 마디 말로 간략하게 표현할 수 있을까? 응당 긴 문장이어야 하지 않을까? 이러한 제목이라면 책 한 권을 써야 한다. 하지만 곧 마오쩌둥이 이처럼 간단하게 몇 마디로 축약해서 '세 개의 세계'를 설명한 것에 감탄했다. '세 개의 세계'는 번잡한 세계의 진영을 분명히 가르고 모든 세계의 정치 판도를 구분하였으므로, 대도(大道)는 지극히 단순하고도 일목요연하다고 할 수 있다. 이것이 바로 노자(老子)가 말한 '대음살성(大音殺聲)'●일 것이다. 분명 이것은 단순한 언어의 경지가 아니고 사물상태에 대한 날카로운 견해를 가진 철리(哲理)의 추구일 것이다. 말은 많은 데 있지 않고, 언어는 빽빽한 데 있지 않으며, 정확히 이르면 될 뿐이다(言不在多, 語不在密, 點到而已). 소위 '점도(點到)'는 점중혈위(點中穴位)●●라고 할 수 있다.

1974년 4월 덩샤오핑은 중국 대표단을 이끌고 유엔 제6차 특별회의에 참가하여 마오쩌둥의 '세 개의 세계' 사상을 상세히 설명했다. 이로부터 '세 개의 세계' 이론이 세계적으로 널리 알려져 영향을 끼치기 시작했다.

마오쩌둥은 말했다. "나는 제3세계의 국가가 서로 도와주는 데 찬성한다. 제3세계 인민은 단결해야 한다. 사람은 모기를 무서워하고, 대국은 소국을 두려워한다."⁶ "사람은 모기를 무서워하고 대국은 소국을 두려워한다"는 말은 '세 개의 세계' 본제에 대한 직접적 토론이 아니라 교묘한 견해다. 마오쩌둥은 늘 이런 말을 했다. "이렇게 말하

● "큰 소리(도)는 들리지 않는다"는 뜻이다.
●● "경혈을 정확히 지적한다"는 뜻이다.

면 생동감이 있긴 해도, 이러한 유추는 주제와는 멀리 동떨어져서 문학적인 언어로 보면 될 것이다. 하지만 사람들은 이를 이론의 해설로 보아 그중에서 다른 결론을 손쉽게 얻기도 한다." 말이 엉뚱한 곳으로 흘렀다. 다시 본론으로 되돌아가자.

마오쩌둥은 1974년 11월에 이렇게 말했다. "나는 하늘에 올라가련다. 나는 하늘에 올라가 대자보를 붙여서 상제가 나쁘다고 말할 것이다. 왜냐하면 지금 상제는 제3세계를 돕지 않고 제국주의를 돕기 때문이다."[7] 그가 제3세계 국가에 관심을 가지고 어린 친구와 가난한 친구를 지원한 것을 보면 정말 마음 씀씀이가 대범했음을 알 수 있다. 그래서 세계의 작은 나라, 가난한 나라, 약한 나라, 세계의 '천민들'은 모두 마오쩌둥을 '제3세계의 기수'로 삼았다.

1964년 5월 케냐의 내정부(內政部) 부장 오딩가(Odinga)는 "마오 주석의 이름은 전체 아프리카 사람들이 다 알고 있다. 심지어 수많은 아이들의 이름을 마오 주석의 이름으로 지었다"[8]고 말했다.

《마오쩌둥전(毛澤東傳)》의 저자 로스 테릴(Ross Terrill)은 이렇게 말했다. "마오쩌둥의 정신적 예기(銳氣)는 세계의식에 주입되었다. 수많은 국가에서 문화적 장애물을 뛰어넘는 데 도움을 주는 친절한 존함 '마오 주석'은 이미 대다수 국가들이 다 아는 용어가 되었다. (⋯) 1950-1960년대의 수많은 제3세계에서 마오쩌둥은 각종 반식민주의 형식에서 중요한 인격적 상징이다."[9]

확실히 마오쩌둥이 살아 있을 때는 '제3세계'의 거대한 희망이었다. 마오쩌둥의 죽음은 '제3세계'의 중대한 손실이었다. 가봉 대통령 오마르 봉고(Omar Bongo)는 마오 주석을 이렇게 평가했다. "그는 확실히 위대한 사람이다. 그는 중국 정치의 화신일 뿐 아니라 제3세계의 화신이었다."[10]

88

사인방

四人帮

'사인방'은 마오쩌둥이 창조한 최후의 유행어다. 1974년에 창조되었으니 이 단어는 젊은 편이다.

당시 중앙 고위층 중에서 장칭, 왕훙원, 장춘차오, 야오원위안은 문화대혁명 중에 우뚝 일어섰으며 그들 네 사람이 파벌을 결성하여 구세대 혁명가들과 대항했다. 마오쩌둥은 이 문제를 발견하고 '사인방'이란 단어를 만들어 그들을 비판했다.

1974년 7월 17일 마오쩌둥은 장칭, 왕훙원, 장춘차오, 야오원위안이 파벌 활동을 벌이는 것을 비판했다. "너희들 네 사람이 작은 종파를 결성하지 않도록 주의해야 한다."[1] 이것이 '사인방'이란 단어가 사용된 최초의 표현이다.

12월 하순 마오쩌둥은 장칭, 장춘차오, 왕훙원, 야오원위안을 처음으로 '사인방'이라 불렀다. "'사인방'은 결성하지 말아야 한다. 중앙에 이토록 사람이 많으니 단결해야 한다. 종파를 만들지 마라. 종파를

만들면 부숴버릴 것이다."²

1975년 5월 3일 마오쩌둥은 베이징에 있는 중앙정치국 위원을 소집하여 담화하면서 장칭에게 이렇게 말했다. "너희는 '사인방'을 만들지 마라. 왜 예전처럼 하려고 하느냐? 왜 200여 명의 중앙위원과 단결하지 않는가? 소수 사람들이 뭉치면 좋지 않다. 대대로 좋지 않다."³

마오쩌둥은 '사인방'이란 단어를 여러 번 써서 '사인방'을 비평했다.

정치국 회의는 마오쩌둥의 요구에 따라 '사인방'을 비평했다. 장칭은 서면 자아비판서를 올렸다. "내가 사인방이 모두 객관적 존재임을 인식했을 때 (…) 주석이 왜 작년부터 올해까지 서너 번이나 말했는지 의아해했는데, 나는 본래 중대한 원칙 문제임을 알게 되었다. (…) 이러한 문제에서 나는 주요 책임을 지고 그들 세 동지를 연루시켜 비평을 받게 했다. 그들에게 미안하다. (…) 나는 주석의 가르침, 당의 요구를 따를 믿음과 결심을 가지고 잘못을 고치도록 하겠다."⁴

마오쩌둥은 장칭 등의 사람을 '사인방'이라 부르며 혹독하게 비평했으며 쇠로 강철을 만들 수 없는(鐵不成鋼) 뜻을 한탄했다.

마오쩌둥은 1976년 9월 9일 세상을 떠났다. 10월 6일 저녁 왕훙원, 장춘차오, 야오원위안, 장칭은 마오쩌둥에 의해 지정된 후계자 화궈평(華國鋒)에 의해 체포되었는데 당시엔 "사인방을 분쇄하자(粉碎四人幫)"라고 일컬어졌다. 당시 마오쩌둥이 서거한 지 한 달도 되지 않아 민간 전통에서의 추모의식 활동이 아직 끝나지도 않았을 때였다.

10월 6일 저녁 9시경 '사인방'을 가둔 지 오래지 않아 화궈평, 예젠잉(葉劍英), 왕둥싱 세 사람은 마오쩌둥의 시신이 놓인 '768'•에 왔

• 중국인민해방군 768의원을 말한다.

다. 세 사람은 마오쩌둥의 시신 앞에서 경건히 서서 애도의 뜻을 표시했다. 화궈펑이 입으로 중얼거렸다. "(…) 우리가 당신의 유언을 집행하여 한번에 '사인방' 문제를 해결했으니 (…) 주석님은 편히 쉬소서."[5]

'사인방' 타도는 '마오 주석의 유언을 계승하는' 일이었다. 마오쩌둥의 사인방 비판은 사인방을 타도하는 합법적인 근거의 하나였다.

10월 6일 밤 10시경 화궈펑과 예젠잉은 베이징에 있는 정치국 위원, 후보위원을 소집하여 위취안산(玉泉山) 9호동(九號樓) 회의실에서 모임을 가졌다. 우구이셴(吳桂賢)은 회의실에 들어가자 소파 네 개가 없는 것을 발견했다. 그녀가 말했다. "소파 네 개가 부족합니다." 화궈펑이 말했다. "방금 우구이셴이 소파 네 개가 부족하다고 했는데 그 말이 맞다. 오늘은 소파 네 개가 부족하다. 그 네 사람은 영원히 돌아오지 않을 것이다."[6]

그 뒤 전국에서 위력과 기세가 대단하고 기간도 수년에 이르는 '사인방' 비판 활동이 전개되었다. 많은 사람이 "구름은 나루터를 넘기 힘들고(難雲飛渡), 노을 속에 저 하늘 피와 같은데(殘陽如血)*, 온 땅에 닭털이 휘날린다(一地鷄毛)"는 말을 사용하게 되었다.

"수많은 사람들이 옛날에는 기세등등하고 손을 델 만큼 뜨거웠지만 지금은 퇴장하였다."[7] 이는 청년 마오쩌둥이 1916년 7월 편지에서 쓴 말로, 마침 60년 이후 사인방에게도 적용할 수 있다.

모든 단어의 배후에는 신비한 것이 숨어 있다. 마오쩌둥은 아마도 '사인방'이 자신이 창조한 최후의 유행어가 될 줄 몰랐을 것이다.

● 마오쩌둥의 사 〈억진아(憶秦娥)·누산관(婁山關)〉에 나오는 구절이다.

마오쩌둥의 '언어 지도'

중국 공산당 통일전선부 부장을 지낸 옌밍푸(閻明復)의 《회억록(回憶錄)》에는 다음과 같은 내용이 기록되어 있다. 그가 처음 중앙판공청 번역조에서 근무할 때 마오쩌둥의 비서 톈쟈잉이 수년 동안 근무하면서 모아둔 마오쩌둥의 상용 단어와 어휘, 관용어 세 권을 번역부에 보낸 적이 있다고 한다. 이 세 권의 자료는 마오쩌둥이 외빈과 회견할 때 통역용으로 준비하도록 한 것이다. 옌밍푸는 《회억록》에서 "그렇게 모아둔 문장들 가운데 '걸려 넘어지다(跌跤子)' '돌을 더듬으며 강을 건너다(摸着石頭過河)' '경제적으로 빈곤하고 문화적으로 백지인 상태(一窮二白)' '소국은 대국을 따른다(小局服從大局)' '한 손가락과 열 손가락의 관계(一個指頭與十個指頭的關係)' 등은 지금까지도 우리 기억에 남아 있다"고 말했다.

말은 생각의 물질적 외피이고 영혼의 창이자 사상을 담아 운반하는 저장소다. 개개인의 언어와 문장의 품격을 통해 그가 가진 사고의 깊이와 사물에 대한 통찰력을 판단할 수 있다. 마오쩌둥은 사상을 표현하는 방식이 개성적이고 사물의 본질을 꿰뚫는 능력 역시 독창적이었다. 어휘를 선택하는 능력이 뛰어났을 뿐만 아니라 대화나 문장을 구술하는 능력 면에서도 남다른 영향력을 발휘해 '언어의 대가'라 불릴 정도로 뛰어난 능력을 발휘했다. 반세기 이후 옌밍푸가 자주 "기억이 새롭다"고 말한 것도 바로 이러한 의미에서다. 아마도 그와 똑같이 느끼는 사람이 적지 않으리라 생각한다.

이런 이유로, 나는 마오쩌둥의 창조적인 어휘를 정리해내어 그 변화 과정을 고찰하고 그 의미를 탐구한다면 완전히 새로운 세상을 창조하는 것이나 다름없을 것이라 생각한다. 후쑹타오의 《정치가의 언격》은 바로 이러한 취지에 뜻을 두고 있어 그 의미가 크다. 이 책은 독창적인 '언어 지도'를 그려내어 마오쩌둥의 사유와 표현방식을 살펴보는 '좌표' 역할을 톡톡히 할 것이다. 또한 현대와 당대 중국의 언어와 문장의 품격에 대한 온갖 사상적 반향을 불러올 것이다.

평생 격동의 세월을 살았던 마오쩌둥은 세상을 바꾸기로 뜻을 세우고, 사실상 이 세계의 수많은 것을 바꾸어놓았다. 겉보기에 대단히 거창한 언어와 문장 품격은 아니었지만, 그는 중국을 바꾸고 발전시키기 위해 있는 힘껏 노력을 기울였다. 가령 마오쩌둥은 젊은 시절 사범학교에서 공부할 때 "국어 교과서를 편찬하지 않으면 방법이 없다"고 여기고 교육 개혁을 시도했다. 이를 위해 사방으로 '문자학'과 '언어학' 자료를 수집해 연구했다. 그가 이처럼 애쓴 흔적은 1919년 9월과 1920년 6월 두 번이나 언어학자 리진시(黎錦熙)에게 쓴 편지에서 분명히 볼 수 있다.

그는 일찍이 후스의 "여러 문제를 많이 연구하자"는 주장에 호응하여 당시 사회에서 연구해야 할 여러 문제를 열거했다. 그중 두 가지는 '국어 문제'(백화문 문제)와 '국어 교과서의 편찬 문제'였다. 이와 같은 언어에 대한 관심과 누적된 경험 덕분에, 마오쩌둥은 예민한 언어 감각을 기를 수 있었다. 그리고 이것은 그가 훗날 언어의 대가로 성장하는 데 훌륭한 바탕이 되어주었다.

결과적으로 마오쩌둥은 중국이라는 거대한 국가의 대변혁을 이끈 혁명가이자 정치가로서, 깊이 있으면서도 세상에 널리 통하고 분명하게 의미를 전달하여 눈과 귀가 번쩍 뜨이는 언어 품격을 갖추게 되었다. 지루하고 생경하며, 부화뇌동하고 진부하여 틀에 박히거나, 말로 뜻을 풀어내지 못하는 표현은 매우 싫어하여 "언어가 무미건조하여 뜨내기 같다"고 책망하고 "나쁜 사람의 악행을 감싸주는 것"에 속한다고 말했다. 그는 심지어 극단적으로 이러한 화풍과 문풍은 "전당에 해독을 끼치고 혁명을 방해하며" "그것이 전파되면 국가와 인민에게 재앙을 끼친다"고 극단적으로 말했다.

제도적 정비와 재건이 이루어진 옌안(延安) 시기를 지나며 당내의 화풍과 문풍은 크게 변했고, 신중국 성립 무렵에는 유리한 정세에 처하면서 파죽지세의 상황이 전개되었다.

여전히 문단에서 활약하고 있는 왕멍(王蒙)은 당시에 중학생이었는데 그는 자신의 회상록에서 당시 국민당 베이핑(北平)시 사회국 국장 원(溫) 아무개와 공산당 리신(李新)의 연설을 각각 듣고는 이렇게 평했다. "원 아무개의 연설은 관료적 냄새를 풍기며 허세를 부리는 듯 목소리는 날카롭고 잠겼으며 소경이 문자를 쓰는 것처럼 문맥이 통하지 않았지만, 리신의 연설은 공산당원의 논리와 정의를 우선하고 인민을 위해 말할 뿐만 아니라 모든 사상이 새로운 희망으로 가득해 자신감이 넘치며 당당하고 차분하게 들렸다." 이에 다음과 같은 결론을 내릴 수 있다. 낡은 정치세력이 내리막길을 걷기 시작하는 과정은 어문의 쇠락과 실패에서 우선적으로 나타나고, 새로운 정치세력이 흥기하는 과정 역시 어문 방면에서 그 역량을 보여준다. 즉 "언어의 적합성을 보기만 하면 누가 누구를 이길지 알게 된다."[1] 이러한 견해는 자못 음미해볼 만하다. 이는 적어도 당시 진보 세력이 강렬한 담론의 매력을 가지고 있음을 말해준다.

신중국이 성립된 지 얼마 지나지 않아 업무 처리가 점차 하나의 체계를 세우게 되어서인지 아니면 문건과 문장 표현이 상대적으로 일정한 규범을 갖추게 되어서인지, 새로운 사물과 새로운 시대적 요구에 대해 기존의 언어 표현이 어색하고 부자연스럽게 느껴졌다. 이로 인해 마오쩌둥은 골머리를 앓게 되었다.

1958년 1월에 그는 '불량한 기풍'을 바꾸기로 결심하고 〈공작방법 60조〉를 만들어 "언어 표현에 '정확성, 선명성, 생동성'이라는 세 가지 특징을 갖춰야 한다"고 강조하며 "현재 수많은 문건의 결점은 사장(詞章)을 얘기하지 않는 것"이라고 지적했다. 나아가 "이러한 문건은 큰 재앙으로 아무리 애를 써도 거의 얻는 게 없다"고 보았다.

마오쩌둥은 단순히 비평만 하지 않고 하나의 전형(典型)을 들어 인정사정 보지 않고 혹독하게 공격했다. 1958년 9월 초 그는 두 사람의 중앙부위(中央部委, 국무원 산하의 부와 위원회) 관료가 공동으로 신문에 발표한 경제 문건을 읽고 기본적인 주장은 괜찮지만 언어 표현에 문제가 있다고 보았다. 두 사람 중 하나는 국무원 부총리, 하나는 중앙 정치국 후보위원이라는 감투를 썼지만, 마오쩌둥은 그 자리에서 류사오치(劉少奇), 저우언라이(周恩來), 덩샤오핑(鄧小平), 천윈(陳雲), 펑전(彭眞), 리푸춘(李富春), 보이보(薄一波), 리셴녠(李先念) 등 14명의 중앙 지도자에게 편지를 써서 불만을 표시했다. "이 글은 내가 두 번을 읽어봐도 이해할 수 없으며, 읽고 난 뒤에도 기억에 남는 것이 없다. 이러한 관점이 쌓이면 논리가 부족할 뿐만 아니라 정확성이나 선명성은 찾아볼 수 없고 문맥도 통하지 않는다. 또한 유리한 위치에 처하거나 거침없이 나아가는 기운도 없다. (…) 그대들은 이를 다른 사람에게 보이지 말아야 한다. (…) 나는 작자가 경제 문외한이거나 경제를 잘 알지 못한다는 의심이 든다. 정말로 이해했다면 문자로 표현해야만 한다. (…) 수만 번 얘기해도 여전히 조금도 움직이지 않고, 그들의 마음은 화강암처럼 단단하고 그들의 붓은 얼어붙은 것 같다. 어느 해에 조금씩 녹아서 독자들이 봄기운을 느끼게 되면, 빨리 사장(死藏)되지는 않고 대략 한두 해쯤은 수명을 연장할 것이다".

일부 문건의 작성법을 비평하기 위해 마오쩌둥이 이처럼 거침없고 과장되며 혹독한 언사를 쓴 경우는 실제로 보기 드물다. 비평의 대상이 된 이들의 지위가 높다고는 할 수 없으나 이 편지를 읽도록 요구받은 중앙 지도자의 범위는 무척 넓었다. 오늘날에는 감히 상상할 수도 없는 일로, 언뜻 트집을 잡아 분풀이하는 느낌이 들기도 한다. 사실 마오쩌둥은 "트집을 잡아 분풀이하려"고 했다.

일은 아직 끝나지 않았다. 비판을 받은 두 부서에서는 재빨리 지적된 문제를 토론한 후 그 결과를 간략히 써서 마오쩌둥에게 보냈다. 마오쩌둥은 이를 읽어보고 난 뒤 지시를 내려 자신이 예전에 작성했던 편지를 발행하여 "널리 읽도록" 하고 "논리학, 수사학, 문학도 모르면서 문장을 쓰는 엉터리" 상황을 바꾸려고 했다.

'엉터리' 화풍과 문풍에 대해 마오쩌둥은 과감하게 소리 높여 부르짖음으로써 확실히 일반 정치가와는 다른 저력을 보여주었다. 그 스스로 혼연일체의 언어표현 능력을 지니는 동시에 사람의 이목을 끄는 참신한 어휘를 창조했기 때문이다. 중국 역사에서 '백대성현(百代聖賢)'의 영향력을 지닐 만한 인물이나 고서(古書)는 언제나 그 사상과 언어로 중국문화의 심장에 신선한 혈액을 공급하여 아름다운 한어(漢語, 중국어) 세계를 풍부하게 만들었다.

마오쩌둥이 창조한 일부 어휘는 지금까지도 수많은 사람의 사유와 언어 표현에서 살아 숨쉬고 있다. 예를 들면 '지구적' '당팔고' '피아노를 연주하다' '반쪽 하늘' '나랏일을 꾸짖다' '시간을 아끼다' '당의포탄' '아침 기운처럼 왕성하다' '인민을 위해 복무하다' 등을 들 수 있다. 그리고 일부 어휘는 마오쩌둥이 창조하지 않았으나 그가 변용하고 개조하여 활성화를 거친 뒤 유행어가 되기도 했다. 예를 들어 '반장' '종이호랑이' '쇠코뚜레를 잡아당기다' '실사구시' '병을 고쳐 사람을 구하다' '우공, 산을 옮기다' '총대와 붓대' '동풍과 서풍' '비평과 자아비평' '작은 불씨가 들판을 태우다' '백화제방, 백가쟁명' '하늘에서 비가 내리려고 하고, 아가씨는 시집가려 한다' '죽을 각오를 하고 황제를 말에서 끌어내리다' 등이 이 경우에 해당된다. 이러한 어휘는 중국 혁명과 건설이라는 새로운 환경에 놓이면서 새롭게 해석됨으로써 새로운 의미, 새로운 지향, 새로운 생명력을 갖게 되었다.

'종이호랑이'를 예로 들어보자. 이 말은 일찍이 민간에서 사용되고 있었고, 중국 초기 지도자 가운데 이를 거론한 사람도 있었다. 그러나 이것이 중국을 넘어 세계적으로 유행하면서 영어 단어까지 생기게 된 데는 의심할 것도 없이 마오쩌둥의 영향력이 컸다. 그는 1946년 8월 미국 기자 안나 루이스 스트롱과의 인터뷰에서 이 '종이호랑이'라는 표현을 사용함으로써 전 세계적인 유행어를 낳았다. 이것만 보아도 현대와 당대 중국에서 이처럼 다양하고 오랫동안 영향력이 지속된 '매력적인 글자'를 창조하고 변용한 사람 가운데 마오쩌둥보다 더 나은 사람이 없다는 것을 확인할 수 있다. 게다가 이는 마오쩌둥의 정치적 영향력과 관련될 뿐 아니라 확실히 이러한 어휘가 요구하는 '삼성(三性)', 즉 정확성, 선명성, 생동성까지 체현하였다.

이 책은 대단한 공을 들인 저작으로서, 마오쩌둥이 창조했거나 변용한 일부 어휘의 생성 경위와 그 안에 담긴 새로운 뜻을 밝힌다. 예를 들면 이 책을 통해 마오쩌둥이 '조기봉발'이라는 단어를 창조한 과정을 살펴볼 수 있다. 1938년 4월 마오쩌둥은 '항대(抗大)'● 학생을 대상으로 한 연설에서 "아침의 기운, 다시 말하면 왕성하게 위로 발전하는 기운을 가져야 한다(要有朝氣, 就是要有蓬蓬勃勃向上發展之氣)"라는 말을 꺼냈다. 이것이 바로 '조기봉발'이라는 말의 최초의 형태다. 또 1939년 12월 마오쩌둥은 옌안의 집회에서 "이 자리에 가득한 청년들의 아침 기운이 활기차다(滿堂靑年, 朝氣蓬勃)"고 말했는데, 이것이 '조기봉발'이라는 단어가 탄생하게 된 배경이다. 1957년 11월 마오쩌둥은 모스크바에서 유학생들에게 "여러 청년들은 아침 기운처럼 활기차고 마침 왕성한 시기이므로 마치 아침 여덟아홉 시의 태양과 같다(你們靑年人朝氣蓬勃, 正在興旺時期, 好像早晨八, 九點鐘的太陽)"고 말했다. 이것이 바로 중국에 유행하게 된 시대 어휘의 시초다. 이처럼 근원을 찾아 올라가 읽어보면 재미가 있으니, 일가를 이룬 사람의 말이라고 할 수 있다.

어떤 고증에서는 마오쩌둥이 어휘를 창조한 본의를 되돌아보게 했는데 읽어보면 크게 깨닫는 바가 있을 것이다. 예를 들면 마오쩌둥이 창조한 '양모'라는 단어는 담론 세계에서 유명해졌는데 이는 1957년 반우파 운동의 우울한 기억에서 나온 것이다. 작가 샤오쥔(蕭軍)의 고증을 통해 확인할 수 있으며, 실제로 1942년 1월 1일 그의 일기에 그 내용이 자세히 기록되어 있다. 국민당 보수세력에 반대하여 그들

● 중국인민항일군사정치학교(中國人民抗日軍事政治大學)의 준말이다.

과 갈등을 빚을 때 마오쩌둥이 '양모'라는 단어를 썼다는 것이다. 원문은 다음과 같다.

"나는 국민당 연락참모에게 말했다. 너희들은 무엇을 보았느냐? 공산당은 결코 음모가 없다. 음모가 있다면 내가 당장 명령을 내릴 것이다. 만일 허잉친(何應欽)이 공산당을 반대하지 않으면, 우리도 그를 반대하지 않을 것이다. 그가 우리를 반대하면 우리도 반대하고 그가 우리의 공격을 멈추면 우리도 멈출 것이다."

샤오쿤은 또 1949년 3월 13일 마오쩌둥이 제7기 2중전회에서 교조주의를 반대하는 정풍운동을 얘기할 때 '양모'라는 단어를 썼다고 고증했다.

"정풍운동은 동지들의 후각을 발전시켰고 교조주의 시장을 축소시켰다. 어떤 사람은 이것이 음모이며 그것을 빼앗아 대신 들어서게 해야 한다고 말했다. 사실 이는 음모가 아니라 양모다. 양모가 빼앗아 대신 들어서게 해야 한다."

두 자료에서 보면 마오쩌둥은 예기치 않게 '양모'란 단어를 창조했다. 그의 의도는 '음모'를 반대하고 자신의 주장이나 관점을 속일 필요가 없다는 것을 강조하려 한 것이다. 즉 '당 안이든 당 밖이든 정책 제정은 공명정대해야 하고 형세의 변화에 따라 정책을 조정해야 한다. 갈등을 빚는 투쟁에 반대하고 다른 사람이 나를 건드리지 않으면 나도 그 사람을 건드리지 않는다. 그러나 다른 사람이 나를 건드리면 나는 반드시 그 사람을 건드린다'는 것이다.

정풍운동은 실사구시의 사상노선으로 교조주의적 시장을 대체하므로 음모와 관계가 없는 것이라고는 분명히 밝히지 않았다. 1957년에 집권당은 사람들에게 의견을 제시하라고 호소했다. 그 목적은 정풍을 통해서 관료주의 작풍을 없애려는 것이다.

'교대로 권력을 잡다(輪流坐莊)' 같은 유언비어가 등장했을 때 예상치 못한 상황 변화가 일어났다. 반우(反右)를 제기해 역사의 대 논리가 분명해졌으며 이로 인해 마오쩌둥이 반우파 운동 고조기에 말한 "독초는 땅에서 나오게 해야만 뽑아내기에 편하다"라는 표현을 이끌어내었으니 이 운동은 '양모'에서 나온 것이지, "뱀을 굴에서 나오게 유인하는(引蛇出洞)" 음모의 또 다른 해석이 아니었다. 물론 반우운동은 심할 정도로 확대되어 아직까지도 사람들의 마음을 무겁게 한다.

마오쩌둥의 언어 창조는 고서나 민간의 어휘를 비틀어 변용한 것이다. '실사구시' '우공, 산을 옮기다' '물고기와 물의 관계' '돌을 들어 자기 발등을 찍다'처럼 깊이 잠든 어휘가 그의 환골탈태, 헌 병에 새 술 담기(舊瓶新酒) 같은 능력을 통해 기사회생하여 크게 빛을 보게 되었을 뿐만 아니라 오늘날 사용해도 자연스러운 단어들이 되었다. 실제로는 그가 발굴하고 언어적 능력을 발휘하여 새롭게 유행시킨 것이라 할 수 있다.

예를 들어 지도자 간부를 '근무원', 당위서기를 '반장', 실천 위주의 학습을 '노동대학', 사상의 완고화를 '화강암 대가리', 문무의 결합을 '창대와 붓대', 조사 연구를 '참새 해부(解剖麻雀)'로 비유했다. 이러한 어휘는 본래 비유적으로 사용하여 "소리를 알면서 음을 모르고 줄을 퉁겨도 뜻을 보지 못하나" 그 내력을 살펴보면 그것이 의미심장하고 새로운 의미가 돋보이는 점을 어렵지 않게 느낄 수 있다. 이를 통해 언어의 창조적 변환과 창조적 발전에 대한 마오쩌둥의 공로를 확인할 수 있다.

펑유란(馮友蘭) 선생은 일찍이 '추상 계승법'을 제기했다. 다시 말하면 전통문화에 대한 모종의 가치는 그 구체적 환경을 벗어나서 다시 그 정신을 계승해야 한다는 것이다. 마오쩌둥이 창조하고 변용하여 영향력이 널리 지속된 어휘 가운데 어떤 것은 원뜻을 직접적으로 사용했고, 어떤 것은 정식 문건이고 장중한 경우여서 실제로 사용할 수 없으며, 어떤 것은 업무의 목표가 너무나 직접적이고 시시각각 바뀌어 추상적으로 계승하고 다른 상황과 구별해야 하는 경우도 있다. 이것이 마오쩌둥의 '언어 지도'에서 주의해야 할 점이다.

마오쩌둥의 '언어 지도'에는 사상과 역사가 깊이 뿌리박혀 있으며, 지난날 빛났던 '중국의 스토리'가 가득 담겨 있다. 우리가 오늘날 중국 스토리를 잘 얘기하려면 물론 발언권을 강조해야 한다. 그러나 발언권은 말하기의 권력만을 가리키는 것은 아니다. 거기에는 말의 내용, 방식과 효과, 발언자와 청중의 관계가 포함되어 있다.

이러한 관점에서 얘기하면 발언권은 정치 지도자가 발휘해야 할 언어적인 능력이자 책임이다. 즉, 정치 지도자는 청중이 자각적으로 받아들이고 충분히 공감할 수 있도록 뜻을 전달해야 한다. 만일 한 사회에 이러한 책임과 능력이 결여된다면, 효과적으로 메시지를 전달할 수 없으며 심지어는 기존의 것을 그대로 답습하는 우스꽝스러운 상황이 발생할 수 있다. 가령 마오쩌둥의 "혁명을 철저하게 진행하자(將革命進行到底)"라는 명언은 계속해서 "애정을 철저하게 진행하자(將愛情進行到底)"라든가 "주식 투기를 철저하게 진행하자(將炒股進行到底)", "심사 표창을 철저하게 진행하자(將評獎進行到底)" 따위로 답습되었다.

근년에 당 중앙에서는 화풍, 문풍을 바꾸어 긴말, 빈말, 거짓말을 반대하고 짧은 말, 실제적인 말, 새로운 말을 얘기하자고 대대적으로 제창했다. 시진핑(習近平) 총서기는 일련의 중요한 연설에서 솔선수범하여 "중국몽(中國夢)" "규율 강구(講規矩)" "곱삿병(軟骨病)"●"과감하

● 정신적으로 칼슘이 부족하면 골연화증에 걸린다는 뜻으로 이 단어를 운용했다.

게 칼을 드러내 보이다""쇠를 두드리려면 자신부터 단단해야 한다"
"경제발전 신상태""권력을 제도라는 우리에 가두자""개혁은 진행
할 때만 있을 뿐, 완성할 때는 없다""문제를 일으키지 않지만, 일도
두려워하지 않는다" 등을 언급했다. 이처럼 호소력과 통찰력이 풍부
한 국정 통치 어휘는 끊임없이 청신한 기풍을 일으켜왔다. 그러나 이
에 반드시 전제되어야 할 것은 사물, 시대, 문제에 대해 나름대로 분
석하고 개괄할 수 있는 능력을 가져야 한다는 것이다. 정치가라면 이
런 능력을 기르기 위해 마오쩌둥의 '언어 지도'를 공부해보는 것도
상당히 의미 있는 일이 될 것이다.

천진(陳晋)

2008년에 시작된 마오쩌둥의 사상 및 언어 현상에 대한 연구는 그가
창조한 어휘와 유행어를 살펴보는 것에서 출발했다. 사실 여기서부터
연구를 시작한 사람은 드물다.

사상을 담는 어휘는 항상 사상에 의해 가려진다. 나는 한 눈으로
사상을 보고 다른 한 눈으로 어휘를 보았다. 또한 한 손으로 사상을
들어 어휘의 본래 면모를 보고, 다른 한 손으로 어휘를 틀어쥐고 사상
이 어떻게 어휘를 배태시키는지 살펴보았다.

미처 완성되지 않은 단편을 〈마오쩌둥과 관련된 유행어(與毛澤東有
關的流行詞語)〉라는 이름으로 《서옥(書屋)》 잡지에 연재한 후, 기쁘게도
여러 잡지에 글을 싣게 되었다. 《서옥》의 편집장 후창밍(胡長明) 선생
은 마오쩌둥 연구 분야에 깊은 조예를 가지고 있어 내게 여러모로 격
려를 아끼지 않았다. 나는 100여 개가량의 '마오쩌둥 어휘'를 써서 마
오쩌둥이 창조한 어휘를 연구하고 깊이 학습하면서 마오쩌둥을 인식

하고 이해하고자 했다. 내가 나의 바람을 몇몇 친구들에게 말했을 때 그들은 모두 내가 빨리 써낼 수 있도록 격려해주었다. 하지만 부끄럽게도 인내심과 공력이 부족한 탓으로 20-30개만 쓰고는 그만두었다.

집중적으로 시간을 투자하여 글을 쓰기 시작한 것은 2013년 8월 이후다. 나는 여가 시간에 술기운을 빌려 100조항의 마오쩌둥 어휘를 써보겠다고 장담했다. 친구들은 웃더니 어물쩍 다른 말로 화제를 돌렸다. 순간 머릿속에 내 입에서 몇 번이나 이런 말이 나왔지만, 진정으로 몰두하여 착수하진 못했다는 생각이 떠올랐다. 나는 실언할 수 없었고 더욱이 친구들을 실망시킬 수 없었다. 이에 시간을 집중하고 시간외 근무를 하면서 쓰기 시작했다.

비록 글을 쓰기 위해 많은 책을 읽고 자료를 모았지만, 짧은 시간에 분발하여 붓을 잡고 학술적 자료를 분별하고 기원을 검증하며 집중적으로 거의 100편의 문장을 쓰면서 수많은 어려움에 처했다. 하지만 마오쩌둥은 모든 것을 '집대성'하면서도 막힘이 없었다.《문부(文賦)》의 표현을 빌려 말하면 "그의 언어 혹은 말은 졸렬하나 비유는 교묘하고, 이치는 소박하나 문사는 가벼우며, 옛것을 답습하나 더욱 새로워지고, 탁함을 좇으나 더욱 맑아졌다(或言拙而喩巧, 或理樸而辭輕, 或襲故而彌新, 或沿濁而更淸)".[1] 내가 진심으로 본받고 싶은 부분이다.

그는 넓고 심오했다. 우리는 지혜가 얕고 학문이 짧아 마오쩌둥 어휘의 뜻을 살피기에 안목이 부족하니, 어휘의 기원을 풀이할 때 맥락을 분명히 하고 시작과 끝이 광대해도 근본에서 벗어나지 않아야 했다. 나는 이 대목에서 방황하고 어려움을 느끼지 않을 수 없었다. 왕부지(王夫之)는 "몸으로 체험한 것, 눈으로 본 것은 쇠 문턱이다(身之所歷, 目之所見, 是鐵門限)"[2]라고 말했다. 이것은 정말 도리를 깨달은 말이다. 하지만 이미 보산(寶山)에 들어갔으니 어찌 빈손으로 나올 수 있겠는가?

이처럼 힘들 즈음 '하늘'이 나를 도와주었다. 운명처럼 베이징에서 산시(陝西) 모 부서로 임직을 옮기라는 임명장을 받게 된 것이다. 나는 마음속으로 기뻤다. 세상에 이처럼 좋은 일이 있을까? 이로부터 나는 하나의 '비밀'을 알았다. 조직의 안배는 '하늘'의 안배이며 조직의 임명은 '하늘'이 내게 내린 명령이다.

마오의 역사에서 산베이(산시의 북쪽 지역) 시기는 '마오쩌둥 담론 체계'가 구축된 때이며, 마오쩌둥의 어휘가 창조되고 발전하여 성숙한 시기다. 마오쩌둥은 여기에서 13년 동안 고심하며 살면서 혁명적 풍격, 시대적 특색, 민족적 기개를 가진 참신한 어휘를 창조하여 중국과 세계에 직·간접적으로 영향을 미쳤다.

나는 산시에 도착해 근무하면서 끊임없이 학습하고 사고했다. 옌안 및 주변엔 혁명사의 유적이 가득 널렸다. 이곳을 찾아다니면서 나는 마오쩌둥의 어휘를 더 깊이 인식할 수 있었다. 나는 일찍이 마오쩌둥이 당시 어휘를 창조한 곳, 예를 들어 '종이호랑이' 회담을 한 곳, "인민을 위해 복무하라"고 연설한 곳, 3대 기율과 8가지 주의사항을 발표한 곳, 〈심원춘(沁園春)·눈(雪)〉을 창작한 곳을 배회했다.

몸을 이러한 환경에 두니 현장감이 무척 강렬해졌고 친근하고 생생한 느낌을 받았다. 그의 책을 읽고 그곳을 여행하면서 강연을 생각하고 그 뜻을 깨달으며 늘 염두에 두었더니, 마오쩌둥의 목소리가 항상 나의 곁에서 메아리치고 마오쩌둥의 영혼과 아우라가 내 머리 위에서 비치는 것을 느꼈다. 어휘와 환경, 어휘와 사상, 어휘와 인물, 어휘와 형세 임무, 어휘와 풍속에서 나는 산베이 노인이 산비탈의 양떼를 철저하게 점검하는 것처럼 달콤하면서도 씁쌀한 어휘를 다시금 조사했다.

산베이에서 나는 베이징의 서재에서는 생각할 수 없는 문제들이 생각나 매번 감동했으며 흥미진진한 생각으로 책상 앞에 앉을 수 있었다. 동시에 풍부한 혁명 문화자원을 접하면서 갈수록 나 자신의 학식이 얕음을 느끼게 되었다. 유한한 지식 비축, 졸렬한 글솜씨로 과감하게 무한 광대한 마오쩌둥 어휘를 평설하였으니 실로 하늘 높고 땅 깊은 줄 몰랐던 것이다. 물론 내 마음만은 편안하고 고요했다. 분명 마오쩌둥은 평생 보잘것없는 인물을 격려했고 그들과 제휴했다. 그는 평생 과감하게 생각하고 과감하게 실천하며 대무외(大無畏) 정신을 제창했다.

허징즈(賀敬之)의 노래 가사에 "몇 번이나 꿈속에서 옌안으로 돌아갔나"*라는 구절이 있다. 지금 나는 옌안에 있다. 당조밴드(唐朝樂隊)가 "꿈속에 당조로 돌아갔나(夢回唐朝)"라고 노래 불렀는데, 지금 나는 시안(西安)의 대로에서 잘못하면 이백, 왕유(王維), 당시와 당조를 만날 것 같다. 베이징-시안의 체험이 이 책을 완성하도록 도와주었다. 비록 그것이 여전히 빈약하기는 하지만, 빈약함은 손질할 영역이 많음을 의미한다.

물론 내가 마오쩌둥의 심오한 어휘를 해독하고 연구하는 과정에서 수박 겉핥기 하듯 피상적으로 살핀 부분이 많으며 풀이도 간단히 넘어간 부분이 많고 한 글자 한 글자 충분히 탐색하지 못했으며, 통하지 않거나 심지어 소략한 곳도 물론 있을 것이다. 또 마오쩌둥이 창조하고 사용한, 중국 심지어 세계를 바꾼 수많은 어휘도 아직 써내지 못했다. 예를 들면 농촌이 도시를 포위하다(農村包圍城市), 자력갱생(自力更生), 해방군, 생명선, 대약진, 대민주(大民主), 경계심을 높이다(提高警

● 허징즈의 시 〈옌안으로 돌아와서(回延安)〉에 나오는 구절이다. "幾回回夢裏回延安."

惕), 계속혁명, 부르주아 반동노선, 계급투쟁을 절대 잊지 말자(千萬不要忘記階級鬪爭) 등에서부터 마오쩌둥의 방점(재창조)으로 중국에 양향을 끼친 인물 가운데 장쓰더(張思德), 베순, 레이펑(雷鋒), 류후란(劉胡蘭), 왕진시(王進喜), 천융구이(陳永貴) 등과 지명 가운데 징강산, 쭌이, 다칭(大慶), 다자이(大寨) 등과 실천 속의 '안강헌법(鞍鋼憲法)'●, '가난뱅이 정신(窮棒子精神)' 등에 이르기까지 무척 많다. '마오 씨의 아름다운 구절(毛氏金句)'은 끊임없이 이어진다. 넓고 큰 마오쩌둥의 어휘를 한 사람의 힘으로 완성하기에는 힘이 부족하고 필력도 미치지 않아 '제목'만 완성했을 뿐이다. 이렇게 할 수밖에 없었다. 나중에 이 방면의 고수가 나올 것을 기대해본다.

시인 짱커자(臧克家)는 "마오 주석 시사는 항상 신선하고, 마오 주석 시사는 팔수록 심오하다"고 평가했다. 마오주석 어휘도 이와 같다. 유가의 《논어》, 도가의 《도덕경》, 불가의 《금강경(金剛經)》 등 경전들이 세상에 나온 이래 주석가들이 등장해 글자마다 규명하고 어휘마다 탐구하여 '비추어 얘기하고' '이어서 얘기했으며' 심지어 '글자를 보태어 경전을 주석했다'. 각 시대마다 관심을 갖는 내용과 주안점이 다르고, 학자들마다 학문을 연구하는 각도와 방식도 다르다. 하지만 '천가경주(千家競注)'는 '경세치용(經世致用)'을 촉진시켰다.

역사의 경험이 우리에게 알려주듯이 원작 텍스트에 입각하여 참신한 시야와 새로운 방법으로 정통문화를 자각적으로 발굴하고 정리하며 제련하고 해석하고, 경전저작 중의 어휘, 개념, 범주, 원리와 사상을 현대적으로 표현하여 새로운 언어로 해석하고 선전하면 경전의 알림과 계승에 유리하다. 나는 '천가주모(千家注毛)'●●, 대가들이 배출

● 1960년 3월 22일 마오쩌둥이 안산에 있는 철강공장에서 한 보고를 말한다.
●● 수많은 사람들이 마오쩌둥의 작품에 주석을 다는 일을 말한다.

되는 활발한 국면이 반드시 나타날 것으로 믿는다.

나는 두려운 마음으로 원고를 중국청년출판총사의 리스둥(李師東) 선생에게 보내어 바로잡아줄 것을 부탁했다. 나는 그와 일찍부터 알고 지내 리스둥이 매우 훌륭하고 믿음직한 사람임을 알고 있었으나, 연락은 거의 하지 않고 지냈다. 장자(莊子)가 말한 "강과 호수에서 서로 잊는(相忘於江湖)" 것이 아마 이런 뜻이리라. 리스둥은 원고를 읽고 구체적으로 수정 의견을 보내주었고, 심지어 자신의 부인까지 동원하여 아이디어를 생각해내 나를 감동시켰다. 그의 지적으로 수많은 글 제목이 새로워졌다.

중앙문헌연구실의 천진 선생에게도 감사드린다. 그는 마오쩌둥 연구 분야의 대가로, 저서가 사람의 키를 넘을 정도로 많다. 바쁜 가운데도 이 책에 덧붙이는 글을 써주어 졸저를 빛나게 해주었다. 그는 "이 책이 독창적인 '언어 지도' 같다"고 말했는데, 이는 지도편달이자 격려이며 앞으로 내가 해나가야 할 연구에 귀중한 나침반이 되어줄 것이다.

큰 산에 지탱하여 나는 소박한 성의를 표시하는 정성으로 얇은 책자를 내어 대가 앞에 내놓지만, 내심은 대단히 두렵고 불안하다. 마오쩌둥은 나라의 기둥이자 전통이다. 그의 언어 매력은 필자가 사족을 달았다고 해서 증가되지 않을 것이며, 필자가 남의 잔치에 감 놓아라 배 놓아라 해도 그 가치는 줄지 않을 것이다. "바로 크나큰 문화의 곤륜산, 더하지도 덜하지도 않을 것이다(巍巍文化崑崙, 不增不減是也)"라고 말하는 것과 같다.

이 책은 중국을 움직였던 마오쩌둥의 언어 전략을 통해 정치가는 어떤 말을 해야 하는가에 대한 해답을 제시한다. 이를 위해 마오쩌둥의 언어의 기원, 생성, 변화, 전파, 쇠퇴 등의 과정을 추적했다. 대부분은 마오쩌둥 스스로 창작한 어휘이나, 일부는 고전이나 민간에서 전해 내려오는 어휘를 개조하고 이를 전파시켜 유통된 것들도 있다. 이들 어휘들의 출전을 살펴보면 일기, 시사(詩詞), 연설문, 담화문, 편지글, 기율, 보고서, 포고문, 추도문, 구두 발언, 신문 사(논)설, 논문, 강연, 회고록, 지시문, 인터뷰, 구호, 일상대화, 기념으로 써준 글씨, 아들에게 건넨 당부의 말 등 실로 다양하며 흥미진진하다.

일부는 다른 사람이 만든 말이지만 마오쩌둥이 이를 승인하고 전파되면서 마오쩌둥의 어록에 편입된 것도 있다. 마오쩌둥의 글은 간단명료하면서도 주제가 분명히 드러난다.《실천론》,《모순론》을 위시한 그의 글들을 면밀히 읽어보면 순수한 혁명가나 정치가라기보다는 학자형 정치가임을 알 수 있을 것이다.

잘 알려진 바와 같이 마오쩌둥은 후난성 농민 출신이다. 거기에서
근대적 교육의 혜택을 받았고 그가 활동 범위를 확장하게 된 계기는
중국 공산당이 탄생하면서부터다. 그 뒤부터 줄곧 공산당 지도부에서
활동했으며 1927년의 혁명에서는 국민당의 우월한 군사력 앞에 무참
하게 패배하여 무릎을 꿇고 말았다. 당시의 참패 경험에서 나온 격언
이 바로 "정권은 총구(총대)에서 나온다"는 말이다.

1927년 10월 마오쩌둥은 패잔병을 이끌고 예로부터 산적들의 은
신처인 징강산으로 들어가 농민들과 산적 두목의 군대를 끌어모아
작은 군사기지를 형성했으며 이때부터 생존에 바탕을 둔 게릴라 전
술을 익혔다. 또 농민들의 호응을 얻기 위해 토지 재분배라는 급진정
책을 쓰기 시작했다. 그 결과 1931년 11월에는 루이진(瑞金)에서 중
화소비에트공화국이 수립되어 3년 동안 존재한다. 비록 3년뿐이지만
단명한 중화소비에트공화국은 옌안 시기를 위한 '리허설', 공산당 승
리의 전주곡이라고 할 수 있다.

하지만 국민당 군대의 포위 공격을 견디지 못한 마오쩌둥 지도부
는 온갖 위험과 고난을 무릅쓴 대장정을 감행한 끝에 1934년 10월
산시성 북쪽에 안착하게 된다. 마오쩌둥을 위시하여 대장정에 살아
남은 지도자들은 혁명적 사명감을 띠고 혁명투쟁에 헌신적으로 투신
했다. 당시 인구 1만 명도 되지 않는 작고 황폐한 옌안에 정착한 공산
주의자들은 대중들의 폭넓은 지지를 얻었다. 그리고 도시의 학생들
과 지식인들이 공산주의와 내셔널리즘 운동에 가담하기 위해 몰려들
었으며, 이들은 이곳 서북항일군정대학에서 교육을 받고 당시 공산당
근거지의 간부로 파견되었다.

옌안의 경험은 신중국의 성립에 결정적인 역할을 했으며 신중국

미래의 모델을 제시해주었다. 한정된 자원을 가지고 살아남기 위해 수행했던 자급자족, 자력갱생, 농촌 주도 등 옌안 경제정책의 슬로건은 신중국 체제 운영에도 도입되었다.

신중국이 성립되었을 때 마오쩌둥은 여기에 만족하지 않고 새로운 대장정을 염두에 둔 듯 "우리가 지금까지 한 일은 오직 만 리 대장정을 향한 첫걸음"이라고 인식했다. "3년 회복, 10년 발전"이라는 슬로건을 내세운 신중국은 내분과 한국전쟁이라는 대외적 위기를 겪으면서도 대내적으로는 사상 개조운동을 전개해나갔다. 그것은 옌안 시기부터 진행되었던 대중 집회, 비판과 자아비판으로 이루어진 소집단 투쟁회, 공개적인 모욕, 서면이나 구두자백 등이 동원되면서 전국적인 운동으로 확산되었다.

1953년 1월에 시작된 제1차 5개년계획을 시행하면서 어느 정도 경제적 목표를 달성하긴 했으나 당과 간부들의 관료화가 고착되었으며 이는 '유격대 정신'을 이탈하는 것이어서 신·구 간부들의 갈등을 조장했다. 이어서 이상적인 농민사회를 만들기 위한 농업 집단화 운동이 일어나고 중국식의 농업사회주의를 건설하기 위해 전 중국이 급진정책에 휘말리게 된다.

마오쩌둥은 농촌을 진정한 혁명 에너지의 저장고로 인식했기 때문에 다시 중국의 사활을 농촌에 두고 있었다. 농업합작사, 정풍운동, 대약진운동, 인민공사, 사회주의 개조운동, 그리고 전 중국을 열광의 도가니로 몰아넣은 문화대혁명 등 위험한 모험에 이르기까지 마오쩌둥은 그 과정에서 모든 권위에 도전하면서 수많은 어록을 생산하였고, 그를 추종하는 당 간부와 당 언론들은 그의 어록을 확대 재생산하게 된다.

특히 문화대혁명 시기 마오쩌둥의 개인숭배 열풍은 하늘을 찌를 기세였으며, 심지어 당시 외국의 혁명가들은 마오쩌둥의 어록을 수입하여 선전하기도 했다. 당시 중국 내의 각종 증서, 신분증, 우표, 담배, 성냥, 차표, 배표, 도자기, 그릇, 찻잔 심지어 당시 배급하던 양표(糧票), 유표(油票), 포표(布票)에도 어록이 새겨져 있었으며 거의 모든 물건이 어록으로 도배될 정도였다.

여기에서 잠시 마오쩌둥 어록의 국내외 보급 현황을 간단히 살펴보기로 한다.

1960년대에 세계에서 발행량이 가장 많았던 책은 중국의 《마오쩌둥 어록》이었다. 이 작은 책은 발행된 지 1, 2년 안에 중국 전역은 물론 100여 국가로 보급되어 국제적으로도 베스트셀러로 공인되었다. 문화대혁명 기간에 국내외에서 50여 종의 언어로 출판되어 500여 종의 판본이 나왔으며 총 발행부수가 50여억 부나 되었다 하니 당시 세계 인구가 30억임을 감안하면 전 세계 사람이 1인당 평균 1.5권을 보유한 셈이다.

《마오쩌둥 어록》은 문화대혁명 시기의 특수한 출판물이다. 이것의 출판 과정을 살펴보면 당시 마오쩌둥 개인숭배 과정을 살펴볼 수 있다. 1958년 3월 청두회의에서 마오쩌둥은 개인숭배에 관한 자신의 견해를 발표했다. "일부 사람이 개인숭배를 반대하는 이유에 대해 주목할 필요가 있다. 개인숭배에는 두 가지 종류가 있다. 하나는 숭배하는 이유가 분명하다. 예를 들면 마르크스, 엥겔스, 레닌, 스탈린의 정확한 것을, 우리는 반드시 숭배하고 영원히 숭배해야 하며 숭배하지 않으면 안 된다. 진리가 그들의 손에 있는데 왜 숭배하지 않겠는가? 우리는 진리를 믿으며 진리는 객관 존재의 반영이다. 한 반에서는 반드시 반장을 숭배해야 하며 숭배하지 않으면 안 된다. 다른 종류는 부정확한 숭배로, 분석하지도 않고 맹목적으로 복종하고 있으니 이는 잘못이다. 개인숭배를 반대하는 목적은 두 가지가 있다. 하나는 부정확한 숭배를 반대하는 것이며, 다른 하나는 다른 사람의 숭배를 반대하고 자기 숭배를 요구하는 것이다. 문제는 개인숭배에 있는 것이 아니라, 진리 여부에 달려 있다. 진리라면 숭배해야 하고 진리가 아니라면 집단적 영도로도 이룰 수가 없다." 여기에서 마오쩌둥은 개인숭배가 어느 정도 필요하다고 보았다.

1959년 루산회의 이후 린뱌오가 펑더화이를 대신하여 군통수권을 이어받았다. 린뱌오는 마오쩌둥에게 영합하기 위해 '첩경론(捷徑論)' '정봉론(頂峰論)' '천재론(天才論)' 등 개인숭배 방안을 제기한 뒤 그가 솔선하여 전군의 '마오 저작 학습' 운동을 전개하기 시작했다. '첩경론'이란 마오 저작 학습이 바로 마르크스레닌주의를 학습하는 첩경이란 말이다. 1960년 2월 린뱌오는 마오의 저작 중에서 가장 중요한 말을 외우고 아울러 적재적소에 활용하자고 주장했다. 1961년 4월 베이징의 모 부대를 시찰하면서 전사들이 마오 저작을 효과적으로 학습할 수 있도록 《해방군보》 편집부에게 마오 어록을 실으라고 지시했다. 《해방군보》는 이 지시에 따라 1961년 5월 1일부터 문화대혁명이 끝날 때까지 마오 어록을 실었다.

1964년 5월 《해방군보》 편집부는 그동안 실었던 어록들을 모아서 내용별로 분류하여 《마오 주석 어록》을 군대 내부에서 발행했다. 비록 내부용으로 발행한 것이긴 하나 사회적으로 커다란 반향을 일으켜 각 방면에서 이 책을 주문하게 되었다. 2판을 발행할 때는 전국 각지에서 대량으로 인쇄하여 거의 모든 사람이 이 책을 보유하게 되었다. 이 어록이 전국적으로 발행되면서 "손에서 어록이 떨어지지 않고, 입에서 어록이 떨어지지 않는(手不離語錄, 口不離語錄)" 현상이 나타났고 휴대하기 편리하도록 포켓용으로 만들어졌다. 그리고 구겨지거나 물이 스며들지 않도록 책표지를 붉은색 비닐로 장정하여 '홍보서(紅寶書)'란 이름이 붙었다. 1964년 5월 초판부터 1969년 2월 6판까지 여러 번 수정하여 출판한 바 있다.

이 어록이 나온 뒤부터 마오 저작 학습 열풍이 불기 시작했다. 아울러 《마오쩌둥 선집》과 《마오쩌둥 저작 선독》이 나왔으며 마오쩌둥 숭배 열풍이 고조에 이르렀다. 통계에 따르면 1967년 한 해에만 《마오 주석 어록》의 발행부수가 3억5000만 부였다고 한다. 《마오 주석 어록》 중국어판이 나온 뒤 외문출판사(外文出版社)는 《마오 주석 어록》 3판에 의거하여 러시아어 번역본을 간행했다. 1967년 5월까지 러시아어 판본을 위시하여 영문판, 일문판 등 14종의 외국어로 번역하여 간행했다고 한다. 1967년 9월까지 《마오 주석 어록》은 일본에서 15만 부, 독일에서 6만 부, 로마에서 4만 부, 미국에서는 수천 부가 팔렸다고 한다. 1977년까지 외문출판사는 37종의 언어로 《마오 주석 어록》을 발행했다.

한편 일본 미야가와서점(宮川書房)은 1966년 11월에 일본사회당 '마오쩌둥어록연구회'가 번역한 《마오쩌둥 어록》을 도쿄에서 출판했다. 이 번역본은 출판된 지 며칠 만에 초판본 5만 부가 매진되었다. 1969년 12월까지 일본의 여섯 개 출판사에서 11종의 일문번역판을 출판했다. 스웨덴은 1967년부터 1969년까지 6종의 판본을 출판했다.

문화대혁명 당시 마오쩌둥의 저작은 멀리 남미 지구의 혁명가에게까지 보급되었다. 브라질, 볼리비아, 콜롬비아, 칠레, 에콰도르, 페루, 아르헨티나, 우루과이, 멕시코, 도미니카, 베네수엘라, 아이티의 혁명가들은 스페인어, 포르투갈어, 영어로 번역하여 100여 종에 달하는 《마오 주석 어록》을 출판했다.

여기에서는 마오쩌둥의 공과를 평가할 여력이 없으니, 그 공과는 독자의 판단에 맡기기로 한다. 중국인들도 여기에 대해 의견이 엇갈리기도 한다. 하지만 일부 마오쩌둥 정신과 어록은 아직까지도 중국인들이 본받아야 할 '국혼(國魂)'으로 여겨지고 있다. 마오쩌둥은 사상문제를 언어문제로 바꾸는 천부적 재능을 가지고 있었다. 후스조차도 "중국 공산당 가운데 백화문을 가장 잘 쓴 사람은 마오쩌둥이다"라고 평가했을 정도로 마오쩌둥은 언어의 대가였다.

좋은 점은 본받아야 마땅하다고 생각한다. 아울러 어느 나라건 정치 지도자들의 입에서 나온 말과 글은 전 국민이 듣고 보게 마련이다. 지도자들은 말 한 마디를 고를 때에도 그 파급력과 영향력을 염두에 두면서 신중하게 선택해야 할 것이다. 끝으로 이 책을 소개해주신 노승현 선생님에게 감사드린다.

천안 안서산방에서
조성환

주요 참고도서

《建國以來毛澤東文稿》(1-13책)

《毛澤東軍事文集》(1-6권, 軍事科學出版社·中央文獻出版社, 1993)

《毛澤東年譜(1893-1949)》(中央文獻出版社, 2013)

《毛澤東年譜(1949-1976)》(中央文獻出版社, 2013)

《毛澤東農村調査文集》(人民出版社, 1982)

《毛澤東詩詞集》(中央文獻出版社, 1996)

《毛澤東手書選集》(1-10권, 北京出版社, 1995)

《毛澤東書信選集》(人民出版社, 1984)

《毛澤東外交文選》(中央文獻出版社·世界知識出版社, 1994)

《毛澤東文集》(1-8권)

《毛澤東文藝論集》(中央文獻出版社, 2002)

《毛澤東新聞工作文選》(新華出版社, 1983)

《毛澤東選集》(1-4권)

《毛澤東在七大的報告和講話集》(中央文獻出版社, 1995)

《毛澤東早期文稿》(湖南人民出版社, 2008)

《毛澤東哲學批注》(中央文獻出版社, 1988)

《毛澤東致韶山親友書信集》(中央文獻出版社, 1996)

《毛澤東傳(1893-1949)》(中央文獻出版社, 1996)

《毛澤東傳(1949-1976)》(中央文獻出版社, 2003)

《毛澤東自述》(人民出版社, 1993)

《處在十字路口的選擇 1956-1957年的中國》(심지화 저, 廣東人民出版社, 2013)

《大動亂的時代》(王年一 저, 河南人民出版社, 2005)

《典型年度》(李潔非 저, 北京十月文藝出版社, 2013)

《關于國際共産主義運動總路線的論戰》(人民出版社, 1965)

《胡喬木回憶毛澤東》(人民出版社, 1994)

《擧世悼念毛澤東主席》(人民出版社, 1978)

《廬山會議實錄》(李銳 저, 河南人民出版社, 1994)

《毛澤東的文化性格》(陳晋 저, 中國靑年出版社, 1991)

《憶毛主席》(吳冷西 저, 新華出版社, 1995)

《早年毛澤東·傳記·史料與回憶》(三聯書店, 2011)

《黨的文獻》

《解放軍報》

《紅旗》

《人民日報》

《建黨以來中央文獻選編(1921-1949)》(1-26책, 中央文獻出版社, 2011)

《中共中央文件選集(1949년 10월-1966년 5월)》(1-50책, 人民出版社, 2013)

서문

1 李澤厚, 〈靑年毛澤東〉《李澤厚十年集(1979-1989)》(제3권 하책, 安徽文藝出版社, 1994년 1월) 125쪽

2 韓愈, 〈答李翊書〉

3 〈對胡喬木二十七首詩詞稿的批語〉《建國以來毛澤東文稿》(제11책, 中央文獻出版社, 1996년 8월) 451쪽

4 "如果一篇文章, 一個演說, 顚來倒去, 總是那幾個名詞, 一套'學生腔', 沒有一點生動活潑的 語言, 這豈不是語言無味, 面目可憎, 像個癟三嗎?" 〈反對黨八股〉(1942년 2월 8일), 《毛澤東 選集》(제3권, 人民出版社, 1991) 837쪽

5 《毛澤東年譜(1993-1949)》(수정본 중책, 中央文獻出版社, 2013년 12월) 94쪽

6 〈反對黨八股〉(1942년 2월 8일), 《毛澤東選集》(제3권, 人民出版社, 1991) 837쪽

7 '傅敏' 편, 《傅雷家書》(증보판, 三聯書店, 1981년 8월) 151쪽

8 〈介紹一個合作社〉(1958년 4월 15일), 《建國以來毛澤東文稿》(제7책 178쪽, 中央文獻出版社, 1992)

9 〈關於正確處理人民內部矛盾的問題〉(1957년 2월 27일), 《毛澤東文集》(제7권 232쪽, 人民出版社, 1999)

10 〈論十代關係〉(1956년 4월 25일), 《毛澤東文集》(제7권 38쪽, 人民出版社, 1999)

11 耿志雲·李國形 편, 《胡適傳記作品全編》(하책 193쪽, 東方出版中心, 1999)

12 "夕陽芳草尋常物, 解用都成絶妙詞." 袁枚, 〈遣興〉.

13 〈六月雪〉

14 〈沁園春·雪〉

──── 제1부

1

1 《毛澤東年譜(1893-1949)》(수정본 상권, 中央文獻出版社, 2013) 24쪽

2 李澤厚, 〈中國現代思想史論〉《李澤厚十年集(1979-1989)》(제3권 하책, 安徽文藝出版社, 1994) 195쪽

3 《建國以來毛澤東文稿》(제8책, 中央文獻出版社, 1993) 217쪽, 391쪽

4 〈丟掉幻想, 準備戰鬪〉《毛澤東選集》(제4권, 人民出版社, 1991) 1487쪽

5 《毛澤東年譜(1949-1976)》(제6집, 中央文獻出版社, 2013) 557쪽

6 《毛澤東年譜(1949-1976)》(제6집, 中央文獻出版社, 2013) 455쪽

7 劉亞洲, 〈造反機器〉《廣場-偶像的神壇》(天地圖書公司, 1992) 94쪽

2

1 《毛澤東詩詞集》(中央文獻出版社, 1996) 6-7쪽

2 王蒙, 《一輩子的話法》(北京出版社, 2013) 91쪽

3 〈對《毛澤東詩詞》中若干問題的解釋〉(1964년 1월 27일). 《毛澤東詩詞集》(中央文獻出版社, 1996) 251쪽

3

1 《毛澤東年譜(1893-1949)》(수정본 상책, 中央文獻出版社, 2013) 202쪽27)

2 〈在中央緊急會議上的發言〉《毛澤東文集》(제1권, 人民出版社, 1993) 47쪽

3 〈改造舊藝術創造新藝術〉(1947년 12월 21일)《毛澤東文集》(제4권, 人民出版社, 1996) 326쪽

4 1964년 5월 17일 담화.《毛澤東年譜(1949-1976)》(제5권, 中央文獻出版社, 2013) 352쪽

5 1965년 3월 23일 시리아 대표단을 접견했을 때의 담화.《紅色延安》(陝西出版集團, 2012) 144쪽

6 尹家民, 〈瞿秋白〈多餘的話〉餘波〉《黨史博覽》2014년 제11기

7 〈關於第八屆中央委員會的選擧問題〉(1956년 9월 10일)《毛澤東文集》(제7권, 人民出版社, 1999) 105쪽

8 《毛澤東年譜(1893-1949)》(수정본 중책, 中央文獻出版社, 2013) 86쪽

9 〈一二九運動的偉大意義〉《毛澤東文集》(제2권, 人民出版社, 1993) 257쪽

10 1962년 9월 7일 콜롬비아 등 라틴아메리카 친구와의 담화. "人民網"《毛澤東思想年編 (1921-1975)》

11 1964년 3월 20일 담화.《毛澤東年譜(1949-1976)》(제5권, 中央文獻出版社, 2013) 326쪽

12 《新中華報》(1940년 6월 18일) 李潔非·楊刭,《解讀延安: 文學, 知識分子和文化》(當代中國出版社, 2010) 31쪽 재인용

13 《毛澤東年譜(1893-1949)》(수정본 상권, 中央文獻出版社, 2013) 218쪽

14 《毛澤東年譜(1893-1949)》(수정본 중권, 中央文獻出版社, 2013) 125쪽

15 《毛澤東年譜(1949-1976)》(제5권, 中央文獻出版社, 2013) 341쪽

16 《毛澤東年譜(1949-1976)》(제6권, 中央文獻出版社, 2013) 295쪽

17 《毛澤東文集》(제7권, 人民出版社, 1999) 412쪽

18 《毛澤東年譜(1949-1976)》(제5권, 中央文獻出版社, 2013) 25쪽

19 《文化大革命研究資料》(상책, 中國人民解放軍 國防大學 黨史黨建政工教研室, 1988) 19쪽

4

1 《解放軍報》2015년 6월 29일자 참조

2 〈井岡山的鬪爭〉《毛澤東選集》(제1권, 人民出版社, 1991) 65-66쪽

3 辛士紅,〈兵權問題患不得幼稚病〉《解放軍報》2015년 6월 29일

4 《習近平國防和軍隊建設重要論述選編(2)》(解放軍出版社, 2015년 4월) 88쪽

5

1 王成峰,〈會打伏還應會打圈〉《解放軍報》2013년 3월 27일

2 《毛澤東傳(1893-1949)》(수정본, 상책 230쪽, 中央文獻出版社, 2013)

3 《毛澤東傳(1893-1949)》(수정본, 상책 241쪽, 中央文獻出版社, 2013)

4 《毛澤東文集(제1권)》(人民出版社, 1993) 56쪽

5 《毛澤東傳(1893-1949)》(수정본 상책, 中央文獻出版社, 2013) 327쪽

6 〈中國革命戰爭的戰略問題〉(1936년 12월)《毛澤東選集》(제1권, 人民出版社, 1991) 204쪽

7 1962년 9월 28일 마오쩌둥이 베트남 사람을 접견했을 때의 담화.《毛澤東年譜(1949-1976)》(제5권, 中央文獻出版社, 2013) 160쪽

8 金一南,《世界大格局, 中國有態度》(北京聯合出版公司, 2015) 348쪽

9 劉濟昆,《毛澤東兵法》(巴蜀書社, 1992) 19-20쪽

10 〈關於人的認識問題〉(1964년 8월 24일)《毛澤東文集》(제8권, 人民出版社, 1999) 392-393쪽

6

1 陳士榘,〈三大紀律八項注意〉《星星燎原》(제1권, 解放軍出版社, 2010) 212쪽

2 賴毅, 〈初上井岡山〉《星星燎原》(제11권, 解放軍出版社, 2010) 137-138쪽

3 《毛澤東年譜(1893-1949)》(수정본 상권, 中央文獻出版社, 2013) 220, 223쪽

4 《毛澤東年譜(1893-1949)》(수정본 상권, 中央文獻出版社, 2013) 231쪽

5 《毛澤東年譜(1893-1949)》(수정본 상권, 中央文獻出版社, 2013) 235쪽

6 《毛澤東選集》(제4권, 人民出版社, 1991) 1241쪽 참조

7 《毛澤東年譜(1893-1949)》(수정본 하권, 中央文獻出版社, 2013) 170쪽

8 《毛澤東文集》(제6권, 人民出版社, 1996) 279쪽

9 《毛澤東年譜(1893-1949)》(수정본 중권, 中央文獻出版社, 2013) 555쪽

10 《毛澤東年譜(1849-1976)》(제2권, 中央文獻出版社, 2013) 40쪽

11 《建國以來毛澤東文稿》(제9책, 中央文獻出版社, 1996) 417쪽

12 《建國以來毛澤東文稿》(제9책, 中央文獻出版社, 1996) 418쪽

13 《毛澤東年譜(1949-1976)》(제6권, 中央文獻出版社, 2013) 394-395쪽

14 《建國以來毛澤東文稿》(제13책, 中央文獻出版社, 1998) 249쪽

15 羅榮桓, 〈秋水起義與我軍初創時期〉《星星燎原》(제1권, 解放軍出版社, 2010) 106쪽

16 《習近平國防和軍隊建設重要論述選編(2)》(解放軍出版社, 2015) 91쪽

17 〈給黎錦熙的信〉(1917년 8월 23일)《毛澤東早期文稿》(湖南人民出版社, 2008) 73쪽

7

1 《毛澤東選集》(제1권, 人民出版社, 1991) 16쪽

2 《紅旗》1966년 제1기(1966년 8월 21일 출판) 27쪽

3 《張震回憶錄》(하책, 解放軍出版社, 2003) 56쪽

4 李澤厚, '當下中國還是需要啓蒙', 《신경보(新京報)》2010년 11월 23일 C14-15판

8

1 淸·翟灝, 《通俗篇》. "今謂虛自張大, 冀人譽己者, 曰好戴高帽子."

2 《毛澤東選集》(제1권, 人民出版社, 1991) 25쪽

3 《牛棚雜憶》(中共中央黨校出版社, 2008) 39-40쪽

4 流沙河, 《流沙河隨筆》(四川文藝出版社, 1995) 107, 109, 110, 111, 112쪽

5 中央文獻硏究室 編, 《毛澤東年譜(1949-1976)》(제6권, 中央文獻出版社, 2013) 125쪽

9

1 《毛澤東選集》(제1권, 人民出版社, 1991) 99쪽

2 吳冷西, 《憶毛主席》(新華出版社, 1995) 53쪽

3 《毛澤東年譜(1949-1976)》(제3권, 中央文獻出版社, 2013) 282쪽

4 《毛澤東年譜(1949-1976)》(제5권, 中央文獻出版社, 2013) 130쪽

10

1 〈在外地巡視期間同沿途各地負責人談話紀要〉(1971년 8-9월)《建國以來毛澤東文稿》(제13책,
中央文獻出版社, 1992) 243쪽

2 《毛澤東詩詞集》(中央文獻出版社, 1996) 55쪽

3 《毛澤東選集》(제1권, 人民出版社, 1991) 149-150쪽

4 《毛澤東選集》(제4권, 人民出版社, 1991) 1438쪽

5 《毛澤東選集》(제6권, 人民出版社, 1996) 356-357쪽

6 《毛澤東傳(1949-1976)》(하책, 中央文獻出版社, 2003) 1419쪽

7 劉亞洲, 《精神》(長江文藝出版社, 2015) 68쪽에서 재인용

──제2부

11

1 《毛澤東年譜(1893-1949)》(수정본 중권, 中央文獻出版社, 2013) 105쪽

2 《毛澤東文集》(제2권, 人民出版社, 1993) 152쪽

3 《毛澤東文集》(제3권, 人民出版社, 1993) 326쪽

4 《建國以來毛澤東文稿》(제12책, 中央文獻出版社, 1998) 281쪽

5 《中國天機》(時代出版傳媒股份有限公司·安徽文藝出版社, 2012) 133쪽

6 羅援, '武力炫耀的背後是霸道', 〈解放軍報〉 2010년 8월 12일자

7 '中國軍事進步讓人印象深刻', 〈新京報〉 2011년 6월 15일자

12

1 〈論魯迅〉《毛澤東文集》(제2권, 人民出版社, 1993) 43쪽

2 〈爲抗大同學會成立題詞〉(1938년 3월 5일)《毛澤東年譜(1893-1949)》(수정본 중권, 中央文獻出
版社, 2013) 55쪽

3 〈在紀念孫中山逝世十三周年和追悼抗日陣亡將士大會上的講話〉(1938년 3월 12일)《毛澤東
年譜(1893-1949)》(수정본 중권, 中央文獻出版社, 2013) 57쪽

4 〈毛澤東在延安各界國民精神總動員及五一勞動節大會上的演講〉(1939년 5월 1일)《毛澤東思想萬歲》(제1집, 太原列車段, 1967년 9월) 386쪽

5 〈建立鞏固的東北根據地〉(1945년 12월 28일)《毛澤東選集》(제4권, 人民出版社, 1991) 1181쪽

6 〈在中國共產黨第七屆中央委員會第二次全體會議上的報告〉(1949년 3월 5일)《毛澤東選集》(제4권, 人民出版社, 1991) 1438-1439쪽

7 《延安革命史三百題》(延安革命紀念館, 2005) 183쪽

8 〈永遠保持艱苦奮鬪的作風〉《建國以來毛澤東文稿》(제2책, 中央文獻出版社, 1987) 96쪽

13

1 《毛澤東選集》(제2권, 人民出版社, 1991) 659-660쪽

2 《毛澤東傳(1893-1949)》(상책, 中央文獻出版社, 1996) 4쪽

3 〈致黎錦熙信〉《毛澤東早期文稿》(湖南人民出版社, 2008) 73쪽

4 〈張昆第記毛主席的兩次談話〉《毛澤東早期文稿》(湖南人民出版社, 2008) 575쪽

5 〈致羅璈階信〉《毛澤東早期文稿》(湖南人民出版社, 2008) 498쪽

6 〈致陶毅信〉《毛澤東早期文稿》(湖南人民出版社, 2008) 418쪽

7 〈魯迅致蕭軍的信〉(1935년 6월 27일)

8 《毛澤東選集》(제2권, 人民出版社, 1993) 718쪽

9 《毛澤東文集》(제2권, 人民出版社, 1993) 364쪽

10 李澤厚, 〈試談馬克思主義在中國〉《李澤厚十年集(1979-1989)》(제3권 하책, 安徽文藝出版社, 170쪽)

11 《皮旦2006詩選》(증권) 新浪網 "皮旦的博客"

12 〈黨內通信〉(1959년 3월 17일)《建國以來毛澤東文稿》(제8책, 中央文獻出版社, 1993) 124쪽

14

1 〈如何研究中共黨史〉(1942년 3월)《毛澤東文集》(제2권, 人民出版社, 1993) 404쪽

2 《毛澤東文集》(제1권, 人民出版社, 1993) 507쪽

3 《毛澤東選集》(제3권, 人民出版社, 1991) 812쪽

4 《毛澤東選集》(제3권, 人民出版社, 1991) 830-846쪽

5 〈整頓黨的作風〉(1942년 2월 1일)《毛澤東選集》(제3권, 人民出版社, 1991) 828쪽

6 李潔非, 楊劼,《解讀延安: 文學, 知識分子和文化》(當代中國出版社, 2010) 189, 190-191쪽

7 〈在中國共産黨第七次全國代表大會上的結論〉(1945년 5월 31일)《毛澤東文集》(제3권, 人民出版社, 1996) 398쪽

8 《毛澤東文集》(제6권, 人民出版社, 1996) 467쪽

9 韓少功, 《暗示》(人民文學出版社, 2002) 193-196쪽

10 木心, 《文學回憶錄》(상책, 廣西師範大學出版社, 2013) 209쪽

15

1 《毛澤東選集》(제2권, 人民出版社, 1991) 695쪽

2 《建國以來毛澤東文稿》(제12책, 中央文獻出版社, 1998) 41쪽

3 〈倫理學原理〉批注〉《毛澤東早期文稿》(湖南人民出版社, 2008) 177쪽

16

1 《毛澤東年譜(1893-1949)》(수정본 중권, 中央文獻出版社, 2013) 152쪽

2 《建國以來毛澤東文稿》(제12책, 中央文獻出版社, 1998) 87-88쪽

3 李潔非, 《典型年度》(北京十月文藝出版社, 2013) 161-162쪽

4 黃臥雲, 〈"毛主義"對現實政治的影響〉《炎黃春秋》2014년 제1기

5 《人民日報》1968년 5월 22일자 참조

17

1 〈謹防扒手〉《解放日報》1941년 5월 23일 사설

2 《人民日報》1966년 8월 9일자

18

1 楊奎松, 〈革命不是請客吃飯〉《談往閱今-中共黨史訪談錄》(九州出版社, 2012) 123쪽

2 《毛澤東選集》(제3권, 人民出版社, 1991) 801쪽

3 〈在延安文藝座談會上的講話〉(1942년 5월)《毛澤東選集》(제3권, 人民出版社, 1991) 864쪽

4 《中共中央在延安十三年資料彙編》(延安陝甘寧革命根據地史研究會 편, 現代出版社, 2008) 240쪽

5 《毛澤東年譜(1949-1976)》(제1권, 中央文獻出版社, 2013) 135쪽

6 〈大興調查研究之風〉(1961년 1월 13일)《毛澤東文集》(제8권, 人民出版社, 1999) 237쪽

7 〈在武昌, 珠海, 上海等地的談話要點〉(1992년 1월 18일-2월 21일)《鄧小平文選》(제3권, 人民出版社, 1993) 382쪽

8 章磊, 〈"斯"人已去 傳奇落幕〉《新聞晚報》2013년 3월 6일자

19

1 劉凱, 〈三連整風紀事〉《星火燎原》(제6권, 解放軍出版社, 2010) 115쪽

2 高華, 《革命年代》(廣東人民出版社, 2010) 179쪽

3 李潔非, 楊劼, 《解讀延安: 文學, 知識分子和文化》(當代中國出版社, 2010) 89쪽

4 〈總結經驗, 敎育幹部〉(1961년 6월 12일)《毛澤東文集》(제8권, 人民出版社, 1999) 275-276쪽

5 《毛澤東年譜(1893-1949)》(수정본 중권, 中央文獻出版社, 2013) 444쪽

6 〈在擴大的中央工作會議上的講話〉(1962년 1월 30일)《建國以來毛澤東文稿》(제10책, 中央文獻
出版社, 1996) 28쪽

7 〈堅持艱苦奮鬪, 密切聯系群衆〉(1957년 3월)《毛澤東文集》(제7권, 人民出版社, 1999) 284쪽

8 〈事情正在起變化〉(1957년 5월 15일)《建國以來毛澤東文稿》(제6책, 中央文獻出版社, 1992) 475쪽

9 〈在中央八屆二中全會上的講話〉(1956년 11월 15일)《毛澤東年譜(1949-1976)》(제3권, 中央文獻
出版社, 2013) 34쪽

10 〈1957年夏季的形勢〉《建國以來毛澤東文稿》(제8책, 中央文獻出版社, 1992) 544쪽

11 〈在全國宣傳工作會議上的講話〉(1957년 3월 12일)《建國以來毛澤東文稿》(제6책, 中央文獻出
版社, 1992) 387쪽

12 〈視察華北, 中南和華東地區時的講話〉(1967년 7-9월)《建國以來毛澤東文稿》(제12책, 中央文
獻出版社, 1998) 387쪽

20

1 《毛澤東選集》(제3권, 人民出版社, 1991) 827-828쪽

2 〈論聯合政府〉(1945년 4월)《毛澤東選集》(제3권, 人民出版社, 1991) 1094쪽

3 〈要團結一切可以團結的力量〉(1956년 4월 29일)《毛澤東文集》(제7권, 人民出版社, 1999) 62쪽

4 《毛澤東年譜(1893-1949)》(수정본 중권, 中央文獻出版社, 2013) 412쪽

5 마오쩌둥은 1943년 7월의 1차 담화에서 "일개불살, 대부불착(一個不殺, 大部不捉)"을 제기
했다.《毛澤東年譜(1893-1949)》(수정본 중권, 中央文獻出版社, 2013) 460쪽
마오쩌둥의 이 표현은 1943년 12월 27일에 만들어져 〈反特務鬪爭必須堅持一個不殺大部
不捉方針〉(캉성[康生]과 연합 서명)에 실렸다.《毛澤東文集》(제3권, 人民出版社, 1996) 86쪽

6 《毛澤東年譜(1949-1976)》(제5권, 中央文獻出版社, 2013) 113쪽

21

1 〈關于一九三一年九月至一九三五年一月期間中央路線的批判〉(1941)《毛澤東年譜(1893-
1949)》(수정본 중권, 中央文獻出版社, 2013) 351쪽

2 《毛澤東選集》(제1권, 人民出版社, 1991) 311쪽

3 《毛澤東年譜(1949-1976)》(2권, 中央文獻出版社, 2013) 543쪽

4 王蒙, 《王蒙自傳·半生多事》(花城出版社, 2006) 40쪽

5 〈關於正確處理人民內部矛盾的問題〉(1957년 2월 27일) 《毛澤東文集》(제7권, 人民出版社, 1999) 210-211쪽

6 〈在全國政協一屆二次會議上的講話〉(1950년 6월 23일) 《毛澤東文集》(제6권, 人民出版社, 1996) 81쪽

7 〈同藏族人士的談話〉(1956년 2월 12일) 《毛澤東文集》(제7권, 人民出版社, 1999) 5쪽

8 〈對一封信的評論〉(1959년 7월 26일) 《建國以來毛澤東文稿》(제8책, 中央文獻出版社, 1993) 381쪽

9 《毛澤東年譜(1893-1949)》(중권, 中央文獻出版社, 2013) 434쪽

10 〈增强黨的團結, 繼承黨的傳統〉(1956년 8월 30일) 《毛澤東文集》(제7권, 人民出版社, 1999) 92쪽

22

1 《毛澤東選集》(제3권, 人民出版社, 1991) 1096쪽

2 《建國以來毛澤東文稿》(제3책, 中央文獻出版社, 1989) 95쪽

3 〈群衆路線是黨的生命線和根本工作路線〉(2013년 6월 18일) 《習近平談治國理政》(外文出版社, 2014) 376쪽

23

1 《毛澤東選集》(제3권, 人民出版社, 1991) 877쪽

2 曹聚仁, 《書林又話》(上海書店出版社, 1999) 255, 295쪽

3 盛巽昌, 朱守芬, 《學林散葉》(上海人民出版社, 1998) 112쪽

4 盛巽昌, 朱守芬, 《學林散葉》(上海人民出版社, 1998) 14쪽

5 《人民日報》 2014년 10월 16일자

24

1 《毛澤東書信選集》(人民出版社, 1983) 147쪽

2 《毛澤東選集》(제3권, 人民出版社, 1991) 1004-1005쪽

3 梁衡, 〈好文章是怎樣寫成的〉 《梁衡評點中國歷史人物》(湖南人民出版社, 2011) 160쪽

4 《毛澤東選集》(제3권, 人民出版社, 1991) 1039, 1094-1095쪽

5 '新湖南' 〈周刊第七號刷新宣言〉 《毛澤東早期文稿》(湖南出版社, 1990) 408쪽

6 〈婦女們團結起來〉 《毛澤東文集》(제2권, 人民出版社, 1993) 170쪽

7 〈在抗大應當學什麼〉(1938년 4월 9일)《毛澤東文集》(제2권, 人民出版社, 1993) 119쪽

8 《讀書》2011년 제7기 12쪽

25

1 《早年毛澤東傳記, 史料與回憶》(三聯書店, 2011) 274쪽

2 《毛澤東選集》(제3권, 人民出版社, 1991) 851-852쪽

3 李潔非, 楊劼, 《解讀延安-文學, 知識分子和文化》(當代中國出版社, 2010) 151쪽

4 《紅小兵小評論選》(上海人民出版社, 1971) 35-36쪽

5 《筆墨碎片》(安徽敎育出版社, 2007) 166쪽

6 邵燕祥, 《人生敗筆-一個滅頂者的掙扎實錄》(河南人民出版社, 1997) 168-169쪽

7 쩡커자(臧克家)의 시 두 수는 1975년에 썼다. 李城外 편, 《向陽湖詩草》(武漢出版社, 2010) 32쪽

26

1 〈一九四五年的任務〉《毛澤東文集》(제3권, 人民出版社, 1996) 243쪽

2 〈官僚主義的畵像〉《中國靑年》1949년 제21기. 《毛澤東思想萬歲》(北京編印, 1967) 243쪽에서 재인용

3 李北方, 〈黨內不能形成貴族階層〉《南風窓》2014년 제1기

4 《毛澤東年譜(1949-1976)》(제3권, 中央文獻出版社, 2013) 275쪽

5 〈工作方法六十條(초안)〉(1958년 1월)《建國以來毛澤東文稿》(제7책, 中央文獻出版社, 1992) 56쪽

6 《毛澤東年譜(1949-1976)》(제3권, 中央文獻出版社, 2013) 355쪽

7 〈在第十五次最高國務會議上的講話〉(1958년 9월 5일, 8일)《建國以來毛澤東文稿》(제7책, 中央文獻出版社, 1992) 378쪽

8 〈爲什麼要討論白皮書〉(1949년 8월 28일)《毛澤東選集》(제4권, 人民出版社, 1991) 1503쪽

9 《毛澤東年譜(1949-1976)》(제3권, 中央文獻出版社, 2013) 291쪽

10 《毛澤東年譜(1949-1976)》(제3권, 中央文獻出版社, 2013) 355쪽

11 《毛澤東年譜(1949-1976)》(제3권, 中央文獻出版社, 2013) 555쪽

12 《毛澤東年譜(1949-1976)》(제6권, 中央文獻出版社, 2013) 133쪽

13 《毛澤東年譜(1949-1976)》(제5권, 中央文獻出版社, 2013) 307쪽

14 李世明, 《延安精神》(中共黨史出版社, 2013) 71쪽에서 재인용

15 李世明, 《延安精神》(中共黨史出版社, 2013) 71쪽에서 재인용

16 李世明, 《延安精神》(中共黨史出版社, 2013) 71쪽에서 재인용

27

1 《毛澤東傳(1893-1949)》(中央文獻出版社, 1996) 750쪽

2 張春生, 《延河岸邊的毛澤東》(中國社會科學出版社, 2006) 297쪽

3 《毛澤東年譜(1949-1976)》(제3권, 中央文獻出版社, 2013) 442쪽

4 《毛澤東年譜(1949-1976)》(제3권, 中央文獻出版社, 2013) 558쪽

5 《毛澤東年譜(1949-1976)》(제3권, 中央文獻出版社, 2013) 410쪽

6 《毛澤東年譜(1949-1976)》(제5권, 中央文獻出版社, 2013) 269-270쪽

7 《毛澤東年譜(1949-1976)》(제3권, 中央文獻出版社, 2013) 411쪽

8 〈關于枚乘〈七發〉〉(1958년 8월 16일)《建國以來毛澤東文稿》(제8책, 中央文獻出版社, 1993) 456쪽

9 《毛澤東年譜(1949-1976)》(제3권, 中央文獻出版社, 2013) 415쪽

10 〈給江西共産主義勞動大學的一封信〉《毛澤東文集》(제8권, 人民出版社, 1999) 282쪽

11 《人民日報》1968년 10월 5일자

12 《人民日報》1968년 12월 22일자

28

1 《毛澤東選集》(제2권, 人民出版社, 1991) 719쪽

2 《毛澤東選集》(제4권, 人民出版社, 1991) 1194-1195쪽

3 《建國以來毛澤東文稿》(제7책, 中央文獻出版社, 1992) 480쪽, 610쪽

4 《毛澤東年譜(1949-1976)》(제5권, 中央文獻出版社, 2013) 310쪽

5 《毛澤東年譜(1949-1976)》(제5권, 中央文獻出版社, 2013) 369쪽

6 《毛澤東年譜(1949-1976)》(제5권, 中央文獻出版社, 2013) 608쪽

7 《關于國際共産主義運動總路線的論戰》(人民出版社, 1965) 584-585쪽

8 《赫魯曉夫回憶錄》, 《我眼中的毛澤東》(河北人民出版社, 1990) 166쪽에서 재인용

9 《毛澤東年譜(1949-1976)》(제5권, 中央文獻出版社, 2013) 171-172쪽

10 黃永玉, 《罐齋雜記》(新星出版社, 2013)

11 《毛澤東年譜(1949-1976)》(中央文獻出版社, 2013) 제3권 595쪽, 제5권 204쪽

12 《毛澤東年譜(1893-1949)》(中央文獻出版社, 1996) 769쪽

29

1 《毛澤東選集》(제3권, 人民出版社, 1991) 1101쪽

30

1 《毛澤東年譜(1893-1949)》(수정본 중권, 中央文獻出版社, 2013) 68쪽

2 《毛澤東選集》(제2권, 人民出版社, 1991) 1102쪽

3 《毛澤東年譜(1949-1976)》(제3권, 中央文獻出版社, 2013) 220쪽

4 《毛澤東年譜(1949-1976)》(제3권, 中央文獻出版社, 2013) 560쪽

5 《毛澤東年譜(1949-1976)》(제5권, 中央文獻出版社, 2013) 307쪽

6 〈反對黨八股〉(1942년 2월 8일)《毛澤東選集》(제3권, 人民出版社, 1991) 837-838쪽

31

1 《建國以來毛澤東文稿》(제2책, 中央文獻出版社, 1990) 211쪽

2 〈黨委會的工作方法〉(1949년 3월 13일)《毛澤東選集》(제4권, 人民出版社, 1991) 1440쪽

3 沈志華, 《處在十字路口的選擇 1956-1957年的中國》(廣東人民出版社, 2013) 101쪽

32

1 〈黨委會的工作方法〉(1949년 3월 13일)《毛澤東選集》(제4권, 人民出版社, 1991) 1442쪽

2 《毛澤東年譜(1949-1976)》(제5권, 中央文獻出版社, 2013) 84쪽

33

1 陳晋, 《毛澤東的文化性格》(中國靑年出版社, 1991) 339쪽

2 劉漢民 편, 〈當着斯諾唱起〈辣椒歌〉〉《毛澤東談文說禮實錄》(長江文藝出版社, 1992) 221쪽. 아래 문장에서 인용한 〈고추의 노래(辣椒歌)〉도 류(劉)의 글에서 인용했다.

3 何新, 《奮鬪與思考: 何新人生自述》(萬卷出版公司, 2011) 274쪽

4 王憲擧, 〈俄羅斯段子高手很吃香〉《環球時報》 2012년 5월 3일자

34

1 〈在中國共産黨第七次全國代表大會上的口頭政治報告〉《毛澤東文集》(제3권, 人民出版社, 1993) 316쪽

2 〈機關槍和迫擊炮的來歷及其他〉(1959년 8월 16일)《建國以來毛澤東文稿》(제8책, 中央文獻出版社, 1993) 451쪽

3 《解放軍報》 1966년 7월 20일자 사설 〈學習劉英俊徹底的自我革命精神〉 참조

4 '湘江評論'《創刊宣言》《毛澤東早期文稿》(湖南出版社, 1990) 293-294쪽

5 《毛澤東年譜(1893-1949)》(수정본 상권, 中央文獻出版社, 2013) 73쪽

6 〈紀念巴黎公社的重要意義〉《毛澤東文集》(제1권, 人民出版社, 1993) 35쪽

7 〈迎接中國革命的新高潮〉《毛澤東選集》(제4권, 人民出版社, 1991) 1212-1213쪽

8 《毛澤東年譜(1949-1976)》(제3권, 中央文獻出版社, 2013) 330쪽

9 〈學習和時局〉(1944년 4월 12일)《毛澤東選集》(제3권, 人民出版社, 1991) 943쪽

10 〈目前抗日統一戰線中的策略問題〉(1940년 3월 11일)《毛澤東選集》(제2권, 人民出版社, 1991) 745쪽

11 〈中共中央關于同國民黨進行和平談判的通知〉(1945년 8월 26일)《毛澤東選集》(제4권, 人民出版社, 1991) 1154쪽

35

1 《毛澤東選集》(제4권, 人民出版社, 1991) 1438쪽

2 周濤, 《山岳山岳, 叢林叢林》

3 《建國以來毛澤東文稿》(제6책, 中央文獻出版社, 1992) 400쪽

4 劉亞洲, 〈入川記〉《劉亞洲文集》(제8권, 長江文藝出版社, 2014) 173쪽

36

1 《建國以來毛澤東文稿》(제6책, 中央文獻出版社, 1992) 531-532쪽

2 《毛澤東文集》(제5권, 人民出版社, 1996) 264쪽

37

1 羅貫中, 《全圖繡像三國志》(상책, 內蒙古人民出版社, 1981) 391쪽. "吾得孔明, 猶魚之得水也."

2 何長工, 〈井岡山的星星之火〉《星火燎原》(제11권, 解放軍出版社, 2010) 110쪽

3 이 말은 1934년 4월 하순에 말한 것이다. 《毛澤東年譜(1893-1949)》(수정본 상책, 中央文獻出版社, 2013) 425쪽

4 《毛澤東年譜(1893-1949)》(수정본 중권, 中央文獻出版社, 2013) 369쪽

5 《今日新聞》1966년 10월 20일자

6 〈毛澤東在靑島會議上的講話〉(1957년 7월 18일)

7 〈一九五七年夏季的形勢〉(1957년 7월)《建國以來毛澤東文稿》(제6책, 中央文獻出版社, 1992) 547쪽

8 曉峰, 明軍, 《毛澤東之謎》(中國人民大學出版社, 1992) 203쪽

9 《毛澤東年譜(1893-1949)》(수정본 중권, 中央文獻出版社, 2013) 402쪽

38

1 《毛澤東手書選集》(제2권, 北京出版社, 1993) 34쪽. 그전에 마오쩌둥도 "천천향상(天天向上)" 이란 말을 한 적이 있다. 1936년 2월 23일 마오쩌둥은 중공 중앙 정치국 회의에서 다음과 같이 말했다. "현재 세계는 이미 혁명과 전쟁 시기에 처했다. 그 특징은 혁명이 나날이 향상하고 반혁명은 나날이 하강하는 것이다."《毛澤東年譜(1893-1949)》(수정본 상권, 中央文獻 出版社, 2013) 524쪽

2 《毛澤東手書選集》(제2권, 北京出版社, 1993) 94쪽

──제3부

39

1 《建國以來毛澤東文稿》(제2책, 中央文獻出版社, 1990) 222쪽

2 《毛澤東文集》(제7권, 人民出版社, 1999) 54-55쪽

3 〈1957年5月2日的講話〉《毛澤東年譜(1949-1976)》(제2권, 中央文獻出版社, 2013) 574쪽

4 《毛澤東年譜(1949-1976)》(제3권, 中央文獻出版社, 2013) 139쪽

5 〈在中國共産黨全國宣傳工作會議上的講話〉(1957년 3월 12일)《毛澤東文集》(제7권, 人民出版社, 1999) 279쪽

6 〈1957年3月17日在天津市黨員幹部會議上的講話〉《毛澤東年譜(1949-1976)》(제3권, 中央文獻出版社, 2013) 114쪽

7 沈志華,《處在十字路口的選擇 1956-1957年的中國》(廣東人民出版社, 2013) 177, 173, 7쪽

8 《赫魯曉夫回憶錄》,《我眼中的毛澤東》(河北人民出版社, 1990) 166쪽에서 재인용

9 《毛澤東年譜(1949-1976)》(제3권, 中央文獻出版社, 2013) 68, 69-70, 77쪽

10 《毛澤東年譜(1949-1976)》(제3권) 115-116쪽. 이중의 몇몇 인용문은 마오쩌둥의 〈1957 年3月18日在山東省級機關處長以上黨員幹部會議上的講話〉에서 나왔다.

11 《毛澤東年譜(1949-1976)》(제3권, 中央文獻出版社, 2013) 70쪽

12 《毛澤東年譜(1949-1976)》(제3권, 中央文獻出版社, 2013) 170쪽

13 李潔非,《典型年度》(北京十月文藝出版社, 2013) 31쪽

14 李潔非,《文學史微觀察》(三聯書店, 2014) 123쪽

15 王蒙,《王蒙自傳》제2부 〈大塊文章〉(花城出版社, 2007) 56쪽

16 〈同文藝界代表的談話〉(1957년 3월 8일)《毛澤東年譜(1949-1976)》(제3권, 中央文獻出版社, 2013) 101쪽

17 《毛澤東年譜(1949-1976)》(제3권, 中央文獻出版社, 2013) 199쪽

18 《毛澤東年譜(1949-1976)》(제4권, 中央文獻出版社, 2013) 470-471쪽

19 〈應當充分地批判地利用文化遺産〉(1960년 12월 24일)《毛澤東文集》(제8권, 人民出版社, 1999) 226쪽

20 《建國以來毛澤東文稿》(제13책, 中央文獻出版社, 1998) 443쪽

21 〈黨的文藝政策應當調整〉(1975년 7월)《毛澤東文集》(제8권, 人民出版社, 1999) 443쪽

40

1 이래의 인용문은《建國以來毛澤東文稿》(제3책, 中央文獻出版社, 1989) 80쪽, 87쪽, 89쪽, 94-95쪽, 102쪽, 125쪽에서 인용

2 馬識途, 《百歲拾憶》(三聯書店, 2014) 207쪽

41

1 〈吸取歷史敎訓, 反對大國沙文主義〉(1956년 9월 24일)《毛澤東文集》(제7권, 人民出版社, 1999) 123쪽

2 〈在省市自治區黨委書記會議上的講話〉(1957년 1월 27일)《毛澤東文集》(제7권, 人民出版社, 1999) 192쪽

3 〈在中國共産黨全國代表大會上的講話〉(1955년 3월 31일)《毛澤東文集》(제6권, 人民出版社, 1996) 402-403쪽

4 〈關于中華人民共和國憲法草案〉(1954년 6월 14일)《毛澤東文集》(제6권, 人民出版社, 1996) 329쪽

42

1 《毛澤東傳(1949-1976)》(상책, 中央文獻出版社, 2003) 523쪽

2 〈在中央軍委擴大會議上的講話提綱〉(1959년 9월 11일)《建國以來毛澤東文稿》(제8책, 中央文獻出版社, 1993) 524쪽

3 《建國以來毛澤東文稿》(제6책, 中央文獻出版社, 1992) 242쪽

43

1 1964년 3월 28일의 담화.《毛澤東年譜(1949-1976)》(제5권, 中央文獻出版社, 2013) 333쪽

2 《毛澤東文集》(제7권, 人民出版社, 1996) 117쪽

44

1 《毛澤東文集》(제6권, 人民出版社, 1996) 460쪽

2 《擧世悼念毛澤東主席》(人民出版社, 1978) 436쪽

45

1 〈關于農業問題〉《毛澤東文集》(제7권, 人民出版社, 1999) 309쪽

2 《毛澤東文集》(제7권, 人民出版社, 1999) 351-352쪽

3 《毛澤東年譜(1949-1976)》(제3권, 中央文獻出版社, 2013) 341쪽

4 《毛澤東年譜(1949-1976)》(제3권, 中央文獻出版社, 2013) 267쪽

46

1 〈艱苦奮鬪是我們的政治本色〉(1956년 11월 15일)《毛澤東文集》(제7권, 人民出版社, 1999) 162쪽

2 《毛澤東年譜(1949-1976)》(제6권, 中央文獻出版社, 2013) 138쪽

3 〈訪王蒙: 我看毛澤東〉(1993년 2월 1일)《說不盡的毛澤東》(遼寧人民出版社, 中央文獻出版社, 1995)

47

1 謝靜宜, 《毛澤東身邊工作瑣憶》(中央文獻出版社, 2015) 125쪽

2 《建國以來毛澤東文稿》(제6책, 中央文獻出版社, 1992) 529쪽

3 《建國以來毛澤東文稿》(제6책, 中央文獻出版社, 1992) 650쪽

4 《毛澤東文集》(제7권, 人民出版社, 1999) 321쪽

5 〈蘇聯共産黨中央委員會給蘇聯各級黨組織和全體共産黨員的公開信〉《關于國際共産主義運動總路線的論戰》(人民出版社, 1965) 505쪽

6 《毛澤東年譜(1949-1976)》(제4권, 中央文獻出版社, 2013) 440쪽

7 周濤, 《一個人和新疆: 周濤口述自傳》(花城出版社, 2013) 73쪽

48

1 《建國以來毛澤東文稿》(제7책, 中央文獻出版社, 1992) 236쪽

2 〈對趙爾陸關于重工業生産建設方面幾個問題的意見的批語〉(1959년 5월 30일)《建國以來毛澤東文稿》(제8책, 中央文獻出版社, 1993) 280쪽

3 〈在擴大的中央工作會議上的講話〉(1962년 1월 30일)《建國以來毛澤東文稿》(제10책, 中央文獻出版社, 1996) 23쪽

4 《毛澤東年譜(1949-1976)》《제3권, 中央文獻出版社, 2013) 281쪽

49

1 〈介紹一個合作社〉(1958년 4월 15일)《建國以來毛澤東文稿》(제7책, 中央文獻出版社, 1992) 178쪽

2 〈炮打司令部-我的第一張大字報〉,《人民日報》1967년 8월 5일

50

1 龔育之,《龔育之回憶"閻王殿"舊事》(江西人民出版社, 2008) 229쪽

2 《毛澤東文集》(제7권, 人民出版社, 1999) 134쪽

3 《毛澤東文集》(제3권, 人民出版社, 1996) 330쪽

4 〈關于農業問題〉(1957년 10월 9일)《毛澤東文集》(제7권, 人民出版社, 1999) 308쪽

5 王蒙,《王蒙自傳·半生多事》(花城出版社, 2006) 166쪽

6 蔣燕燕, 葉永和,〈葉聖陶日記中的1958〉《炎黃春秋》2010년 제6기

7 《中國兒歌選》(中國少年兒童出版社, 1959)

8 《毛澤東年譜(1949-1976)》(中央文獻出版社, 2013) 427-428쪽

9 《毛澤東文集》(제8책, 人民出版社, 1999) 150쪽

51

1 《毛澤東文集》(제7권, 人民出版社, 1999) 263쪽

2 《毛澤東文集》(제7권, 人民出版社, 1999) 275-276쪽

3 李愼之,〈關于"大民主"和"小民主"一段公案〉《百年潮》1997년 제5기

4 중국과학원 징구혁명조반파 연합탈권위원회(京區革命造反派聯合奪權委員會) 동태조(動態組) 1967년 4월 28일 펴낸《동태보(動態報)》제74기.

5 16절판, 하의대(哈醫大) 의료계(醫療系) 홍색조반단(紅色造反團) 재료조(材料組), 1967년 3월 편.

52

1 《毛澤東年譜(1949-1976)》(제2권, 中央文獻出版社, 2013) 298쪽

2 《建國以來毛澤東文稿》(제10책, 中央文獻出版社, 1996) 405쪽

3 楊奎松,《毛澤東與莫斯科的恩恩怨怨》(江西人民出版社, 1999) 533쪽

4 何新,〈我的思維之路〉《奮鬪與思考-何新人生自述》(萬卷出版公司, 2011) 139쪽

5 王蒙,《中國天機》(安徽文藝出版社, 2012) 25쪽

6 신항대공사(新航大公社)《동방홍(東方紅)》잡지사, 1968년 12월《동방홍》창간사.

7 중국과기대학(中國科技大學) 동방홍공사(東方紅公社), 1967년 7월, 《과기혁명(科技革命)》잡지 발간사

8 베이징광업학원(北京礦業學院) 동방홍공사(東方紅公社) 주관, 《동방홍》보(報), 1967년 10월 21일.

9 후싼쓰(呼三司) 중공네이멍구당교(中共內蒙古黨校) 징강산병단(井岡山兵團) 혁명대비판판공실(革命大批判辦公室), 1967년 8월, 《주침부(主沉浮)》잡지 발간사.

53

1 《建國以來毛澤東文稿》(제7책, 中央文獻出版社, 1992) 177쪽

2 王蒙, 《一輩子的活法》(北京出版社, 2013) 63쪽

3 상하이 우완구교사진수학원(盧灣區敎師進修學院) 《공 씨네 둘째 아들(孔老二)》편사조(編寫組) 편.

54

1 《毛澤東年譜(1949-1976)》(제3권, 中央文獻出版社, 2013) 403쪽

2 《毛澤東年譜(1949-1976)》(제3권, 中央文獻出版社, 2013) 455쪽

3 《毛澤東年譜(1949-1976)》(제3권, 中央文獻出版社, 2013) 650쪽

4 《毛澤東年譜(1949-1976)》(제3권, 中央文獻出版社, 2013) 529쪽

5 《毛澤東年譜(1949-1976)》(제3권, 中央文獻出版社, 2013) 536쪽, 563쪽

6 《建國以來毛澤東文稿》(제8책, 中央文獻出版社, 1993) 391쪽

7 《建國以來毛澤東文稿》(제8책, 中央文獻出版社, 1993) 462-463쪽

8 李銳, 《廬山會議實錄》(증정본, 河南人民出版社, 1999) 139-140쪽

55

1 《毛澤東詩詞集》(中央文獻出版社, 1996) 135쪽

2 《擧世悼念毛澤東主席》(人民出版社, 1978) 170쪽

3 〈對《毛主席詩詞》若干詞句的解釋〉(1964년 1월 27일)《毛澤東文集》(제8권, 人民出版社, 1999) 368쪽

56

1 《建國以來毛澤東文稿》(제13책, 中央文獻出版社, 1998) 40쪽

2 《毛澤東年譜(1949-1976)》(제6책, 中央文獻出版社, 2013) 373쪽

3 '創刊宣言'〈湘江評論〉《毛澤東早期文稿》(湖南出版社, 1990) 292쪽

4 吳冷西,《憶毛主席-我親身經歷的若干重大歷史時間片段》(新華出版社, 1995) 157-158쪽

5 《建國以來毛澤東文稿》(제10책, 中央文獻出版社, 1996) 332쪽

6 〈別了, 司徒雷登〉(1949년 8월 18일)《毛澤東選集》(제4권, 人民出版社, 1991) 1496쪽

7 《毛澤東年譜(1949-1976)》(제2권, 中央文獻出版社, 2013) 563쪽

8 《習近平國防和軍隊建設重要論述選編》(解放軍出版社, 2015) 121쪽

57

1 《毛澤東年譜(1949-1976)》(제5권, 中央文獻出版社, 2013) 412쪽

2 《毛澤東年譜(1949-1976)》(제2권, 中央文獻出版社, 2013) 607쪽

3 李潔非, 楊劼,《解讀延安-文學, 知識分子和文化》(當代中國出版社, 2010) 294쪽

4 〈應當充分地批判地利用文化遺産〉(1960년 12월 24일)《毛澤東文集》(제8권, 人民出版社, 1999) 225쪽

5 〈致周世釗信〉《毛澤東早期文稿》(湖南出版社, 1990) 474쪽

6 〈同音樂工作者的談話〉(1956년 8월 24일)《毛澤東文集》(제7권, 人民出版社, 1999) 82-83쪽

7 《建國以來毛澤東文稿》(제12책, 中央文獻出版社, 1998) 26쪽

58

1 《毛澤東年譜(1949-1976)》(제3권, 中央文獻出版社, 2013) 102쪽

2 〈在中國共産黨宣傳工作會議上的講話〉(1957년 3월 12일)《毛澤東文集》(제7권, 人民出版社, 1999) 281쪽

3 〈文滙報的資産階級方向應當批判〉(1957년 7월 1일)《建國以來毛澤東文稿》(제6책, 中央文獻出版社, 1998) 532쪽

59

1 〈文滙報的資産階級方向應當批判〉(1957년 7월 1일)《建國以來毛澤東文稿》(제6책, 中央文獻出版社, 1992) 532쪽, 534쪽

2 《毛澤東年譜(1949-1976)》(제3권, 中央文獻出版社, 2013) 183쪽

3 《毛澤東年譜(1949-1976)》(제3권, 中央文獻出版社, 2013) 303쪽

4 《毛澤東年譜(1949-1976)》(제3권, 中央文獻出版社, 2013) 348쪽

5 1966년 5월 16일 중공중앙 정치국 확대회의에서 통과시킨 "문화대혁명"을 지도하는 강령성 문건 〈中國共産黨中央委員會通知〉(즉 5·16 통지) 참조

6 《中國歌謠選》(제3권, 中國民間文獻硏究會 獻禮叢書辦公室 編印, 1959년 11월) 172쪽

7 〈事情正在起變化〉(1957년 5월 15일)《建國以來毛澤東文稿》(제6책, 中央文獻出版社, 1992) 475쪽

8 巴金, 〈毒草病〉《隨想錄》(人民文學出版社, 2000) 30쪽

60

1 《毛澤東年譜(1893-1949)》(수정본 중권, 中央文獻出版社, 2013) 621쪽

2 《毛澤東年譜(1893-1949)》(수정본 하권, 中央文獻出版社, 2013) 514쪽

3 《毛澤東文集》(제7권, 人民出版社, 1999) 315쪽

4 수도홍위병규찰대(首都紅衛兵糾察隊) 동성분대(東城分隊) 주편, 《紅衛兵戰報》 1966년 9월 28일

5 《首都紅衛兵報》 1966년 12월 4일

6 《環球時報》 2013년 5월 1일자

61

1 《毛澤東年譜(1949-1956)》(제3권, 中央文獻出版社, 2013) 414쪽

2 薄一波, 《若干重大歷史決策與事件的回顧》(하권, 中共中央黨校出版社, 1993) 706쪽

3 王香平, 〈毛澤東的借史資政育人之道〉《黨的文獻》 2011년 제5기

4 《毛澤東年譜(1949-1976)》(제5권, 中央文獻出版社, 2013) 366쪽

5 《毛澤東年譜(1949-1976)》(제5권, 中央文獻出版社, 2013) 500쪽

6 王年一, 《大動亂的年代》(河南人民出版社, 1988) 420쪽

7 《毛澤東年譜(1949-1976)》(제6권, 中央文獻出版社, 2013) 500쪽

8 《毛澤東年譜(1949-1976)》(제6권, 中央文獻出版社, 2013) 587쪽

62

1 吳志菲, 〈侯波: 用鏡頭捕捉珍貴歷史〉, 《人民日報(해외판)》 2005년 9월 5일자

2 《毛澤東年譜(1949-1976)》(제5권, 中央文獻出版社, 2013) 362쪽

3 《毛澤東年譜(1949-1976)》(제3권, 中央文獻出版社, 2013) 445쪽

63

1 《建國以來毛澤東文稿》(제6책, 中央文獻出版社, 1992) 650쪽

2 "日薄西山, 氣息奄奄, 人命危淺, 朝不慮夕."

3 〈新民主主義論〉《毛澤東選集》(제2권, 人民出版社, 1991) 686쪽

4 "夕陽無限好, 只是近黄昏."

5 "朝氣銳, 畫氣惰, 暮氣歸."

6 《毛澤東年譜(1893-1949)》(수정본 중권, 中央文獻出版社, 2013) 63쪽

7 〈一二九運動的偉大意義〉(1939년 12월 9일)《毛澤東文集》(제2권, 人民出版社, 1993) 250쪽. "滿堂青年, 朝氣蓬勃."

64

1 《建國以來毛澤東文稿》(제11책, 中央文獻出版社, 1996) 302쪽

2 《毛澤東年譜(1949-1976)》(제5권, 中央文獻出版社, 2013) 573쪽

3 《建國以來毛澤東文稿》(제12책, 中央文獻出版社, 1998) 388쪽

65

1 《毛澤東年譜(1949-1976)》(제4권, 中央文獻出版社, 2013) 10쪽

2 《毛澤東年譜(1949-1976)》(제4권, 中央文獻出版社, 2013) 454쪽

3 《建國以來毛澤東文稿》(제13책, 中央文獻出版社, 1998) 138쪽

66

1 《布什自傳》,《我眼中的毛澤東》(河北人民出版社, 1990) 307쪽에서 재인용

2 《毛澤東詩詞集》(中央文獻出版社, 1996) 153쪽

3 施康强, 〈詩與屁〉《都市的茶客》(遼寧教育出版社, 1995) 197-198쪽

67

1 《毛澤東文集》(제7권, 人民出版社, 1999) 357쪽

2 《毛澤東年譜(1949-1976)》(제3권, 中央文獻出版社, 2013) 582쪽

3 《毛澤東年譜(1949-1976)》(제3권, 中央文獻出版社, 2013) 589쪽

4 《毛澤東年譜(1949-1976)》(제5권, 中央文獻出版社, 2013)

5 《毛澤東早期文稿(1912년 6월-1920년 11월)》(湖南出版社, 1990) 590쪽. "彼仁人者, 以天下萬世爲身, 而以一身一家爲腕. 惟其愛天下萬世之誠也, 是以不敢愛其身家. 身家雖死, 天下萬世固生, 仁人之心安矣."

68

1 《毛澤東年譜(1949-1976)》(제3권, 中央文獻出版社, 2013) 262쪽

2《毛澤東年譜(1949-1976)》(제4권, 中央文獻出版社, 2013) 125쪽

3《毛澤東年譜(1949-1976)》(제5권, 中央文獻出版社, 2013) 15쪽

4《毛澤東年譜(1949-1976)》(제5권, 中央文獻出版社, 2013) 48쪽

5《毛澤東年譜(1949-1976)》(제6권, 中央文獻出版社, 2013) 512쪽

6《毛澤東年譜(1949-1976)》(제6권, 中央文獻出版社, 2013) 620-621쪽

69

1《毛澤東年譜(1949-1976)》(제3권, 中央文獻出版社, 2013) 510쪽

2《新體育》잡지 1959년 제3기 참조

3《新體育》잡지 1958년 제13기 참조

4《人民日報》1966년 7월 25일자

5《廣西日報》1970년 1월 7일

6《體育報》1958년 10월 6일

7《人民日報》1966년 7월 29일

8《毛澤東年譜(1949-1976)》(제3권, 中央文獻出版社, 2013) 632쪽

9 謝靜宜,《毛澤東身邊工作瑣憶》(中央文獻出版社, 2015) 153쪽

10《人民日報》1966년 7월 25일자

11《解放軍報》1972년 7월 16일자 통신 '遵照毛主席的敎導搞好遊泳訓練'

12《人民日報》1966년 7월 25일자

13 趙樸初,〈水調歌頭·喜聞毛主席暢遊長江〉《片石集》(人民文學出版社, 1978) 154-155쪽

14《人民日報》1967년 2월 19일자

15〈訪王蒙: 我看毛澤東〉(1993년 2월 1일)《說不盡的毛澤東》(遼寧人民出版社, 中央文獻出版社, 1995)

16《毛澤東年譜(1949-1976)》(제6권, 中央文獻出版社, 2013) 559쪽

70

1 侯鑫 주편,《一戶侯說-侯寶林自傳和逸事》(五洲傳播出版社, 2007)

제4부

71

1 《建國以來毛澤東文稿》(제12책, 中央文獻出版社, 1998) 53-54쪽

2 王年一, 《大動亂的年代》(河南人民出版社, 2005) 7쪽. 왕녠이(王年一)는 다른 열쇠는 마오쩌둥이 1966년 7월 8일에 장칭(江青)에게 써준 편지이며 이 편지는 어떻게 사회주의를 건설할 것인가에 관한 문제에 대답한 것이라 여겼다.

3 《人民日報》1966년 8월 1일자 사설 '全國都應該成爲毛澤東思想的大學校'.

4 王蒙, 《王蒙自傳·半生多事》(花城出版社, 2006) 377쪽

5 《毛澤東年譜(1949-1976)》(제6권, 中央文獻出版社, 2013) 200-201쪽

6 〈中央機關五七幹校會議紀要〉(1971년 1월 26일)《中央機關五七幹校會議文件》(1971년 2월 편) 2쪽. "滿懷革命豪情, 走上了光輝的五七道路."

72

1 卜大華, 〈一個紅衛兵發起者的自述〉《中國青年》1986년 제10기

2 夏楡, 〈仿佛萬古長夜的隔絶-臺灣詩人瘂弦60年的兩岸情史〉《南方周末》2010년 5월 6일

73

1 〈七律·和郭沫若同志〉(1961년 11월 17일)《毛澤東詩詞集》(中央文獻出版社, 1996) 124쪽. "金猴奮起千鈞棒, 玉宇澄淸萬里埃."

2 《毛澤東傳(1949-1976)》(中央文獻出版社, 2003) 1406쪽

3 《毛澤東年譜(1949-1976)》(제5권, 中央文獻出版社, 2013) 572-573쪽

4 淸華附中紅衛兵, 〈無産階級的革命造反精神萬歲〉《紅旗》1966년 제11기

74

1 邱會作, 《邱會作回憶錄》(상책, 新世紀出版社, 2011) 432쪽

2 吳超, 〈'文化大革命'起源研究述評〉(人民網·中國共産黨新聞)에서 재인용

75

1 1964년 12월 27일 중앙공작회의에서의 삽화(揷話). 《毛澤東年譜(1949-1976)》(제5권, 中央文獻出版社, 2013) 457쪽

2 《中共中央文件(1949년 10월-1966년 5월)》(제48책, 人民出版社, 2013) 8쪽

3 《文藝簡訊》(제24-25기 합간, 上海市文化局抓革命捉生産火線指揮部 編印, 1967년 7월 28일)

4 邵燕祥, 《人生敗筆--一個滅頂者的掙扎實錄》(河南人民出版社, 1997) 28-29쪽

5 《建國以來毛澤東文稿》(제13책, 中央文獻出版社, 1998) 487쪽

76

1 《毛澤東年譜(1949-1976)》(제4권, 中央文獻出版社, 2013) 438-439쪽

2 《毛澤東年譜(1949-1976)》(제5권, 中央文獻出版社, 2013) 534쪽

3 《毛澤東年譜(1949-1976)》(제4권, 中央文獻出版社, 2013) 579쪽

4 黃峥, 《王光美訪談錄》(中央文獻出版社, 2006) 395쪽

5 高建國, 〈聽王光美談往事〉《南方周末》2008년 11월 20일자

6 《黨的文獻》2007년 제2기

77

1 《毛澤東年譜(1949-1976)》(제5권, 中央文獻出版社, 2013) 572쪽

2 龔育之, 《龔育之回憶"閻王殿"舊事》(江西人民出版社, 2008) 1-2쪽

78

1 《建國以來毛澤東文稿》(제12책, 中央文獻出版社, 1998) 72쪽

79

1 《建國以來毛澤東文稿》(제12책, 中央文獻出版社, 1998) 54쪽

2 《建國以來毛澤東文稿》(제12책, 中央文獻出版社, 1998) 161쪽. '사개제일(四個第一)'은 사람의 요소, 정치공작, 사상공작, 살아있는 사상의 네 분야 중 각각 제일인 것을 가리킨다. 이것은 1960년 9월에 린뱌오가 먼저 언급한 것이다. '3·8작풍(三八作風)'은 즉 "정확한 정치 방향, 간고하고 소박한 공작 작풍, 민첩하고 기동성 있는 전략 전술을 견지하고" "단결하고 긴장하며 엄숙하고 활발한" 것이다. 마오쩌둥의 세 마디 말, 여덟 글자를 린뱌오는 '3·8작풍'이라 개괄했다.

3 《毛澤東年譜(1949-1976)》(제6권, 中央文獻出版社, 2013) 57쪽

80

1 〈視察華北, 中南, 華東地區時的談話〉《建國以來毛澤東文稿》(제12책, 中央文獻出版社, 1998) 385쪽

2 《建國以來毛澤東文稿》(제8책, 中央文獻出版社, 1993) 160쪽

3 《毛澤東傳(1949-1976)》(하책, 中央文獻出版社, 2003) 1656쪽

81

1 〈林彪同志在國慶十八周年慶祝大會上的講話〉,《人民日報》1967년 10월 2일자

2 1967년 10월 7일자 《東方紅通訊》 참조.

82

1 《毛澤東年譜(1949-1976)》(제5권, 中央文獻出版社, 2013) 505쪽

2 《紅色宣傳兵》잡지 창간호, 北京市 通縣農代會 編印, 1968년 12월

3 《毛澤東年譜(1949-1976)》(제6권, 中央文獻出版社, 2013) 476쪽

83

1 《毛澤東年譜(1949-1976)》(제1권, 中央文獻出版社, 2013) 563쪽

2 《毛澤東年譜(1949-1976)》(제6권, 中央文獻出版社, 2013) 373쪽

3 莊則棟, 〈友誼第一, 比賽第二-談談參加31届世界乒乓球錦標賽的一點體會〉

84

1 《毛澤東年譜(1949-1976)》(제6권, 中央文獻出版社, 2013) 358쪽

2 《毛澤東文集》(제3권, 人民出版社, 1996) 284쪽

3 〈論十大關係〉(1956년 4월 25일)《毛澤東文集》(제7권, 人民出版社, 1999) 35쪽

4 王明,《中共五十年》(東方出版社, 2004) 206쪽, 214쪽

5 周國全, 郭德宏,《王明年譜》(中國社會科學出版社, 2014) 714쪽

85

1 《毛澤東傳(1949-1976)》(하책, 中央文獻出版社, 2003) 1602쪽

2 《毛澤東年譜(1949-1976)》(6권, 中央文獻出版社, 2013) 419쪽

3 《毛澤東年譜(1949-1976)》(6권, 中央文獻出版社, 2013) 413쪽

4 《毛澤東年譜(1949-1976)》(6권, 中央文獻出版社, 2013) 405쪽

5 〈在中共中央政治局會議上的報告和結論〉(1948년 9월 13일)《毛澤東文集》(5권, 人民出版社, 1996) 144쪽

6 《毛澤東年譜(1949-1976)》(5권, 中央文獻出版社, 2013) 197쪽

86

1 〈同蒙哥馬利的談話〉(1960년 5월 27일)《毛澤東文集》(8권, 人民出版社, 1999) 189쪽

2 《建國以來毛澤東文稿》(6책, 中央文獻出版社, 1992) 26쪽

3 《毛澤東年譜(1949-1976)》(제5권, 中央文獻出版社, 2013) 513쪽

4 曉峰, 明軍, 《毛澤東之謎》(中國人民大學出版社, 1992) 215쪽

5 《毛澤東年譜(1949-1976)》(제6권, 中央文獻出版社, 2013) 410쪽

6 《布希自傳》, 《我眼中的毛澤東》(河北人民出版社, 1990) 306쪽

7 《毛澤東年譜(1949-1976)》(제5권, 中央文獻出版社, 2013) 27쪽

8 《毛澤東年譜(1949-1976)》(제4권, 中央文獻出版社, 2013) 391쪽

9 《毛澤東年譜(1949-1976)》(제5권, 中央文獻出版社, 2013) 480쪽

10 《毛澤東年譜(1949-1976)》(제6권, 中央文獻出版社, 2013) 509-510쪽

11 "염왕이 소주 마시자고 나를 초대했다"는 말은 1974년 9월 16일 마오쩌둥이 우한군구 (武漢軍區)의 사령원 양더즈(楊得志)와 담화할 때 한 말이다. 본문에서 인용한 "술을 마시다"라는 표현은 여러 곳에서 찾아볼 수 있다. 가령, 1974년 10월 6일 마오쩌둥은 외빈을 접견하는 자리에서 "나는 안 된다. 하늘로 올라갈 것이다. 상제가 소주 마시자고 나를 초청했다"라는 말을 했다.《毛澤東年譜(1949-1976)》(제6권)에도 기록되어 있다.

12 〈不要四面出擊〉(1950년 6월 6일)《毛澤東文集》(제6권, 人民出版社, 1996) 74쪽

13 〈中法之間有共同點〉(1964년 1월 30일)《毛澤東文集》(제8권, 人民出版社, 1999) 371쪽

14 陳晋, 《毛澤東的文化性格》(中國靑年出版社, 1991) 224쪽

87

1 《毛澤東年譜(1949-1976)》(제5권, 中央文獻出版社, 2013) 268쪽

2 《毛澤東年譜(1949-1976)》(제6권, 中央文獻出版社, 2013) 412쪽

3 《毛澤東年譜(1949-1976)》(제6권, 中央文獻出版社, 2013) 473쪽

4 《人民日報》1973년 6월 23일자 참조

5 《毛澤東文集》(제8권, 人民出版社, 1999) 441-442쪽

6 《建國以來毛澤東文稿》(제13책, 中央文獻出版社, 1998) 418쪽

7 《毛澤東年譜(1949-1976)》(제6권, 中央文獻出版社, 2013) 557쪽

8 《毛澤東年譜(1949-1976)》(제5권, 中央文獻出版社, 2013) 347쪽

9 《毛澤東傳》(中國人民大學出版社, 2006) 499쪽

10 〈加蓬總統邦戈的聲明〉《擧世悼念毛澤東主席》(人民出版社, 1978) 65쪽

88

1 《毛澤東年譜(1949-1976)》(제6권, 中央文獻出版社, 2013) 540쪽

2 《毛澤東年譜(1949-1976)》(제6권, 中央文獻出版社, 2013) 562쪽

3 《毛澤東年譜(1949-1976)》(제6권, 中央文獻出版社, 2013) 583쪽

4 《毛澤東傳(1949-1976)》(하책, 中央文獻出版社, 2003) 1738쪽

5 陳長江, 趙桂來, 《毛澤東最後十年: 警衛隊長的回憶》(中共中央黨校出版社, 1998) 266쪽

6 黃瀅, 〈吳桂賢: 權力漩渦中的日子〉《環球人物》 2013년 제20기

7 〈致黃子升信〉《毛澤東早期文稿》(湖南出版社, 1990) 51쪽. "此袞袞諸公, 昔日勢焰熏灼, 炙手
可熱, 而今乃有此下場!"

덧붙이는 글

1 〈半生多事〉《王蒙自傳》(花城出版社 2006년 4월) 41쪽

저자 후기

1 "或言拙而喩巧, 或理樸而辭輕, 或襲故而彌新, 或沿濁而更淸."

2 왕부지, 《강재시화(薑齋詩話)》(권2) "身之所歷, 目之所見, 是鐵門限."

옮긴이 조성환

충남 서산 출신으로 경북대 중어중문학과(1987)를 거쳐 동 대학 대학원 중어중문학과에서 석사(1989)와 박사(1996) 학위를 받았다. 서라벌대학 중국어과에서 전임, 조교수, 부교수를 역임했으며 중국사회과학원 역사연구소에서 방문학자를 지냈다. 지금은 백석대에서 강의하며 번역에 종사하고 있다. 옮기고 엮은 책으로는 《북경과의 대화》(2008), 《중국의 최치원 연구》(2009), 《경주에 가거든》(2010), 《서복동도》(2010), 《압록강에서》(2010), 《포스트모던 음식문화》(2011), 《중국 역대 여성작가 사전》(2011), 《빙신 단편집》(2011), 《미식가》(2012), 《책 향기에 취하다》(2012), 《당시화보》(2105), 《중국 여성 문학의 숲을 거닐다》(2016), 《사상문》(2016), 《중국 대표단편문학선》(2016) 등 30여 권이 있다.

현대사를 바꾼 마오의 88가지 언어 전략

정치가의 언격

초판 1쇄 인쇄 2017년 4월 28일
초판 1쇄 발행 2017년 5월 8일

지은이 후쌍타오
옮긴이 조성환
펴낸이 유정연

기획 노승현
주간 백지선
책임편집 장보금 **기획편집** 신성식 조현주 김수진 김경애 **디자인** 이승은
마케팅 임충진 이진규 김보미 **제작** 임정호 **경영지원** 전선영

펴낸곳 흐름출판 **출판등록** 제313-2003-199호(2003년 5월 28일)
주소 서울시 마포구 홍익로5길 59 남성빌딩 2층(서교동 370-15)
전화 (02)325-4944 **팩스** (02)325-4945 **이메일** book@hbooks.co.kr
홈페이지 http://www.nwmedia.co.kr **블로그** blog.naver.com/nextwave7
출력·인쇄·제본 (주)상지사 **용지** 월드페이퍼(주) **후가공** (주)이지앤비(특허 제10-1081185호)

ISBN 978-89-6596-212-0 03300

이 도서의 국립중앙도서관 출판예정도서목록(CIP)은 서지정보유통지원시스템 홈페이지(http://seoji.nl.go.kr)와 국가자료공동목록시스템(http://www.nl.go.kr/kolisnet)에서 이용하실 수 있습니다.(CIP제어번호: CIP2017007332)

커뮤 은 흐름출판의 인문·사회·과학 브랜드입니다. "근원의 사유, 새로운 지성"

政治家言格